ALEXANDRE DUMAS

Le cinquième mousquetaire

HENRI TROYAT
de l'Académie française

ALEXANDRE DUMAS

Le cinquième mousquetaire

BERNARD GRASSET
PARIS

Avant-propos

De leur vivant, Balzac et Dumas furent rivaux dans l'extravagance et dans la gloire. Si le public dévorait les livres de l'un et de l'autre, les esprits raffinés leur reprochaient, à l'un et à l'autre, l'abondance de leur production et l'invraisemblance de leurs intrigues. Mais, alors que l'œuvre de Balzac a su triompher de ces reproches, celle de Dumas suscite encore aujourd'hui des réticences chez les amateurs de beau style et de pensée profonde. On juge sa cuisine trop lourde, on le traite d'amuseur, on le range au nombre des fabricants de « suspense » en série.

Il m'a paru intéressant d'étudier les nuances qui différenciaient ces deux superbes galériens de la plume, condamnés, jusqu'à la fin de leurs jours, à raconter des histoires à leurs lecteurs envoûtés. Une fois de plus, je me suis appuyé, pour l'essentiel de ma documentation, sur les remarquables travaux de mes devanciers, qu'il s'agisse de Claude Schopp, de Daniel Zimmermann, d'André Maurois, d'Henri Clouard, d'Alain Decaux ou de tant d'autres. Ils ont prospecté le terrain pouce par pouce, avec une subtilité et une précision sans défaut. Mais Dumas est si grand, si divers, si riche de contradictions que j'ai cru pouvoir me lancer, à mon tour, dans la réhabilitation de ce personnage adoré par les uns, décrié par les autres. Comment un auteur réfléchissant tant soit peu à son métier resterait-il insensible aux tourments et aux joies de celui qui voua toute son existence aux mystérieux combats de l'écriture ?

H.T.

PREMIÈRE PARTIE

I

Avant Alexandre

Sous le règne de Louis XV, un homme de quelque noblesse, ayant dilapidé sa fortune et lassé l'indulgence de ses amis, a encore la chance de pouvoir se rendre aux colonies pour y retrouver son rang et s'y remplir les poches. Tel est le parti que choisit, en 1760, à quarante-six ans, l'insouciant Alexandre Antoine Davy de la Pailleterie, petit marquis par titre de courtoisie et bon vivant notoire. Il rejoint à Saint-Domingue son frère Charles, administrateur d'une sucrerie et marchand d'esclaves. Deux activités aussi honorables que lucratives. Mais Alexandre Antoine ne s'entend guère avec Charles et préfère voler de ses propres ailes. Il achète une plantation, « La Guinaudée », à Trou-Jérémie, sur la côte sud-ouest de l'île, se met à son compte et se paie une concubine parmi les plus jolies esclaves de la région. Marie Cessette est gracieuse, noire de peau et solide de hanches. D'emblée, elle règne avec autorité sur l'intérieur du maître, ce qui lui vaut le surnom de « la Marie du mas », ou Marie Dumas. Ses nombreuses tâches ménagères ne l'empêchent pas d'être d'un bon service au lit. Très prolifique, elle met au monde, coup sur coup, deux garçons et deux filles. L'aîné, baptisé Thomas Alexandre, né le 25 mars 1762, se révèle dès les premières années si robuste et si déluré que son père le prend en affection, malgré son teint sombre et sa chevelure laineuse.

L'avenir semble sourire au petit marquis déraciné, à sa compagne subalterne et à leur progéniture lorsque, en 1772, un cyclone ravage l'île, dévastant les plantations et tuant ou dispersant des centaines d'esclaves. Cette catastrophe est suivie d'une épidémie de dysenterie qui décime les survivants et emporte, entre autres, Marie Dumas. Le deuil s'ajoutant à la ruine, Alexandre Antoine s'efforce pendant quelque temps encore de surmonter son infortune, puis, à bout de courage, décide de retourner en France. Ses frères étant morts entre-temps, il espère, une fois sur place, récupérer des bribes d'héritage. Pour réunir les fonds du voyage, il vend ses quatre enfants à un colon plus chanceux que lui. Mais, en ce qui concerne son préféré, Thomas Alexandre, il se réserve, par une clause de réméré dans l'acte de cession, le droit de le racheter au même prix dans les cinq ans.

En reprenant contact avec la métropole, après douze ans d'absence, Alexandre Antoine est d'abord dépaysé et même franchement déçu. Il s'était habitué aux avantages de la main-d'œuvre servile et de la direction de son ménage par une négresse efficace et accommodante. Néanmoins, faute d'esclave pour satisfaire ses désirs et tenir sa maison, il trouve une jeune personne blanche et accorte, Françoise Elisabeth Retou, qui accepte de remplir auprès de lui ce double office. Elle est tout ensemble femme de charge et femme de plaisir. A près de soixante ans, il voudrait lui faire un enfant pour égayer sa vieillesse. Mais il craint d'en être incapable et regrette le bon temps de Saint-Domingue. Est-ce remords ou nostalgie ? Tant pis pour la dépense ! Soudain, en 1776, il rachète le petit Thomas Alexandre, le fait venir auprès de lui à Saint-Germain-en-Laye où il a élu domicile, et le reconnaît comme son fils naturel, sous le nom de Thomas Alexandre Davy de la Pailleterie. Séparé de ses frères et sœurs, lesquels n'ayant pas été réclamés par leur père, sont restés dans l'île, chez des étrangers, Thomas Alexandre jouit du bonheur de poser au vrai fils de famille auquel ne manquent ni l'instruction, ni la considération, ni les facilités pécuniaires. En 1784, le petit marquis et sa « femme de charge » s'étant transportés à Paris, il les accompagne et se plonge, à vingt-deux ans, dans les divertissements de la capitale. Impatient de s'amuser, il fréquente aussi bien les salons que les tripots. Sa haute stature – cinq pieds neuf pouces [1] –, son teint chaud de mulâtre, ses yeux de braise, l'élégance et l'agilité de ses mouvements, la réputation de puissance sexuelle attachée aux gens de couleur tournent la tête des Parisiennes en quête d'aventures exotiques. Son succès auprès d'elles exaspère nombre d'aristocrates qui refusent de voir en lui « un des leurs » et le traitent, derrière son dos, de « bâtard » et de « nègre ». Un jour qu'il se trouve en galante société dans une loge, à l'Opéra, un mousquetaire effronté veut entrer en conversation avec la dame qui l'accompagne. Comme elle lui fait remarquer qu'il la dérange et qu'elle n'est pas seule, il s'exclame : « Oh ! pardon, je prenais monsieur pour un laquais ! » Cinglé par l'injure, Thomas Alexandre empoigne l'insolent, et, le soulevant sans effort, le lance pardessus le rebord de la loge sur les spectateurs du parterre. Le duel est inévitable. Il a lieu, à l'épée. Le mousquetaire, blessé à l'épaule, n'insiste pas. Et la légende de l'intrépide et beau mulâtre s'enrichit d'un premier succès. Pour preuve de sa force physique, il s'amuse à introduire quatre doigts d'une main dans le canon de quatre fusils, à les brandir à bout de bras et à les tenir ainsi, devant lui, pendant quelques instants, à l'horizontale. On raconte aussi qu'il est excellent escrimeur, tireur d'élite, cavalier accompli, et qu'il lui arrive, par jeu, étant à cheval, de se

1. Soit un mètre quatre-vingt-six.

suspendre à une poutre du manège et de soulever sa monture entre ses jambes serrées en étau.

De telles dispositions devraient le conduire droit à l'armée. Il y songe depuis quelque temps déjà, mais ce qui précipite son choix, c'est, en 1786, la brusque décision de son père d'épouser, à soixante-douze ans, sa « femme de charge », qui en a trente-deux. Comme il ose reprocher au vieillard cette lubie ridicule et lourde de conséquences, celui-ci s'indigne d'être rappelé à l'ordre par un godelureau et lui coupe les vivres. Privé du jour au lendemain de ses moyens d'existence, Thomas Alexandre n'hésite plus et annonce à son géniteur qu'il va s'engager comme simple soldat. A cette idée, le petit marquis écume de colère : « A merveille, s'écrie-t-il. Mais, comme je m'appelle le marquis de la Pailleterie, que je suis colonel commissaire général d'artillerie, je n'entends pas que vous traîniez mon nom dans les derniers rangs de l'armée. Vous vous engagerez sous un nom de guerre ! » « C'est trop juste ! rétorque Thomas Alexandre. Je m'engagerai sous le nom de Dumas [1] ! »

Avec un sentiment de défi il revendique, ce jour-là, l'honneur de s'appeler comme sa mère, l'esclave noire. Son père ne le lui pardonnera jamais. Quatorze jours après que son fils lui a infligé cet affront, il dépérit et expire dans les bras de Françoise Elisabeth. « Par cette mort, écrira Alexandre Dumas, le dernier lien qui retenait mon père [Thomas Alexandre] à l'aristocratie se trouvait rompu [2]. »

Peu après l'enterrement, à la fin du mois de juin 1786, Thomas Alexandre rejoint, à Laon, le régiment des dragons de la reine. Sa vie en garnison est marquée par de joyeuses incartades et par des bagarres épiques avec les dragons du roi, dont la rivalité avec ceux de la reine est un traditionnel prétexte à querelles. La prise de la Bastille et

1. Alexandre Dumas : *Mes Mémoires.*
2. *Id., ibid.*

les désordres de Paris ne l'affectent pas outre mesure. Il songe même que, loin de lui nuire, cette révolution tant redoutée par la noblesse bouleversera peut-être les règles de la hiérarchie et facilitera son avancement. En août 1789, son régiment est, pour des raisons obscures, transféré à Villers-Cotterêts. Les dragons devant être logés chez l'habitant, Thomas Alexandre échoue à l'hôtellerie de l'Ecu de France, dont le patron, Claude Labouret, est commandant de la garde nationale de la localité. Mais il a, aux yeux du jeune homme, une particularité plus intéressante encore : sa fille, Marie-Louise, âgée de vingt ans à peine, est un modèle de beauté, de charme et d'esprit. De quoi faire perdre la tête au plus endurci des traîneurs de sabre. Elle, de son côté, est subjuguée par cet athlète basané qui dit avoir lu avec passion César et Plutarque, et prétend pouvoir porter trois hommes sur son dos. Malgré ce coup de foudre réciproque, Claude Labouret hésite à donner sa fille à un militaire sans fortune et sans avenir. Enfin, attendri par les supplications des deux amoureux, il se ravise mais pose une condition au mariage : que le prétendant fasse d'abord ses preuves dans l'armée et décroche au moins le grade de brigadier. Or, le brigadier est, à l'époque, un officier de haut rang, chargé du commandement d'une brigade. Il faut beaucoup de courage et d'entregent à un simple dragon pour accéder à cet échelon.

Aiguillonné à la fois par l'amour et par l'ambition, Thomas Alexandre se dépense si bien que, le 16 février 1792, il obtient ses premiers galons. Mais voici que la France déclare la guerre à l'Autriche. Excellente occasion pour Thomas Alexandre de démontrer sa valeur au combat. D'autant que les chefs révolutionnaires sont favorables aux carrières improvisées. Le fougueux Dumas se paie le luxe de faire prisonnier, à lui seul, treize chasseurs tyroliens. D'emblée, il est promu maréchal des logis. Encore un effort, encore un coup de chance, et le célèbre chevalier de Saint-Georges, féru d'idées républicaines et qui vient de lever une légion franche de cavalerie américaine, lui en offre spontanément la sous-lieutenance. Renchérissant sur cette récompense exceptionnelle, un autre colonel, Boyer, envisage de le nommer lieutenant sous ses ordres. Piqué au vif, le chevalier de Saint-Georges riposte en faisant miroiter devant Thomas Alexandre une promotion au grade de capitaine chez lui, puis il le prend carrément dans son état-major comme lieutenant-colonel. Cette ascension vertigineuse signifie avant tout pour l'intéressé qu'il est devenu un mari acceptable. Il se rue à Villers-Cotterêts, où Marie-Louise, en l'accueillant, verse des larmes de bonheur. De son côté, le père Labouret reconnaît que ce diable d'homme, qui franchit tous les obstacles avec l'aisance d'un pur-sang, mérite peut-être, en effet, d'épouser sa fille.

Le mariage a lieu le 28 novembre 1792, à la mairie de Villers-Cotterêts. Une cérémonie martiale et bâclée, avec comme témoins, pour Thomas Alexandre, le lieutenant-colonel Espagne et le lieutenant Bèze du 7e hussards et, pour Marie-Louise, Jean-Michel Deviolaine, inspecteur des Eaux et Forêts, et la dame Françoise Elisabeth Retou, veuve de Davy de la Pailleterie, mère du futur. Bien entendu, en ces temps de guerre, il n'est pas question de voyage de noces. Après une lune de miel expédiée, en dix-sept jours, à l'hôtellerie de l'Ecu de France, l'époux, dénouant l'étreinte des faibles bras qui le retiennent, doit rejoindre son régiment dans les Flandres. Il laisse à Marie-Louise davantage qu'un tendre souvenir : à peine l'a-t-il quittée qu'elle se découvre enceinte.

Loin d'elle, Thomas Alexandre poursuit sa fracassante carrière : le 30 juillet 1793, il est général de brigade ; encore un mois et il commande une division ; cinq jours plus tard, c'est toute l'armée des Pyrénées occidentales qui passe sous ses ordres. Entre deux promotions de son mari, la douce Marie-Louise a accouché d'une fille : Marie Alexandrine Aimée. Elle regrette de n'avoir pu lui offrir un fils du premier coup. Il accourt pour voir le bébé, embrasse sa femme et repart au bout de quatre jours, appelé par les devoirs de sa charge.

Cependant, ce guerrier farouche a du cœur et se veut équitable. Hostile, par principe, à la peine de mort, il refuse, à Bayonne, d'assister de sa fenêtre à l'exécution capitale de quelques aristocrates et ferme ostensiblement ses volets devant la foule qui murmure contre cet excès de sensibilité. Les sans-culottes le surnomment, par dérision, « Monsieur de l'Humanité ». Certains l'accusent auprès des autorités de coupable tolérance. Pour ne pas mécontenter davantage les patriotes bayonnais, on le transfère, l'année suivante, en Vendée, puis dans les Alpes. Là, entrant un jour dans le village de Saint-Maurice, il aperçoit, sur la place, une guillotine attendant son lot de victimes : quatre citoyens qui ont essayé de soustraire à la fonte obligatoire la cloche de l'église. Outré par cette sentence imbécile, le général Dumas ordonne de démonter la machine à couper les têtes et d'en faire du bois de chauffage pour le régiment. Après avoir signé le reçu que lui réclame le bourreau dépossédé de son instrument de travail, il libère les prisonniers. Ces gestes de mansuétude vont de pair chez lui avec un goût du risque qui stupéfie ses hommes. Il trouve autant de plaisir à chasser le chamois qu'à attaquer les Piémontais retranchés dans la montagne. Non content de reprendre à ceux-ci le mont Valaisan, il veut s'emparer, avec une poignée de soldats, du Mont-Cenis, dont les défenses sont réputées inexpugnables. Pour permettre à ses hommes d'escalader une paroi à pic, il fait confectionner trois mille crampons en acier qu'ils fixeront à leurs semelles. Avec trois cents volontaires, il parvient au sommet de la muraille rocheuse et, progressant sur la neige du plateau, rencontre une haute palissade. S'étant déroulée de nuit, dans un profond silence, l'opération n'a pas alerté les sentinelles ennemies. Mais les assaillants, exténués par leurs précédents efforts, éprouvent de la difficulté à franchir la barrière de pieux. Alors le général Dumas les empoigne l'un après l'autre par le fond de leur pantalon et le col de leur habit et les jette par-dessus l'obstacle. La neige amortit le bruit de la chute. Surpris dans leur sommeil, les Piémontais n'opposent qu'une faible résistance. Le Mont-Cenis est ainsi conquis sans coup férir, et la renommée d'astuce et de bravoure du général Dumas se voit une fois de plus reconnue. Les rapports de ses supérieurs sont élogieux. Rougier, commandant en premier à Briançon, écrit : « Dumas est infatigable, il est presque en même temps sur tous les points de son armée [...] Il a rossé les Italiens. La victoire ou la mort est son but. »

Cependant, la gloire de « Monsieur de l'Humanité » ne le met pas à l'abri des soupçons du Comité de salut public. Informé par des dénonciations de l'incident de la guillotine à Saint-Maurice, le terrible Collot d'Herbois convoque le général Dumas et lui enjoint de s'expliquer sur cette attitude « antipatriotique ». Malgré ses états de service, Thomas Alexandre risque le couperet. Il en sent déjà le froid sur sa nuque. Mais il est assez éloquent pour dissuader ses juges de le mettre à mort. La Convention se contente de le faire valser d'un régiment à l'autre, par crainte, sans doute, qu'il ne prenne trop d'ascendant sur la troupe.

En 1794, après avoir reçu quatre affectations successives en un an, il est tellement excédé par cette série de « commandements factices », d'intrigues sourdes et de querelles d'état-major, qu'il donne sa démission et se retire à Villers-Cotterêts dans la famille de sa femme. Pendant huit mois il rumine ses désillusions et souffre de son inaction et de sa quiétude. Soudain, le 5 octobre 1795, c'est l'éclaircie. La Convention le rappelle d'urgence à Paris. On a besoin d'un homme à poigne pour écraser l'agitation royaliste qui se manifeste dans la capitale. Tout heureux de reprendre le combat pour la bonne cause, il essuie les larmes de sa femme, brusque les adieux et se présente, le 14 octobre, pour offrir son épée aux défenseurs de l'ordre républicain. Trop tard ! La veille, un jeune général inconnu, Napoléon

Buonaparte, l'a gagné de vitesse et s'est illustré en mitraillant les « opposants » devant l'église Saint-Roch. La Convention est sauvée, mais la place de commandant de l'armée de l'intérieur revient au triomphateur de l'émeute, un Corse que l'on dit ambitieux.

Déçu, Thomas Alexandre se console de ce contretemps en allant batailler dans les Ardennes et sur le Rhin. En février 1796, il prend un congé pour assister à la naissance de sa seconde fille, Louise Alexandrine, conçue l'année précédente lors de sa retraite à Villers-Cotterêts, et repart avec la satisfaction d'avoir accompli son devoir aussi bien à l'arrière qu'à l'avant. Hélas ! de complexion chétive, l'enfant mourra l'année suivante. Dès octobre 1796, Thomas Alexandre a retrouvé sa chère armée des Alpes, mais, cette fois, il est sous les ordres de Bonaparte qui, entretemps, a francisé son nom en faisant sauter le « u » de consonance trop italienne.

Les exploits de « l'ancien » de trente-quatre ans amusent « le nouveau » qui en compte vingt-sept. Le premier est d'abord stratège, le second d'abord sabreur. Ils se complètent, tout en se jalousant. Alors que Bonaparte collectionne les victoires et grandit dans la faveur populaire, Thomas Alexandre frappe l'imagination par ses actions d'éclat. Tantôt il prend six drapeaux à l'ennemi ; tantôt il déjoue les plans des Autrichiens en interrogeant adroitement un espion, ce qui permet aux Français de se couvrir de gloire à Rivoli ; tantôt il remporte, à la tête de ses troupes, la bataille de la Favorite contre le grand Wurmser. Il a eu, lors de cette affaire, deux chevaux tués sous lui. On l'a cru mort. Mais son étoile lui vaut d'être indestructible. L'année suivante, se trouvant dans le Tyrol, il arrête à lui seul tout un escadron autrichien sur le pont de Clausen. L'exiguïté du passage ne permettant pas aux cavaliers ennemis de se déployer, il les affronte et les sabre, deux par deux, au fur et à mesure de leur arrivée jusqu'à lui. Il se tire de ces duels successifs avec trois blessures et sept balles perdues dans son manteau. Les Autrichiens le surnomment *Schwarz Teufel*, « le Diable Noir ». Conscient d'avoir là un bon serviteur de sa politique de conquête, Bonaparte l'appelle en Italie et le nomme gouverneur de la province de Trévise. Bien que plus familier des coups de main que de l'étude des dossiers, le général Dumas se révèle un si attentif et si scrupuleux administrateur que la municipalité de Trévise lui offre trois cents francs par jour pour ses dépenses et que les habitants de la ville le saluent comme leur bienfaiteur et leur ami. Après la signature de la paix de Campoformio, le 18 octobre 1797, il demande un congé et rejoint sa famille à Villers-Cotterêts, où il est accueilli en héros.

Est-ce la fin de l'épopée ? Non ! Déjà Bonaparte, l'insatiable, prépare l'expédition d'Orient. Il songe au général Dumas pour commander la cavalerie et le mande immédiatement à Toulon. Celui-ci, flairant une nouvelle et brillante aventure, accourt. Bonaparte le reçoit dans sa chambre à coucher. Il est au lit avec Joséphine, tournée vers la ruelle et dont il tapote le derrière en parlant. Elle pleurniche parce que son mari refuse de l'emmener en Egypte. Goguenard et tendre à la fois, Bonaparte interroge son visiteur : « Est-ce que vous emmenez votre femme, vous, Dumas ? – Ma foi non, répond Thomas Alexandre. Je crois qu'elle m'embarrasserait fort ! – Si nous sommes là pour quelques années, concède Bonaparte, nous ferons venir nos femmes. Dumas, qui ne fait que des filles et moi qui n'en fais même pas, nous ferons tout ce que nous pourrons pour faire chacun un garçon [1]. » Et il applique une claque amicale sur l'épaule de son compagnon d'armes.

Sur la terre d'Afrique, comme lors de ses précédentes campagnes, le général Dumas se dépense sans compter. Quel que soit l'adversaire désigné, il l'affronte avec la même ardeur. Autrichiens, Anglais, Arabes, où est la diffé-

---

1. Alexandre Dumas : *Mes Mémoires*.

rence ? Cependant, à la longue, cette expédition à travers les sables lui paraît absurde et même inutile. En approchant du Caire, l'armée souffre de soif et de faim. Certains officiers se demandent ce qu'ils sont venus chercher dans cette contrée inhospitalière. Un soir, Thomas Alexandre réunit sous sa tente quelques généraux autour de trois misérables pastèques et ose dire à haute voix qu'il réprouve une conquête aussi périlleuse que coûteuse, déclenchée pour servir l'ambition d'un seul homme. Bien entendu, ces propos sont rapportés à Bonaparte. Après la bataille des Pyramides et l'entrée en fanfare des Français dans Le Caire, il convoque Dumas et lui reproche de s'employer à démoraliser la troupe. Reconnaît-il les faits ? Fière réponse de l'accusé : « Oui, j'ai dit que pour la gloire et l'honneur de la patrie je ferais le tour du monde, mais que, s'il ne s'agissait que de votre caprice, à vous, je m'arrêterais dès le premier pas ! » Bonaparte accuse le coup sans sourciller, mais murmure : « Aveugle qui ne croit pas en ma fortune ! » A l'instant où il quitte le Corse intraitable, Thomas Alexandre devine qu'il vient de se faire un ennemi pour toujours. Le dégoût, la tristesse lui ôtent le désir de continuer à servir sous les drapeaux. Toutefois, il a un regain d'énergie en apprenant le soulèvement d'une partie de la population arabe contre l'occupation française. Sautant sur un cheval, il charge la foule, sabre au clair, jusqu'à l'intérieur de la grande mosquée où se sont réfugiés les derniers rebelles. Après quoi, il retombe dans une sombre apathie et ne rêve plus que de rentrer en France. Ayant longtemps hésité à se séparer de lui, Bonaparte finit par souscrire à sa demande de congé.

Thomas Alexandre embarque, le 3 mars 1799, sur *La Belle Maltaise* à destination de la France. Au milieu de la traversée, une forte tempête assaille le bateau, qui, faisant eau de toutes parts, doit se réfugier dans le port le plus proche, à Tarente, en Calabre. Or, la guerre vient de reprendre entre la France et le royaume de Naples. Débarquant sans le savoir en territoire ennemi, les passagers sont immédiatement internés. Pendant deux ans, le général Dumas, tour à tour accablé et furieux, subit les mauvais traitements de ses geôliers. A plusieurs reprises, ils tentent de l'empoisonner. L'arsenic mêlé à ses aliments occasionne chez cet homme, qui jusque-là ignorait la maladie, des troubles intestinaux et des vomissements, suivis d'une surdité de l'oreille droite. Sous prétexte de le soulager par une saignée, un médecin lui sectionne un nerf du pied. Seul un furieux instinct vital retient le général Dumas de se suicider dans son cachot. Enfin, le 5 avril 1801, à la faveur d'un armistice, il est échangé contre le fameux général Mack qui avait été prêté par l'empereur d'Autriche aux Napolitains. Son état est tellement pitoyable qu'il se demande si ses proches le reconnaîtront.

C'est un invalide hargneux, estropié de la jambe droite, à demi sourd et l'estomac démoli, qui arrive, clopin-clopant, le 1er mai 1801, à Villers-Cotterêts. Avec un étonnement mélancolique, il constate que sa femme est toujours aussi fraîche et jolie, que sa fille a déjà huit ans, que ses beaux-parents s'échinent à faire marcher l'hôtellerie de l'Ecu de France dans un pays appauvri par les guerres successives et que tout le monde, autour de lui, accepte sans réticence l'autorité de ce remuant petit Bonaparte, devenu Premier Consul. Délesté de son argent pendant sa captivité et n'ayant pas touché sa solde depuis deux ans, Dumas ne doute pas que son passé rayonnant et ses malheurs présents lui vaudront de substantielles compensations. Il adresse lettre sur lettre à ses amis généraux et aux bureaux de l'armée. Peine perdue. Bonaparte lui garde une dent pour s'être permis de critiquer la folle expédition d'Egypte. Comme le médecin-chef Desgenettes, ayant examiné le général Dumas, certifie que celui-ci est très épuisé par les épreuves endurées au service de la France et qu'il mérite une aide de l'Etat, le Premier Consul lui répond : « Puisque vous me dites que sa santé ne lui permettra plus de coucher six semaines sur le sable ou dans une peau d'ours, je n'ai plus besoin de lui dans la cavalerie[1]. » En désespoir de cause, Thomas Alexandre ravale son orgueil et écrit directement à Berthier, ministre de la Guerre, et à Bonaparte pour leur rappeler ses exploits, son dénuement et ses droits à la reconnaissance nationale. Les deux lettres restent sans réponse. En juin 1802, bien qu'à peine ingambe, il demande officiellement à reprendre sa place dans l'armée. Cette fois, Bonaparte, agacé par tant d'insistance, lui propose d'aller mater les Noirs de Saint-Domingue, qui, sous les ordres d'un certain Toussaint Louverture, se sont révoltés contre les autorités françaises. Suffoqué d'indignation, Dumas réplique : « Citoyen Consul, vous oubliez que ma mère était une négresse. Comment pourrais-je vous obéir ? Je suis d'origine nègre. Je n'irai pas apporter la chaîne et le déshonneur à ma terre natale et à des hommes de ma race[2]. »

Tandis qu'il se débat contre l'ingratitude d'un chef implacable, Marie-Louise, de nouveau enceinte, se prépare à accoucher. Pourvu que ce soit un fils ! Quelques semaines auparavant, elle a assisté à un spectacle de Polichinelle qui l'a bouleversée. Dans cette farce, le diable, nommé Berlick, avait la face noire, une longue queue, la langue écarlate et ne s'exprimait que par grognements. Ne pouvant oublier cette vision, Marie-Louise craint maintenant que son enfant ne ressemble au monstre qui l'a fascinée. Le jour de l'accouchement – 24 juillet 1802 –, la sage-femme constate que le nouveau-né est à demi étranglé par le cordon ombilical. Lorsqu'il apparaît enfin entièrement dégagé, il a le teint violet, presque noir, et pousse d'affreux borborygmes. Epouvantée, la mère gémit : « Berlick ! Berlick ! » Le docteur Lécosse, accouru entre-temps, la rassure : il ne s'agit

1. Cf. André Maurois : *Les Trois Dumas* et Daniel Zimmermann : *Alexandre Dumas le Grand.*
2. Cf. Daniel Zimmermann : *ibid.*

nullement d'un diable noir, mais d'un solide garçon de neuf livres, au teint clair et à la voix perçante. De quoi satisfaire les parents les plus difficiles ! Ayant déclaré l'enfant à la mairie sous le prénom d'Alexandre, le père comblé écrit à son vieux camarade le général Brune pour lui annoncer l'événement et lui demander d'être parrain. Il ajoute en post-scriptum : « Je rouvre ma lettre pour te dire que le gaillard vient de pisser par-dessus sa tête. C'est de bon augure, hein ? » Malgré cette joyeuse boutade, Brune hésite à accepter l'honneur qu'on lui propose. Sans doute redoute-t-il que son rapprochement avec la famille Dumas ne soit mal interprété par le très sourcilleux Bonaparte. Prudent, il commence par se récuser sous divers prétextes. Puis, comme Thomas Alexandre insiste, on trouve un compromis : tout en étant parrain en titre, Brune donne une procuration au grand-père maternel Claude Labouret qui se chargera, lui, de tenir le bébé sur les fonts baptismaux.

La sœur du petit Alexandre, Aimée, étant pensionnaire dans un collège parisien, le général Dumas concentre toute son attention et toute son affection sur ce fils qui lui est venu tardivement. Il s'émerveille de sa peau couleur de lait et de ses yeux bleus. Le quart de sang noir qui coule dans les veines de l'enfant ne se révèle que par de beaux cheveux sombres qui commencent à se crêper. Dès son plus jeune âge, il voue à son père une véritable adoration. Au fil des années, il admire davantage la prestance et la force de cet homme presque quadragénaire, qui, bien que diminué par la maladie, soulève les objets les plus lourds tels des fétus de paille. Des heures durant, suspendu aux lèvres du général, il l'écoute parler d'un passé de violence et de réussite. Ses contes de fées à lui sont des récits de combats. Son rêve est de ressembler un jour au surhomme dont il porte le nom.

Cependant, le général Dumas, ayant été mis à la retraite d'office par le Premier Consul à la suite de son refus d'aller rétablir l'ordre esclavagiste à Saint-Domingue, doit maintenant réduire ses dépenses et ne plus compter pour vivre que sur ses économies. Heureusement qu'il a un peu d'argent de côté. Cela lui permet de louer le château des Fossés, près de Villers-Cotterêts, et de s'y installer avec sa famille. Malgré les restrictions, il emploie quatre domestiques, une cuisinière, un jardinier, un garde et un valet de chambre noir, Hippolyte, simple d'esprit, mais dévoué et vigoureux. Quand il ne joue pas avec Hippolyte, le fils du maître de maison chevauche le grand chien Truffe en s'imaginant être, comme son père, un général de cavalerie. Bientôt, la santé de celui-ci décline encore. Il se figure qu'il guérira de son mal en changeant d'horizon et quitte le château des Fossés pour un modeste pavillon situé à Antilly. Mais le dépaysement ne suffit pas à conjurer le mal. En 1805, il se résout à aller consulter à Paris le fameux docteur Corvisart. L'idée de la mort ne le lâche plus. Il compte profiter du voyage pour présenter sa femme et son fils à quelques amis influents afin de procurer à l'enfant de solides protecteurs pour le cas où il viendrait à disparaître prématurément.

A peine arrivé dans la capitale, il se rend chez le médecin, écoute avec scepticisme ses propos lénifiants et conclut, à part soi, qu'aucun remède ne pourrait le sauver. Peu après, Murat et Brune acceptent de venir déjeuner chez lui. L'Empire a été proclamé par le Sénat l'année précédente et les deux invités de Thomas Alexandre sont à présent maréchaux. Mais le général perclus et oublié est plus fier de son passé qu'envieux de leur avenir. Il leur expose ses embarras pécuniaires, son délabrement physique et leur recommande de veiller sur les êtres chers qu'il laissera derrière lui. Brune se montre compréhensif et même cordial, mais Murat se tient sur la réserve. Cependant, l'un et l'autre promettent d'aider, si nécessaire, la veuve et les orphelins de leur ancien compagnon d'armes. Pour égayer un peu cette réunion morose, Dumas suggère à son fils de galoper autour de la table, à califourchon sur le sabre de Brune et la tête coiffée du chapeau de Murat. Tout le monde rit, mais la gêne persiste. On se croirait à un repas de funérailles.

Par ailleurs, le général Dumas a sollicité, à tout hasard, une audience au nouvel empereur pour lui exprimer sa parfaite allégeance et tenter d'obtenir ainsi son retour en grâce. L'audience lui ayant été sèchement refusée, il regagne, mortifié, son pavillon d'Antilly. Puis, incapable de rester en place, il se transporte de nouveau, avec femme et enfant, à Villers-Cotterêts. Ses beaux-parents, ayant dû vendre leur hôtellerie de l'Ecu de France, se sont installés comme locataires dans des chambres de l'hôtel de l'Epée. Il les y rejoint avec le sentiment que ce sera son ultime refuge. Un ulcère incurable lui ronge les entrailles. Néanmoins, un jour d'octobre 1805, il trouve assez de force pour se rendre, avec son fils âgé de trois ans, au château voisin de Montgobert. Introduits dans un boudoir tendu de cachemire, ils y découvrent une femme jeune et belle, allongée sur un sofa. C'est la sœur de Bonaparte, Pauline Borghèse, séparée de son mari. Coquette, elle fait asseoir le général Dumas à son côté, pose les pieds sur ses genoux et joue du bout de sa pantoufle avec les boutons d'habit du visiteur. L'enfant gardera toute sa vie le souvenir de ce couple mythique : « Ce pied, cette main, cette délicieuse petite femme blanche et potelée près de cet Hercule mulâtre toujours beau et puissant malgré ses souffrances, faisaient le plus charmant tableau qui se puisse voir [1]. » Les sons d'un cor de chasse qui se rapprochent accentuent l'étrangeté de la scène. Un cerf, poursuivi par les chiens, va sûrement débucher dans l'allée. Cela vaut le coup d'œil ! Mais la princesse se dit trop lasse pour marcher jusqu'à la fenêtre et invite le général Dumas à la porter. Tout heureux de pouvoir prouver sa robustesse, il la soulève dans

---

1. Alexandre Dumas : *Mes Mémoires.*

ses bras, traverse la pièce sans broncher, se plante devant la croisée et y reste à l'affût pendant cinq bonnes minutes. Ayant aperçu le cerf et salué les chasseurs en agitant son mouchoir, Pauline Borghèse se fait rapporter sur le sofa et prie Thomas Alexandre de reprendre sa place auprès d'elle. Quelle fut la récompense du galant mulâtre ? « Je ne sais plus ce qui se passa derrière moi, écrira Alexandre Dumas dans ses *Mémoires*. J'étais tout entier à ce cerf qui venait de franchir cette allée, à ces chiens, à ces chasseurs ; tout cela était autrement intéressant pour moi que la princesse. »

Grand chasseur lui-même, le général Dumas voudrait, une fois encore au moins, monter à cheval dans la forêt de Villers-Cotterêts. Ce qui tempère son ardeur, c'est la crainte de ne pouvoir se tenir en selle pendant plusieurs heures d'affilée. L'année suivante pourtant, il tente l'expérience. Il revient de son équipée grelottant et les reins brisés. On le met au lit, malgré ses protestations. Il délire. « Oh ! s'écrie-t-il, faut-il qu'un général qui, à trente-cinq ans, a commandé en chef trois armées, meure à quarante-cinq, dans son lit, comme un lâche ! Ô mon Dieu ! mon Dieu ! que vous ai-je donc fait pour me condamner si jeune à quitter ma femme et mes enfants [1] ? »

Le lendemain, 26 février 1806, il demande un prêtre, se confesse, appelle sa femme et, peu avant minuit, se tournant vers elle, rend le dernier soupir. Quelques heures plus tôt, pour éviter au petit Alexandre une scène pénible, on l'a conduit hors de la maison, chez son oncle Fortier. L'enfant dort profondément dans la chambre qu'il partage avec sa cousine Marie-Anne lorsque tous deux sont éveillés en sursaut par un grand coup frappé à la porte. Bondissant au bas du lit, Alexandre se précipite.

« Où vas-tu ? crie Marie-Anne.

— Tu vois bien, répond-il, je vais ouvrir à papa qui vient nous dire adieu ! »

1. Alexandre Dumas : *Mes Mémoires*.

Et, tandis qu'elle le recouche de force, il continue de gémir : « Adieu, papa ! Adieu, papa ! » Néanmoins, sa fatigue est telle qu'il finit par s'assoupir, des sanglots plein la gorge. Le lendemain, on lui annonce l'atroce vérité :

« Mon pauvre enfant, ton papa qui t'aimait tant est mort...

— Mon papa est mort ? réplique-t-il. Qu'est-ce que cela veut dire ?

— Cela veut dire que tu ne le verras plus.

— Et pourquoi ne le verrai-je plus ?

— Parce que le bon Dieu l'a repris.

— Pour toujours ?

— Pour toujours.

— Et où demeure-t-il, le bon Dieu ?

— Il demeure au ciel. »

Le visage du petit Alexandre se ferme. Il ne dit plus mot. Mais, profitant d'un moment d'inattention des grandes personnes, il quitte la maison de son oncle, bondit chez sa mère, se faufile dans le réduit où on range les armes, saisit le fusil à un coup de son père et monte l'escalier. Sur le palier du premier étage, il se heurte à sa mère qui sort, en larmes, de la chambre mortuaire.

« Où vas-tu ? demande-t-elle.

— Je vais au ciel.

— Et qu'y vas-tu faire, au ciel, mon pauvre enfant ?

— J'y vais tuer le bon Dieu qui a tué papa ! »

Marie-Louise le serre dans ses bras à l'étouffer et soupire : « Oh ! ne dis pas ces choses-là, mon enfant ! Nous sommes déjà bien assez malheureux [1] ! »

---

1. Alexandre Dumas : *Mes Mémoires.*

II

Adieux à l'enfance et à l'Empire

Même quand son mari était gravement malade, Marie-Louise avait l'impression d'être protégée. Depuis la disparition du général, elle se découvre si seule et si désemparée qu'elle ne sait plus vers qui se tourner pour reprendre courage. Totalement démunie de ressources et de conseils, elle s'adresse d'abord aux anciens compagnons d'armes du défunt. Mais, malgré leur bonne volonté, Brune, Murat, Augereau, Lannes, Jourdan ne peuvent lui obtenir la modeste pension qu'elle réclame. Alors, elle se rend à Paris et sollicite une audience de l'Empereur. Napoléon refuse de la recevoir. Marie-Louise accuse le coup. Ayant dû, faute de moyens, retirer sa fille, Aimée, de l'établissement où elle était pensionnaire et ne sachant comment assurer l'éducation de son fils, elle rentre à Villers-Cotterêts et s'installe, avec ses deux enfants, dans le logement que ses parents ont loué naguère à l'hôtel de l'Epée. Entre-temps, sa mère est morte et son père a beaucoup vieilli. Il n'en accepte pas moins de consacrer ses derniers sous à entretenir la veuve et les orphelins.

En vérité, le petit Alexandre ne souffre guère de ce nouveau deuil et de cette gêne accrue. Le manque de confort est largement compensé pour lui par la tendresse de son entourage. S'il a perdu un père et une grand-mère, il peut compter sur sa mère qui lui est aveuglément dévouée, sur ses deux cousines Fortier, Marie-Anne et Marie-Françoise, et sur la fille de Mme Darcourt, Eléonore, qui, âgée de vingt-cinq ans, est, à ses côtés, une attentive et douce gouvernante.

En outre, de loin en loin, les Dumas se transportent pour un bref séjour d'agrément dans la propriété des Deviolaine, dont le chef de famille, Jean-Michel, est cousin par alliance de Marie-Louise. Ses fonctions d'inspecteur des forêts de Villers-Cotterêts font de lui un des personnages les plus importants de la région. S'ils ne lui appartiennent pas en propre, d'immenses territoires boisés sont soumis à sa loi. Ebloui par son titre, Alexandre voit en cet homme mystérieux une sorte de génie sylvestre, vieux comme un arbre, rugueux comme une écorce, mais dispensateur d'une ombre bienfaisante. Chacun, dans la maison, tremble devant ce patriarche autoritaire à la voix de trompette. Il critique tout le monde et distribue des ordres comme d'autres distribueraient des sourires. On l'a surnommé « le Père Fouettard ». Très différent de ce tyran domestique apparaît un autre protecteur de la famille Dumas, Jacques Collard, dont l'humeur égale et l'indulgence sont d'un honnête homme proche de la sainteté. Il est l'ami intime de Jean-Michel Deviolaine (qui lui ressemble si peu) et l'a été, autrefois, du général Dumas. Sans hésiter, il a accepté d'être le tuteur légal d'Alexandre. C'est avec joie qu'il accueille l'enfant et la mère dans son petit château de Villers-Hélon. Mais il entend que ces vacances soient à la fois divertissantes et studieuses et, pour inciter son pupille à la réflexion, il lui met entre les mains une superbe bible. Alexandre s'intéresserait peut-être à ces histoires édifiantes, s'il n'y avait autour de lui tant d'enfants délurés et joueurs. En effet, son hôte a un fils et trois filles, auxquels viennent s'ajouter les rejetons des Deviolaine. Cela crée un joyeux va-et-vient de culottes et de jupons. Alexandre en a la tête tournée. Il estime qu'il n'y aura jamais trop de présences féminines autour de lui pour le distraire et l'instruire. Quel professeur pourrait rivaliser avec sa mère quand il s'agit d'apprendre à lire en suivant du doigt les lignes d'un livre de Buffon illustré de gravures en couleurs ? Parfois aussi, il entend d'une oreille distraite les grandes personnes évoquer entre elles un lointain passé familial. A son âge, peu lui importe que Mme Collard soit une fille de Mme de Genlis et de ce Philippe Egalité qui a voté, à la Convention, la mort de Louis XVI ; et pourquoi serait-il heureux d'apprendre que le jardin des Deviolaine donne sur un parc où se sont promenées jadis la duchesse d'Etampes, Diane de Poitiers, Gabrielle d'Estrées... A six ans, la seule chose qui compte pour lui, c'est la minute présente, les personnes présentes, les occasions présentes. Tout lui est prétexte à rire et à gambader. Pourtant, il lui arrive, entre deux parties de cache-cache, de chercher à s'instruire un peu. Il avale avec passion *Robinson Crusoé*, s'initie à l'Antiquité en lisant les *Lettres à Emilie sur la mythologie*, ouvrage didactique, en vers et en prose, d'Albert Demoustier, et une *Mythologie de la jeunesse*, mais témoigne d'une totale aversion pour l'arithmétique. Son entourage est inquiet de sa répugnance à pactiser avec les chiffres et émerveillé par son agilité dans la course à pied. N'est-ce pas, se demande-t-on, son ascendance noire qui lui donne cette aisance de mouvement quasi animale ? Un maître d'école, M. Oblet, tente en vain de le pousser dans les études. Tout ce qu'il obtient, c'est de l'éveiller aux plaisirs de la calligraphie. Bientôt les pleins et les déliés, les ornements, les boucles, les rosaces n'ont plus de secret pour son jeune disciple. Afin de convaincre Marie-Louise de l'importance d'une belle écriture dans la carrière d'un homme, Oblet lui affirme que tous les malheurs de Napoléon s'expliquent par le fait que, les gribouillages de l'Empereur étant illisibles, ses maréchaux se trompaient souvent en interprétant ses ordres à leur façon.

Soucieuse de donner à son fils une éducation digne du glorieux général dont il porte le nom, Marie-Louise sacrifie également dix francs par mois pour lui faire apprendre le violon. Mais, au bout de quelques semaines, le professeur, M. Hiraux, excédé par la mauvaise volonté de son élève, renonce à voler l'argent d'une pauvre mère et déserte la maison où il n'a entendu que trop de fausses notes. Il est remplacé par un maître d'armes, le père Mounier, qui, malgré une intempérance chronique, a encore l'œil rapide et la main sûre. Très vite, Alexandre s'enthousiasme pour cet exercice viril. Devenu de première force, pour un enfant, à l'épée et au sabre, il ne rêve que d'en découdre avec des ennemis imaginaires. Ces velléités belliqueuses ne l'empêchent pas de trembler de peur à la vue d'une couleuvre, ou même d'un crapaud, dans le jardin des Deviolaine, d'être pris de vertige dès qu'il grimpe à un arbre et de subir, la nuit, des crises de larmes sans cause. Serait-il poltron ? se demande sa mère. Quel déshonneur pour le fils du général Dumas ! Elle se reproche de le choyer trop tendrement, mais, avec une radieuse inconséquence, exige qu'il dorme dans la même chambre qu'elle, et plus exactement dans la « même alcôve ». Elle n'est vraiment rassurée que lorsqu'elle entend, dans le noir, la respiration égale de son enfant, couché tout près. De son côté, Alexandre apprécie le plaisir, à la fois voluptueux et apaisant, de cette présence féminine dans un lit jumeau. Il s'assoupit, baigné par la chaleur et le parfum de sa mère. Cela lui donne force et confiance pour les épreuves inévitables de l'avenir.

Marie-Louise a déménagé depuis peu de l'hôtel de l'Epée et habite maintenant, avec lui, dans un petit logement de la rue de Lormet, non loin de la maison où il a vu le jour. Elle voudrait lui faire attribuer une bourse dans un lycée impérial. Napoléon doit bien cette faveur au fils d'un homme qui a si valeureusement combattu sous ses ordres. Mais l'Empereur ne se soucie ni de la veuve ni de l'orphelin d'un général qui a osé jadis lui reprocher l'expédition d'Egypte. On est en 1812 et Sa Majesté vient d'entreprendre la campagne de Russie, destinée, dit-on, à assurer l'hégémonie de la France sur toute l'Europe. Ce n'est pas le moment d'ennuyer le chef de l'Etat avec des suppliques secondaires !

Par chance, un cousin de Marie-Louise, l'abbé Conseil, qui vient de mourir, lui a laissé en héritage quinze cents francs et l'offre d'une bourse au séminaire de Soissons. Malgré sa répugnance à se séparer de son fils, elle décide que l'éducation de l'enfant vaut bien le sacrifice de leurs nuits passées côte à côte et se prépare vaillamment à le laisser partir. Or, Alexandre se rebiffe. Non parce qu'il refuse de dormir loin de sa mère, mais parce qu'il a une horreur atavique des curés. Pour rien au monde, déclare-t-il catégoriquement, il n'ira s'enfermer parmi les soutanes. Face à ce gamin de dix ans qui a l'autorité d'un chef de famille, Marie-Louise, bouleversée, croit entendre son mari trop tôt disparu. Ravalant ses larmes, elle tente de fléchir la volonté du gamin. Les tractations durent des semaines. Enfin, Alexandre cède à regret aux arguments de sa mère et, comme preuve de son obéissance, il lui demande douze sous pour s'acheter un encrier. Dans le magasin où il va faire cette emplette de première nécessité, il se heurte à une ancienne compagne de jeux, Cécile Deviolaine, qui a des manières de garçon manqué et toujours la moquerie à la bouche. En apprenant qu'il compte devenir séminariste, elle le raille sur la brillante carrière ecclésiastique qui l'attend au bout de ses études. Indigné par ces sarcasmes, il n'en regrette pas moins de s'être laissé imposer une solution si contraire à son tempérament : entrer au séminaire, c'est renoncer aux filles ! Une telle privation est-elle possible pour un homme normal ? Plantant là Cécile interloquée, il se précipite dehors, achète du pain et du saucisson avec les douze sous destinés à l'encrier et court se réfugier dans la forêt, auprès d'un certain Boudoux, qui gîte là, dans une hutte, et dispute sa nourriture aux chiens dont on lui a confié la garde. Sorte d'homme des bois, crasseux et inculte, vivant de braconnage et de rapines, Boudoux accueille avec joie ce jeune visiteur inattendu. Sans lui demander les raisons de sa fugue, il l'initie aux secrets des bêtes et des arbres de son domaine. Après trois jours de cohabitation avec cet ermite pouilleux, Alexandre a appris à attraper les oiseaux à la glu et les lièvres au collet. Mais il s'est avisé aussi de l'inquiétude où il a plongé sa mère en disparaissant soudain de la maison. Saisi d'un remords tardif, il retourne auprès d'elle. Trop heureuse de le retrouver sain et sauf, Marie-Louise l'embrasse avec emportement, lui pardonne son escapade et renonce à l'envoyer chez les curés.

Il ira au collège privé de Villers-Cotterêts, dont le directeur, l'abbé Grégoire (on ne peut décidément se passer d'abbés dans l'enseignement !), a la réputation d'avoir du bon sens et de la culture. Certes, de l'avis unanime, le caractère entier du garçon ne le prédispose pas à la vie communautaire. Mais sa mère espère qu'il s'amendera au contact de ses camarades. « A l'âge que j'avais, reconnaîtra Alexandre Dumas, je n'étais pas très aimé des autres enfants de la ville ; j'étais vaniteux, insolent, rogue, plein de confiance en moi-même, rempli d'admiration pour ma petite personne, et cependant, avec tout cela, capable de bons sentiments quand le cœur était mis en jeu aux lieu et place de l'amour-propre ou de l'esprit.[1] »

Pour l'entrée de son fils au collège, Marie-Louise a fait tailler dans une ancienne redingote du grand-père « un habit café-au-lait tout chiné de points noirs » dont elle est persuadée qu'il impressionnera son entourage scolaire. Alexandre en est moins sûr et son appréhension est vite justifiée. Malgré la discipline très stricte de l'école, les « anciens » soumettent le « nouveau » à une humiliante brimade : à son entrée dans la cour, ils pissent sur lui du

1. Alexandre Dumas : *Mes Mémoires*.

haut d'un rempart de tonneaux. Arrosé d'urine et vociférant de rage, Alexandre affronte à coups de poing le meneur de la bande nommé Bligny. Celui-ci se prépare à infliger une correction au novice. Mais Alexandre, plus vif que son adversaire, le met rapidement en fuite. En se sauvant, Bligny laisse tomber un livre. Alexandre s'en saisit et l'emporte comme prise de guerre. Resté seul, il feuillette l'ouvrage. C'est un grave traité sur les méfaits de l'onanisme, par le docteur Tissot. Dès son retour à la maison, Alexandre exhibe fièrement le trophée à sa mère. Par précaution, elle le lui confisque. « Deux ans après, je le retrouvai et le lus, écrira-t-il. Si cette lecture eût eu lieu le jour de ma victoire, elle eût été inutile, parce qu'elle eût été incomprise. Deux ans plus tard, elle fut providentielle [1]. » En effet, selon le savant M. Tissot (et comment ne pas le croire ?), la masturbation provoque, chez les malheureux qui s'y adonnent, l'impuissance, la stérilité, la surdité et enfin la mort par épuisement. Menacé de tous ces maux par un spécialiste de la question, Alexandre n'usera que modérément des plaisirs solitaires. Très tôt, des femmes compatissantes l'aideront à satisfaire ses moindres pulsions sexuelles.

Friand, dès son âge le plus tendre, des intrigues d'amour, il suit avec curiosité le comportement de sa grande sœur, Aimée, qu'un jeune contrôleur des contributions directes, Victor Letellier, voudrait épouser bien qu'elle soit sans dot. Coquetterie ou peur de l'aventure matrimoniale ? Elle hésite à dire oui. Sa mère est également réticente. Pour gagner les bonnes grâces de la famille, Victor Letellier offre à celui qu'il considère déjà comme son futur beau-frère un pistolet de poche. Aussitôt, Alexandre trouve au prétendant les plus exquises qualités. Ravi du cadeau, il décharge son arme sur tout ce qui passe à sa portée. Bien que veuve d'un général, Marie-Louise ne supporte pas les coups de

1. Alexandre Dumas : *Mes Mémoires.*

feu et veut enlever au gamin ce pétard ridicule avec lequel il risque de se blesser. Alexandre refuse d'obtempérer. Alors, sa mère, exaspérée, charge le garde champêtre Tournemolle de désarmer le forcené, devenu la terreur des lapins, des poules et des pigeons du voisinage. Au cours d'une brève empoignade, Tournemolle parvient à s'emparer du pistolet, tandis que le garçon s'étrangle dans une bordée d'injures. « Ce fut une grande honte pour moi que ce désarmement, écrira-t-il, honte à laquelle ne purent faire diversion les graves nouvelles qui arrivèrent le lendemain [1]. »

Ces « graves nouvelles » sont, en effet, de nature à secouer de fond en comble la vie d'un pays habitué aux succès de la Grande Armée : conspiration de Malet contre l'Empire, exécution des coupables, abandon de Moscou, déshonorante et harassante retraite de Russie, retour, tête basse, de Napoléon aux Tuileries. Mais déjà l'Aigle, bien que déplumé, reprend son vol, et c'est la campagne d'Allemagne avec ses alternatives de victoires et de défaites, tout aussi coûteuses les unes que les autres. Après avoir accepté les dangers de la guerre pour son mari, le général Dumas, Marie-Louise les redoute pour son fils, Alexandre. Elle ne lui a pas fait arracher des mains un pistolet pour qu'on lui fourre un fusil à la place. Déjà des gamins de seize ans sont appelés sous les drapeaux et envoyés en première ligne. Que les hostilités se prolongent quatre années encore, et ce sera le tour d'Alexandre ! En secret, Marie-Louise prie pour que l'Ogre corse, qui a fait tant de mal à son mari, n'en fasse pas davantage à son fils. Ne peut-on aimer la France tout en condamnant son maître ? D'un bout à l'autre du pays, des milliers de femmes nourrissent la même espérance sacrilège. Enfin les vœux des mères inquiètes sont exaucés. Mais à quel prix ! Les hordes étrangères souillent à présent le sol de la patrie. On raconte que les Prussiens et les Russes pillent et violent à qui mieux

1. Alexandre Dumas : *Mes Mémoires.*

mieux. Chaque jour, le danger se rapproche. Après la chute de Soissons, Marie-Louise songe au meilleur moyen d'affronter les envahisseurs. Certes, elle ne se voit pas provoquant les Cosaques les armes à la main, mais envisage sérieusement de les amadouer par sa bienveillance. Ayant entendu dire qu'ils étaient soiffards et gloutons, elle prépare à leur intention un énorme haricot de mouton et des tonneaux de vin du Soissonnais. De plus, elle enfouit une trentaine de louis d'or dans un coin reculé du jardin et retient deux places pour elle et son fils dans une carrière souterraine, où près de six cents personnes se sont réfugiées pour échapper au massacre que ne manqueront pas de perpétrer les sauvages du Don et de la Volga. Or, ce ne sont pas les Cosaques qui pénètrent dans la ville aux trois quarts désertée, mais les troupes du maréchal Mortier, chargées de défendre le passage de la forêt. Le haricot de mouton change aussitôt de clientèle. Les braves Français, arrivés les premiers, s'empiffrent du ragoût destiné aux Russes, boivent le vin qui devait acheter la mansuétude de la soldatesque étrangère et, après une fusillade nocturne, se replient, au matin, sur Compiègne.

Mais une si prompte accalmie ne peut être que provisoire ; « Partie remise ! » dit-on à Villers-Cotterêts. Les jours suivants, l'angoisse de la population tourne à la panique. Dès qu'un cavalier apparaît sur la route, l'alerte est donnée aux cris de « Les Cosaques ! Les Cosaques ! ». En un clin d'œil, les rues se vident, les volets et les portes se ferment. Prudente, Marie-Louise s'est remise à un haricot de mouton. Tout en surveillant la marmite sur le fourneau, elle serre contre sa poitrine son fils, qui voudrait bien comprendre pourquoi l'Empereur ne revient pas châtier les méchants. Etrange Alexandre, qui ambitionnerait d'être à lui seul toute l'armée française et qui frissonne de crainte quand la canonnade prend de l'ampleur. On se bat à Mormant, à Montmirail, à Montereau et le haricot de mouton mijote toujours dans la cuisine. Au bout de cinq jours, la mère et le fils se résignent à manger eux-mêmes le plat dont ils comptaient régaler les affreux Cosaques. Hélas ! peu après, apprenant les violents combats de Bar-sur-Aube, de Meaux et la reddition de La Fère, Marie-Louise ne doute plus que Villers-Cotterêts soit destiné à tomber aux mains de l'ennemi. Que faire dans cette expectative, sinon se remettre avec patriotisme et prévoyance à un troisième haricot de mouton ? Soudain, par une brumeuse matinée d'hiver, un peloton de Cosaques, barbus, armés de longues lances, traverse Villers-Cotterêts au galop. Passant en trombe dans la rue, un des leurs a tué d'un coup de pistolet un bonnetier du voisinage qui se hâtait de fermer sa porte. Décidément, ces Russes sont des barbares qu'on ne peut espérer séduire par de la bonne cuisine et du vin fin. Epouvantée, Marie-Louise confie à sa femme de ménage le soin de veiller sur le haricot de mouton, porteur, naguère encore, de tous ses espoirs, saisit la main de son fils et l'entraîne, dans une course folle, vers le refuge de la carrière. Là, terrés dans l'ombre parmi une foule de concitoyens apeurés, ils attendent en silence la suite des événements. Au bout de vingt-quatre heures, les plus hardis émergent de leur trou pour aller aux nouvelles : plus de Cosaques. Ils ont disparu sans tuer personne ni piller aucune maison. Mais ils peuvent revenir. Aussi Marie-Louise accepte-t-elle l'hospitalité de ses amis les Picot, des fermiers opulents, dont le fils est mort dans un accident de chasse. Selon un nouvel arrangement, Alexandre et sa mère passent la journée à la ferme et ne regagnent la carrière que le soir, pour y coucher. Près d'une semaine s'écoule ainsi dans un calme précaire. Le canon gronde toujours au loin. On se bat à Neuilly-Saint-Front. Même la nuit, on craint une attaque-surprise.

A bout de patience, Marie-Louise décide brusquement de fuir vers Paris. Au préalable, elle retourne chez elle et fait déterrer par Alexandre, à grands coups de bêche, les trente louis enfouis dans le jardin. Puis, suivant son idée, elle loue une charrette et part pour la capitale avec son fils, Mlle Adélaïde, créature laide, bossue mais cousue d'or, et un commis nommé Crétet. Les voyageurs s'arrêtent pour la nuit à Nanteuil et arrivent le lendemain à Mesnil-Amelot. A tort ou à raison, Marie-Louise estime qu'ils seront plus en sûreté ici qu'à Villers-Cotterêts. Elle accepte néanmoins que son fils, piqué par une curiosité bien naturelle, fasse un saut à Paris, avec Mlle Adélaïde et Crétet, pour assister à une revue de la Garde nationale. Perdu dans la foule, Alexandre aperçoit de loin, au milieu de la forêt de drapeaux et de plumets, un enfant d'environ trois ans, à la chevelure blonde et frisée, que des mains dévotieuses élèvent au-dessus des têtes. Aussitôt, une clameur s'échappe de milliers de poitrines : « Vive le roi de Rome ! Vive la régence ! » Napoléon est sur le point d'abdiquer en faveur de son fils. Une légende s'écroule au son de la musique militaire. Cette fois, l'ennemi menace directement Paris. Il faut déguerpir. Pour aller où ? A Villers-Cotterêts, parbleu ! On n'est nulle part aussi bien que chez soi. Vite on réattelle la charrette. En route ! Pourvu qu'on ne soit pas rattrapé par l'ennemi ! A Crépy, où Alexandre et sa mère ont fait halte, dans l'accueillante maison d'une dame Millet qui a consenti à leur louer un appartement, l'enfant observe, par la fenêtre d'une mansarde, un accrochage entre un détachement de cavalerie prussien et des hussards français. Craignant une balle perdue ou la mise à sac de la ville, Marie-Louise veut entraîner son garçon à la cave. Mais il se cramponne à l'espagnolette. Pour rien au monde il ne manquerait le spectacle ! Et cependant, il aurait peur d'y participer. Quand le combat s'apaise et que les Prussiens, dispersés, se retirent, les habitants de Crépy sortent de leurs cachettes et relèvent les blessés sans distinction de nationalité. Le fils de la maison, qui, par chance, est médecin, prodigue ses soins aux Allemands comme aux Français avec une louable abnégation. Marie-Louise et quelques femmes du voisinage font office d'infirmières.

Alexandre tient la bassine d'eau où le docteur Millet lave les blessures. La vue du sang, les gémissements des victimes, l'affairement des femmes autour des corps suppliciés, toute cette misère d'héroïsme et de dévouement l'écœure et l'enthousiasme à la fois. A douze ans, il fait son apprentissage de l'horreur. Un officier français, la tête trouée par une balle, expire dans la nuit.

Les jours suivants, les nouvelles se succèdent à un rythme démoniaque : Paris s'est rendu ; les Alliés font chanter un *Te Deum* sur la place Louis-XV ; abandonné de tous, Napoléon signe son abdication et, après avoir dit adieu aux aigles de la Garde, s'embarque, sur un navire anglais, pour l'île d'Elbe où il sera relégué ; enfin, Louis XVIII arrive de Compiègne pour monter sur le trône avec la bénédiction de l'ennemi. Tout cela en deux semaines ! De quoi détraquer la tête la plus solidement plantée.

La France n'a plus d'empereur. Mais elle a un roi. Faut-il s'en féliciter ? Marie-Louise a vu tant de bouleversements politiques depuis sa venue au monde qu'elle ne croit plus en rien ni en personne. Réinstallée avec son fils à Villers-Cotterêts, elle ne songe qu'au meilleur moyen de survivre dans l'adversité. A tout hasard, devançant les événements, elle a fait ajouter, en 1813, sur les registres de l'état civil, le nom à particule du petit marquis, grand-père d'Alexandre, à celui, si plébéien, du père de l'enfant. Le régime ayant changé entre-temps, elle expose à son fils le dilemme devant lequel il est placé aujourd'hui. S'il veut bénéficier des faveurs du nouveau pouvoir, il a tout intérêt à se présenter comme Alexandre Davy de la Pailleterie, petit-fils d'un marquis qui fut autrefois gentilhomme de la chambre de Monsieur le prince de Conti et commissaire général d'artillerie. Fort de cette ascendance aristocratique, il peut obtenir de la famille régnante une bourse ou une nomination dans le corps des pages. En revanche, s'il s'obstine à s'appeler Alexandre Dumas tout court en souvenir de son père, général républicain et serviteur de l'Empire, les meilleures carrières se fermeront devant lui. Justement, le tuteur d'Alexandre, M. Jacques Collard, doit se rendre bientôt à Paris : il y compte de nombreuses relations, parmi lesquelles M. de Talleyrand et le duc d'Orléans. Avec de tels appuis, il recueillera certainement toutes sortes d'avantages pour son pupille, si celui-ci accepte de se montrer raisonnable dans le choix de son patronyme. « Réfléchis bien avant de répondre ! » dit Marie-Louise en fixant sur son fils un regard suppliant. L'œil d'Alexandre étincelle d'orgueil. « Oh ! il n'y a pas besoin de réfléchir, ma mère, s'écrie-t-il. Je m'appelle Alexandre Dumas et pas autrement. J'ai connu mon père et je n'ai pas connu mon grand-père ; que penserait donc mon père, qui est venu me dire adieu au moment de sa mort, si je le reniais, lui, pour m'appeler comme mon grand-père ? » Rayonnante d'émotion, Marie-Louise le remercie pour cette réponse simple et digne : « Tu me fais bien enrager quelquefois, murmure-t-elle, mais au fond je suis sûre que tu as un bon cœur ! » En allant se coucher, ce soir-là, Alexandre a conscience qu'en trois mots il a scellé son destin.

Avant de partir pour Paris, Jacques Collard reçoit la consigne de ne rien demander pour le fils du général, mais de solliciter un secours pour la veuve. Il revient l'épaule basse, déçu par le résultat de ses démarches : il n'a pu obtenir que la vague promesse d'un bureau de tabac ! Alexandre ricane : est-ce ainsi que les dieux de l'Olympe récompensent l'épouse d'un héros ? Il sait désormais qu'il ne devra compter que sur lui-même pour tirer sa famille du pétrin.

Tous ces événements ont perturbé les études du garçon au point que sa mère s'inquiète de son ignorance. Ayant perdu, dans l'intervalle, son diplôme de maître de pension, l'abbé Grégoire se contente de donner des leçons à domicile. Marie-Louise le charge de superviser l'instruction d'Alexandre et de le préparer à entrer dans la vie avec un minimum de connaissances pratiques. Grâce à lui, le fils du général acquiert de pâles notions de latin, d'histoire et de géographie, tandis que M. Oblet s'efforce de le réconcilier avec l'arithmétique. Quant au catéchisme, Alexandre consent de mauvaise grâce à en apprendre l'essentiel, mais dès qu'il a un instant de loisir, il délaisse les ouvrages de piété pour se plonger dans les *Lettres d'Héloïse et d'Abélard*, mises en vers par Colardeau. Sa mère, l'ayant surpris en train de lire ce texte profane, lui arrache le livre des mains et l'accuse de se salir l'esprit alors que, dans peu de jours, il doit, sur l'invitation du curé de Villers-Cotterêts, prononcer publiquement ses vœux de baptême. Il en a du reste appris les formules par cœur, mais il craint de se tromper au moment crucial. On lui a fait confectionner pour l'occasion un vêtement de première communion : culotte de nankin, gilet de piqué blanc, habit bleu à boutons de métal, cravate blanche, chemise de batiste. Un cierge de deux livres complétera cette tenue d'apparat. La nuit précédant la cérémonie, Alexandre se tourne et se retourne dans son lit en essayant d'imaginer le mystérieux phénomène qui renouvellera sa chair et son âme à l'instant où sa bouche impure recevra le corps du divin Sauveur. Pris d'étouffements et de convulsions, il ne s'endort qu'au petit matin.

Le lendemain, à l'église, les sons de l'orgue, sous les doigts habiles de M. Hiraux, lui serrent délicieusement le cœur. Lorsque l'hostie touche ses lèvres, il éclate en sanglots et s'évanouit. Il lui faudra trois jours pour maîtriser son trouble. L'abbé Grégoire lui ayant rendu visite afin d'évaluer la profondeur de sa piété après la scène de l'eucharistie, il tombe dans ses bras en pleurant. « Mon cher ami, soupire le prêtre, j'aimerais mieux que ce fût moins vif et que cela durât ! » Ainsi, le bon père n'a pas été dupe de ce brusque accès de religiosité. Passé l'éblouissement de la première communion, Alexandre s'éloignera peu à peu de l'Eglise. S'il croira encore en Dieu, il dédaignera sans le moindre remords les pratiques de la foi. Jamais plus il ne s'approchera de la sainte table. L'appel des autres tables, celles où sont servies à profusion les fruits savoureux de la terre, suffit, pense-t-il, à justifier son formidable appétit de vivre.

III

Premiers émois

Si le principal souci d'Alexandre est encore la chasse, en compagnie de gamins habiles à pratiquer la « marette » et la « pipée », celui de sa mère est de gagner honnêtement leur vie à tous deux. Ayant obtenu, grâce aux démarches de Jacques Collard, le privilège d'ouvrir un bureau de tabac, elle emménage dans une maison, place La Fontaine, où le chaudronnier Lafarge lui a loué une boutique avec deux comptoirs : un pour débiter le tabac, l'autre pour débiter le sel. Marie-Louise et son fils logent au-dessus du magasin et, fidèles à leurs douces habitudes, couchent tout près l'un de l'autre, dans la même alcôve. Alors qu'Alexandre grogne contre le sort mercantile réservé à la veuve d'un héros de l'Empire, la nouvelle buraliste est plutôt amusée de servir les clients. Ses parents n'étaient-ils pas, eux aussi, dans le commerce, avec leur hôtel de l'Ecu de France ? D'ailleurs, le pointilleux Alexandre oublie ses préventions en voyant arriver, chez les parents Lafarge, leur fils Auguste, qui est maître clerc à Paris. Ce jeune homme de belle prestance s'habille à la dernière mode, compose des chansonnettes à ses moments perdus et fait volontiers étalage de ses amitiés dans le monde des lettres. D'emblée, Alexandre est subjugué par les dons multiples du nouveau venu. Il lui propose – marque exceptionnelle d'estime ! – de le guider pour une chasse aux oiseaux dans la forêt. L'autre accepte avec empressement. Pourtant, le but principal d'Auguste Lafarge n'est pas l'extermination des fauvettes, des merles et des grives. C'est un autre gibier qu'il a l'intention de traquer à Villers-Cotterêts. Il espère séduire sur place une demoiselle assez généreusement dotée pour lui permettre d'acheter une étude de notaire. Son dévolu tombe sur Eléonore Picot, la fille d'un riche fermier bien connu des Dumas. Or, malgré de savantes manœuvres de séduction, sa demande est repoussée et toute la petite ville, apprenant la rebuffade, se moque du prétendant trop ambitieux. Vexé, Auguste décide de se venger et rédige une épigramme ridiculisant Eléonore et ses parents. Largement distribués dans la population, les vers du Parisien recueillent un tel succès de rire que l'auteur peut repartir, la tête haute, pour la capitale. Désormais, c'est lui le vainqueur. Ce retournement de situation étonne Alexandre. Il découvre soudain la puissance meurtrière du talent. Quelques lignes écrites avec esprit peuvent donc être aussi efficaces qu'une arme à feu ! Du coup, un horizon de gloire se dévoile à ses yeux et il supplie l'abbé Grégoire de lui apprendre à composer des vers français aussi bons que ceux du fils Lafarge. Sceptique, le prêtre répond : « Je ne demande pas mieux, seulement au bout de huit jours tu seras fatigué de cela comme du reste. » Et il lui donne des bouts-rimés à remplir pour l'entraîner à jongler avec les mots. Alexandre se met immédiatement au travail, mais les phrases qu'il invente résistent à la métrique. Il s'énerve et, après une semaine, renonce à la poésie. « On verra plus tard si je suis aussi réfractaire à la prose », se dit-il. Passant d'une initiation à l'autre, il se détourne de l'abbé Grégoire pour écouter les leçons de l'armurier Montagnon qui lui apprend à monter, démonter, nettoyer, graisser, réparer toutes espèces d'engins meurtriers. Bientôt, émerveillé par les dispositions de son élève, Montagnon lui confie un fusil-canne à un coup. Alexandre en profite pour braconner à tout va dans la forêt. Plus il abat d'oiseaux et de lièvres, plus il est heureux. Pourtant, il n'y a aucune méchanceté dans ce goût du massacre. Simplement, il est fier de viser juste. Comme quand il lance une pique, dans la conversation, à quelqu'un qui lui a manqué.

Un jour de février 1815, alors qu'il se livre à sa folle passion de giboyeur, un garde-chasse, nommé Créton, le surprend, le poursuit, saute par-dessus un fossé pour le rejoindre et, retombant mal sur ses pieds, se fait une entorse. Blessé dans l'exercice de ses fonctions, le protecteur officiel du gibier porte plainte auprès de l'inspecteur de la forêt, M. Deviolaine. Celui-ci menace le coupable d'une amende de cinquante francs, à moins qu'il ne s'excuse sur-le-champ devant l'infortuné Créton. Or, Alexandre veut bien reconnaître ses torts mais refuse, par dignité, de faire amende honorable face à un imbécile : un fils de général ne saurait s'aplatir pour complaire à un vulgaire garde-chasse. Il paiera les cinquante francs s'il le faut, mais pas un mot de regret ne sortira de sa bouche. Tout en comprenant son fils, Marie-Louise est au désespoir : elle n'a pas de quoi régler l'amende ; le tabac et le sel se vendent si mal, en ce moment ! Par bonheur, son amie, Mme Darcourt, toujours si dévouée à la famille Dumas, promet d'avancer la somme. La mère et le fils respirent. Peut-être même Alexandre songe-t-il à traiter l'affaire dans un poème humoristique à la manière d'Auguste Lafarge où il raillerait la maladresse de Créton. Il n'en a pas le temps. Des événements d'une tout autre gravité échauffent les esprits dans la bourgade. La population, en majorité royaliste, vient d'apprendre avec stupeur que Napoléon s'est évadé de l'île d'Elbe, qu'il a débarqué à Golfe-Juan et qu'il marche sur Paris. Va-t-il, une fois de plus, faire couler le sang pour servir son prestige ? Louis XVIII saura-t-il persuader ses troupes de barrer la route à l'ennemi du trône ? Déjà, dans la rue, des bandes de jeunes gens surexcités défilent aux cris de « Vive le roi ! » et menacent d'étriper les partisans du « bandit corse ». Or, Marie-Louise et son fils passent pour être bonapartistes. Le général Dumas n'a-t-il pas servi sous Napoléon ? Le fait qu'il ait été mal récompensé de sa vaillance ne compte pas. C'était un valet de l'Empire. Et ses proches ne peuvent que lui ressembler. De temps à autre, un hurluberlu se précipite dans la boutique et clame des injures à l'adresse de ceux qui se réjouissent du retour de l'usurpateur. Devant ce déchaînement de haine, Marie-Louise et Alexandre se réfugient derrière leur comptoir et évitent de protester.

Cependant, le 15 mars 1815, trois cabriolets, escortés de gendarmes, traversent la ville. Ils transportent deux « généraux félons », les frères Lallemand, François Antoine et Henri Dominique, coupables d'avoir essayé, quelques jours auparavant, de rallier des troupes à la cause de l'Empereur. Ils ont été arrêtés à La Fère et on les conduit à Soissons où ils seront jugés pour haute trahison. Le peloton d'exécution les attend. Sur leur passage, la foule de Villers-Cotterêts s'assemble et vocifère de fureur. Plus enragée que les autres, Mme Cornu, la chapelière, sort de sa boutique, crache au visage des prisonniers et tente d'arracher leurs épaulettes. Alexandre et sa mère souffrent en silence de l'outrage fait à l'uniforme que portait jadis, avec tant de fierté, le général Dumas. Lorsque le convoi a disparu au bout de la rue, Marie-Louise prend la main de son fils et lui dit simplement : « Viens ! » Mais, dans ce seul mot, prononcé d'une voix altérée par l'émotion, il décèle la promesse d'une grande aventure.

De retour dans le magasin, il reconnaît à peine sa mère. Est-ce la vue de l'humiliation infligée à des officiers dont le seul crime est d'être restés fidèles à leur ancien maître qui la galvanise ? Elle, d'habitude si douce et si craintive, paraît avoir acquis soudain l'intrépidité d'une amazone. Elle demande à Alexandre de s'habiller rapidement, l'installe à côté d'elle dans une voiture de location, se rend, à travers le parc, jusqu'à un château, résidence de maître Mennesson, un notaire réputé pour ses opinions bonapartistes, se fait remettre par lui un mystérieux paquet et ordonne au cocher de prendre la route de Soissons. Là, les deux voyageurs descendent à l'hôtel des Trois-pucelles et se renseignent discrètement au sujet des frères Lallemand. Par chance, ils ont été écroués à la prison civile et non à la prison militaire. Or, il se trouve qu'Alexandre connaît très bien le jeune Charles Richard, le fils du concierge de la maison d'arrêt. Ils ont souvent joué ensemble. C'est l'occasion ou jamais de profiter de leur camaraderie. Marie-Louise, qui a toujours tremblé pour le sort de son enfant, prend cette fois tous les risques. N'est-ce pas son mari qui lui ordonne, par-delà le tombeau, de braver les plus grands périls pour l'honneur de l'armée impériale ? Avec un mélange d'angoisse et de défi, elle tire du paquet que lui a confié le notaire deux pistolets et un rouleau de cinquante louis d'or. Alexandre, mis enfin dans le secret, se charge d'emporter les armes et l'argent, dissimulés sous un pan de son manteau, et de les glisser subrepticement aux prisonniers. Son amitié avec Charles Richard lui assurera le libre accès du couloir des cellules. Personne ne se méfiera de ses allées et venues en compagnie du fils du concierge. Tout excité par la prouesse que sa mère attend de lui, Alexandre persuade sans peine son camarade de jeux de le conduire auprès des frères Lallemand. Mis en présence de l'aîné des deux prisonniers, dans son cachot, il éloigne Charles Richard sous un fallacieux prétexte, tire les pistolets et les louis d'or cachés dans ses vêtements, et conseille au général de s'évader au plus vite en menaçant les geôliers de son arme. Mais celui-ci refuse de tenter une aventure manifestement inutile, vu la marche des événements : « L'Empereur sera à Paris avant que notre procès soit fait ! » dit-il avec une tranquille assurance. Déçu de s'être déplacé pour rien, Alexandre n'en est pas moins fier comme Artaban d'avoir participé à un véritable complot.

Pour la peine, le général Lallemand lui fait cadeau des deux pistolets et le baise au front.

A la vue de son fils revenant sans une égratignure, Marie-Louise se sent pardonnée par Dieu pour l'imprudence qu'elle a commise en expédiant « le petit » dans la gueule du loup. Le lendemain, elle regagne avec lui Villers-Cotterêts, son débit de tabac et ses pusillanimes concitoyens qui ne savent plus que penser de l'irrésistible progression de l'Empereur vers la capitale. Bientôt, Louis XVIII s'enfuit à Gand. Napoléon s'installe à sa place aux Tuileries et les frères Lallemand, libérés sur son ordre, retraversent Villers-Cotterêts en cabriolet. Devant la boutique de l'intraitable chapelière, l'un des frères Lallemand, sur qui elle a craché quelques jours auparavant, fait arrêter la voiture. Mme Cornu est debout, lèvres serrées, regard glacé, sur le seuil de sa boutique. Le général se penche à la fenêtre de sa portière et dit en souriant : « Nous voici sains et saufs, madame. Chacun son tour. » Défigurée par l'indignation, la chapelière siffle entre ses dents : « Sois tranquille, brigand ! Notre tour reviendra [1] ! »

Bizarrement, la haine ainsi déclarée de certains royalistes pour l'Empereur incite Alexandre et Marie-Louise à souhaiter le triomphe de cet homme qu'ils n'ont aucune raison d'aimer, puisqu'il s'est si mal conduit envers le général Dumas. Quand Napoléon, à peine remonté sur son trône, doit faire face à la coalition de toute l'Europe, Alexandre, oubliant les griefs familiaux, veut croire encore en la victoire de la France. Avec d'autres gamins de Villers-Cotterêts, il assiste à la réunion de quelques régiments de la Vieille Garde en partance pour la frontière. Visages résolus et uniformes défraîchis, étendards glorieux et armes de fortune, les fanfares jouent, comme autrefois, « Veillons au salut de l'Empire ». En apprenant que Sa Majesté va traverser la ville pour se porter à la tête de son armée,

1. Alexandre Dumas : *Mes Mémoires*.

Alexandre est saisi d'un délire patriotique. A l'heure prévue pour le passage du cortège, il est au premier rang des badauds. Après une longue attente, des cris éclatent dans la foule : « L'Empereur, l'Empereur ! » Deux voitures, tirées par six chevaux à la robe écumante, s'arrêtent devant le relais de poste. Tandis que les postillons, poudrés et enrubannés, se dépêchent de changer les attelages, Alexandre, bousculant ses voisins, s'avance, se hausse sur la pointe des pieds et découvre, à l'intérieur du coupé, un petit homme ventripotent, vêtu d'un uniforme vert à revers blancs, avec comme seule décoration la plaque de la Légion d'honneur. « Sa tête pâle et maladive, qui semblait grassement taillée dans un bloc d'ivoire, retombait légèrement inclinée sur sa poitrine », écrira-t-il dans ses *Mémoires*. « Où sommes-nous ? » demande le monarque à son frère Jérôme, assis à sa gauche sur la banquette. « A Villers-Cotterêts. C'est à six lieues de Soissons », répond-on parmi les badauds. « Faites vite ! » grogne Napoléon. Et il sombre à nouveau dans une somnolence morose. Les palefreniers s'empressent, les chevaux piaffent, les fouets claquent et le convoi impérial s'éloigne. Il n'y a pas une minute à perdre. Direction Waterloo !

Après cette vision fugitive et presque irréelle, la bourgade replonge dans l'expectative. On ne sait plus qu'espérer ni que craindre. Les fausses nouvelles fusent de tous côtés. Chaque jour, l'angoisse devient plus trouble et plus lancinante. Le 20 juin, une dizaine de cavaliers arrivent à Villers-Cotterêts et mettent pied à terre dans la cour de la mairie. On se rue sur eux, on les presse de questions. Ce sont des Polonais au service de la France et qui baragouinent à peine quelques mots de français. A travers leur charabia, les habitants apprennent que, le 18 juin, à Waterloo, la bataille a tourné au désastre. L'armée française est en déroute, pourchassée par l'ennemi. Alexandre et sa mère sont atterrés. Pour en savoir plus, ils se rendent à la poste, là où se concentrent les renseignements officiels. A sept heures du soir, un courrier se présente, exténué, hagard, couvert de boue, et commande quatre chevaux de rechange pour une voiture qui le suit. On le supplie de s'expliquer sur les événements extraordinaires que traverse la France. Il ne sait rien ou ne veut rien dire et repart, tel un damné piqué au cul par la fourche du diable. Le maître de poste sort les quatre chevaux de l'écurie et, tandis qu'il fait procéder à leur harnachement, un équipage fourbu s'arrête devant les bâtiments du relais. La nuit est tombée. A la lueur d'une lanterne, le maître de poste jette un coup d'œil par la portière. Comme il recule d'un pas avec respect, Alexandre, accouru aux nouvelles, le tire par un pan de son habit et demande : « C'est lui, c'est l'Empereur ? » L'autre répond dans un souffle : « Oui. » Alors le garçon, à son tour, hasarde un regard à l'intérieur. Pas de doute, c'est bien là le même homme qu'il a vu, quelques jours plus tôt, allant avec calme et gravité au-devant de l'ennemi. Seulement, aujourd'hui, la tête penche plus lourdement sur la poitrine. « Est-ce simple fatigue ? Est-ce douleur d'avoir joué le monde et de l'avoir perdu ? » se demande Alexandre Dumas dans ses *Mémoires*. De nouveau, l'Empereur interroge : « Où sommes-nous ? – A Villers-Cotterêts, Sire », répond une ombre. Et la voix morne et lasse ordonne : « Allez ! » Alexandre n'a que le temps de s'écarter : la lourde voiture repart, tirée par des chevaux frais. Dans quelques heures, Napoléon sera à Paris. Trop tard. Il n'y a plus d'empereur. La fulgurante réapparition de l'Aigle en France n'aura duré que trois mois.

Dès le lendemain, des débris de l'armée vaincue refluent à travers Villers-Cotterêts. Aux soldats encore valides qui avancent sans ordre, sans musique et parfois sans armes, succèdent des fantassins blessés et boitillants, des cavaliers juchés sur des fantômes de chevaux, des charrettes enfin, chargées de malheureux amputés et pansés en hâte sur le champ de bataille. De temps à autre, un de ces déchets humains se soulève pour crier d'une voix enrouée : « Vive l'Empereur ! » puis il retombe parmi ses camarades, à demi morts de douleur et de honte. Alexandre comprend le désespoir de ces éclopés glorieux. Plus que jamais, il est partagé entre un patriotisme viscéral et le refus de s'apitoyer sur celui qui n'a pas su, jadis, plaindre son père. Ce qu'il voit là, est-ce la punition de la France tout entière ou la revanche posthume du général Dumas ? Sa mère elle-même est comme perdue parmi les nobles sentiments qui se battent en elle. Résignée, elle attend le déferlement inévitable des troupes étrangères et, une fois de plus, remet sur le feu un haricot de mouton. Enfin, des clairons sonnent un air martial et inconnu à l'entrée de la ville, et mille Prussiens, en grand uniforme, débouchent sur la place, flanqués d'un régiment anglais. Deux officiers de Sa Majesté britannique se présentent chez Marie-Louise avec des billets de logement. Ils ne parlent pas un mot de français, s'expliquent par signes, mais ont de bonnes manières et apprécient le haricot de mouton.

Pendant que l'ennemi s'installe commodément dans la petite ville, Louis XVIII retrouve son bureau des Tuileries et Napoléon monte sur le *Bellérophon* pour gagner Sainte-Hélène. Au milieu de ce tourbillon d'événements historiques, la sœur d'Alexandre, Aimée, et son beau-frère, Victor Letellier, arrivent inopinément à Villers-Cotterêts où ce dernier a été nommé contrôleur ambulant. De son côté, M. Deviolaine, le redoutable « Père Fouettard », se dépêche d'écrire en haut lieu pour proclamer ses sentiments légitimistes. Le résultat ne se fait pas attendre. M. Deviolaine est confirmé dans ses fonctions de conservateur de la forêt, apanage traditionnel du duc d'Orléans. Cela permet à Alexandre de reprendre, en toute impunité, ses expéditions cynégétiques. Mais il chasse maintenant en compagnie d'un ami de sa mère, l'avoué Picot. Le patronage de son fils par un officier ministériel rassure quelque peu Marie-Louise qui s'est toujours méfiée des « mauvaises rencontres » dans la forêt. Cependant, aujourd'hui elle vise plus haut encore. Comme elle craint qu'Alexandre ne limite son ambition à abattre toujours plus de gibier dans la journée, elle demande au notaire Armand Julien Maximilien Mennesson de le prendre dans son étude en qualité de troisième clerc, c'est-à-dire de saute-ruisseau. Affaire conclue : dès le lendemain, Alexandre plonge dans la paperasse et calligraphie à tour de bras.

Toutefois, il est persuadé que la « vraie vie » ne se déroule pas entre les murs d'un bureau, mais dans les bois, parmi les bêtes, et dans les salons, parmi les femmes. Dès qu'il a touché ses premiers émoluments – fort maigres en vérité –, il s'offre les leçons d'un maître à danser, Brézette, ex-caporal des voltigeurs, qui a la réputation d'exceller dans les exhibitions chorégraphiques. Les progrès du saute-ruisseau en matière de virevoltes et d'entrechats sont si rapides que l'abbé Grégoire, l'ayant vu à l'œuvre, lui propose d'être le cavalier de sa nièce Laurence et d'une amie de celle-ci, une Espagnole nommée Vittoria, qui doivent venir de Paris pour participer à la fête et au bal de la Pentecôte, à Villers-Cotterêts. A la fois excité et effrayé à l'idée de cette prochaine entrée dans le monde, Alexandre accepte l'honneur qui lui est ainsi fait et se préoccupe immédiatement de sa toilette. N'y aurait-il pas au grenier, parmi les vieux vêtements de son père, un habit qui lui conviendrait ? Il les essaie tous et les trouve trop grands. Dans deux ou trois ans, peut-être... Au cours de ses farfouillages dans les malles et les paniers, il découvre huit volumes que son beau-frère, Victor Letellier, a laissés là en dépôt, lors de son passage à la maison : *Amours du chevalier de Faublas*. Le titre ne lui dit rien, mais les gravures sont affriolantes. Il se rappelle que Victor lui a défendu de mettre le nez dans ces histoires qui ne sont pas, paraît-il, de son âge. Raison de plus pour en prendre connaissance. Il emporte les quatre premiers tomes du roman sous sa veste et les lit en cachette de sa mère, avec délectation et gratitude. Pour réussir sa participation aux festivités de la

Pentecôte, il lui manquait des instructions sur l'art de séduire : les voici ! Il sera un second chevalier de Faublas, jeune libertin, croqueur de femmes. Reste qu'il n'a pas les vêtements de son rôle. Marie-Louise est trop pauvre pour lui payer une tenue à la mode. Il devra se contenter d'endosser, pour paraître en public, son costume de première communion – culotte de nankin, gilet de piqué blanc, habit bleu barbeau –, lequel, en trois ans, lui est devenu si étroit qu'il risque d'en faire craquer les coutures. Quand il se regarde dans la glace, attifé en gamin qui a grandi trop vite, il a presque envie de renoncer à être le cavalier des deux demoiselles de Paris.

Lors de sa présentation à la nièce de l'abbé, Laurence, blonde, svelte, élégante, et à son amie, l'Espagnole Vittoria, pâle, plantureuse, les seins lourds et l'œil ardent, il note qu'elles échangent un sourire de déception amusée. L'une et l'autre sont plus âgées que lui. N'importe, il jure de les conquérir ! Dominant sa timidité, il offre son bras à Laurence pour une promenade dans le parc avant l'ouverture du bal. Vittoria s'avance derrière eux, avec la sœur de l'abbé Grégoire, qui est laide, bossue et vêtue au décrochez-moi-ça. Alexandre a conscience du tableau ridicule qu'offre leur quatuor déambulant sous les arbres. Des invités se retournent sur leur passage. Ils doivent se moquer de sa culotte archaïque, alors que tous les hommes dans le vent portent à présent un pantalon. Justement, un Parisien de sa connaissance, employé au dépôt de mendicité du château, s'approche de lui, et le dévisage à travers son lorgnon. Le gaillard est vêtu en dandy, d'où, sans doute, son arrogance. Il dit tout haut, pour être entendu à la ronde :

« Ah ! Ah ! voilà Dumas qui va refaire sa première communion ; seulement, il a changé de cierge ! »

Blêmissant sous l'affront, Alexandre voudrait étrangler l'insolent, mais la crainte du scandale le retient et, comme Laurence lui demande quel est ce jeune homme qui vient de passer, il se contente de grommeler d'un air dédaigneux :

« Un certain Miaud, employé au dépôt de mendicité. »

Il croit qu'avec cette précision humiliante il a déconsidéré le mirliflor aux yeux de la jeune fille. Mais, soudain rêveuse, elle murmure :

« C'est singulier, je l'eusse pris pour un Parisien.

— Et à quoi ?

— A sa mise. »

Ces derniers mots augmentent la confusion d'Alexandre. Ainsi « la mise » compte plus pour les personnes du sexe que la grâce virile, l'intelligence et le caractère. Et sa mise à lui n'est qu'une triste caricature. Pour se racheter aux yeux de Laurence, il lui désigne un fossé large de quatre mètres cinquante et se prétend capable de le franchir d'un bond.

« Je vous réponds que M. Miaud n'en ferait pas autant, ajoute-t-il sur un ton sarcastique.

— Et il aurait raison, observe Laurence. A quoi cela pourrait-il lui servir [1] ? »

Réplique décisive. Le sang d'Alexandre ne fait qu'un tour. Pour reconquérir l'estime de la belle indifférente, il saute par-dessus le fossé, atterrit de l'autre côté en pliant les genoux et, à la même seconde, entend un craquement lamentable : le fond de sa culotte a cédé sous l'effort. Impossible de continuer ses galanteries, alors qu'une déchirure indécente marque son vêtement au bas du dos ; impossible même de révéler à une demoiselle parisienne le motif de son embarras. Une seule solution : décamper au plus vite, sans explications ni excuses.

Plantant là une Laurence interloquée, il se précipite à la maison et supplie sa mère de réparer le désastre. L'aiguille à la main, Marie-Louise recoud de son mieux la culotte, tandis que son fils attend, frissonnant d'impatience, le derrière nu et la honte au cœur. Quand elle a fini, il se

1. Alexandre Dumas : *Mes Mémoires.*

rajuste, avale un grand verre de cidre pour se requinquer et retourne en courant au château. Il y arrive, hors d'haleine, lorsque le bal a déjà commencé. Laurence danse avec Miaud. Debout dans un coin, Alexandre détaille la toilette de son rival : pantalon collant café-au-lait, gilet chamois à boutons d'or ciselés, habit brun à haut collet et bottes plissées sur le cou-de-pied. Un lorgnon d'or, pendu à une fine chaîne d'acier, et des breloques originales accrochées au gousset complètent cette image de la perfection masculine. Comment lutter contre une telle gravure de mode quand on porte une culotte au fond grossièrement raccommodé ? Laurence minaude entre les bras de son cavalier prestigieux. Une jalousie muette étouffe Alexandre. Enfin la contredanse s'achève et Miaud reconduit la jeune fille à sa chaise. En croisant Alexandre, il ricane : « Voilà ce que c'est que de porter des culottes ! » En revanche, Laurence, soit politesse soit compassion, semble heureuse de la réapparition de son naïf sigisbée. Elle craignait qu'il n'eût ressenti quelque malaise, ou qu'il ne fût retourné à la maison pour chercher des gants. Chacun sait, en effet, qu'il est incorrect de danser les mains nues. Rappelé à l'ordre par une voix suave, Alexandre rougit, s'affole, balbutie des mots sans suite, puis, avisant un ami parisien, Fourcade, qui est en train d'enfiler ses gants, il l'aborde et lui demande, entre haut et bas, s'il n'en aurait pas une autre paire à lui prêter. Or justement Fourcade, qui est un homme précautionneux, a dans sa poche des gants de rechange. Il les offre au néophyte. En remerciement d'un si grand service, Alexandre lui propose d'être son vis-à-vis lors de la prochaine contredanse. Fourcade accepte et invite la brune et pulpeuse Vittoria, tandis qu'Alexandre s'incline devant la fine et blonde Laurence. Toutes deux se promettent de rire aux dépens de leurs cavaliers. Mais, dès les premiers accords de la musique, Alexandre éblouit Laurence par l'aisance de ses évolutions. Mis en confiance, il se risque ensuite à valser avec l'Espagnole. Comme elle le complimente sur son sens du rythme et son agilité, il s'enhardit et lui avoue qu'il a appris la valse l'année de sa première communion, mais que l'abbé Grégoire, soucieux de préserver la chasteté de l'enfant dont il avait la charge, l'obligeait à tenir dans ses bras une chaise en guise de partenaire. Cette confession amuse tellement Vittoria qu'elle s'abandonne de bon cœur au vertige de la danse. C'est la première fois qu'Alexandre serre de si près une vraie demoiselle. Parfois, une mèche de cheveux échappée à la coiffure de la jeune fille le fouette au visage. Il respire son haleine parfumée, dévore des yeux ses épaules nues, palpe d'une main tremblante la courbe de ses reins. « Ce souffle, ces cheveux, cette émanation féminine m'avaient fait homme en quelques minutes », écrira-t-il dans ses *Mémoires*. Quand l'orchestre s'arrête, Alexandre, incapable d'exprimer son émotion, murmure à Vittoria : « Je trouve qu'il est bien plus agréable de valser avec vous qu'avec une chaise ! » Eclat de rire de Vittoria. Elle a l'air plus égayée que fâchée. A-t-il gagné ? A-t-il perdu ? Est-ce Laurence ou Vittoria qu'il aime ? Il ne le sait pas vraiment. Mais il a chaud au visage et au cœur. Les deux amies se disputent maintenant le plaisir de danser avec lui. Tout en s'étourdissant de son double succès, il devine, à la longue, qu'il n'est pour elles qu'un « joujou sans importance, une espèce de volant qu'on pouvait impunément renvoyer d'une raquette à l'autre [1] ». Cette blessure d'amour-propre, jointe à la découverte de l'amour tout court, lui semble être le premier pas vers un monde où l'homme est condamné à souffrir de son bonheur même.

Les jours suivants, il se jure de séduire Laurence, qui lui paraît, tout compte fait, plus désirable que Vittoria. Mais, pour l'éblouir, il lui faut des bottes souples et un pantalon collant comme ceux de Miaud. Il tente d'expliquer à sa mère combien il est important, pour quelqu'un qui vise une

1. Alexandre Dumas : *Mes Mémoires*.

situation en vue dans l'administration, ou dans la justice, ou même dans le commerce, d'être habillé selon le dernier cri. Elle proteste, discute, mais, comme toujours, finit par céder, car son propre plaisir dépend du plaisir de son fils : on paiera le bottier à tempérament, on fera transformer l'habit de première communion selon les exigences de la mode. Désormais, en s'appuyant d'une part sur le talent du tailleur et du bottier, d'autre part sur l'exemple si instructif du chevalier de Faublas, Alexandre ne doute pas d'investir bientôt la citadelle – Laurence. En attendant de recevoir son uniforme de séducteur, il la rencontre, de temps à autre, dans ses vêtements de tous les jours, se promène avec elle au crépuscule, ose lui frôler le coude, s'aventure même à lui baiser le bout des doigts. Quand il est enfin en possession des bottes et du pantalon collant qui doivent lui assurer la victoire, il se précipite chez l'abbé Grégoire où habite Laurence. Elle vient de sortir. Mais elle a laissé une lettre à son soupirant. Il la lit, la relit et manque de se trouver mal : « Mon cher enfant, depuis quinze jours, je me reproche d'abuser, comme je le fais, de la complaisance que vous croyez devoir à mon oncle, qui vous a fort indiscrètement prié d'être mon cavalier. Quelques efforts que vous fassiez pour cacher l'ennui que vous causent des occupations au-dessus de votre âge, je me suis aperçue des dérangements que je cause dans vos habitudes, et je me les reproche. Retournez donc à vos jeunes camarades, qui vous attendent pour jouer aux barres et au petit palet. Soyez, au reste, sans inquiétude sur moi ; j'ai accepté, pour le peu de temps que j'ai encore à rester chez mon oncle, le bras de M. Miaud. Recevez, mon cher enfant, tous mes remerciements pour votre complaisance, et croyez-moi votre bien reconnaissante – Laurence [1]. »

Au lieu de se déchaîner contre la coquette, la colère

1. Dans le texte de la lettre citée par Alexandre Dumas (*Mes Mémoires*), le nom de Miaud est remplacé par son anagramme : Audim.

d'Alexandre se déchaîne contre celui qu'elle lui a préféré. Il provoque Miaud en duel par un billet très sec. Le lendemain, il reçoit, en guise de réponse, une poignée de verges accompagnées de la carte de son adversaire. Toute la ville est déjà au courant de cette leçon infligée par un homme d'esprit à un gamin trop entreprenant. Le notaire Mennesson lui-même s'en amuse avec les autres clercs. Au comble de l'humiliation, Alexandre tombe malade et se met au lit. Le docteur Lécosse diagnostique une fièvre cérébrale. Prise à temps, affirme-t-il, elle n'aura pas de suites. Choyé par sa mère, Alexandre consent à passer l'éponge, mais prolonge sa convalescence à la maison jusqu'au départ des deux Parisiennes pour la capitale.

Au vrai, cette déconvenue sentimentale, loin de le décourager, a éveillé en lui le goût des femmes. Il ne les regarde plus avec les mêmes yeux qu'autrefois. A travers leurs robes, il imagine des nudités prometteuses. Toutes, à présent, lui paraissent des proies comparables au gibier qu'il sait si bien dénicher et capturer dans la forêt. Villers-Cotterêts est une extraordinaire réserve de jolies filles. Il y a là Louise Brézette, la nièce de son maître à danser, la brune Albine Hardi et la blonde Aglaé Tellier, sans oublier Joséphine et Manette Thierry, l'une rose et potelée, l'autre riant toujours pour montrer ses dents et le bout de sa langue... Alexandre n'aurait que l'embarras du choix. Mais plaît-il à ces pucelles autant qu'elles lui plaisent ? A seize ans, son teint a légèrement foncé et son regard, juge-t-il, a quelque chose d'africain. N'est-il pas en train de virer au nègre ? Pour se consoler, il se répète qu'en prenant de l'âge il ressemble à son père. De toute façon, la plupart des belles qu'il convoite ont déjà un galant attitré. La sagesse est de rester à l'affût et d'attendre que l'une d'elles se détache de son sigisbée. Justement, Aglaé Tellier, qui rêvait d'épouser le fils d'un riche cultivateur de la région, vient de subir une grave déception, les parents du jeune homme s'opposant au mariage. La voici donc libre et prête pour d'autres aventures. Le fait qu'elle ait quatre ans de plus qu'Alexandre ne le trouble pas. Il y voit même une promesse de plaisirs plus savants qu'avec une gamine de son âge. Chaque soir, il rejoint la bande des jeunes gens et des jeunes filles qui, autour d'Aglaé, se promènent, deux à deux, dans le parc. Tout en déambulant les couples chuchotent et se lutinent dans la pénombre. Serré contre Aglaé, Alexandre ose la toucher aux endroits qu'elle lui permet d'atteindre. A dix heures, fin de la récréation : chaque cavalier reconduit sa cavalière, à pas lents, main dans la main. Arrivée devant la maison familiale, la jeune fille accorde à son compagnon une dernière faveur : on s'assied sur un banc, près de l'entrée, on se bécote entre deux soupirs. Lorsque retentit, derrière la porte, la voix grondeuse de la mère, rappelant à son enfant par trop imprudente qu'il est temps de se coucher, celle-ci répond docilement : « Oui, oui, me voilà, maman ! » Mais c'est seulement à la dixième injonction qu'elle se résout à obéir [1].

Après des mois de discussions, Alexandre, qui aspire de plus en plus à l'indépendance, obtient enfin de sa mère le droit de faire chambre à part. Aglaé, de son côté, reçoit l'autorisation de dormir dans un petit pavillon, au fond du jardin. Mais, si son soupirant peut ainsi venir la retrouver pour les bavardages et les caresses habituelles, elle le chasse inexorablement à onze heures du soir. Au bout d'un an toutefois, elle consent à lui rouvrir la porte à onze heures et demie. Dès le seuil, il sent deux lèvres chaudes qui se collent aux siennes et deux bras nus qui l'enlacent pour l'inviter à d'autres privautés. Epuisée par des mois de demi-chasteté, Aglaé succombe avec des gémissements, des larmes et des soupirs de bonheur. Au triomphe de l'adolescent qui n'en revient pas d'avoir possédé une femme répond l'angoisse, le remords de celle qu'il a déflorée. Elle regrette sa virginité perdue ; ce qui ne l'empêche

1. Cf. Alexandre Dumas : *Mes Mémoires*.

pas de songer avec gratitude que cette nuit de désordre et d'extase se renouvellera aussi souvent qu'elle le voudra.

A trois heures du matin, Alexandre, comblé, s'enfuit comme un voleur. Sa mère l'attend, assise à sa fenêtre, les mains sur le cœur et les yeux humides. Elle devine qu'il s'agit d'une frasque amoureuse et a préparé un sermon pour ramener son fils à la raison. Mais elle n'a pas le courage de le prononcer. Comprenant qu'en quelques nuits le gamin d'hier est devenu un homme, elle l'envoie se coucher en pensant avec nostalgie à l'époque où il ne s'intéressait qu'à la chasse. Trois fois par semaine, Alexandre réitère ses visites secrètes à la jeune fille. Cependant, pour éviter de passer sous les fenêtres de la mère d'Aglaé, il choisit un itinéraire détourné, ce qui l'oblige à escalader une haute clôture de pierre. Il a apprivoisé le chien de garde des Tellier, le redoutable Muphti, en le gavant d'os de poulet. Le cerbère ne grogne même plus en le voyant tomber à pieds joints du haut du mur. Pourtant, une nuit, alors qu'Alexandre vient de quitter sa bien-aimée et qu'il se hâte sur le chemin du retour, un inconnu au visage noir de suie se rue sur lui à coups de bâton. Est-ce un vagabond qui voudrait le dévaliser, ou un rival jaloux de son succès auprès d'Aglaé ? Difficile de le deviner dans les ténèbres. Plus leste que son adversaire, Alexandre le désarme et le jette à terre. Puis, comme l'homme se redresse et le menace avec un couteau, il lui tord le bras, lui défonce le crâne et continue sa route. Le lendemain, par prudence, quand il va à son rendez-vous galant, il se munit d'un pistolet de poche. Pour empêcher que l'agresseur, blessé à la tête, n'aille révéler le lieu de leur empoignade, à deux pas du domicile d'Aglaé, ce qui serait compromettant pour elle, il raconte partout que l'affaire s'est déroulée dans un autre quartier de Villers-Cotterêts, non loin de la demeure du notaire Pierre Alexandre Lebaigue. Or, l'épouse du notaire, Eléonore, née Deviolaine, est jolie, spirituelle et coquette. Alexandre en a été vaguement épris dans le passé, sans qu'elle lui eût jamais donné le moindre espoir. Immédiatement, la rumeur publique décide que le jeune Dumas est l'amant de la notairesse. Cette supposition est si flatteuse pour Alexandre qu'il n'a pas le courage de la démentir. Averti de ces ragots, Me Lebaigue, jusque-là très bien disposé envers la famille Dumas, refuse de recevoir désormais aussi bien le fils que la mère. Eléonore elle-même, injustement soupçonnée d'adultère, tourne le dos à Alexandre et l'accuse en public de vantardise, de mensonge et de lâcheté. Il est certes désolé de cette volte-face d'une femme belle et respectable. Mais il a une superbe excuse puisqu'il devait, coûte que coûte, préserver l'honneur de sa vraie maîtresse. Peu lui importe que Me Lebaigue passe pour un cocu et son épouse pour une infidèle, l'essentiel est qu'Aglaé ne soit pas inquiétée. C'est bien plus tard que, revenant sur cette affaire minable, il parlera dans ses *Mémoires* de « la seule action mauvaise que j'aie à me reprocher dans le cours de ma vie ». Et il ajoutera : « Je puis dire hardiment au reste de l'humanité, hommes et femmes : "Regardez-moi et essayez de me faire rougir !" »

IV

L'appel du théâtre

Comment certains esprits chagrins de Villers-Cotterêts peuvent-ils prétendre que leur ville est au bout du monde et qu'il ne s'y passe jamais rien ? Alexandre a tant de curiosité en tête que le moindre incident local lui est prétexte à découvertes et à émerveillements. Habitué des fêtes villageoises, il n'en manque pas une et s'arrange toujours pour y faire danser Aglaé. Un dimanche, en se rendant à quelque sauterie champêtre, il rencontre en chemin une jeune femme de sa connaissance, Caroline Collard, devenue entre-temps baronne Cappelle. Elle est accompagnée d'un étranger, de l'âge d'Alexandre, grand, maigre, brun, les cheveux noirs coupés en brosse, l'allure aristocratique et la jambe gainée dans un pantalon bleu clair de la meilleure coupe. C'est le vicomte Adolphe Ribbing de Leuven, fils du comte Adolphe Louis Ribbing de Leuven, l'un des seigneurs inculpés dans le meurtre de Gustave III, roi de Suède. Quelle surprise de tomber, à Villers-Cotterêts, sur le descendant de cet illustre personnage, qui a dû s'exiler en Suisse, puis en Belgique, puis en France à la suite de son forfait ! A Paris, il est devenu l'ami des Collard. N'est-ce pas une double recommandation ? D'emblée, le fils du général Dumas et le fils du régicide suédois sentent jaillir entre eux l'étincelle de la sympathie et Caroline, constatant leur bonne entente, invite Alexandre à venir passer trois jours chez ses parents, au château de Villers-Hélon, où le charmant Adolphe est actuellement de passage. Excellente idée, décide Alexandre. Mais Aglaé n'est pas de cet avis. Elle craint que, loin d'elle, il ne se laisse envoûter par quelque péronnelle de la coterie nobiliaire. Balayant ses appréhensions, il la persuade qu'il est d'une fidélité inébranlable et que son avenir dépend du nombre et de la qualité de ses relations dans le monde. Elle cède à contrecœur tout en lui conseillant la prudence dans ses rapports avec des inconnues.

Au vrai, ce qui séduit Alexandre dès son arrivée au château de Villers-Hélon, ce ne sont pas des visages de femmes, si gracieux soient-ils, mais le comportement désinvolte et inspiré d'Adolphe de Leuven. Non seulement ce garçon a de la prestance, mais il écrit des vers et les envoie aux demoiselles dont il espère les faveurs. Déjà, quelques mois auparavant, le maître clerc Auguste Lafarge avait révélé au jeune Dumas la mystérieuse puissance de la poésie. Cette fois, Alexandre est béat d'admiration devant les dons de son nouvel ami. Ses élégies, qu'il lit avec enthousiasme, le confirment dans la pensée que quiconque sait manier la plume sait aussi manier les cœurs.

Cependant, lorsque Adolphe ayant subjugué son entourage repart pour Paris, Alexandre n'a pas le temps de le regretter : un ami chasse l'autre dans ses préférences. Encore ébloui par le jeune Suédois, le voici qui s'entiche d'un officier démissionnaire, Amédée de La Ponce, venu à Villers-Cotterêts pour s'y installer, s'y marier et y vivre de ses rentes. Bien que de douze ans plus âgé qu'Alexandre, Amédée de La Ponce le prend en affection, s'étonne que ses capacités intellectuelles soient laissées en friche et le gronde pour sa dispersion et sa fainéantise. « Croyez-moi, mon cher enfant, lui dit-il, il y a autre chose dans la vie que le plaisir, que l'amour, que la chasse, que la danse et que les folles aspirations de la jeunesse ! Il y a le travail ! Apprenez à travailler... c'est apprendre à être heureux [1]. » L'idée que le travail puisse procurer le bonheur stupéfie Alexandre ! Pour lui, c'est en s'efforçant d'échapper aux fastidieuses obligations de la vie quotidienne qu'on a quelque chance de se divertir. Néanmoins, impressionné par l'assurance de son mentor, il consent à tenter l'expérience. Il accepte même avec joie que celui-ci lui donne des leçons d'allemand et d'italien. Apprendre une langue étrangère ne sert pas à grand-chose, pense-t-il, mais cela vous offre l'avantage de voyager sans quitter votre chambre.

En vérité, toute nouveauté l'amuse. Son enfance a été bercée par la légende de son père, qui a vécu d'aventure en aventure sous le double signe de l'héroïsme et de la volonté. Lui aussi, à présent, ne conçoit son avenir que secoué par des effets de théâtre. Il croit au courage plus qu'à l'habileté, au coup de dés plus qu'à la logique, à la chance aveugle plus qu'à l'intervention d'un Dieu omniscient. Sa constitution robuste et son imagination bouillonnante lui donnent l'illusion d'être une force de la nature, tels le torrent qui emporte les brindilles de ses rives ou le vent qui ploie la cime des arbres. Est-ce le sang chaud des natifs de Saint-Domingue qui le pousse ainsi à aimer tout ce qui est excessif et dangereux ? Il se dit souvent qu'il est taillé pour être un général comme son glorieux géniteur. Mais il n'y a plus de ces grandes guerres qui permettaient aux risque-tout d'affirmer leur supériorité sur les mazettes. Vers quelle activité doit-il donc se tourner s'il veut utiliser au mieux l'énergie qui le possède ? La littérature ? Pourquoi pas ? Un général régnant sur l'armée des écrivains, cela lui conviendrait assez !

Un jour, une troupe de jeunes comédiens en tournée s'arrête à Soissons pour jouer *Hamlet*, dans la pâle adaptation en vers de Ducis. Alexandre n'a jamais lu *Hamlet* et ne

1. Alexandre Dumas : *Mes Mémoires*.

sait rien de Shakespeare. « Il est difficile d'être plus ignorant que je ne l'étais, confiera-t-il dans ses *Mémoires*. Ma pauvre mère avait voulu me faire lire les tragédies de Corneille et de Racine, mais, je dois l'avouer à ma honte, cette lecture m'avait prodigieusement ennuyé... J'étais l'enfant de la nature dans toute la force du terme ; ce qui m'amusait était bon, ce qui m'ennuyait était mauvais. » Malgré leurs préventions, la mère et le fils décident d'aller voir ce Hamlet soissonnais, dont l'affiche précise qu'il s'agit d'une « tragédie ». Un mot qui rappelle fâcheusement à Alexandre les sinistres « classiques » qu'on a voulu lui faire avaler. Tous deux, en se rendant au théâtre, ne songent qu'à passer une soirée « en ville », dans un cadre agréable. Mais, dès que le rideau se lève, c'est le choc. Alexandre est empoigné. Ce qu'il voit, ce qu'il entend, il lui semble qu'il l'a imaginé lui-même au cours d'une sorte de délire. Dans son cerveau surchauffé, les épisodes se chevauchent, sans ordre chronologique. Les reproches d'Hamlet à sa mère, le monologue terrible du prince devant la tombe du fou Yorick, l'apparition du père assassiné, visible uniquement par le fils, la mort d'Ophélie, tout lui plaît dans ce fantastique déferlement de passions. Volant de péripétie en péripétie, il a l'impression que cette œuvre est de lui, ou du moins qu'elle pourrait l'être, tant elle correspond à son goût de la violence verbale et des retournements de situation.

En sortant du théâtre, il est un autre homme. Sa résolution est prise. Il sera auteur dramatique. Dès le lendemain, il demande à un ami parisien de lui expédier la brochure d'*Hamlet*. Comme il lirait un bréviaire, il en apprend le premier rôle par cœur. Désormais, il n'est plus seul. Shakespeare le tient fermement par la main. Sa passion est telle qu'il entraîne quelques amis de Villers-Cotterêts à fonder une troupe d'amateurs. Adolphe de Leuven, fort opportunément revenu de Paris, applaudit à cette initiative. Ainsi encouragé, Alexandre lui propose de jouer, à Villers-

Cotterêts, certaines de ses pièces qui ont été refusées ailleurs. Ce serait un galop d'essai avant la montée victorieuse de la compagnie vers la capitale. Lui-même se jure d'écrire et d'interpréter des pièces dont il a eu depuis peu l'idée. Qu'on lui fasse confiance ! Les jeunes comédiennes qu'il a recrutées, parmi lesquelles Aglaé, Albine Hardi, Louise Brézette, ne demandent qu'à le croire. Adolphe de Leuven s'associe au projet. On improvise en hâte une salle de théâtre, au premier étage d'une maison inoccupée, derrière l'hôtel de l'Epée. Un marchand de bois prête des planches dont on fera des bancs pour les spectateurs. Les armoires et les coffres des familles sont pillés pour la confection des costumes. Toute la jeunesse du coin est en effervescence. L'entreprise attise dans la population une fierté de clocher. Infatigable, Dumas dirige les répétitions. Il est à la fois régisseur et acteur. Qu'il indique une intonation, une attitude, un jeu de scène, son autorité est si grande que nul ne songe à le contredire. Adolphe de Leuven s'étonne de cette science dramatique innée chez un garçon de dix-huit ans qui n'a presque rien lu et n'est guère allé au théâtre. Les premières représentations sont un petit événement municipal. Comme Villers-Cotterêts manque de distractions, tous les soirs on fait salle comble. Mais le public, semble-t-il, applaudit plus par sympathie que par conviction. Malgré le manque d'enthousiasme de ses concitoyens, Alexandre persévère. Ayant joué les œuvres des autres, il entend maintenant présenter des textes de son cru. Avec Adolphe de Leuven, il esquisse plusieurs vaudevilles à couplets. Hélas ! dès 1821, son brillant collaborateur doit regagner Paris avec son père, qui compte sur la bienveillance de Louis XVIII pour un arrangement profitable à la famille. Dans ses valises, Adolphe emporte un lot de pièces écrites avec Alexandre : *Le Major de Strasbourg*, *Un dîner d'amis*, *Les Abencérages*... C'est bien le diable si aucun de ces chefs-d'œuvre ne retient l'attention d'un directeur de théâtre !

Après le départ du « Parisien », la salle de spectacle de Villers-Cotterêts est abandonnée et Alexandre se consume dans l'inaction et l'impatience. Que deviennent les vaudevilles qu'il a écrits avec son ami, que devient Adolphe ? Chaque jour, il espère l'arrivée d'une lettre qui le rassurera. En vain, Paris est muet. Autre déception : il perd sa place de saute-ruisseau chez Me Mennesson. Sans doute a-t-il trop tiré sur la corde en multipliant les absences injustifiées et les négligences dans le rangement des dossiers. Enfin, comble de malchance, la tendre Aglaé, lasse des promesses d'un amant aux poches vides et redoutant de rester vieille fille, épouse, à vingt-trois ans, Nicolas Louis Sébastien Hanniquet, pâtissier traiteur, de treize ans plus âgé qu'elle. Accablé par cette « trahison », Alexandre refuse d'être présent à Villers-Cotterêts le « jour noir » du mariage. Fuyant les lieux de son infortune, il invite un ami à aller chasser avec lui en forêt. Ils plantent leurs gluaux, dorment sous une hutte de branchages et, dès le matin, se mettent à traquer le gibier. Alexandre passe sa colère sur les bêtes qu'il abat sans discernement. Au soir, il entend les sons d'un violon, des éclats de rire, et voit passer sous les arbres une noce conduite par un ménétrier sautillant. C'est le cortège nuptial d'Aglaé et de Hanniquet.

Trompé dans ses amours comme dans ses ambitions théâtrales, Alexandre ne trouve plus aucun sel à l'existence. Marie-Louise souffre de le sentir malheureux et désœuvré. Seul un travail honnête pourrait le guérir de sa mélancolie, estime-t-elle. A force de frapper à toutes les portes, elle finit par obtenir pour son fils une situation de troisième clerc chez Me Pierre Nicolas Lefèvre, notaire à Crépy-en-Valois. Alexandre accepte ce pis-aller et s'expatrie. La place n'est pas mauvaise. Il est logé, nourri, et peut écrire le soir, à loisir, dans la chambre dont il dispose au-dessus de l'étude. Mais l'inspiration le fuit, tandis que de vieux doutes reviennent et le rongent. A croire que, sans son Adolphe de Leuven et sans son Aglaé, il n'est plus capable de se diriger dans la vie. De toute évidence, pense-t-il, tant qu'il végétera loin de Paris, il ne produira rien qui vaille d'être joué ou publié. Un jour, l'ancien premier clerc de Me Mennesson, Pierre Hippolyte Paillet, lui ayant rendu visite, il le met au courant de ses peines sentimentales et de ses déceptions d'auteur. Dire que Me Lefèvre – par ailleurs le meilleur des hommes – doit partir demain pour Paris, où il compte passer trois jours, alors que lui, Alexandre, qui enrage de croupir en province, va demeurer ici à copier des contrats de mariage et des testaments insipides ! Soudain, alors qu'il se plaint de son sort, une idée le frappe : pourquoi ne pas profiter d'une absence providentielle de Me Lefèvre pour filer vers la capitale, y passer quarante-huit heures et en revenir – ni vu ni connu ! – juste avant son retour ? Son interlocuteur approuve en riant ce projet d'escapade à deux. Mais comment régler les dépenses du voyage ? Paillet n'a que vingt-huit francs sur lui. Alexandre en possède sept. Heureusement, il n'est jamais à court d'expédients. Qu'à cela ne tienne, décide-t-il, on braconnera en cours de route, on revendra le produit de la chasse à quelque traiteur parisien et cet argent couvrira les frais d'hébergement.

Le « plan Dumas » est exécuté à la lettre. Alexandre monte en croupe sur le cheval de Paillet. Vingt fois, au cours du trajet, les deux amis mettent pied à terre et tirent sur tout ce qui bouge dans les fourrés. En arrivant à Paris, ils sont riches de quatre lièvres, de quatre perdrix et d'une paire de cailles. Après de laborieuses négociations, le tenancier de l'hôtel des Vieux-Augustins [1], rue des Vieux-Augustins, accepte de leur assurer le gîte et le couvert pendant quarante-huit heures, en échange du contenu de leur gibecière. Fourbu et heureux, Alexandre tombe sur son lit en se félicitant d'avoir gagné la première manche.

---

1. La rue des Vieux-Augustins a été remplacée par les rues d'Argout et Hérold.

Le lendemain, dès l'aube, il s'élance dans cette immense cité inconnue, à la recherche de la rue Pigalle où habitent les Leuven. Errant de droite et de gauche, il s'arrête devant le bâtiment du Théâtre-Français et lit sur une affiche que, le soir même, on y représentera *Sylla*, tragédie en cinq actes et en vers de M. de Jouy. L'annonce est complétée par cette information en lettres capitales : « M. Talma remplira le rôle de Sylla. » Alexandre, qui a entendu parler de Talma jusque dans son obscure province, n'hésite plus. Il lui faut assister au spectacle, dût-il dépenser ses derniers sous pour acheter un billet. Mais peut-être Adolphe, qui a plus d'un tour dans son sac, le tirera-t-il d'affaire ? Après avoir demandé vingt fois son chemin aux passants, il finit par découvrir la demeure des Leuven. A neuf heures du matin, il pénètre dans la chambre de son ami qui dort encore, cuvant sans doute une nuit de débauche. Réveillé en sursaut, Adolphe s'amuse de la naïve agitation de son visiteur et lui promet de le présenter à Talma, qu'il connaît personnellement et dont il est sûr d'obtenir des billets gratuits pour la soirée.

Aussitôt dit, aussitôt fait, les deux amis partent en campagne. A onze heures, ils sonnent à la porte d'une maison de la rue de la Tour-des-Dames, qui a l'honneur d'abriter le grand acteur. Introduits auprès de lui, ils le trouvent à sa toilette. Talma se lave la poitrine et frotte énergiquement son crâne à peu près rasé. En apprenant que le nouveau venu est le fils du général Dumas, il se drape superbement dans un manteau de bain qui ressemble à une toge, évoque en quatre mots une lointaine rencontre qu'il eut avec le héros des guerres napoléoniennes et tend la main à son jeune admirateur. Cette main, Alexandre voudrait la baiser en signe d'allégeance. Mais Talma, indifférent à l'émotion qu'il provoque, se dégage et signe un billet de sociétaire, valable pour deux places.

En sortant de chez lui, Alexandre titube de joie. Cependant, à l'inverse, blasé de ce genre de faveurs, Adolphe doute de pouvoir se libérer pour assister au spectacle : il a tant d'invitations parmi les gens de lettres et de scène qu'il ne sait plus, dit-il, où donner de la tête. Enfin, il consent à sacrifier une soirée pour complaire à son impétueux compagnon. Il lui offre même à déjeuner ; quant au dîner, Alexandre le prendra avec Paillet à l'hôtel des Vieux-Augustins. En échange de deux lièvres et de quatre perdrix, ils ont droit à un potage, un filet aux olives et un rosbif accompagné de pommes de terre. Après quoi, l'estomac lesté et l'esprit en éveil, Alexandre retrouve Adolphe au café du Roi, lieu de rencontre privilégié des écrivains. De là, tous deux se précipitent au théâtre. La salle est bondée. Un murmure d'impatience court sur cet océan de têtes. Enfin, le rideau s'envole.

Dès les premières répliques, Alexandre est subjugué : par la pièce d'abord, car, à travers l'abdication de Sylla, elle évoque tragiquement celle de l'Empereur ; par le physique de Talma ensuite, qui s'est fait le masque de Napoléon ; par son talent surtout, qui allie la puissance de la voix à la sincérité du sentiment. En effet, ennemi de cette enflure déclamatoire dont la scène française a tellement souffert, Talma s'efforce d'être simple dans la grandeur. Il ne joue pas une situation dramatique, il la vit intensément, comme s'il en improvisait les moindres paroles. Cela, Alexandre le comprend, bien qu'il n'ait qu'une très faible expérience théâtrale. Autour de lui, les spectateurs paraissent, eux aussi, bouleversés par la maîtrise de l'interprète et par tous les souvenirs que remue en eux ce rappel, derrière Sylla, du passé terrible et glorieux de la France. Le rideau tombe, après le cinquième acte, sur un tonnerre de bravos. Alexandre saute sur son fauteuil en battant des mains. Touché par son enthousiasme, Adolphe lui propose de le conduire à la loge de l'acteur. Marchant à travers un dédale de couloirs, ils accèdent quelques minutes plus tard au saint des saints. La loge est pleine de monde. Toutes les célébrités parisiennes s'y coudoient dans un joyeux hourvari. Face à Talma, qui vient de dépouiller la pourpre impériale pour revêtir une robe de chambre blanche, il y a Casimir Delavigne, Lucien Arnault, Népomucène Lemercier, Viennet, Jouy, dont le *Sylla* vient de remporter un triomphe. Sans se laisser intimider par cette éminente cohorte, Adolphe annonce :

« Talma, c'est nous qui venons vous remercier. »

Il précise que son compagnon, Alexandre Dumas, se destine, comme lui, à la littérature. A son tour, Alexandre balbutie quelques compliments et Talma, généreux, répond :

« Eh bien, il faut revenir me voir et me redemander d'autres places.

— Impossible ! soupire Dumas. Il faut que je retourne en province.

— Que faites-vous en province ?

— Je n'ose pas vous le dire : je suis clerc de notaire. »

Talma sourit :

« Bah ! dit-il. Il ne faut pas désespérer pour cela. Corneille était clerc de procureur. »

Et, tourné vers la petite assemblée de ses zélateurs, il s'exclame :

« Messieurs, je vous présente un futur Corneille ! »

Cette plaisanterie flatteuse, lancée dans l'oreille de tant d'illustres personnages, transporte Alexandre au ciel. Il rougit jusqu'à la racine des cheveux et, saisi d'une audace inouïe, murmure :

« Touchez-moi le front, cela me portera bonheur. »

Alors, Talma lui pose la main sur la tête et déclare, avec une gravité digne du répertoire du Théâtre-Français :

« Soit, je te baptise poète au nom de Shakespeare, de Corneille et de Schiller... Retourne en province, rentre dans ton étude et, si tu as vraiment la vocation, l'ange de la poésie saura bien aller te chercher là où tu seras. »

A ces mots, Alexandre, éperdu de reconnaissance, saisit la main de Talma et ose, cette fois, la porter à ses lèvres :

« Allons, allons ! s'écrie l'acteur, ce garçon-là a de l'enthousiasme ; on en fera quelque chose [1] ! »

L'audience est terminée. Après cet accueil chaleureux, les deux amis se retrouvent sur la place du Palais-Royal où tout n'est qu'obscurité, solitude et silence. Encore émerveillé par la magistrale simplicité de Talma, Alexandre remercie Adolphe à qui il est redevable d'un si grand bonheur et décrète que désormais son avenir est tout tracé.

« Soyez tranquille, dit-il à son ami, je viendrai à Paris, je vous en réponds ! »

Les jeunes gens se séparent, et Alexandre, perdu dans la nuit parisienne, prend un fiacre pour se faire conduire rue des Vieux-Augustins. Or, c'est tout à côté. Il aurait pu y aller à pied. La course en voiture lui coûte cinquante sous. Dépense absurde ! Tant pis, une telle soirée vaut bien quelque prodigalité ! En regagnant sa chambre d'hôtel, il tombe sur Paillet, qui revient de l'Opéra où il a entendu *La Lampe merveilleuse*. Ils échangent leurs impressions et font leurs comptes : la bourse commune ne contient plus que douze francs. C'est trop peu pour prolonger un séjour agréable dans la capitale. A regret, ils décident de rentrer, dès le lendemain, à Crépy-en-Valois.

Alexandre espère que Me Lefèvre est encore en voyage. Or, en débarquant à l'étude, il apprend que le notaire est revenu, à l'improviste, la nuit précédente. Une explication est inévitable. Elle a lieu le soir même après le dîner. Avec componction Me Lefèvre reproche au saute-ruisseau son absence inqualifiable de deux jours, mais précise qu'il se contentera, cette fois-ci, de prononcer un blâme. Cette semonce toute paternelle ne devrait guère affecter Alexandre. Or, tandis que le brave tabellion insiste sur le fait qu'il s'agit là, de sa part, d'un simple avertissement, le coupable prend la mouche et, d'un ton sans réplique, donne sa démission. Libéré des servitudes de la basoche, il peut

1. Propos rapportés par Alexandre Dumas dans *Mes Mémoires*.

enfin secouer la poussière de ses souliers sur le sanctuaire de vieux dossiers où sa mère l'a trop longtemps condamné à vivre. « C'était un grand dessein arrêté, écrira-t-il ; désormais, mon avenir était à Paris et j'étais décidé à tout faire au monde pour quitter la province [1]. »

Ayant refait ses paquets, il part pour Villers-Cotterêts, plein d'insouciance et d'entrain. Malgré le chagrin de le voir de nouveau sans emploi, sa mère le reçoit avec effusion. Elle est sûre qu'il réussira. A quoi ? Elle ne le sait pas encore. Mais elle lui fait confiance. N'a-t-il pas le sang d'un héros dans les veines ? A peine arrivé, il fouille dans les archives de son père, en exhume une douzaine de lettres de maréchaux, et décide qu'il s'en trouvera bien un parmi eux qui obtiendra une situation de douze cents francs annuels pour le fils d'un ancien compagnon d'armes. Le tout est de les aborder l'un après l'autre, au bon moment. Or, la plupart sont à Paris. Et il faut de l'argent pour retourner dans la capitale et y séjourner le temps d'accomplir les démarches. La mort dans l'âme, il cède son chien, Pyrame, à un Anglais qui le convoitait depuis des semaines. De son côté, Marie-Louise vend quelques terres à la criée afin d'arrondir le pécule. Les dettes payées, il reste à la mère deux cent cinquante francs pour continuer à subsister décemment à Villers-Cotterêts et à Alexandre cinquante francs pour conquérir Paris.

Au printemps de 1823, il fait ses adieux à Me Mennesson, à l'abbé Grégoire, à Louise Brézette, à quelques amis de moindre importance, à sa mère enfin, qui ravale ses larmes et tente de sourire. Elle a l'impression de revivre une de ces cruelles séparations qu'elle a connues tant de fois quand son mari repartait pour l'armée. Ayant rendu une visite au cimetière sur la tombe du général, elle s'achemine avec son fils vers l'hôtel de la Boule-d'Or, où ils doivent attendre l'arrivée de la diligence. Pendant près d'une demi-heure ils

1. Alexandre Dumas : *Mes Mémoires*.

demeurent face à face, elle inquiète, éplorée, lui impatient et joyeux. Enfin, un bruit de roues se rapproche. Alexandre et Marie-Louise échangent un ultime baiser, une ultime promesse. « Ni l'un ni l'autre de nous ne voyait Dieu, écrira-t-il, mais bien certainement Dieu était là et Dieu souriait [1]. » En grimpant dans la voiture de poste, il croit monter sur une scène. C'est tout juste s'il n'entend pas les applaudissements de son futur public. La patache s'ébranle lourdement. Petite silhouette perdue dans la brume du matin, sa mère reste seule avec ses souvenirs. Il s'efforce de ne pas trop la plaindre. La vraie vie commence. L'important, aujourd'hui, est de tout espérer et de ne rien regretter.

1. Alexandre Dumas : *Mes Mémoires.*

V

La plume du scribe et celle de l'écrivain

Fidèle à l'hôtel des Vieux-Augustins, Alexandre y dépose ses bagages, se couche, tout agité, à la pensée de la journée déterminante qui l'attend, dort mal et, dès l'aube, se précipite chez les Leuven. Le Paris qu'il traverse est figé dans le silence et l'ennui du dimanche. Les rues sont désertes, les magasins ont leurs volets mis, les gens restent chez eux et bâillent. Ainsi l'ont voulu les dernières ordonnances royales. Cependant, le comte de Leuven se promène déjà dans son jardin. Apprenant que le jeune Dumas est revenu « pour de bon », il lui offre spontanément l'hospitalité. Cet homme érudit, spirituel et fou de liberté incarne tout à fait son époque : il tient la rubrique de politique étrangère dans *Le Courrier français*. Comme il sait les difficultés d'Alexandre à trouver un emploi, il lui suggère d'en reparler à son fils, qui est de bon conseil dans ce genre d'affaires. Peu importe qu'Adolphe dorme encore : il est temps, dit-il, de le tirer hors du lit !

A peine réveillé, Adolphe se prête de bon gré à ce rôle de consultant et encourage son ami à orienter ses premières démarches vers le sommet de la hiérarchie militaire. Avec son accord, Alexandre commence par écrire au maréchal Victor, actuel ministre de la Guerre et ancien compagnon du général Dumas, en demandant une audience. Pour plus de sûreté, il envoie également une lettre au maréchal Jourdan et au général Sébastiani. Ses trois requêtes échouent piteusement : Victor lui répond que, débordé de travail, il n'a pas le temps de le voir ; Jourdan feint de croire que le quémandeur n'est pas le fils du général Dumas ; quant à Sébastiani, il reçoit certes Alexandre dans son bureau, mais, au lieu de s'occuper de lui, il dicte son courrier simultanément à quatre secrétaires. Chaque fois qu'il s'approche de l'un d'eux pour lancer une phrase, celui-ci lui présente, d'un mouvement obséquieux, une tabatière en or. Le grand homme y puise une pincée de « poudre d'Espagne » et reprend son exposé déambulatoire sans daigner s'apercevoir qu'un visiteur, au maintien timide, requiert son attention. Incapable de se faire entendre, Alexandre retourne bredouille auprès d'Adolphe et tous deux consultent l'*Almanach des 25 000 adresses*, sorte d'annuaire des personnages considérables du pays. Qui alerter parmi cette galerie de notables ? Le choix d'Alexandre se porte sur le général Verdier, qui a servi en Egypte sous les ordres de son père. Verdier l'accueille avec rondeur mais lui annonce qu'il est brouillé avec le pouvoir, qu'il a d'ailleurs été mis à la retraite, et que le plus sûr moyen pour le candidat d'obtenir un appui efficace serait de s'adresser au général Foy, lequel, devenu député de l'Aisne en 1819, a encore le bras long.

Alexandre se le tient pour dit et, le lendemain, à dix heures, il sonne à la porte de l'homme qui incarne son dernier espoir. Il a pris soin de se munir d'une lettre d'introduction de M. Danré, député de l'arrondissement de Villers-Cotterêts et ami, quelque peu oublié, de son interlocuteur. Ayant lu la lettre, le général Foy, un quinquagénaire petit, sec, au teint bilieux et à l'air dominateur, s'illumine d'une soudaine bienveillance. Les recommandations de M. Danré ont dû le chatouiller à un point sensible.

« Oh ! dit-il en repliant la lettre, il vous aime donc bien ?

— A peu près comme il aimerait son fils », lance Alexandre avec aplomb.

Le général Foy apprécie la réplique et interroge le jeune homme sur ses capacités :

« Il faut d'abord que je sache à quoi vous êtes bon.

— A pas grand-chose, balbutie Alexandre.

— Bah ! vous savez bien un peu de mathématiques ?

— Non, mon général.

— Vous avez bien quelques notions d'algèbre, de géométrie, de physique ? »

A chaque question, Alexandre, cramoisi et le front mouillé de sueur, répond par la négative.

« Vous avez fait votre droit, au moins ?

— Non, mon général.

— Vous savez le latin, le grec ?

— Le latin, un peu ; le grec, pas du tout !

— Vous entendez-vous en comptabilité ?

— Pas le moins du monde », confesse Alexandre, l'épaule basse.

Puis, soudain, humilié par l'aveu de son ignorance, il éclate :

« Oh ! général, mon éducation est complètement manquée et, chose honteuse, c'est aujourd'hui, c'est de ce moment que je m'en aperçois... Mais je la referai, je vous en donne ma parole, et, un jour, un jour je répondrai "Oui" à toutes les questions auxquelles je viens de répondre "Non". »

Le général Foy semble touché par la naïveté juvénile de ce serment.

« Bon, dit-il, mais en attendant avez-vous de quoi vivre ?

— Rien, rien, rien, mon général ! » s'écrie Alexandre.

Embarrassé, le général Foy promet de réfléchir au cas de son solliciteur, l'invite à noter son adresse sur un papier et lui tend obligeamment sa propre plume d'oie. Alexandre prend la plume, en considère avec respect la pointe encore trempée d'encre et la rend à son propriétaire en disant :

« Je n'écrirai pas avec votre plume, ce serait une profanation ! »

La flatterie est un peu lourde, mais le général sourit avec indulgence, murmure : « Que vous êtes enfant ! » et lui tend une plume neuve. Pendant qu'Alexandre écrit, il le regarde faire avec curiosité, et, subitement, frappe dans ses mains.

« Nous sommes sauvés ! s'exclame-t-il.

— Pourquoi cela ?

— Vous avez une belle écriture. Je dîne aujourd'hui au Palais-Royal. Je parlerai de vous au duc d'Orléans ; je lui dirai qu'il faut qu'il vous prenne dans ses bureaux, vous, fils d'un général républicain ! »

Alexandre est partagé entre l'espoir d'être embauché par le duc d'Orléans et l'amertume de ne pouvoir attribuer cette chance qu'à sa belle écriture. « Une belle écriture ! se lamentera-t-il, voilà tout ce que j'avais... Je pouvais donc arriver un jour à être expéditionnaire. C'était mon avenir ! Je me serais volontiers fait couper le bras droit [1]. » Après s'être confondu en remerciements devant le général Foy et lui avoir promis de venir chercher, dès le lendemain, la réponse du duc, il se retrouve dans la rue sans savoir s'il doit pavoiser ou se couvrir la tête de cendres.

Le jour suivant, de bon matin, il s'achemine vers le numéro 64, rue du Mont-Blanc, domicile du général Foy. Il le trouve, comme la veille, assis à son bureau. A peine a-t-il franchi le seuil que le général, radieux, lui lance à la figure :

« Notre affaire est faite !... Vous entrez au secrétariat du duc d'Orléans, comme surnuméraire, à douze cents francs. Ce n'est pas grand-chose ; à vous maintenant de travailler ! »

Cette fois, Alexandre ne fait pas la fine bouche. Douze cents francs par an, c'est presque la fortune pour un sans-le-sou de son espèce. Il va pouvoir aider sa mère, peut-être

---

1. Alexandre Dumas : *Mes Mémoires.*

même l'installer à Paris. Du reste, rien ne l'empêchera de réussir dans la littérature tout en s'appliquant à copier des documents officiels. Ne sachant comment témoigner sa reconnaissance au général-député, il l'embrasse sur les deux joues. Celui-ci ordonne de rajouter, sans façon, un couvert pour le déjeuner. Au cours du repas, Alexandre est si troublé qu'il ne remarque même pas ce qu'il mange ; au lieu de se renseigner sur ses futures obligations de scribe, il expose en long et en large à son hôte ses projets d'écrivain. En vérité, il lui semble que le général Foy ne lui a pas ouvert les portes des bureaux du duc d'Orléans, mais, sans le savoir, celles des lettres françaises.

En sortant de la table du général, il court faire partager son bonheur tout neuf à la famille Leuven et, séance tenante, prend la diligence pour Villers-Cotterêts. Il a hâte d'annoncer la bonne nouvelle à sa mère qui se morfond depuis si longtemps dans l'expectative. Quand il arrive chez elle, à une heure du matin, elle est déjà couchée et se dresse dans son lit, ébouriffée et les yeux ronds. Sans lui laisser le temps de se ressaisir, il crie : « Victoire, bonne mère ! Victoire ! » Et il lui raconte tout, en la serrant, à la broyer, dans ses bras. Le lendemain, la ville entière, mise au courant du « miracle », s'émerveille. C'est précisément l'époque où les jeunes gens de la classe d'Alexandre sont appelés sous les drapeaux. Mais il n'en a cure : en tant que fils de veuve, il est exempté de service militaire. Il a beau tirer un mauvais numéro – le 9 – lors de la cérémonie de la conscription, il ne sera pas enrôlé. Bien mieux, ayant, par amusement et superstition, misé trente sous sur le même numéro 9 à la loterie, il empoche un gain de soixante-treize francs. Décidément, la vie consent enfin à lui sourire. Il insiste pour que sa mère boucle ses valises et le suive à Paris, où il doit prendre ses fonctions chez le duc d'Orléans dès le lundi suivant. Mais elle hésite. Et si la situation d'Alexandre n'était que provisoire ?... Plus prudente que son fils, elle veut qu'il soit titularisé pour le rejoindre. Il repart donc seul, mais, cette fois, tous ses amis de Villers-Cotterêts lui font escorte jusqu'à la diligence.

De retour à Paris, il déniche, pour cent vingt francs par an, une petite chambre au quatrième étage d'un immeuble vétuste, 1 place des Italiens [1]. En attendant l'arrivée de ses meubles confiés à un transporteur de Villers-Cotterêts, il loge de nouveau à l'hôtel des Vieux-Augustins, flâne sur les boulevards et entre dans les cafés pour parcourir les journaux, quelle que soit leur tendance politique. Tout en étant libéral de cœur, comme le comte de Leuven, comme le général Foy, comme le duc d'Orléans lui-même, il cherche surtout dans les gazettes des informations relatives à la vie des lettres. Puis, un soir, ne sachant que faire avant de regagner sa chambre, il choisit d'aller se divertir au théâtre de la Porte-Saint-Martin, où l'on joue un mélodrame à succès de Carmouche, *Le Vampire*. Peut-être ce spectacle lui donnera-t-il des idées pour ses propres pièces ?

Il fait la queue devant le guichet et, après quelques prises de bec avec des freluquets qui se moquent de ses cheveux longs et crépus et de sa redingote qui lui tombe aux chevilles, il s'assied au parterre, à côté d'un monsieur grisonnant, au maintien réservé, qui lit un petit livre pour passer le temps avant les trois coups. Par courtoisie, Alexandre lie conversation avec lui et apprend que l'homme est un collectionneur d'ouvrages rares et que le volume qu'il a entre les mains est un précieux Elzévir de 1655. Sans rien savoir des plaisirs raffinés de la bibliophilie, Alexandre est charmé par la science et l'amabilité de son voisin. Aussi est-il très étonné du changement d'attitude de ce dernier dès le lever du rideau. Subitement, ce personnage discret vitupère à haute voix contre le style ampoulé et les fautes de français de la pièce. A l'entracte, Alexandre lui demande discrètement ce qui lui déplaît dans *Le Vampire*. Tout, lui répond l'autre, le style, le propos et le jeu des acteurs.

1. Actuellement place Boieldieu.

Pourtant, ajoute-t-il, par goût et par philosophie, il n'a rien contre l'utilisation des gnomes, des sylphes, des goules et autres fantômes lorsqu'ils sont des éléments d'une œuvre de qualité. Et le voici parti dans des considérations sur le bon usage du surnaturel en littérature. Alexandre l'écoute bouche bée, comme s'il suivait le cours d'un professeur inspiré. Mais le spectacle reprend, et, de nouveau, le bibliophile se déchaîne. Révolté par les maladresses du dialogue et de la mise en scène, il veut même quitter la salle avant la fin. Alexandre le supplie de rester. Peine perdue. Au bout de quelques minutes, l'homme à l'Elzévir se lève et s'en va, tandis qu'autour de lui les spectateurs dérangés grognent. On le croit disparu. Mais c'est une fausse sortie. Peu après, réfugié au fond d'une loge, il siffle à pleins poumons. Le public proteste. De tous côtés, on hurle : « A la porte ! » La direction alerte le commissariat voisin et le vieux monsieur est expulsé, toujours vociférant, par des agents de police.

Le lendemain, Alexandre lit dans le journal que le perturbateur du spectacle de la veille n'était autre que Charles Nodier, coauteur anonyme du *Vampire*, venu témoigner du mépris où il tenait cette œuvre ratée. A l'idée qu'il a été assis sans le savoir à côté d'un écrivain célèbre, il se prend à rêver. Il voudrait le revoir, l'entendre à nouveau parler des manifestations de l'au-delà et des fautes de grammaire. Mais comment l'approcher quand on n'a aucun titre à son estime ? Qu'il le veuille ou non, Alexandre doit se soumettre à la réalité. Et la réalité, ce n'est pas son avenir incertain au théâtre ou dans les livres, mais ses nouvelles fonctions de scribe dans les bureaux du duc d'Orléans.

Dès dix heures du matin, il se rend au Palais-Royal pour y prendre son service. Présenté, tour à tour, au commis d'ordre Ernest Basset, au sous-chef de bureau Espérance Hippolyte Lassagne et au chef de bureau Jacques Parfait Oudard, il apprend de ce dernier que la recommandation du général Foy a été appuyée par celle, inattendue, de

Jean-Michel Deviolaine. « Le Père Fouettard » lui aurait donc pardonné d'avoir involontairement déconsidéré sa fille auprès d'une province cancanière. Emu, Alexandre court embrasser le brave homme, qui, tout bourru qu'il est, demeure fidèle à ses anciennes affections.

Enfin voici le nouvel employé à pied d'œuvre, le derrière sur une chaise et copiant, à tour de bras, des documents dont il ne cherche même pas à pénétrer le sens. Une besogne monotone et lassante. Par bonheur, sur ce bagne de la paperasse règne l'élégant Lassagne. C'est un homme de trente ans, à l'œil vif et à l'épaisse chevelure noire, dont les traits ont une finesse presque féminine, et qui, pour se reposer de ses tâches administratives, compose des chansonnettes, collabore à des vaudevilles et fournit en articles piquants des journaux comme *Le Drapeau blanc* et *La Foudre*. Ayant décelé l'engouement de son subordonné pour la littérature, il dresse devant lui un tableau du petit monde des gens de plume. Féru de nouveautés, il déchire à belles dents les anciennes gloires de l'Empire : Arnault, Jouy, Népomucène Lemercier, fait la moue en parlant de leurs indignes successeurs, Soumet, Guiraud, Ancelot, critique effrontément Casimir Delavigne et ne consent à reconnaître du souffle et de l'originalité qu'à Lamartine et Hugo. Encore précise-t-il qu'aucun de ces grands hommes n'a su répondre aux exigences artistiques du moment. Le drame et le roman historique, dit-il, attendent encore leurs maîtres. Ce propos ne tombe pas dans l'oreille d'un sourd. En somme, selon Lassagne, les meilleures places sont à prendre. Vite ! Le temps presse ! La concurrence est rude ! Sans avoir jamais rien écrit dont il puisse être fier, Alexandre est prêt à relever le défi. Mais, prudent, il demande à Lassagne : « Qui faut-il imiter ? » La réponse est cinglante : « D'abord, il ne faut jamais imiter, il faut étudier ; l'homme qui suit un guide est obligé de marcher derrière lui... Alors étudiez, prenez les passions, les événements, les caractères, et fondez tout cela au moule de votre imagination... »

Harcelé de questions par son mentor, Alexandre lui avoue que, malgré son grand appétit de réussite, il n'a lu ni Eschyle, ni Shakespeare, ni Racine, ni Schiller, ni Goethe, ni Walter Scott et qu'il a à peine pris connaissance de quelques comédies de Molière. Lassagne lui enjoint de se jeter à corps perdu dans leurs œuvres complètes. Affolé par son ignorance, Alexandre interroge : « Combien cela fait-il de volumes ? – Deux ou trois cents », réplique Lassagne. Malgré l'énormité de l'effort qui l'attend, Alexandre promet d'essayer... « Vous m'aiderez, n'est-ce pas ? » balbutie-t-il. Et craignant que le sous-chef de bureau, surgissant derrière le masque du littérateur, ne lui reproche de négliger ses occupations de copiste, il lui assure que son travail ne souffrira pas de ses lectures. « Oh ! dit-il, je lirai la nuit, j'étudierai la nuit ; au bureau, je travaillerai et, de temps en temps, nous causerons un peu... »

L'arrivée du chef de bureau, M. Oudard, interrompt cet entretien extra-administratif. En quittant Lassagne, Alexandre a l'impression d'avoir reçu un coup de pied au derrière : mais est-ce pour le décourager ou pour l'inciter à courir plus vite ? Il opte pour la seconde interprétation qui seule répond à son tempérament combatif. Le soir même, dînant chez les Leuven, il voit arriver Adolphe effondré de chagrin, parce qu'une de ses pièces, écrite en collaboration avec Frédéric Soulié, n'a été acceptée au Gymnase que sous réserve de corrections. Or, Soulié, qui a mauvais caractère, refuse d'en changer une ligne. Des semaines de travail perdues par l'entêtement d'un seul. Tout en cherchant à consoler Adolphe de sa déconvenue, Alexandre se dit que Lassagne a raison : l'itinéraire de la gloire est semé d'embûches et il faut lire, travailler, persévérer, avaler des centaines de couleuvres, si l'on veut, un jour, avoir Paris à ses pieds !

En attendant une consécration dont il s'estime fort digne malgré son inexpérience, il dévore pêle-mêle les ouvrages, anciens ou modernes, qui lui tombent sous la main. Sa boulimie de lectures est telle qu'en quelques jours il a le sentiment d'avoir assimilé l'essentiel des connaissances humaines. Toute l'histoire de France est déjà dans sa tête, prête à être utilisée, par fragments, à la demande, et tous les grands écrivains, passés ou présents, se donnent rendez-vous derrière son dos pour lui apprendre le métier. Mais cette course au savoir encyclopédique ne l'empêche pas de savourer, à l'occasion, des joies plus proches et plus palpables.

Il commence par s'acoquiner avec la peu farouche Manette Thierry, qu'il a connue à Villers-Cotterêts alors qu'elle était la bonne amie de Saunier et qui est devenue lingère à Paris. Mais, bientôt, il se détache d'elle pour chercher d'autres aventures. Sa préférence va aux femmes blondes, roses et bien en chair, si possible plus âgées que lui et capables d'associer un tempérament de feu à une tendresse maternelle. Aglaé avait, à ses yeux, toutes ces qualités. Or, sur le même palier que lui habite une jeune personne qui pourrait être sa réplique parisienne. Il la rencontre à plusieurs reprises dans l'escalier, engage la conversation avec elle, apprend qu'elle a quitté, à Rouen, un mari à demi fou qui lui rendait la vie intolérable, qu'elle a ouvert, à Paris, un petit atelier de couture, qu'elle se nomme Marie Catherine Laure Labay et qu'elle a vingt-neuf ans. Huit ans de plus que lui, c'est un gage de bonheur ! Quelques promenades sentimentales dans les bois de Meudon achèvent de le convaincre que cette femme représenterait une compagne idéale, puisqu'elle a la peau blanche et potelée d'Aglaé et la douceur, le calme, l'indulgence de Marie-Louise. De son côté, Laure est sensible à la fougue de ce modeste employé aux écritures qui ambitionne toutes les couronnes à la fois. Le fait d'être largement son aînée, loin de la gêner, la rassure. Elle s'imagine que, grâce à son bon sens, elle saura lui épargner les erreurs de parcours inséparables de la jeunesse et l'aider à gérer correctement son budget. Il sera à la fois son amant et son enfant. Chose qu'elle a toujours souhaité trouver chez un homme. Bref, d'un commun accord, ils se mettent en ménage. Economie, commodité et plaisir, Alexandre résilie son loyer et transporte ses meubles (il en a bien peu!) dans l'appartement d'en face. En échange de ses caresses nocturnes, Laure accepte qu'il rentre du bureau à n'importe quelle heure, qu'il néglige de lui présenter ses amis, qu'il la délaisse pour dîner en ville ou pour aller au théâtre. Il lui a expliqué que cette agitation mondaine était indispensable à sa réussite, et elle l'a cru. Pourquoi n'aurait-il pas autant de génie que de prestance ? Il vient de publier de bien jolis vers dans l'*Almanach dédié aux Demoiselles*. Elle ne connaît rien à la poésie, mais elle a le respect des gens simples pour « l'imprimé ». Dès aujourd'hui, elle sait que *son* Alexandre ira loin. Il va même si loin que, très vite, elle constate qu'elle est enceinte. Bien entendu il n'est pas question pour Alexandre de régulariser sa situation avec une couturière, charmante oui, mais peu sortable. Carrière oblige! N'est-ce pas folie de se charger d'une femme et d'un rejeton au moment de partir à l'assaut de la plus haute montagne? Que Laure garde donc l'enfant si elle veut, mais que leurs relations n'en soient pas modifiées! L'année suivante, un fils naîtra de cette union clandestine. Aucun des deux parents ne le reconnaîtra. Néanmoins, le père, ravi d'avoir procréé, donnera au petit bâtard son propre prénom, Alexandre [1].

Autre événement d'importance : le travail du surnuméraire Dumas au bureau est apprécié par ses chefs. Un jour, Oudard lui annonce que le duc d'Orléans cherchant un employé de confiance pour copier rapidement un document ultra-secret, il a décidé de le charger, lui, Alexandre, de cette délicate besogne. Ebloui par l'honneur qui lui échoit, Alexandre se présente en tremblant devant Son Altesse royale. Le duc d'Orléans a la cinquantaine, de l'embonpoint, la figure ouverte et l'œil pétillant. Chacun

1. Naissance d'Alexandre Dumas fils, 27 juillet 1824.

sait qu'il a hérité de son père, Philippe Egalité, des goûts républicains joints à un grand orgueil dynastique.

« Vous êtes le fils d'un brave que Bonaparte, à ce qu'il paraît, a laissé mourir de faim ou à peu près ? » dit-il.

Et, comme Alexandre s'incline en signe d'assentiment et de déférence, il lui donne un long mémoire à transcrire. Au bout de deux heures, il revient voir son copiste, se penche sur les pages calligraphiées, fait la grimace et murmure : « Ah ! Ah ! vous avez une ponctuation à vous ! » Sur quoi, prenant une plume, Son Altesse royale s'assied à l'angle de la table et rajoute les virgules, les points, les accents qui manquent. Alexandre craint que sa négligence (il n'a jamais pris garde à la ponctuation !) ne le desserve auprès du duc, mais celui-ci, au lieu de le blâmer, s'avise de lui dicter, séance tenante, la réponse officielle destinée à une intrigante, Maria Stella Petronilla Chiappini, laquelle se prétend héritière de l'immense fortune des Orléans. Parlant avec lenteur, pour que son employé puisse le suivre, il marche à pas comptés dans la pièce, tel un acteur qui réciterait son rôle. Après un long préambule, il hausse la voix et prononce une phrase qui, sans doute, lui semble capitale : « Et quand il n'y aurait que la *ressemblance frappante qui existe entre le duc d'Orléans et son auguste aïeul Louis XIV*, cette ressemblance ne suffirait-elle pas à démontrer la fausseté des prétentions de cette aventurière ? » A ces mots, qui contredisent tout ce qu'il sait, depuis peu, de la filiation de Son Altesse royale, Alexandre lève la tête avec étonnement. Son expression n'échappe pas au duc qui déclare avec superbe : « Monsieur Dumas, apprenez ceci : ne descendrait-on de Louis XIV que par les bâtards, c'est encore un assez grand honneur pour qu'on s'en vante. » Et il reprend son discours, tandis qu'Alexandre, mouché, rentre la tête dans les épaules. Cependant, en fin de compte, le duc d'Orléans s'estime satisfait de la docilité et de l'application du jeune Dumas. Une vingtaine de jours après cette entrevue mémorable, Oudard convoque Alexandre dans son bureau et lui apprend que, par faveur spéciale, il est « porté sur les états », autrement dit qu'il est titularisé avec un traitement annuel de quinze cents francs.

Du coup, Alexandre n'a qu'une idée en tête : appeler sa mère auprès de lui à Paris. Elle n'a plus aucune raison de refuser puisqu'il a enfin une situation stable. Avant même d'avoir son accord, il court la ville en tous sens à la recherche d'un appartement pour eux deux. Certes, en le voyant si pressé de déménager, Laure est consternée. Elle s'était habituée à leur existence quasi conjugale. Mais comment résister à l'impétuosité de cet homme qui ne va que par sauts et par bonds ? Il tente de la rassurer : même vivant loin d'elle avec Marie-Louise, il viendra souvent la voir, en fin de journée, pour lui parler et faire l'amour. Une fois de plus, elle se résigne. Peut-elle être jalouse d'une mère ? Entre-temps, Alexandre a découvert un appartement, au 53 rue du Faubourg-Saint-Denis. Il y installe ses meubles. Marie-Louise, enfin convaincue, y envoie les siens. Puis, ayant vendu son bureau de tabac et rassemblé ses maigres économies, elle arrive, heureuse de renouer avec son fils la longue intimité d'autrefois. Les voici de nouveau inséparables, presque complices. Et ce n'est pas la sage petite Laure, reléguée dans son coin, qui troublera leur bonheur !

Une seule ombre au tableau : Alexandre est tellement absorbé par son travail au bureau qu'il n'a pas beaucoup de temps pour écrire ! Certes, il quitte le Palais-Royal à dix-sept heures, mais, une semaine sur deux, il doit y retourner, de vingt à vingt-deux heures, pour faire « le portefeuille », mission de haute importance, qui consiste à envoyer par estafette, à Neuilly, au duc d'Orléans, ses journaux du soir et son courrier de la journée, et à attendre que le messager lui apporte les ordres de Monseigneur pour le lendemain. Quand il est « de garde », il lui faut évidemment renoncer aux dîners et aux spectacles. Il se console de cette pénitence en lisant, comme le lui a recommandé Lassagne, des traductions de Walter Scott, de Fenimore Cooper, de Byron surtout, qui l'initie aux ivresses morbides de la démesure. De temps à autre, il rencontre Adolphe de Leuven et travaille avec lui, sans grand espoir, à une pièce. Peut-être, à force d'obstination, finiront-ils par imposer leur talent à quelque directeur de théâtre ? Pour continuer son initiation à la vie artistique et littéraire de la capitale, il fréquente aussi chez les Arnault, aborde Béranger, rend visite à Géricault qu'il trouve gisant sur son lit d'agonie, va humer l'air des coulisses... Mais, tout en tenant sa mère au courant de ses faits et gestes, il n'ose lui avouer qu'il a eu un fils de Laure Labay. Marie-Louise est si droite, si honnête, si pieuse qu'elle pourrait s'offusquer d'une naissance illégitime. Puisqu'il n'a pas reconnu l'enfant, mieux vaut laisser la grand-mère ignorer cette paternité.

Autour de lui, le monde bouge sans que son propre destin en soit modifié. A la mort, le 16 septembre 1824, de Louis XVIII, qui était depuis longtemps malade, impotent, hors d'état de gouverner, Charles X se fait sacrer roi à Reims et dicte sa volonté au pays dans la plus pure tradition monarchique, ce qui inspire des poèmes de circonstance à Hugo et à Lamartine. Le subtil Lassagne ricane : en voilà deux qui ne crachent pas sur la politique ! Ils en sont du reste récompensés par la croix de la Légion d'honneur. A ce propos, le même Lassagne signale à son subordonné qu'en France la littérature se réveille sous les coups de boutoir de la jeune génération. Même le vaudeville change, affirme-t-il, grâce à l'initiative de Scribe. N'est-ce pas le bon moment pour descendre dans l'arène ? Alexandre en parle à Adolphe et tous deux choisissent de prendre comme collaborateur un spécialiste du genre : James Rousseau. Pour appâter cet excellent faiseur de couplets, ils l'invitent à un dîner au champagne chez les Leuven. Or, malgré la boisson qu'il avale à grands traits sans parvenir à étancher sa soif, Rousseau est d'une humeur atrabilaire. Aucun projet ne l'intéresse ; il critique tout, ne croit en rien. Pourtant, à la deuxième bouteille, Alexandre ayant raconté une histoire de chasse assez drôle, l'œil de l'invité s'allume. Une troisième bouteille achève de le dérider. On décide de composer à trois un vaudeville farfelu, intitulé *La Chasse et l'amour*. La tête échauffée par le vin, les convives dressent immédiatement le plan de la pièce, composée de vingt et une scènes. Chacun en aura sept à écrire. Alexandre promet de livrer rapidement les sept de « l'exposition », Adolphe les sept du « milieu » et Rousseau les sept du « dénouement ». Le lendemain soir, nouvelle réunion des collaborateurs autour d'une bouteille : les sept scènes d'Alexandre et les sept scènes d'Adolphe sont déjà prêtes, alors que Rousseau n'a pas tracé un mot des siennes. Sans se formaliser de cette défection, les deux auteurs adjoints promettent au coupable de l'aider à tenir sa promesse. Huit jours après, grâce à leurs efforts conjugués, la pièce est terminée et Rousseau, qui est expert en la matière, se déclare ravi des chansons comiques imaginées par Alexandre. C'est Adolphe et Rousseau qui vont lire la pièce au Gymnase. Alexandre préfère attendre le verdict au bureau. Soucieux de ne commencer sa carrière que par une œuvre importante, il a demandé à ne pas figurer sur l'affiche. Les minutes qu'il passe ainsi à l'affût, en feignant d'écrire, mettent sa patience à la torture. Enfin Adolphe et Rousseau sont de retour. En franchissant le seuil, ils ont des têtes d'enterrement. *La Chasse et l'amour* a été refusé. Malgré cet échec, Rousseau ne baisse pas les bras. Une autre lecture est obtenue grâce à lui à l'Ambigu-Comique. De nouveau, embusqué derrière des piles de dossiers, Alexandre guette avec angoisse l'ouverture de la porte. Des pas se rapprochent. Cette fois, Adolphe et Rousseau rayonnent. Un seul cri : « Reçus ! » Alexandre bondit de joie. Avec les nouvelles charges que représente pour lui l'arrivée de sa mère, toute rentrée d'argent est la bienvenue. Immédiatement, il s'informe du montant des droits d'auteur pour un vaudeville, à l'Ambigu-Comique. Ils sont de douze francs, plus deux places dans la salle. C'est donc, pour chacun des collaborateurs, quatre francs par soirée, avec, en outre, deux places à quarante sous. Mais il faut attendre pour être réglé au centime près que la pièce soit représentée. Or, Alexandre est à bout de ressources. Son traitement ne lui suffit plus pour assurer à sa mère et à lui-même une existence décente. Rousseau, qui connaît tous les trucs, lui conseille de s'adresser à un certain Porcher, un ancien perruquier devenu claqueur professionnel. Cet intermédiaire discret avance aux auteurs le montant de leurs billets, tout en retenant une petite commission au passage. Ce n'est que justice car, si la pièce ne marche pas, il risque de perdre une partie de sa mise. Le soir même, après une séance de « portefeuille », Alexandre va trouver Porcher au café de l'Ambigu où le roi des claqueurs joue aux dominos avec d'autres habitués. Les nouvelles vont vite dans les milieux du théâtre : le bonhomme est déjà au courant de l'acceptation de *La Chasse et l'amour* par le directeur de l'Ambigu. Il accepte d'avancer cinquante francs à Alexandre contre ses billets d'auteur et va chercher la somme au comptoir. « J'ai éprouvé peu de sensations aussi délicieuses que le contact de ce premier argent gagné avec ma plume, écrira Dumas ; jusque-là, celui que j'avais touché n'avait été gagné que par mon écriture. » L'émotion qu'il devine chez ce néophyte touche le vieux routier des salles de spectacle et il propose à Alexandre de le recommander au vaudevilliste Mélesville, qui pourrait le faire travailler à ses nombreuses productions. A ces mots, Alexandre se rebiffe et annonce avec fierté qu'il a choisi une autre voie et qu'il a l'intention d'écrire, « d'ici un an ou deux », sans l'aide d'aucun collaborateur, une pièce sérieuse pour la Comédie-Française. Porcher hoche la tête et se contente de grommeler : « Je vous préviens, ce n'est pas commode [1] ! »

---

1. Alexandre Dumas : *Mes Mémoires*.

De retour à la maison, Alexandre tend à sa mère les cinquante francs du claqueur. Elle les reçoit avec une gratitude radieuse, car elle sait que, cette fois-ci, il ne s'agit plus de la simple rétribution d'un travail de copiste. Ce n'est pas la calligraphie de son fils qui vient d'être récompensée, mais son talent d'écrivain. Glissant l'argent dans un tiroir, elle ose espérer – elle qui a été si souvent déçue ! – que c'est là le premier pas d'Alexandre sur le chemin de la renommée et de la fortune.

VI

Travaux d'approche

Si Alexandre Dumas ne figure pas sur l'affiche de *La Chasse et l'amour*, dont la première a eu lieu à l'Ambigu-Comique, le 22 septembre 1825, la brochure de la pièce, publiée chez Duvernois, porte bien trois noms d'auteurs. Mais, là non plus, pas trace de Dumas ! Il a été remplacé par un certain Davy. En se cachant ainsi derrière le nom de son grand-père, le petit marquis Davy de la Pailleterie, Alexandre espère égarer les soupçons du duc d'Orléans, lequel – c'est bien connu ! – déteste que ses employés se mêlent de littérature. Certes, on ferme les yeux dans l'administration sur l'activité de certains hauts responsables qui s'adonnent de temps en temps au journalisme ou au théâtre, mais on ne tolère pas que le personnel de bas niveau participe à ce dévergondage de l'esprit.

Par précaution, Lassagne et Alexandre se dissimulent comme des voleurs pour écrire une nouvelle pièce, *La Noce et l'enterrement*. Cette fois ils ont fait appel, en tant que troisième collaborateur, non plus à James Rousseau mais à Gustave Vulpian. Le sujet est tiré d'un conte des *Mille et Une Nuits* et le travail partagé, comme il se doit, en trois parts égales. Quand chacun aura fourni sa copie, on ressoudera les morceaux et on polira l'ensemble. Ce qui encourage l'équipe dans sa besogne, c'est que *La Chasse et l'amour* remporte déjà, à l'Ambigu, un succès très honorable. Seize représentations. De quoi faire frétiller par avance les plumes du trio.

Or, cette réussite n'est pas du goût de l'administration. Bien qu'Alexandre ait soigneusement masqué aux yeux de ses chefs les occupations secondaires auxquelles il se livre pour arrondir ses fins de mois, le bruit de son appartenance au « monde du théâtre » a transpiré, de bureau en bureau, jusqu'au grand patron, François Manche de Broval. Celui-ci a bien voulu, lors de l'entrée du nouveau copiste dans son service, lui enseigner la façon de plier les lettres en carré ou en rectangle selon l'importance du destinataire, à confectionner les enveloppes dans la tradition de la maison, et à les cacheter aux armes du duc d'Orléans. Après tant de sollicitude, il s'attendait à une autre marque de reconnaissance de la part d'Alexandre que cet engouement pour les futilités de la scène. Il le dit tout net à Oudard, lequel s'empresse de le répéter, d'une voix vibrante d'indignation, au coupable. Au début de la semonce, Alexandre, contrit, courbe les épaules comme sous une averse. Puis, soudain, son orgueil l'emporte sur sa prudence et il s'écrie qu'il n'y a pas de mal à vouloir gagner un peu d'argent par des travaux littéraires, du moment qu'en le faisant on ne porte pas préjudice aux intérêts de Son Altesse royale. Devant ce forcené qui hausse le ton et gesticule, Oudard ricane :

« Vous voulez donc absolument faire de la littérature ?

— Oui, monsieur, rétorque Alexandre. Par vocation et par nécessité ! »

Sur quoi M. Oudard, croyant river son clou à l'insolent, persifle :

« Eh bien, faites de la littérature comme Casimir Delavigne, et, au lieu de vous blâmer, nous vous encouragerons ! »

Alexandre sait que, pour tous les « bien-lisants », les « bien-pensants », Casimir Delavigne est l'exemple du talent, de la vertu et de la dignité. Aussi est-ce avec la fougue d'un iconoclaste qu'il réplique :

« Monsieur, je n'ai point l'âge de M. Casimir Delavigne, poète lauréat de 1811 ; je n'ai pas reçu l'éducation de M. Casimir Delavigne, qui a été élevé dans un des meilleurs collèges de Paris. Non, j'ai vingt-deux ans [1] ; mon éducation, je la fais tous les jours, aux dépens de ma santé peut-être, car tout ce que j'apprends – et j'apprends beaucoup de choses, je vous jure – je l'apprends aux heures où les autres s'amusent ou dorment. Je ne puis donc faire en ce moment-ci ce que fait M. Casimir Delavigne. Mais enfin, monsieur Oudard, écoutez bien ce que je vais vous dire, dût ce que je vais vous dire vous paraître bien étrange : si je croyais ne pas faire dans l'avenir autre chose que ce que fait M. Casimir Delavigne, eh bien, monsieur, j'irais au-devant de vos désirs et de ceux de M. de Broval, et, à l'instant même, je vous offrirais la promesse sacrée, le serment solennel de ne plus faire de littérature [2] ! »

Oudard n'en croit pas ses oreilles : comment ce minable gribouilleur de Dumas ose-t-il imaginer que, si on lui en laissait le temps, il dépasserait le glorieux, l'inégalable Casimir Delavigne ? Une pareille ambition s'apparente à la démence. Il faut se méfier de ce genre d'énergumène dans une administration qui se veut disciplinée et laborieuse. A la fois choqué et inquiet, Oudard court se plaindre à Deviolaine des extravagances de son protégé. Le « Père Fouettard » n'est qu'à demi surpris de la dernière « sortie » du bougre, mais il feint, par courtoisie, de partager la fureur du chef de bureau et lui promet de remettre Alexandre au pas. En fait, il se borne à convoquer Marie-Louise et à lui annoncer que les débordements de son fils ont, une fois de plus, failli lui coûter sa place.

Quand Alexandre rentre à la maison, il trouve sa mère

---

1. En fait, il en a vingt-trois.
2. Alexandre Dumas : *Mes Mémoires*.

pleurant dans son mouchoir. Au chagrin de la voir alarmée par sa faute s'ajoute, le lendemain, une rage silencieuse devant la soixantaine de fonctionnaires ricanant sur son passage comme s'il revenait tout crotté d'une promenade : l'histoire du petit Dumas prétendant distancer le grand Casimir Delavigne a déjà fait le tour des scribouillards. La guerre des lazzis est déclarée. Alexandre fait front, et répète infatigablement qu'un jour on parlera plus de lui que du divin Casimir Delavigne !

Et puis, soudain, c'est l'éclaircie : Vulpian annonce à Alexandre et à Lassagne que leur vaudeville a été reçu au théâtre de la Porte-Saint-Martin. Bien entendu, il faudra attendre son tour avant que la pièce n'entre en répétition. Les auteurs ont l'habitude de ces longues périodes de piétinement. Ils se résignent. D'ailleurs, Alexandre a bientôt une autre occasion de faire sonner son nom avec éclat : le général Foy, son bienfaiteur, est mort le 28 novembre 1825 et l'enterrement du grand député libéral, qui se déroule sous la pluie, donne lieu à une manifestation de masse contre le pouvoir autoritaire de Charles X. En réponse à cette explosion de mécontentement, les partisans de la royauté font circuler une chanson anonyme injurieuse pour le défunt. Ils égratignent au passage le duc d'Orléans, descendant du « régicide » Philippe Egalité. Par gratitude envers celui qui l'a introduit auprès de Son Altesse royale, Alexandre rédige, tambour battant, une *Elégie sur la mort du général Foy*. En plus de deux cents vers, d'une emphase maladroite, il loue le « héros généreux » arrêté dans sa course et dont le peuple éploré salue la mémoire en criant à tous les échos :

Encore une pierre qui tombe
Du temple de la Liberté.

Il espère une subvention officielle, mais nul ne songe à la lui offrir. Alors, il met la main à sa poche et fait publier l'opuscule à frais d'auteur. Cette œuvre grandiloquente lui paraît digne d'une reconnaissance de paternité. Elle est donc signée non plus Davy, mais Alexandre Dumas, et il la distribue largement autour de lui. Ses chefs, d'Oudard à Broval, estiment que, si la métrique du poème laisse à désirer, l'intention est bonne. Son Altesse royale appréciera le geste. Seul Lassagne fait la moue, car il est très chatouilleux sur le point de la prosodie. En tout cas, dans les bureaux, les moqueurs se sont tus. Alexandre se rend certes compte qu'il y a plus d'opportunité politicienne que de considération littéraire parmi ceux qui lui font des sourires ; il n'en apprécie pas moins que son *Elégie* reçoive les compliments d'Etienne Arago dans *Le Figaro* et qu'elle soit reproduite dans un recueil intitulé *Couronne poétique du général Foy*, parmi d'autres ouvrages du même tonneau.

Porté par ce succès de coterie, il passe de la poésie à la prose et écrit, coup sur coup, trois nouvelles inspirées par les récents bouleversements de la France. La toile de fond des récits est, tour à tour, l'époque napoléonienne, le début de la Restauration et la Révolution française. Bien que d'une tournure empruntée, ils témoignent tous d'un sens aigu de la tension dramatique et d'un goût très vif pour l'évocation des grands moments du passé. Ces textes, réunis sous le titre de *Nouvelles contemporaines*, sont dédiés à Marie-Louise : « A ma mère, hommage d'amour, de respect et de reconnaissance. » En lisant pour la dixième fois cette généreuse formule, Marie-Louise presse ses mains contre son cœur pour en contenir les battements heureux. Aucune déclaration de tendresse conjugale ne l'a émue à ce point. Elle prie pour que ce livre – le premier d'Alexandre – reçoive un accueil triomphant. Moins admiratifs qu'elle, les éditeurs se dérobent un à un. Toutefois, la femme de l'imprimeur Setier trouve à l'auteur un physique si agréable qu'elle persuade son mari d'imprimer l'ouvrage « en compte à demi ». Il suffirait à Alexandre d'avancer les trois cents francs représentant sa part pour voir son « enfant » lancé dans le public. Mais où les prendre, ces sacrés trois cents francs ? La meilleure solution est de recourir à nouveau au « roi des claqueurs ». Arguant de la récente acceptation de *La Noce et l'enterrement* à la Porte-Saint-Martin, Alexandre demande à Porcher une avance sur ses futurs droits d'auteur. Le brave homme lui aligne l'argent nécessaire, et l'ouvrage est mis sous presse. Sortie : le 27 mai 1826. Tirage : mille exemplaires. Premier article du même Etienne Arago dans *Le Figaro* : il y prévient les éventuels lecteurs du recueil qu'ils se réservent des sensations « tour à tour douces, tristes et déchirantes », ce qui est un bon point pour Alexandre. Mais il conseille également à l'auteur de surveiller son style, plein de « tournures embarrassées », d'« expressions banales » et d'« incorrections ». Bref, un encouragement nuancé. Aucun autre critique ne se manifeste, ni en bien ni en mal. Les *Nouvelles contemporaines* n'intéressent personne. Après quelques semaines de présence du bouquin aux étalages des libraires, Alexandre fait ses comptes : quatre exemplaires vendus. Cet échec devrait le ramener à la raison. Mais il a le cuir épais. Il persévère. Simplement, il change son fusil d'épaule.

Ayant rencontré chez les Setier un certain Marle, qui se pose en réformateur de l'orthographe et dirige un *Journal grammatical* d'audience quasi confidentielle, Alexandre s'intéresse vivement à son cas. En effet, sur le point de liquider sa revue agonisante, Marle se dit prêt à céder « pour trois fois rien » son fichier d'abonnés. N'est-ce pas une occasion à saisir par les cheveux ? Sûr de son instinct commercial, Alexandre persuade l'ami Leuven qu'il serait habile de s'appuyer sur ce groupe d'amateurs de la langue française pour lancer une publication de qualité. Si lui-même n'a pas un traître sou à mettre dans l'entreprise, Adolphe, grâce à sa famille, ne manque pas de moyens. Facilement convaincu, Adolphe remercie Alexandre de son idée. On achète gaiement la « clientèle » de Marle, et on fonde une revue mensuelle : *La Psyché*. Ainsi du moins les deux associés seront-ils assurés d'avoir un « débouché » honorable pour leurs œuvres. Cette opportunité incite Alexandre à composer des poèmes à propos de n'importe quoi. La plume à la main, il flatte volontiers les personnages influents de la politique et des salons parisiens. Evidemment, il pourrait se contenter de les célébrer dans des articles. Mais il a noté qu'à l'époque la renommée va de préférence aux « faiseurs de vers ». De Lamartine à Hugo en passant par Vigny, c'est un flot d'harmonie qui se déverse sur la France. Dans tous les foyers, on fête les jongleurs de rimes. Et, malgré la voix puissante de Chateaubriand, la prose est délaissée. N'est-elle pas à la portée de tout le monde ? Les grandes passions, les grandes douleurs, les grandes joies, les grandes espérances ne se « racontent » pas, elles se « chantent ». Donc, si un jeune écrivain veut réussir, il doit « chanter ». Même si, comme Alexandre, il chante faux. A force de fréquenter les Muses, il finira, pense-t-il, par trouver le ton juste.

Pour le soutenir dans cette voie seigneuriale, il constate que Casimir Delavigne, Marceline Desbordes-Valmore, Arnault acceptent de figurer au sommaire de *La Psyché*. Hugo en personne offre à la revue deux poèmes inédits, *Le Sylphe* et *La Fée et la Péri*. Quant à Jean Vatout, il propose à Alexandre de collaborer à un ouvrage de luxe, *La Galerie lithographiée*, sorte de catalogue de tous les tableaux qui forment le trésor du Palais-Royal, assortis, pour chacun, d'un commentaire poétique. Ravi d'avoir été choisi pour magnifier les richesses artistiques de la maison d'Orléans, Alexandre accepte. En une centaine de vers, il vante les beautés d'une lithographie d'après une toile de Montvoisin, représentant un pâtre assoupi au milieu d'un décor romain. Il n'est pas mécontent du résultat. D'abord parce qu'il lui semble que sa plume court allègrement sur le papier, ensuite parce qu'il se dit qu'en multipliant les poèmes de circonstance il fait sonner son nom aux oreilles de tous les amateurs de littérature.

Cependant il a conscience que ses essais poétiques ne lui vaudront jamais la gloire d'un Hugo. Sa chance, juge-t-il, l'attend plutôt du côté de la scène. Incontestablement, c'est au théâtre que se construisent désormais les réputations les plus originales, les plus audacieuses. Dans toutes les jeunes cervelles, le romantisme bouillonne. Pour être dans le vent, il faut rejoindre ces révolutionnaires de la langue et de la pensée. Pourquoi, se demande Alexandre, ne pas écrire une pièce provocante, fracassante, pour le génial Talma qui l'a si bien accueilli lors de sa première visite à Paris ? Comme autrefois, Adolphe se charge de l'accompagner dans cette démarche délicate. Ils trouvent l'acteur amaigri, angoissé, mais parlant de son prochain spectacle, *Tibère*, tragédie de Lucien Arnault, avec autant d'enthousiasme que s'il s'agissait de ses prochains débuts sur les planches. Quelques jours plus tard, il succombe à une « maladie des entrailles ». Alexandre est au désespoir : un de ses meilleurs atouts vient de lui claquer dans les mains.

Quoi qu'il en soit, *La Noce et l'enterrement* est joué à la Porte-Saint-Martin le 21 novembre 1826. Alexandre et sa mère assistent à la première. La salle est bien disposée. On applaudit même certains couplets. L'auteur se rengorge. Marie-Louise n'en espérait pas tant. Son garnement de fils aurait-il raison de s'amuser à enfiler des mots ? Malgré les applaudissements et les rires, elle craint toujours que les performances littéraires d'Alexandre ne nuisent à son avancement dans les bureaux du duc d'Orléans. Elle songe à Auguste Lafarge, cet élégant clerc de notaire établi jadis à Villers-Cotterêts, qui, après avoir voulu devenir écrivain, est mort oublié, méprisé, regrettant les avantages de « l'étude » et pleurant sur sa misère. Pourvu qu'Alexandre ne soit pas tenté, comme lui, d'abandonner la sécurité de l'emploi pour les mirages de la renommée ! Le succès de *La Noce et l'enterrement* n'est-il pas un leurre ? Les bravos d'un soir ne vont-ils pas inciter « le petit » à poursuivre une carrière semée de chausse-trappes ?

Le rideau tombe sur une rumeur tout à fait élogieuse. On peut s'attendre, estime Alexandre, à une cinquantaine de représentations. Immédiatement, il calcule ce qu'elles lui rapporteront déduction faite de l'avance de Porcher. Certes, il ne lui restera pas grand-chose, au bout du compte, mais il aura gravi un barreau dans l'échelle des valeurs. Peut-être aurait-il dû signer la pièce Dumas et non Davy ? Il se promet de le faire la prochaine fois. Or, voici qu'un quidam qui occupe, au parterre, le fauteuil voisin du sien se lève en grommelant : « Allons, allons, ce n'est pas encore là ce qui soutiendra le théâtre [1] ! »

Cette remarque cinglante stupéfie Alexandre. Pourtant, il se retient de souffleter le spectateur grincheux. Bizarrement, à sa colère succède une froide réflexion. Piqué au vif, il décide soudain de se « rattraper » en composant une autre pièce. Mais il entend changer de collaborateur. Son choix se porte sur Frédéric Soulié, dramaturge prolixe qui met autant d'habileté à pondre des dialogues qu'à diriger les ouvriers de sa scierie. D'emblée, Soulié se déclare d'accord pour tenter l'expérience. Les récits de Walter Scott ayant conquis la France, on projette d'adapter son roman *Old Mortality* en français, pour le théâtre, sous le titre *Les Puritains d'Ecosse*. Mais, dès la première ébauche, rien ne va plus. Chacun des deux auteurs a des idées intransigeantes sur le découpage en scènes et le comportement des principaux personnages. Déçu, Alexandre préfère changer de sujet et travailler seul. A force de fouiller dans les livres d'histoire, il tombe sur le conflit des frères Caïus et Tiberius Gracchus. Sa pièce, *Les Gracques,* est écrite au galop. Il la montre à ses amis. Leur conclusion est pessimiste : il y a là-dedans trop de politique, trop de violence, trop d'appels au peuple !... Même si la censure laisse passer cette œuvre provocatrice, aucun théâtre ne prendra le risque de la monter. Sans se décourager, Alexandre fourre son manus-

1. Alexandre Dumas : *Mes Mémoires*.

crit dans un tiroir et s'attelle à une adaptation en vers du *Fiesque de Lavagne*, de Schiller. Hélas ! dans ce texte également, il y a des hardiesses républicaines qui pourraient déplaire aux autorités. Tandis qu'il s'échine à évoquer l'étrange conjuration de Fiesque avec ses deux héros, dont l'un, après avoir voulu vaincre la tyrannie, devient à son tour un tyran, et dont l'autre lutte sans faiblir pour le triomphe de la liberté, le petit monde des bureaux du duc d'Orléans est soumis à de profonds changements de structure. Profitant d'un train de promotions, Alexandre sort de ses travaux littéraires et ose demander à Oudard une place à dix-huit cents francs. Elle lui est accordée, mais il doit quitter le secrétariat pour le service du secours social. Est-ce un avancement dans la carrière administrative ? Oui, puisqu'il est augmenté ; non, puisque étant affecté à d'obscures besognes de bienfaisance il est éloigné du soleil éblouissant de Son Altesse royale. Peu importe : trois cents francs de supplément annuel sur un salaire, c'est toujours bon à prendre quand on a une mère, une maîtresse et un marmot sur les bras !

Au vrai, les visites d'Alexandre à Laure Labay sont de plus en plus rares et décevantes. L'habitude ayant émoussé son désir, il a beau s'exhorter à la tendresse, il est agacé par ce bambin, toujours présent entre eux, qui bave, bredouille, pleurniche et s'obstine à l'appeler « papa ». Par chance, Marie-Louise ne sait toujours rien, ou feint de ne rien savoir, de cette encombrante liaison. Quel soulagement pour lui, quand, après avoir satisfait aux obligations de son faux ménage, il retourne auprès de sa mère ! Elle, du moins, ne lui pose aucune question indiscrète, l'admire quoi qu'il fasse et n'a besoin que de le regarder, de l'écouter, de le respirer pour être comblée. Autant il est heureux dans son état de fils, autant il est indifférent à l'idée d'en avoir un lui-même. Pourtant Marie-Louise, si elle résume à ses yeux toutes les femmes, ne peut évidemment lui suffire. Loin d'elle, il recherche les rencontres fugaces, les victoires sur des vertus mal défendues, les frottements de peau. Quand on a une belle tête, du muscle, la parole facile, l'œil charmeur et les reins solides, on trouve toujours son content du côté des dames. Si seulement les directeurs de théâtre étaient aussi bien disposés qu'elles à son égard ! Mais ils affirment ne rien pouvoir pour lui tant qu'il ne se sera pas « fait un nom ».

Cela n'empêche pas Alexandre de lorgner dans la direction du Théâtre-Français. Après la mort de Talma, le baron Taylor, commissaire royal auprès de la troupe, s'efforce de reconquérir un public déçu par la disparition de son idole. Il soigne les décors, les costumes, la mise en scène, afin de prouver l'excellence de ses spectacles, et annonce la création d'une grande comédie historique, *Louis XI à Péronne*, d'après le roman de Walter Scott, *Quentin Durward*. Encore Walter Scott ! Alexandre se dit qu'il avait eu cent fois raison en voulant s'inspirer d'une œuvre de cet auteur pour son prochain essai dramatique. Frédéric Soulié assiste à la première de *Louis XI à Péronne* le 15 février 1827, et ressort de la salle enthousiasmé. Lui qui a dédaigné, quelques mois auparavant, de collaborer aux *Puritains d'Ecosse* du même Walter Scott reconnaît ses torts et s'enflamme à nouveau pour le projet. Enchanté de ce revirement d'opinion, Alexandre ne doute pas que leurs plumes fraternellement unies les conduiront à la victoire. Leurs modèles dans l'art du dialogue, du retournement de situation et de la progression de l'angoisse sont Shakespeare, Schiller, Walter Scott, mais ils comptent sur les ressources de leur jeunesse pour renouveler les thèmes et les procédés de ces grands précurseurs.

Tandis qu'ils s'emploient à « réinventer » le théâtre historique, Charles X et Villèle augmentent l'impopularité du gouvernement en essayant de faire adopter une loi dite « de justice et d'amour » qui étoufferait la presse en frappant d'une taxe de un franc toute feuille imprimée. La réaction contre cette « loi vandale », selon l'expression de Chateaubriand, est immédiate. Des manifestations éclatent dans la rue. Leur violence est telle que Villèle doit retirer son projet. Trop tard ! La méfiance envers le pouvoir fait tache d'huile. Le 29 avril, passant en revue la Garde nationale sur le Champ-de-Mars, Charles X est accueilli par des clameurs hostiles : « A bas les ministres ! A bas les jésuites ! » Perdu parmi les soldats-citoyens, Alexandre crie plus fort que les autres. Le soir même, la Garde nationale est licenciée.

Alexandre ronge son frein. D'ailleurs, il a trop à faire avec la conduite de ses ambitions personnelles pour se mêler de politique. La France s'en tirera toujours. Mais lui ? Est-il bonapartiste par nostalgie, royaliste par raison, républicain par sentiment ? Il ne le sait pas au juste. Cependant, il éprouve le besoin de rejoindre les rangs de ceux qui disent non. Non à l'ordre établi, non aux gloires officielles, non aux fortunes injustifiées, non à la vieillesse... Pour que le monde appartienne aux gens de sa génération, Alexandre estime qu'il faudrait jeter bas les actuels profiteurs du régime. A commencer par les « ultras » qui soutiennent aveuglément Charles X et à finir par les écrivains à succès qui empêchent les jeunes de s'asseoir à leur place. Il se prépare à cette lutte avec d'autant plus d'ardeur qu'il n'a rien à perdre. Sa mère le regarde écrire et écrire encore, d'une main fiévreuse, le soir à la lueur d'une lampe. Est-il en train de s'ériger un piédestal ou de se creuser une tombe ? A deux heures du matin, quand il s'écroule sur son lit, ivre de fatigue et bouillant d'optimisme, elle va se coucher elle-même, en priant Dieu de protéger leur couple menacé par la folie des grandeurs.

VII

Le succès à portée de la main ?

Même Bonaparte, à l'époque de ses débuts, a dû s'appuyer sur des gens « en place » pour avancer dans sa carrière. Une réussite littéraire suppose, elle aussi, des alliances dans le milieu qu'on souhaite conquérir de haute lutte. Guidé par cette idée fixe, Alexandre s'engouffre dans tous les salons qui consentent à lui ouvrir leurs portes. Aucune fréquentation ne le rebute pour peu que ses nouvelles connaissances aient leur mot à dire dans le royaume papotant de la lecture ou du spectacle. C'est ainsi que, sur le conseil du poète Cordellier-Delanoue, collaborateur occasionnel de *La Psyché*, il se rend, le 3 juin 1827, à la salle de l'Athénée, dans le Palais-Royal, pour y entendre une conférence du vieux Mathieu Guillaume Villenave, lequel passe pour être un brillant orateur et un analyste subtil du talent des écrivains disparus. Le public est nombreux, élégant, avec, çà et là, quelques visages fameux qui retiennent l'attention d'Alexandre. Cependant, très vite il se lasse de cet inventaire pour s'intéresser à la fille de Villenave, Mélanie. Elle est brune, osseuse, la poitrine plate, le teint brouillé, mais il y a dans ses yeux une flamme prometteuse. A tout hasard, Alexandre s'est renseigné sur elle avant de venir. Il sait déjà qu'elle frise la trentaine, que son mari, le capitaine d'habillement François Joseph Waldor, est retenu des mois entiers par son service à Thionville, que le ménage est mal assorti et que la pauvrette, qui habite chez ses parents, avec sa fille de deux ans et demi, s'ennuie à périr et s'étourdit de son mieux en écrivant des poèmes. Ces quelques traits caractérisent, selon lui, la femme qui a besoin d'être consolée. A force de la détailler à distance, il se dit qu'elle ne manque pas de charme sous ses dehors de pruneau. En outre, le fait qu'elle soit la fille d'un écrivain aux relations flatteuses et l'épouse d'un militaire éloigné de Paris la lui rend doublement attrayante. Obligé de partir avant la fin du cours professoral pour passer en coup de vent au bureau, il revient à temps pour se mêler aux admirateurs qui assourdissent le conférencier de leurs compliments. Il accepte même de se joindre à eux et d'aller boire une tasse de thé chez Villcnavc, 82 ruc dc Vaugirard, où ils ont décidé de se réunir pour finir gaiement la soirée. Mélanie approuve son père d'avoir distingué ce jeune homme de belle tournure et de bon goût. Elle consent même à prendre le bras d'Alexandre pour se rendre à pied du Palais-Royal au domicile de ses parents. De la rive droite à la rive gauche, la route est assez longue pour favoriser la conversation. Mélanie parle de sa solitude, de sa mélancolie incurable, de sa déception devant les mesquineries de la vie quotidienne et de ses préférences en matière de poésie. Alexandre lui répond que lui aussi étouffe dans les limites d'une existence étriquée et qu'il rêve, lui aussi, de se consacrer à une grande œuvre et à un grand amour. Pas après pas, rue après rue, dans la douce tiédeur du printemps parisien, ils découvrent qu'ils sont faits pour s'entendre. Le bras de Mélanie s'appesantit sur celui de son cavalier.

Enfin les voici arrivés à destination. Une maison vieillotte, maussade, un jardin abandonné, un rez-de-chaussée sombre et humide à forte odeur de moisi, et, au premier étage, le petit et le grand salon, où s'assemblent les invités sous le regard de quelques portraits aux ombres bitumeuses. Sur une table de marbre trône une urne funéraire en bronze. Elle aurait, selon la tradition, contenu le cœur de Bayard. Alexandre feint de le croire, se répand en exclamations déférentes et croque les gâteaux que Mélanie lui présente sur un plateau avec un regard engageant. D'emblée, il est adopté par toute la famille : le père, tyrannique, infatué et bavard, la mère, Marie-Anne, minuscule, fanée, toute en rides et en sourires, le fils, Théodore, un robuste gaillard « auteur de poésies fugitives », la fille, Mélanie, qui sous une enveloppe ingrate a l'air de cacher un tempérament de feu, et même l'unique enfant de celle-ci, une gamine blonde et rose qui prétend – détail attendrissant – que les papillons sont des fleurs volantes. Désormais, il passera chaque vendredi rue de Vaugirard pour écouter le patriarche Villenave raconter ses souvenirs et amuser Mélanie en lui débitant les siens, souvent imaginaires.

Comme Villenave collectionne avec passion les autographes et déplore de n'en pas posséder un seul de Bonaparte datant de l'époque où le futur empereur signait Buonaparte, Alexandre lui en offre un, provenant des archives de son propre père et portant le fameux « u » qui décuple la valeur marchande du document. Villenave exulte : « C'est bien cela ! Voilà le "u" ! Oh ! c'est bien son "u", il n'y a pas à en douter... Un grand point historique éclairci [1] ! » Et, après s'être confondu en remerciements, il glisse la pièce rare dans une chemise blanche, l'assortit d'une notice explicative et range le tout dans un carton. Sa journée sera illuminée par le cadeau du brave garçon dont sa fille a eu cent fois raison d'encourager les visites.

Quant à Mélanie, elle aussi reçoit des lettres. Mais elles ne sont pas de Bonaparte. Alexandre les lui remet subrepticement entre deux portes. D'un billet doux à l'autre, il

1. Alexandre Dumas : *Mes Mémoires*.

s'enhardit dans l'expression de ses sentiments : « Vous avez vu, hier, combien vous aviez la puissance de souffler sur mes émotions pour les allumer et les éteindre », lui écrit-il dès le 7 septembre 1827. Aussitôt après, d'ailleurs, le tutoiement, entre eux, remplace le vouvoiement. Il s'arrange pour relancer Mélanie dans la plupart des réceptions où elle est conviée. Tout en la courtisant, il courtise les gens de qualité qui les invitent. Amour et opportunisme lui semblent inséparables pour quiconque veut briller dans la société parisienne. Le 12 septembre 1827, à l'occasion d'un bal, il a le privilège de tenir enfin la jeune femme dans ses bras. La respiration coupée par le mouvement de la valse, elle détache un géranium du bouquet qui orne son corsage et le présente à la bouche d'Alexandre. Il baise la fleur à demi fanée, hume sa danseuse échauffée et haletante, et, rentré chez lui, trace fiévreusement ces quelques mots sur un billet qu'elle lira le lendemain : « J'avais besoin de cette confiance intime, de ces aveux complets, j'ai ta confiance, j'ai tes aveux et toi aussi!... Il y a quelque chose de divin à se dire : "Je pense à elle, je suis sûr qu'elle pense à moi..." Car j'irai partout où tu iras, je puis me faire présenter à peu près dans tous vos salons, et ils ne verront pas, tous ces sots indifférents, que je ne suis là que pour toi et avec toi. Mais tu n'auras plus d'étouffements, ni moi de palpitations, nous avons besoin de vivre tous les deux maintenant. »

Quelques jours plus tard, Mélanie, ensorcelée, capitule et oublie dans les bras d'Alexandre qu'elle est mariée, qu'elle est mère, que sa situation sociale lui interdit les écarts de conduite, et qu'elle a six ans de plus que son amant. Quant à Alexandre, enflammé par sa récente conquête, il s'emploie à concilier, dans un emploi du temps rigoureux, les délices de l'amour, les contraintes administratives et les devoirs familiaux. A peine évadé du bureau, à cinq heures du soir, il court dîner avec sa mère, ensuite il se précipite chez Laure, histoire de lui dire trois mots aimables et de tapoter la joue du petit, et le voici, tout fringant, dans le salon des Villenave où Mélanie l'accueille, affable et mondaine, alors qu'il a encore dans les oreilles les mots d'amour qu'elle lui a balbutiés hier, dans le délire de la possession. C'est de préférence le dimanche qu'il la rejoint, en cachette, d'abord dans un garni, puis dans une chambre modeste louée au mois et réservée à leurs ébats. « Quelle douce journée, cher amour, lui écrit-il, le 24 septembre 1827, après une de ces entrevues exaltantes. Comme nous avons retrouvé la gradation de toutes nos impressions premières ! Je suis tranquille... Je suis à la fois le *moi* du jour où je te baisai la main, le *moi* du 12 septembre ; et le *moi* d'aujourd'hui ; et le *moi* d'aujourd'hui est le plus heureux de ces trois *moi.* » Trois jours plus tard, à la suite de quelque bouderie ou de quelque scrupule tardif de Mélanie, il se montre encore plus exubérant : « M'as-tu pardonné, mon ange ?... Non, je n'aurai plus pour te convaincre de semblables raisonnements, je t'enlacerai de mes bras ou je me mettrai à tes genoux, je te prierai de m'aimer en te regardant, et tu oublieras tout pour moi, oui, tout, n'est-ce pas ? Et tu reviendras calme et tu ne tressailleras plus tout à coup dans mes bras, ou ce sera de plaisir et d'amour. » Parfois, une ombre surgit dans leur ciel et assombrit l'agrément des retrouvailles : la pensée importune du mari qui se morfond dans sa garnison, à Thionville. Au vrai, Alexandre s'accommode fort bien de cette situation ambiguë. Mais la loi du genre veut qu'il se prétende jaloux. Il le fait avec des accents byroniens. Ou bien c'est elle qui, soudain, a des accès de jalousie, et il en est ravi comme d'une confirmation de son pouvoir sur elle. Heureux d'éveiller des soupçons si flatteurs, il renchérit en parlant de l'enfer qu'il endure lorsqu'il l'imagine subissant les rares caresses de son époux : « Malédiction, cette pensée ferait naître un crime. Mélanie, ma Mélanie, je t'aime comme un fou, plus qu'on aime la vie, car je comprends la mort et je ne puis comprendre l'indifférence pour toi [...]. Mille baisers sur tes lèvres, et de ces baisers qui brûlent, qui correspondent par tout le corps, qui font frissonner et qui contiennent tant de félicité qu'il y a presque de la douleur [1]. »

Mélanie, reconnaissante, ne se contente pas de lui donner du plaisir, elle le présente, avec fierté, à ses relations les plus huppées. Grâce à elle, il fait la connaissance de la princesse de Salm, du comte de Ségur, de Mme de Belloc, de Nisard, et de vingt autres personnalités parisiennes. Partout, il bombe le torse et exploite ce charme mi-français mi-africain dont il a une claire conscience.

Mais il ne suffit pas de parader en société pour s'assurer une brillante carrière d'écrivain. Il faut, par-dessus le marché, avoir des idées, noircir du papier, produire ! Le théâtre français, depuis longtemps endormi, empoussiéré, attend sa résurrection cent fois annoncée par les romantiques et toujours remise, faute d'un spectacle exceptionnel. Cependant, voici que des comédiens venus de Londres remportent un triomphe à l'Odéon en jouant du Shakespeare, en anglais, avec une émotion dans la voix, un réalisme dans la mimique et dans le geste, qui réveillent le public de sa torpeur. A *Hamlet* succèdent *Roméo et Juliette*, *Othello*, et d'autres pièces du répertoire britannique. Alexandre est transporté par l'interprétation des plus grands acteurs de la troupe : Kean, Miss Foot, Miss Smithson... « C'était la première fois que je voyais au théâtre des passions réelles, animant des hommes et des femmes en chair et en os », confiera-t-il dans ses *Mémoires*. Pourtant, à la Comédie-Française, un Frédérick Lemaître, une Marie Dorval, lui semblent dignes de rivaliser avec les meilleurs artistes d'outre-Manche. Il suffirait de leur donner un beau texte à se mettre dans la bouche. En un siècle où la vie est trop paisible, il faut bouleverser les consciences, précipiter les battements des cœurs, par des

1. Lettre de la fin de septembre ou du début d'octobre 1827.

péripéties, des retournements de situation et des cris. « Les corps ne courent aucun danger, les esprits veulent des périls imaginaires, écrira-t-il encore. Il faut que la pitié humaine se prenne à quelque chose. Douze ans de calme faisaient que chacun appelait les larmes [1]. »

Tout ce qu'il voit, tout ce qu'il lit confirme Alexandre dans cette opinion. Dès à présent, il sait que l'art de grand-père est enterré. La meute des jeunes chevelus s'agite déjà dans les coulisses des théâtres. Même la peinture est en ébullition. Des artistes révolutionnaires ont réussi à forcer les portes du Salon. *La Mort de Sardanapale* de Delacroix provoque un scandale chez les « crânes chauves » par l'audace de la composition et la violence des couleurs. Ebloui par cette orgie de corps nus, de trésors entassés, de flammes rouges et de regards tragiques, Alexandre y décèle une invitation à rejoindre les partisans de l'excès. Ce que Delacroix a rendu par le pinceau, il voudrait le rendre par la plume. En passant dans la salle réservée aux sculptures, il s'arrête, émerveillé, devant un bas-relief de Mlle Félicie de Fauveau représentant l'assassinat de Monaldeschi sur l'ordre de la reine Christine de Suède, son ombrageuse maîtresse. Or il ne sait rien des deux personnages qui ont inspiré cette belle évocation d'un passé d'amour et de mort. N'osant s'informer auprès des autres visiteurs, par crainte d'être pris pour un ignorant, il quitte le Salon dans le trouble et l'indécision. Toujours sous le coup de l'impression que lui a causée le bas-relief de Mlle de Fauveau, il se rend chez Frédéric Soulié, en espérant que celui-ci le renseignera. Justement, son ami possède une *Biographie universelle*, où l'on trouve des clartés sur tout. Alexandre la consulte et recopie l'article consacré à la reine Christine de Suède. Il y apprend que, après son abdication à Stockholm, en 1654, elle a voyagé à travers l'Europe et que, de passage à Fontainebleau, elle a stupéfié la cour en faisant assassiner

1. Alexandre Dumas : *Mes Mémoires.*

son amant, le grand écuyer Monaldeschi, accusé de lui être infidèle. Pendant quelques minutes, Alexandre rêve à ce drame du despotisme et de la jalousie ; toutefois, il a peur de ne pouvoir, à lui seul, en exploiter les richesses. Pour plus de sécurité, il propose à Frédéric Soulié de traiter la pièce en collaboration. Mais Soulié lui annonce que le sujet l'intéresse depuis longtemps et qu'il a l'intention d'écrire une *Christine* « bien à lui ». Déçu par ce faux bond, Alexandre ne renonce pas pour autant à son projet. Chacun restant sur ses positions, on décide qu'il y aura deux *Christine*, une de Soulié, l'autre de Dumas, et que le comité du Théâtre-Français n'aura qu'à choisir celle qu'il préfère.

Quand il sort de chez Soulié, Alexandre n'est qu'à moitié satisfait de cet arrangement boiteux. Il est près de minuit ; la rue est obscure, silencieuse, déserte, une pluie serrée fouette les toits et crépite sur les trottoirs. En arrivant à la porte Saint-Denis, Alexandre entend des cris, à une trentaine de pas, dans les ténèbres. Deux individus s'acharnent sur une femme qu'ils ont jetée à terre et à qui ils tentent d'arracher son collier. Le compagnon de la victime s'efforce en vain de la défendre à coups de canne. D'un bond, Alexandre se lance sur les voleurs et renverse le plus entreprenant. Tandis qu'il l'étrangle à demi et lui écrase la poitrine sous son genou, le second agresseur s'enfuit à toutes jambes. Alertés par les appels à l'aide, quelques soldats accourent du poste Bonne-Nouvelle et, refusant d'écouter les explications des « perturbateurs de l'ordre public », ils les emmènent indistinctement au corps de garde. Alors que la jeune femme remercie Alexandre pour son héroïque intervention, il reconnaît en elle, avec étonnement, sa bien-aimée de Villers-Cotterêts : Aglaé ! Elle est venue à Paris flanquée de son mari, Nicolas Hanniquet, et tous deux se sont empressés d'aller voir, à la Porte-Saint-Martin, *La Noce et l'enterrement*, dont nul Cotterézien n'ignore que le fils Dumas est le véritable auteur. Cette rencontre semble aussi importante à Alexandre que la vue de *La Mort de Sardanapale*, ou la révélation du génie de Shakespeare, ou la découverte du tragique destin de la reine Christine et de son amant. Elle prouve que les coïncidences, les invraisemblances sont aussi fréquentes dans la vie courante que dans les fantasmes de l'écrivain le plus fou. Les coups de théâtre dont il est quotidiennement le témoin l'encouragent à lâcher la bride à son imagination, à se moquer du bon sens et de la logique, à braver le possible au nom de l'impossible. C'est de bon cœur qu'il accepte de passer la nuit au « violon » avec ces deux revenants de son passé et un filou qui n'en mène pas large. Bientôt, Aglaé s'assoupit sur l'épaule de son mari. Assis auprès d'eux, dans le cachot, Alexandre contemple ce couple si uni et si banal. Il les plaint pour leur fade et paisible bonheur. Puis il ne pense plus à eux et reprend le cours de sa rêverie. Est-il plus grande joie pour un créateur que de sentir des personnages qui bougent dans sa tête et réclament le droit d'exister sur scène ou dans un livre ? « Je vis, avec les yeux du souvenir, le bas-relief de Mlle de Fauveau incrusté dans la muraille, et, dans ce corps de garde du boulevard Bonne-Nouvelle, à côté de cette femme et de son mari, en face de ce voleur que les prochaines assises devaient condamner à trois ans de prison, mon imagination créa les premières scènes de *Christine* [1]. »

Au petit jour, le commissaire arrive, reçoit les dépositions des uns et des autres, libère les innocents et expédie le coupable dans quelque dépôt de la préfecture de Police. Ayant pris congé du ménage Hanniquet, Alexandre se précipite rue du Faubourg-Saint-Denis pour rassurer sa mère qui, inquiète de son absence prolongée, n'a pas fermé l'œil de la nuit. Puis, le calme étant revenu dans la maison, il songe aux conséquences de ses étranges retrouvailles avec Aglaé. Va-t-il tenter de renouer avec elle ? Non, il la reverra deux ou trois fois par convenance : il déteste les

1. Alexandre Dumas : *Mes Mémoires.*

plats réchauffés. Son domaine a toujours été l'avenir. Et l'avenir, pour l'instant, c'est l'insatiable et efficace Mélanie. Elle le conseille si bien dans ses démarches pour faire jouer *Fiesque* au Théâtre-Français ! La pièce d'un certain Gustave Drouineau, sur les mêmes événements historiques, vient d'y être reçue « à correction ». Il faut absolument barrer la route à ce gêneur. Alexandre bat le rappel de ses partisans. Mais, malgré l'appui de Vatout, d'Arnault et d'Althulin, aide de camp du duc d'Orléans, le tout-puissant baron Taylor, commissaire royal auprès de la première scène française, ne donne pas suite aux réclamations du jeune Dumas. Peu importe ! Obnubilé par le projet de *Christine*, Alexandre se désintéresse peu à peu de cette conjuration de *Fiesque* qui a, jadis, inspiré Schiller. Sa propre pièce ne lui paraît plus digne, aujourd'hui, des feux de la rampe, alors qu'avec *Christine* il est sûr de tenir un sujet en or. Pourvu que la politique ne se mette pas en travers de ses ambitions !

Depuis les dernières élections, l'opposition possède la majorité à la Chambre. Villèle, désavoué, ayant donné sa démission, Martignac – jugé plus libéral – le remplace à la tête du gouvernement. Au Palais-Royal également, plusieurs postes changent de titulaires. Alexandre est muté du bureau des secours à celui des archives de Son Altesse royale. Double avantage : il n'a plus à assumer la corvée du « portefeuille » et ses horaires sont plus élastiques. En outre, son nouveau chef de bureau, « papa Bichet », est l'indulgence même. Agé de quatre-vingts ans, il s'habille comme à la cour de Louis XVI, aime et respecte la littérature, a connu autrefois Piron dont il récite les œuvres par cœur, et encourage son jeune subordonné à écrire ses élucubrations personnelles, en négligeant au besoin les dossiers qui s'accumulent sur sa table. Selon lui, les besognes administratives peuvent attendre, alors que l'inspiration poétique n'attend pas. Mais une cabale se monte rapidement derrière les épaules de ce juste. Des employés, moins bien traités par la direction, reprochent au « chouchou » de papa Bichet d'écrire des pièces au lieu de se consacrer au travail pour lequel il est payé, et de se croire tout permis sous prétexte qu'il est le protégé du magistral Deviolaine.

Averti de ces rumeurs, Deviolaine les balaie en déclarant qu'il a le plus urgent besoin du sieur Dumas, lequel, malgré ses allures fantaisistes, est un des collaborateurs les plus précieux de la maison. Aussitôt, Alexandre s'avise de profiter de l'occasion pour pousser son avantage. Payant d'audace, il décide de se soustraire à la malveillance des surnuméraires et des commis qui le jalousent, et s'installe, de sa propre autorité, dans un minuscule cabinet où, d'ordinaire, les garçons de bureau entreposent les bouteilles d'encre vides. Ce coup d'Etat ébranle le Palais-Royal de la cave aux étages supérieurs. Une fois de plus, Deviolaine convoque le responsable et lui lave la tête. Mais ses reproches sont de pure forme. Dans le fond de son cœur, il s'amuse des frasques du fonctionnaire-écrivain. Il grogne en fronçant le sourcil : « Mais qui m'a donc bâti un jean-foutre pareil ? Vous verrez qu'il faudra lui faire des chefs de bureau à son goût !... Allons ! allons ! va-t'en à ton cabinet [1]. » Et Alexandre, ravi d'en être quitte à si bon compte, se dépêche de rejoindre sa *Christine* qui l'attend avec impatience dans le cimetière des paperasses empilées et des flacons de rebut.

Dès qu'il a tracé le dernier vers de sa pièce, il se préoccupe de la présenter, dans les meilleures conditions, au Théâtre-Français. Comme il hésite sur la recommandation à utiliser pour forcer la chance, Lassagne lui suggère de solliciter l'appui de Charles Nodier, ami intime du baron Taylor. Il lui suffirait de rappeler au charmant bibliothécaire de l'Arsenal leur rencontre au théâtre, lors d'une représentation du *Vampire*, le petit cours sur les Elzévir, la conversation, entre deux actes, à propos des hôtes de l'au-

1. Alexandre Dumas : *Mes Mémoires.*

delà. Bien que ne croyant guère à l'efficacité d'une telle manœuvre, Alexandre s'exécute. Et le tour réussit. Nodier intervient auprès de Taylor. Et Taylor fixe une audience à Alexandre, chez lui, à sept heures du matin.

Quand Alexandre se présente au commissaire royal, celui-ci est plongé jusqu'au cou dans son bain et écoute, avec stoïcisme, un autre auteur qui lui lit son *Hécube*. La pièce est interminable et Taylor s'impatiente parce que l'eau refroidit au fil des actes. De temps à autre, un faible clapotis interrompt le débit monotone du récitant. Enfin, Hécube finit de crier sa douleur et de savourer sa vengeance, et le chantre de cette noble infortune se retire sans avoir éveillé le moindre intérêt chez le maître de maison. Aussitôt après le départ du fâcheux, Taylor sort de sa baignoire, en grelottant et en pestant, rentre dans sa chambre, se glisse dans son lit et tire les couvertures jusqu'à ses mâchoires. Ne sera-t-il pas mal disposé pour entendre *Christine* ? Inquiet, Alexandre propose de revenir le lendemain. Mais Taylor bougonne : « Puisque nous y sommes... Allez, allez, je vous écoute ! » Alexandre commence d'une voix hésitante. Au bout du premier acte, sûr de perdre son temps, il balbutie : « Faut-il continuer, monsieur ? – Mais oui, mais oui, s'écrie Taylor, c'est, ma foi, très bien ! » Réchauffé par ce compliment autant que Taylor par ses couvertures, Alexandre se lance dans le deuxième acte. De scène en scène, les hochements de tête du commissaire royal achèvent de le rassurer. Quand il referme son manuscrit, il ne doute plus d'avoir conquis l'estime, peut-être même l'admiration, de son hôte. En effet, Taylor s'étant déclaré satisfait lui indique la marche à suivre pour les prochains jours : il faut, à présent, que l'auteur lise sa *Christine* devant le comité du Théâtre-Français. Rendez-vous est pris pour le 20 mars.

Ce jour-là, lorsque Alexandre arrive au théâtre, il découvre l'aréopage des comédiens réuni autour d'une longue table drapée d'un tapis vert. Les femmes sont coiffées de chapeaux à fleurs, les hommes portent l'habit. Un air de bienveillance, à la fois distante et attentive, marque les visages. Face à ces juges réputés inexorables, Alexandre joue son va-tout. Il fait sonner les vers et change d'intonation selon les personnages. Quand il se tait enfin, indécis, épuisé, les félicitations éclatent. Cependant, après une délibération secrète, le comité décide que *Christine* ne sera reçue qu'à la suite d'une nouvelle lecture ou de la communication du manuscrit à un arbitre désigné par la compagnie parmi les écrivains accrédités auprès d'elle. Simple formalité, décide Alexandre, qui est un optimiste à tous crins. Pour lui, l'affaire est simple : il a été acclamé et il sera joué par les plus grands acteurs du moment, moyennant de légères modifications au texte initial.

Eperdu de fierté, comme s'il sortait des bras de sa première maîtresse, il court annoncer la nouvelle à la femme la mieux faite pour s'en réjouir. Mais ce n'est pas vers Laure, la mère de son fils, qu'il se hâte en gesticulant et en parlant tout seul, ce n'est pas vers Mélanie, avec qui il a encore fait l'amour la veille, à satiété, c'est vers Marie-Louise. Elle domine à ses yeux toutes les faiseuses d'enfants, toutes les donneuses de plaisirs. En bousculant les passants qui retardent sa marche il a envie de leur dire : « Vous n'avez pas fait *Christine*, vous ! Vous ne sortez pas du Théâtre-Français, vous ! Vous n'êtes pas reçu par acclamation, vous ! » « Dans ma précipitation joyeuse, poursuit-il, je prenais mal mes mesures pour sauter un ruisseau, et je tombais au milieu ; je ne voyais pas les voitures et je me jetais dans les chevaux [1]. » En arrivant faubourg Saint-Denis, il s'aperçoit qu'il a perdu en route son manuscrit. Mais il ne s'en afflige pas : il connaît sa pièce par cœur !

C'est un fou hilare qui se rue sur Marie-Louise et l'embrasse à l'étouffer. Comme elle s'inquiète de sa brusque arrivée à la maison, alors qu'il devrait être au bureau à

---

1. Alexandre Dumas : *Mes Mémoires*.

cette heure-ci, il lui raconte, d'une voix entrecoupée, la victoire qu'il vient de remporter devant les comédiens-français. Elle l'écoute, une main sur le cœur, défaillante à la fois d'espoir et d'angoisse. Comme d'habitude, elle tremble pour leur avenir à tous deux. Alexandre s'emballe trop vite. Ne va-t-on pas lui reprocher, au bureau, de sacrifier son travail administratif aux faux-semblants du théâtre ?

« Et si ta pièce tombe et que ta place soit perdue, gémit-elle, que deviendrons-nous ?

— Je ferai une autre pièce qui réussira ! » rétorque-t-il gaiement.

Ayant ainsi réconforté sa mère, il se rappelle que *Christine* a été certes fort bien accueillie par le comité, mais que, pour être définitivement acceptée, elle doit encore subir quelques corrections et recevoir l'approbation d'un auteur jouissant de la confiance des pensionnaires de la Maison de Molière. La nuit même, il reconstitue sa pièce mot pour mot, la met au net et en fignole les ultimes détails. Le résultat lui paraît inattaquable. C'est l'académicien Louis Benoît Picard, piètre fabricant de comédies, que le Théâtre-Français a chargé de donner son avis sur les cinq actes du jeune Dumas. Alexandre est inquiet. « Il était impossible que Picard comprît *Christine*, ni comme forme, ni comme fond, dira-t-il. Je me débattis autant que je le pus contre cet arbitrage de Picard [1]. » Mais le comité, avec l'acteur Firmin à sa tête, insiste pour que ce soit bien Picard qui tranche la question. Firmin se propose même d'accompagner Alexandre chez son futur examinateur. De guerre lasse, Alexandre se résigne à soumettre au « juge désigné » le manuscrit recopié, roulé et noué avec ce joli ruban que Marie-Louise a choisi pour porter chance à son fils. Selon sa promesse, Firmin escorte le candidat dans sa visite. Ils sont reçus par un petit homme bossu, au regard en vrille et au nez pointu de fouine. Huit jours plus tard, ils retournent chez Picard

1. Alexandre Dumas : *Mes Mémoires.*

pour chercher la réponse. Elle a le tranchant d'un couperet : c'est non ! Avec une gentillesse fielleuse, Picard recommande à son confrère débutant d'abandonner la littérature et de retourner à ses travaux de scribe : « Si j'ai un conseil à vous donner, allez à votre bureau, mon enfant, allez à votre bureau ! »

Abasourdi, désespéré, Alexandre reprend son manuscrit, couvert d'annotations, de points d'exclamation, de croix rageuses dans les marges. Dès le lendemain, il le montre à Taylor, qui a tant aimé la pièce ! Le commissaire royal est quelque peu agacé d'être ainsi désavoué dans son propre théâtre. Séance tenante, il décide de solliciter l'avis de Charles Nodier. Un véritable écrivain, celui-là, avec autant de cœur que de jugement ! Ayant pris connaissance de la pièce, Charles Nodier la retourne avec ce commentaire : « Je déclare, sur mon âme et ma conscience, que *Christine* est une des œuvres les plus remarquables que j'aie lues depuis vingt ans. » Taylor triomphe. Et Dumas avec lui. « Vous comprenez, dit Taylor en recevant le néophyte pour un nouvel entretien, j'avais besoin de cela pour marcher dans ma force. Vous relirez samedi. Tenez-vous prêt ! »

A l'issue de cette deuxième lecture devant le Comité des comédiens-français, la pièce est reçue à l'unanimité. Tout au plus demande-t-on à l'auteur quelques corrections secondaires à exécuter selon les indications de l'acteur Samson. Après cette refonte *in extremis*, la cause est entendue et *Christine* enfin adoptée par acclamations. Cependant, un dernier obstacle reste à franchir : le barrage de la censure. Employé du duc d'Orléans, lequel fait figure de libéral, Alexandre est naturellement suspect aux serviteurs « ultras » du pouvoir. Comme il fallait s'y attendre, le rapport des censeurs, en date du 30 mai, n'est guère encourageant : malgré quelques bonnes scènes, la pièce est, disent-ils, « remplie de négligences qu'il eût été facile d'éviter ». Conclusion : « les deux derniers actes doivent être remis en chantier ». Du coup, c'est le duc d'Orléans lui-même qui se sent égratigné par les réserves désobligeantes de ces messieurs les « coupeurs de cheveux en quatre ». Après tout, c'est un des « siens » qu'on malmène pour des vétilles. Il charge Broval d'intervenir en faveur du jeune Dumas auprès du président du Conseil, le comte de Martignac. De son côté, Alexandre croit bon d'écrire une lettre à ce personnage considérable pour protester de son loyalisme et rappeler les états de service de son père : « Je suis le fils du général Alexandre Dumas, j'ai vingt-cinq ans [1], l'ouvrage qui se trouve maintenant entre vos mains est le premier que j'aurais eu, joué au Théâtre-Français. Ma mère était sans fortune et sans pension, lorsque le duc d'Orléans m'accorda une place près de lui ; depuis cette époque, mes appointements furent partagés entre ma mère et moi. [...] Si Votre Excellence se donne la peine de lire mon drame de *Christine*, elle verra que nulle part je n'ai cherché ce succès dans les allusions. [...] Au contraire, j'ai constamment tiré mes effets du fond même de l'action, qui ne s'écarte pas un instant de l'Histoire. »

Est-ce le soutien de Broval ? Est-ce le plaidoyer d'Alexandre ? Sont-ce les deux à la fois ? Toujours est-il que la pièce est visée, le 13 juin 1828, et mise en répétition aussitôt après, avec Mlle Mars dans le rôle de Christine et Firmin dans celui de Monaldeschi. Hélas ! les humeurs des comédiens sont aussi imprévisibles que celles des censeurs. Mlle Mars, qui est connue pour ses caprices, bute sur certaines répliques et en demande le changement. Comme Alexandre refuse de céder à ses exigences, elle invoque de brusques vapeurs, manque plusieurs répétitions et se déclare en congé de maladie pour la durée de l'été. A son exemple, plusieurs acteurs s'interrogent sur la « signification » psychologique de leurs personnages et chipotent à qui mieux mieux dans le texte. Là-dessus, patatras ! une autre *Chris-*

1. Il se rajeunit d'un an.

tine de Suède, qui a pour auteur Louis Brault, ancien préfet et ami intime du duc Decazes, est reçue, le 4 août, au Théâtre-Français. Le rôle de Christine est attribué à Mlle Valmonzey, maîtresse d'Evariste Dumoulin, le directeur très redouté du journal *Le Constitutionnel*. Ce dernier exige que la *Christine* de Louis Brault passe avant celle de Dumas. Comment résister à une demande formulée en termes d'ultimatum par un roi de la presse ? La mort dans l'âme, Alexandre cède son tour. On promet de le « repêcher » à la première occasion. Mais il ne croit plus aux miracles. C'est avec mélancolie qu'il voit sa *Christine* reléguée dans les catacombes, parmi les innombrables projets avortés de la compagnie. Alors qu'il dit adieu à son rêve suédois, Frédéric Soulié obtient que l'Odéon s'intéresse à une troisième *Christine* : la sienne. Mais Alexandre n'en est pas autrement affecté. Il lui semble même qu'en écartant sa pièce, les responsables du Théâtre-Français ne l'ont pas dépouillé, ils lui ont rendu service. Depuis quelque temps déjà, il n'était plus sûr des vertus novatrices de son manuscrit. Oui, malgré ses qualités, *Christine*, pense-t-il, n'est pas de taille à secouer l'apathie du public français. Ce qu'il faut à cette foule blasée, c'est un drame à la fois politique et passionnel, une réplique théâtrale aux tableaux de Delacroix. Mais où trouver un sujet assez neuf, assez émouvant, assez violent pour forcer le monde entier à applaudir ? Peut-être en prospectant les livres d'Histoire ?

L'ignorance d'Alexandre le désole. Les heures qu'il a passées à braconner jadis dans les bois, il regrette de ne les avoir pas employées à fouiner dans les bibliothèques. Maintenant, il doit rattraper le temps perdu. En lisant ? En inventant ? A son sens, l'un ne va pas sans l'autre. Le meilleur moment dans la conception d'une pièce ou d'un livre, n'est-ce pas celui où l'auteur imagine les aventures de ses héros sans être obligé encore de les écrire ? Alors, c'est la liberté totale, le succès assuré ! Emporté par ce mirage, Alexandre n'est pas loin de songer qu'il a raison d'accepter l'ajournement *sine die* de sa *Christine*, car, ainsi, il gardera intacte la chance de débuter en fanfare avec un drame dont il n'a pas encore tracé une ligne, mais qui sera assurément un chef-d'œuvre.

VIII

Henri III et sa cour

La chasse au « sujet » dure déjà depuis quelques jours lorsque Alexandre, étouffant dans son réduit, au Palais-Royal, décide de monter à l'étage de la comptabilité pour bavarder de ses soucis littéraires et autres avec Amédée de La Ponce. Mais La Ponce, qui n'est guère plus assidu que lui, est sorti prendre l'air. Sur sa table gît un gros volume, ouvert à la page 95 : l'*Histoire de France* de Louis Pierre Anquetil. Machinalement, Alexandre s'empare du livre et en lit quelques lignes au hasard : il tombe sur le récit des amours tragiques d'un des « mignons » d'Henri III, Saint-Mégrin, et de Catherine de Clèves, l'épouse du duc de Guise. Un extraordinaire imbroglio sous les signes de la passion, de la ruse, du poignard et du poison. Emoustillé par cette information historique, il se promet de la vérifier et de la compléter à la première occasion. Cette fois encore, il a recours à la *Biographie universelle*. Une mine, quand on est en panne d'inspiration ! L'ouvrage fait référence aux *Mémoires* de Pierre de L'Estoile. Poussant plus loin ses investigations, Alexandre demande à l'omniscient M. Villenave de lui prêter cet ouvrage réputé introuvable et qui, par chance, figure dans sa bibliothèque. Il y apprend comment le duc de Guise s'est vengé de sa femme infidèle en faisant assassiner l'amant de celle-ci, le fringant Paul de Saint-Mégrin. A cet épisode répond celui de Bussy d'Amboise mis à mort par un autre mari trompé, le seigneur de Monsoreau. Les mœurs violentes de l'époque excitent l'imagination d'Alexandre. Pour en savoir davantage sur les extravagances de la cour d'Henri III, il consulte, toujours conseillé par Villenave, des textes brillants et caustiques d'Agrippa d'Aubigné et *L'Ile des hermaphrodites*, pamphlet anonyme stigmatisant les relations homosexuelles du roi et de ses mignons. L'odeur de cette société faisandée chatouille ses narines. Il « voit » devant lui, à la lettre, le favori, beau, élégant, insolent, efféminé et impulsif, Henri III, faible, puéril, capricieux et inconséquent, sa mère, Catherine de Médicis, intrigante, superstitieuse et autoritaire, adorant son fils et prête à tout lui pardonner pourvu qu'il la laisse gouverner le royaume dans son ombre. Jour après jour, ces fantômes se précisent dans son esprit surchauffé. Il les emmène à Villers-Cotterêts, où il a voulu se rendre en septembre pour l'ouverture de la chasse, et raconte leur histoire à ses anciens amis, entre deux expéditions dans la forêt. Ils l'écoutent avec intérêt et, tout en leur parlant, il constate qu'avant même d'avoir pris une plume il domine son drame dans les moindres détails. Rentré à Paris, il répète son récit devant Mélanie, et elle aussi en est remuée. Cependant, elle hésite à le suivre lorsqu'il affirme que la prose conviendrait mieux que les vers à cette sombre intrigue. Elle craint qu'un dialogue nu, sans cadence et sans rimes, ne paraisse vulgaire à un public habitué à la noble musique des alexandrins. Mais il tient mordicus à son idée. Pour une fois, ses héros s'exprimeront comme tout le monde. Ils ont commencé à parler ainsi dans sa tête ; ils continueront sur scène.

La pièce est écrite au galop durant le mois d'août 1828. Les plus sûrs ingrédients du mélodrame y sont prodigués à foison : les intrigues politiques et amoureuses, les agissements de l'astrologue empoisonneur, les roueries des mignons, les affrontements du roi et du duc de Guise, les manœuvres sournoises de Catherine de Médicis, l'odieuse préparation du guet-apens où périra Saint-Mégrin... Pas une seconde de répit pour le spectateur : il est assis dans un fauteuil à ressorts. Toutes les violences que les classiques relèguent dans les coulisses sont ici étalées au grand jour. Plus d'unité de lieu, d'action ni de ton, plus de compte-rendu édulcoré des événements qu'il serait malséant de montrer sur scène. On s'amuse, on se dispute, on se hait, on s'entre-tue, « comme dans la vie ». En accumulant les audaces, Alexandre a conscience d'inaugurer, avec son *Henri III*, le règne des grands drames romantiques. Il en est à la fois très fier et un peu inquiet.

Une première lecture de l'œuvre a lieu dans le salon des Villenave. Mélanie applaudit avec frénésie, mais son père se déclare outré par cette « aberration de l'esprit humain ». Peu importe ! Tout savant qu'il est, Villenave a certainement un avis faussé par le grand âge. On ne peut avoir les idées claires, quand on perd ses cheveux et qu'on n'a plus toutes ses dents. Alexandre veut, à présent, solliciter l'avis de la nouvelle génération, celle des « oseurs », celle des « déboulonneurs de statues ». Il obtient que Nestor Roqueplan, directeur du *Figaro*, invite dans sa chambre une douzaine de collaborateurs du journal, ainsi que des rédacteurs de la revue *Sisyphe*, tous fougueux adeptes du mouvement romantique. Lassagne et Firmin se joignent à eux, et la petite assemblée s'assied en désordre sur des matelas étalés par terre. Ayant réclamé le silence, Alexandre s'installe à son tour, avec son manuscrit, derrière une table éclairée par des bougies. Sa voix est claire, assurée ; chaque mot porte ; quand il a fini, on l'acclame. De l'avis unanime, il doit renoncer à *Christine* et se battre pour imposer *Henri III* au Théâtre-Français. Firmin, qui a autant de diplomatie que de talent, décide d'organiser une lecture préliminaire devant quelques comédiens célèbres et influents avant d'affronter le Comité au complet.

Ce premier examen de passage rassemble Mlle Mars, Mlle Leverd, Michelot, Samson et « le poète national » Béranger. En fils attentionné, Alexandre arrive à la réunion avec Marie-Louise, à laquelle il voudrait dédier sa consécration. Comme il l'espérait, elle entend, en fin de séance, une telle explosion de bravos que, malgré ses appréhensions, elle repart comblée. Le surlendemain, 17 septembre 1828, c'est l'ensemble du Comité qui reçoit la pièce par acclamations. Tout irait donc pour le mieux si, deux jours plus tard, dans *Le Courrier du Théâtre*, le publiciste Charles Maurice, mystérieusement averti, ne raillait cette pièce « malsaine » et ne signalait aux autorités le scandale que risque de provoquer une telle exhibition de mignons et d'assassins comme familiers de l'ancienne cour de France. Tortueuse façon d'alerter la censure ! Outré par le procédé, Alexandre se précipite, armé d'un gourdin et flanqué d'Amédée de La Ponce, chez le responsable de l'article. Menacé d'une correction immédiate, le journaliste baisse pavillon et accorde un droit de réponse. Le 26 octobre, dans la même gazette, Alexandre peut affirmer que son intention, en écrivant *Henri III*, n'a jamais été de dénoncer les turpitudes de l'entourage royal au XVIe siècle, mais de montrer, avec sérieux et précision, les étapes de la rivalité entre le duc de Guise et le dernier des Valois.

Ainsi éclairée, la censure accorde son visa. Les répétitions peuvent commencer. D'emblée, Mlle Mars, à qui échoit le rôle de la duchesse de Guise, prend la direction des opérations. Elle exige que l'acteur Armand joue Henri III et Mme Menjaud, en travesti, le page Arthur. Or, Alexandre préférerait Michelot pour Henri III et surtout, pour le page Arthur, la ravissante Louise Despréaux, dont il vient d'obtenir les faveurs. C'est ignorer que Mlle Mars, laquelle, malgré ses cinquante ans, prétend aux emplois de jeune première, ne saurait tolérer à ses côtés une fraîche gamine qui, par comparaison, la ferait paraître encore plus âgée. Pour se débarrasser de sa rivale, elle prétend que celle-ci a les genoux cagneux. Ayant pu constater *de visu* qu'il n'en est rien, Alexandre défend pied à pied sa protégée. Enfin, avec humeur, Mlle Mars s'incline. Pour ce qui est d'Armand, l'affaire est encore plus délicate. De l'avis de Mlle Mars, il ferait un excellent Henri III mais, selon Alexandre, ce comédien est d'une homosexualité si ostentatoire à la ville que, sur scène, le personnage tournerait à la caricature. Comment le lui dire avec ménagement ? En dépit de toutes les précautions oratoires, Armand se vexe, rend son rôle et voue une haine mortelle à celui qui l'a trop bien jugé.

Ces disputes intestines obligent Alexandre à délaisser de plus en plus le bureau pour courir au Théâtre-Français. Sa présence aux répétitions est certes motivée par l'intérêt qu'il porte à sa pièce, mais également par le charme d'une certaine Mlle Virginie Bourbier, qui y joue un rôle secondaire. Sans abandonner Louise Despréaux, il devient l'amant de la nouvelle venue. Bien entendu, son cœur reste attaché à Mélanie. Ce n'est qu'une question d'horaires, d'opportunité et de gradation dans les sentiments qui détermine sa conduite entre les trois femmes dont il est épris.

Si, au Palais-Royal, les supérieurs hiérarchiques d'Alexandre veulent ignorer ses aventures amoureuses, ils ne peuvent admettre ses nombreuses absences, qui sont un mauvais exemple pour ses collègues : convoqué par le directeur général, Manche de Broval, il s'entend dire qu'il devra désormais choisir entre une présence régulière sur les lieux de son travail et un congé sans solde. Cruel dilemme : d'un côté, l'assurance du pain quotidien, de l'autre, la promesse – ô combien fragile ! – de la gloire théâtrale et de la fortune. Mis au pied du mur, Alexandre fait part de son embarras à Firmin. Celui-ci alerte Béranger, lequel conduit le malheureux auteur menacé des foudres administratives chez son ami, le banquier Jacques Laffitte. Bien que réticent au départ, le financier accepte de secourir l'écrivain, dont Béranger lui vante les mérites, et lui prête illico trois mille francs sans intérêt. Simplement, il conserve, à titre de gage, le double du manuscrit d'*Henri III* et demande à être remboursé intégralement au moment de la publication de l'ouvrage en volume.

La question matérielle étant ainsi réglée, Alexandre peut se payer le luxe d'éviter le renvoi du bureau et de demander sa mise en disponibilité sans solde, pour convenances personnelles. Encore une fanfaronnade de cet employé récalcitrant ! Pour le punir de son insolence, la direction ne lui verse pas les gratifications de fin d'année, pourtant promises par le duc d'Orléans. Il s'en indigne, pour le principe. Mais, en fait, il est tellement rassuré sur son avenir que, en remettant à sa mère les trois billets de mille francs reçus du caissier de Laffitte, il a l'impression de poser la première pierre d'un édifice dont la hauteur ne cessera de croître. Marie-Louise pleure de joie, Mélanie, elle aussi, rayonne d'amour et de fierté. Seul le vieux Villenave fait la grimace. Insensible à l'engouement de sa fille et de sa femme, il persiste à juger que ce *Henri III* est « une incongruité littéraire ». Peut-être également a-t-il deviné que Mélanie, oubliant ses devoirs conjugaux, est, depuis peu, la maîtresse de l'auteur. Cette circonstance le gêne, certes, mais ne le révolte pas. Il n'a qu'une faible estime pour le capitaine Waldor qui, à Thionville, doit passer son temps à compter des boutons de guêtres. Ce qui est grave, à son sens, ce n'est pas l'injure faite au mari par ce farceur de Dumas, mais l'injure faite par son *Henri III* à Racine, à Corneille, à Voltaire, à tous ces grands écrivains qui ont su évoquer la passion en évitant de se rouler sur les planches.

Cependant, avant même d'avoir été annoncée par les affiches, l'œuvre suscite l'intérêt des amateurs de spectacles, en raison, dit-on, d'une hardiesse peu commune dans la conception et l'exécution. Pour grossir les rangs de ses alliés, Alexandre charge Mélanie de rameuter tous les « romantiques », écrivains, journalistes, peintres ou simples amis de la nouveauté, en proclamant dans les salons qu'une grande bataille se prépare au Théâtre-Français et qu'il est indispensable de la gagner au nom de la jeunesse. Des hommes politiques se joignent au complot : on chuchote que la pièce contiendrait des allusions au caractère despotique du souverain actuel et qu'elle présagerait la chute des Bourbons. Ces bruits irritent à la fois les partisans du roi et les tenants du classicisme. Certains interviennent auprès du pouvoir afin qu'il interdise la production d'un vulgaire mélodrame sur la scène la plus prestigieuse de France. Mais Charles X se méfie autant des ultras que des libéraux. Ayant consulté le sage Martignac, il décide qu'il n'a pas à se mêler de ces querelles de clocher et répond avec philosophie aux faiseurs de pétitions : « Messieurs, je ne puis rien pour ce que vous désirez : je n'ai, comme tous les Français, qu'une place au parterre. »

Pour la première, qui doit avoir lieu le mardi 10 février 1829, Alexandre obtient deux cent cinquante billets gratuits, destinés aux amis qui soutiendront la claque. Il envoie des invitations à Vigny, à Louis Boulanger, à Hugo : bien qu'il ne les connaisse pas encore, il sait qu'il peut compter sur leur sympathie. Sa sœur, Aimée, arrive spécialement de Chartres pour être à ses côtés dans le combat. En attendant cette soirée fatidique, la foi d'Alexandre en son avenir est si grande qu'il envisage déjà l'utilisation de la masse d'argent que lui rapportera *Henri III et sa cour* : installer Laure et le petit bâtard dans un logis plus décent, en choisir un, de meilleure qualité encore, pour lui-même, enfin en louer un troisième pour sa mère dont il voudrait se séparer, car, à vingt-six ans, avec ses nombreuses liaisons, il lui est difficile de vivre sous le même toit qu'elle sans la froisser. Le 7 février, il l'avertit en douceur des changements de domicile qu'il entrevoit. Après quoi, profitant de l'occasion, il lui annonce qu'il est père, depuis cinq ans, d'un petit garçon prénommé, lui aussi, Alexandre. Est-elle heureuse d'être grand-mère ? Ne lui en veut-elle pas de lui avoir caché si longtemps l'existence de ce petit-fils ? Stupéfaite, le souffle coupé, les yeux noyés de larmes, Marie-Louise porte, dans un geste habituel, la main à son cœur. Mais, comme toujours, elle est incapable de reprocher quoi que ce soit à son fils. S'il lui a dissimulé cette paternité, c'est sans doute qu'il avait de bonnes raisons pour le faire. Comme elle reste muette devant lui, il la cajole, la raisonne, l'embrasse et la quitte, encore tout hébétée, pour courir à la dernière répétition.

Assis au parterre, il assiste avec bonheur au déroulement de sa pièce. Les acteurs jouent avec conviction. Pas une réplique de trop. La somptuosité des costumes, la beauté des décors réalisés par Ciceri, l'exactitude historique du moindre accessoire confèrent à l'ensemble un air d'authenticité qui devrait satisfaire les critiques les plus tatillons. Alors qu'Alexandre songe à des raccords possibles pour renforcer l'effet d'une scène, un domestique se glisse dans la salle, court vers lui entre les fauteuils et lui annonce que Mme Dumas, ayant rendu visite aux Deviolaine, a eu un étourdissement en sortant de chez eux et a fait une chute dans l'escalier. Quand il l'a quittée, elle n'avait pas encore repris connaissance. Tiré en sursaut de ses mirages, Alexandre oublie le drame d'*Henri III* et ne pense plus qu'à son drame personnel. N'est-il pas responsable du malaise de Marie-Louise ? Sont-ce ses révélations tardives au sujet de l'enfant qui l'ont bouleversée ? Ne va-t-elle pas mourir par sa faute, la veille d'un triomphe auquel il aurait tant voulu l'associer ?

Fou d'inquiétude, il se précipite chez les Deviolaine et y trouve sa mère à demi allongée dans un grand fauteuil. Elle le reconnaît, mais est incapable de prononcer un mot. On lui plonge les pieds dans un bain de moutarde. Pas de réaction. Le côté gauche du corps est paralysé. Accouru à la demande d'Alexandre, le docteur Florence, médecin attitré du Théâtre-Français, pratique une saignée. La langue de Marie-Louise remue faiblement dans sa bouche.

Elle marmonne des bribes de phrases incompréhensibles. Les chances de guérison sont aléatoires. Pour parer au plus pressé, Alexandre et sa sœur louent un appartement vacant dans la maison même des Deviolaine, au coin des rues Saint-Honoré et Richelieu. On y installe un lit de fortune pour la malade et des matelas à même le parquet, pour Alexandre et Aimée, résolus à ne pas quitter leur mère.

Le docteur Cazal, ami de la famille, relaie le docteur Florence et passe la nuit au chevet de Mme Dumas. Au matin, il a meilleur espoir : à moins d'une nouvelle attaque, la malade restera en vie, dit-il. Mais dans quel état ? Cazal hésite à se prononcer. Alexandre, accablé, courbe les épaules. Si Marie-Louise n'a plus toute sa tête, pourra-t-il encore l'aimer autant qu'autrefois ? Hier, elle était sa confidente, sa conscience, sa complice ; devra-t-il désormais ne voir en elle qu'une potiche-souvenir ? Leur couple est-il à jamais brisé ? Ses amis l'entourent d'une sollicitude touchante. L'un d'eux, Edmond Halphen, fils du grand diamantaire, lui envoie une bourse avec vingt louis dedans. Alexandre rend l'argent, mais garde la bourse.

Son idée fixe maintenant est d'embellir les derniers jours de sa mère en la faisant participer, fût-ce de loin, à sa réussite. Certes, elle ne pourra pas assister à la représentation inaugurale d'*Henri III et sa cour*, mais, si les échos en sont aussi éclatants qu'il l'espère, elle fermera les yeux rassurée sur l'avenir de son fils. Afin de ne négliger aucun appui, il s'enhardit jusqu'à se présenter chez le duc d'Orléans sans même avoir sollicité une audience. A peine introduit auprès de lui, il le supplie de venir, le lendemain, à la première, qui risque d'être houleuse. Un peu surpris, le duc répond avec un sourire qu'il en sera empêché par un dîner auquel il a convié une trentaine de princes étrangers. Mais Alexandre ne lâche pas prise. Il suggère à Son Altesse royale d'avancer son dîner d'une heure tandis que lui-même retardera d'une heure le lever du rideau. En outre, il retiendra, pour les invités de Monseigneur, toute la première galerie afin qu'ils puissent, après avoir goûté aux plaisirs du repas, goûter les plaisirs du spectacle. Amusé par la proposition, Monseigneur y consent. Cependant, il est probable que, contrairement à ce qu'écrit Dumas dans ses *Mémoires*, on n'a pas attendu la veille de la première pour convenir d'un arrangement entre le duc d'Orléans et le Théâtre-Français. Au vrai, si le duc a accepté cette invitation de dernière minute, c'est qu'il ne déteste pas se poser en défenseur de la jeunesse libérale.

Le 10 février 1829, après avoir passé la journée au chevet de sa mère toujours prostrée, Alexandre se rend, à la tombée de la nuit, sur les lieux où il sait que son destin va se jouer en quelques heures. Il est partagé entre le chagrin du fils et l'angoisse de l'écrivain. N'est-ce pas trop pour un seul homme ? Rasant les murs comme un coupable, il se faufile dans une petite loge ménagée sur la scène même. Sa sœur dispose d'une autre loge où elle accueille Boulanger, Vigny et Hugo. Bientôt, le public envahit la salle dans une sourde rumeur de marée. Pas un siège de libre. On s'est battu auprès des revendeurs pour acheter des billets à n'importe quel prix. La galerie réservée aux invités du duc d'Orléans offre un assortiment de princes étrangers, chamarrés de décorations. Les premières et les secondes loges exhibent tout ce que Paris compte d'aristocrates, de diplomates et d'hommes politiques en renom. Epaules nues et diadèmes en tête, les femmes scintillent de tous leurs bijoux et braquent leurs lorgnettes sur les élégantes du moment et les « lions » à la mode. Enfin, les trois coups retentissent. Le rideau se lève et un courant d'air frais reflue de la scène vers les fauteuils d'orchestre. Place au miracle. L'exposition semble longuette, mais déjà quelques répliques bien frappées sont accueillies par des applaudissements.

A l'entracte, Alexandre se hâte d'aller prendre des nouvelles de sa mère. La garde-malade le rassure : Mme Dumas se porte bien, elle somnole. Quand il revient au théâtre, le deuxième acte est commencé. La salle paraît de plus en plus captivée par l'action qui se précipite. Au troisième acte, lorsque le duc de Guise fait irruption dans la chambre de son épouse et, lui serrant le bras dans son gantelet de fer, l'oblige à écrire un billet à Saint-Mégrin pour l'appeler au rendez-vous fatal, un murmure d'horreur parcourt le public. Cette brutalité virile, ce cri de femme malmenée sont si nouveaux sur une scène que certains spectateurs protestent, tandis que d'autres battent des mains. En plaçant dans la bouche de la duchesse désespérée l'exclamation : « Vous me faites mal, Henri !... Vous me faites horriblement mal ! » Alexandre ne se doutait pas de l'effet que de telles paroles, d'une trivialité quotidienne, produiraient sur une assistance habituée au clinquant de la déclamation. A la rumeur d'admiration qui salue son audace, il comprend qu'en une phrase il a gagné la partie. Maintenant, la salle subjuguée attend avec impatience l'issue du traquenard imaginé par le duc de Guise. Le temps, pour Alexandre, d'accourir une fois de plus, auprès de sa mère, de l'embrasser alors qu'elle dort profondément, de déplorer qu'elle ne puisse partager sa joie, et le voici, de nouveau, dans sa petite loge, épiant les moindres manifestations de cette foule d'inconnus qu'il a juré de conquérir. Incontestablement, le succès se précise à mesure qu'on approche de la fin du drame. Quand Saint-Mégrin, comprenant qu'il est tombé dans un piège, s'échappe par la fenêtre et se voit entouré des sbires commandés par Mayenne, les spectateurs retiennent leur souffle. Il s'est blessé en tombant. Va-t-il s'enfuir ? Va-t-il succomber sous les coups des tueurs ? Diabolique jusqu'au bout, le duc de Guise traîne sa femme vers la croisée ouverte, jette à Mayenne un mouchoir de la duchesse et s'écrie : « Eh bien ! serre-lui la gorge avec ce mouchoir ; la mort lui sera plus douce : il est aux armes de la duchesse de Guise ! » La réplique fait mouche. Le public frémit, comme parcouru par un courant électrique. La claque se déchaîne. Dans presque tous les rangs, ce ne sont que clameurs d'enthousiasme. Lorsque Firmin reparaît pour nommer l'auteur, une immense ovation l'empêche de parler. Enfin, il peut annoncer que le triomphateur de la soirée s'appelle Alexandre Dumas. « Le duc d'Orléans lui-même écouta, debout et découvert, le nom de son employé », écrira Dumas avec une fierté rétrospective [1].

Après la représentation, les jeunes chevelus nourris de romantisme chantent victoire. On les voit au foyer, dansant autour du buste de Racine et hurlant : « Enfoncé, Racine ! Enfoncé, Voltaire ! Décidément, Racine n'est qu'un polisson ! » Les appariteurs doivent intervenir pour les empêcher de jeter par les fenêtres les effigies en marbre des gloires du passé. Leur exubérance est si intempestive qu'Alexandre estime, à part soi, qu'ils passent la mesure. Il se garde bien de se mêler à ces démonstrations sacrilèges et retourne sagement auprès de Marie-Louise, qui ne s'est même pas réveillée pendant l'apothéose de son fils. « Peu d'hommes ont vu s'opérer dans leur vie un changement aussi rapide que celui qui s'était opéré dans la mienne pendant ces quatre heures que dura la représentation d'*Henri III*, écrira-t-il encore. Complètement inconnu le soir, le lendemain, en bien ou en mal, je faisais l'occupation de tout Paris [2]. »

Au matin, des bouquets arrivent, l'un après l'autre, dans l'appartement. Ne sachant où les déposer, Alexandre en garnit le lit de sa mère. Elle les effleure de la main sans comprendre d'où ils viennent ni ce qu'ils signifient. Puis elle s'assoupit sous le regard de son fils. Autour de cette femme allongée, immobile, les yeux clos, les fleurs du sacre parisien ressemblent à des fleurs de regrets éternels. A deux heures de l'après-midi, Alexandre porte son manuscrit au libraire Vézard, qui lui règle six mille francs en échange, somme sur laquelle il remboursera immédiatement, comme convenu, l'aimable Laffitte. Ayant satisfait à cette formalité, il se rend d'un pied léger au Théâtre-

---

1. Alexandre Dumas : *Mes Mémoires.*
2. *Id., ibid.*

Français, où il s'attend à trouver une atmosphère de fête. Or, le Comité, réuni autour du baron Taylor, a un visage funèbre : une lettre du ministère de l'Intérieur vient d'ordonner la suspension de la pièce. Chacun sait que la suspension est le prélude à l'interdiction. Sans doute est-ce là un coup des gérontes du classicisme et des partisans de l'ultra-roi. Mais Taylor refuse de capituler sans avoir combattu. Il fait rédiger par Alexandre une demande d'audience à M. de Martignac et se charge de la communiquer lui-même au destinataire. Deux heures plus tard, la réponse arrive par courrier spécial : M. le ministre attend M. Dumas le lendemain, à sept heures du matin. Alexandre se redresse : tout n'est donc pas perdu ! En effet, au cours de cette entrevue, fort peu protocolaire, M. de Martignac se montre spirituel, affable, conciliant et finit par autoriser la reprise du spectacle, moyennant quelques menues retouches.

Délivré d'un grand poids, Alexandre se dépêche d'avertir le baron Taylor qu'avec la permission expresse du ministre *Henri III* peut être maintenu à l'affiche pour le soir même. Là-dessus, le duc d'Orléans prévient la direction qu'ayant pris goût à la pièce il compte assister à cette seconde représentation. Entre deux actes, il fait appeler Alexandre dans sa loge. Là, il lui raconte avec bonhomie qu'il a été convoqué, la veille, par Charles X et que Sa Majesté lui a dit : « Savez-vous ce qu'on m'assure, mon cousin ? On m'assure qu'il y a dans vos bureaux un jeune homme qui a fait une pièce où nous jouons un rôle tous les deux, moi celui de *Henri III*, vous celui du duc de Guise. » Et, comme Alexandre, interloqué, demande au duc d'Orléans quelle a été sa réaction, celui-ci précise avec un sourire : « J'ai répondu : Sire, on vous a trompé pour trois raisons : la première, c'est que je ne bats pas ma femme ; la seconde, c'est que Madame la duchesse d'Orléans ne me fait pas cocu ; la troisième, c'est que Votre Majesté n'a pas de plus fidèle sujet que moi. » Et, mettant le comble à sa bienveillance, il ajoute : « A propos, Madame la duchesse d'Orléans désire vous voir demain matin pour vous demander des nouvelles de votre mère. » Touché au cœur, Alexandre s'incline, remercie et se retire sur la pointe des pieds.

Le lendemain, il rend visite à la duchesse d'Orléans, écoute avec émotion ses compliments sur la qualité d'*Henri III*, ainsi que ses souhaits de prompte guérison pour Marie-Louise, et, à peine rentré chez lui, se jette sur les journaux afin de prendre le vent de l'opinion. De toute évidence, la presse est très divisée. Il y a les feuilles libérales qui, comme *Le Corsaire*, *Le Figaro*, *Le Courrier français*, *Le Nouveau Journal de Paris*, le *Gil Blas*, *Le Mercure de France*, se réjouissent du bruit fait autour de la pièce, et celles qui, résolument rétrogrades, comme *La Gazette de France* ou *Le Pandore*, dénoncent la décadence de la Comédie-Française. Cette scène prestigieuse se serait, disent les plus grincheux, déconsidérée en montant un mélodrame à peine digne des boulevards et dont certains passages offensent la royauté, la morale et la religion. Un des critiques, parmi les plus acerbes de la bande, termine même son compte-rendu en disant : « Ce succès, tout grand qu'il soit, n'a rien d'étonnant pour ceux qui savent de quelle façon se font les tripotages littéraires et politiques de la maison d'Orléans. L'auteur est un petit employé aux gages de Son Altesse royale. »

Une aussi basse injure ne peut, aux yeux d'Alexandre, rester impunie. Il charge Amédée de La Ponce de passer au journal qui a publié l'article et d'arrêter les conditions d'un duel avec le calomniateur. La Ponce revient au bout d'une heure. Le cartel est accepté, mais pour le surlendemain seulement, car, auparavant, le même folliculaire, qui a décidément plus d'une affaire d'honneur sur les bras, doit se battre avec le polémiste Armand Carrel. Or, au cours de cette rencontre « préliminaire », le coup de pistolet de Carrel tranche net deux doigts de la main droite de son adversaire. Celui-ci ne peut donc plus tenir une arme. Il en avise Alexandre qui lui rend visite et découvre un homme franc, courageux et même souriant malgré son infortune. Comme Alexandre lui demande si sa blessure est grave, l'autre répond : « Non. J'en serai quitte pour deux doigts de la main droite et, puisqu'il m'en reste trois pour vous écrire que je suis fâché de vous avoir été désagréable, c'est tout ce qu'il me faut ! – Mais il vous reste aussi la main gauche pour me la donner, monsieur, lui rétorque Alexandre. Et ce sera mieux que de fatiguer la droite à quelque chose que ce soit [1] ! »

La réconciliation, virile et grave, ressemble à celle de deux militaires ennemis reconnaissant leur mutuelle valeur après la bataille. De retour à la maison, Alexandre fait ses comptes : salle comble tous les soirs, recettes inespérées, c'est le moment de s'installer plus à l'aise ! D'abord, il loue pour Marie-Louise convalescente un rez-de-chaussée avec jardin au numéro 7 de la rue Madame. Justement, Mélanie et sa mère, ayant quitté le sombre et irascible M. Villenave, sont venues habiter au numéro 11 de la même rue. Elles accompagnent Marie-Louise pour ses premières promenades, à petits pas, dans le quartier. Quant à Alexandre, il élit domicile dans un appartement situé au quatrième étage, à l'angle de la rue du Bac et de la rue de l'Université. Ayant ainsi resserré son périmètre sentimental, il se sent tout disposé à être à la fois un bon fils, un amant attentif et un auteur dramatique volant de triomphe en triomphe.

---

1. Alexandre Dumas : *Mes Mémoires.*

IX

La bagarre pour « Christine »

« Battre le fer pendant qu'il est chaud », « Ne pas s'endormir sur ses lauriers », Alexandre invoque quotidiennement ces deux préceptes pour éviter de se laisser engourdir par la satisfaction d'avoir « réussi son coup » avec *Henri III.* Encore tout étourdi par le tintamarre que soulève sa pièce, il se sent incapable d'entreprendre, sur-le-champ, une nouvelle œuvre de même envergure. Du moins veut-il profiter de sa jeune notoriété pour inciter le duc d'Orléans à le réintégrer en lui confiant un poste de tout repos : celui de bibliothécaire. Après s'être fait quelque peu tirer l'oreille, Son Altesse royale accepte que Dumas rejoigne dans ces paisibles fonctions deux de ses aînés : Jean Vatout et Casimir Delavigne. Le premier l'accueille avec bonhomie, mais le second lui bat froid, dérangé par l'arrivée d'un gaillard aussi agité dans le paisible royaume des livres. Au vrai, Alexandre est trop peu assidu pour les gêner dans leurs habitudes et ils finissent par s'accommoder de cet « adjoint » intermittent. Lui, cependant, s'il hante rarement les murs de la bibliothèque, ne manque pas une occasion de plastronner dans les salons parisiens.

C'est surtout chez les Nodier qu'il est le plus à l'aise. Disposant d'un logement de fonction à la bibliothèque de l'Arsenal qu'il dirige, Charles Nodier est un homme d'une cinquantaine d'années, éblouissant de science, de verve et de gentillesse. Chaque dimanche soir, il reçoit à sa table des écrivains choisis pour leur esprit et leur talent. Hugo, Lamartine, Musset, Vigny sont ses commensaux privilégiés. Alexandre devient bientôt un des habitués du groupe. Sa place est toujours réservée entre la fille du maître, Marie Nodier, dont tous les jeunes sont plus ou moins amoureux, et Mme Nodier, qui règne avec douceur et diplomatie sur ce petit monde effervescent. A vingt heures, le dessert avalé, Charles Nodier s'adosse à la cheminée et entame une causerie enjouée, mêlant des souvenirs personnels à des aperçus littéraires piquants et paradoxaux. Après lui, c'est parfois Alexandre qui prend la parole et se lance dans quelque improvisation capricante. Bien que sa culture soit courte et dispersée, il charme l'auditoire par son sens inné du récit et son goût des formules percutantes. Au bout d'un moment, Charles Nodier se tourne vers Hugo ou Lamartine et décide : « Assez de prose comme cela, : des vers, des vers, allons ! » A sa demande, un des illustres invités récite un poème de sa composition, dont les âmes sensibles se régalent. A vingt-deux heures, Charles Nodier, qui tient à se coucher tôt, quitte ses amis en leur recommandant de prolonger la soirée en son absence. Marie Nodier se met au piano. On l'écoute dévotieusement, puis on déplace chaises et fauteuils et on danse, ou on papote, jusqu'à une heure du matin. En sortant de ce havre de paix et d'harmonie intellectuelle, Alexandre se dit qu'il est miraculeux, pour un écrivain vieillissant comme Charles Nodier, de réussir un pareil accord entre l'art d'écrire et le bonheur de vivre en famille.

Lui, en tout cas, ne sait pas obtenir ce précieux équilibre entre le travail et le sentiment. Les femmes qu'il aime le harcèlent pour des raisons différentes mais également égoïstes. Il a beau avoir installé Marie-Louise, très confortablement, au numéro 7 de la rue Madame, tandis que

Mélanie et sa mère emménageaient au numéro 11 de la même rue, avoir loué pour lui-même un appartement au numéro 25 de la rue de l'Université et éloigné Laure Labay et son fils, le petit Alexandre, dans le village de Passy, réputé pour son bon air et ses eaux pures, personne, autour de lui, n'est vraiment content. Marie-Louise lui en veut de la délaisser, bien qu'elle soit malade, pour courir les coulisses des théâtres, Virginie Bourbier exige qu'en échange de ses faveurs il lui réserve un grand rôle dans sa prochaine pièce, et Mélanie, jalouse de ses nombreuses rivales, le menace de rompre s'il ne s'amende pas. A tout propos, elle lui reproche sa légèreté de cœur et sa concupiscence. En amour, elle n'apprécie rien tant que les préliminaires délicats, les pudeurs lentement forcées, les serments arrachés au milieu des soupirs et des larmes. A tout prendre, elle préfère être désirée plutôt que d'être comblée. L'accouplement n'est, à ses yeux, que la conclusion terre à terre des divins plaisirs de l'attente. Pour Alexandre, en revanche, ces travaux d'approche ne valent que s'ils sont suivis d'une jouissance complète dans la possession. Les récriminations, les effarouchements, les remords tardifs de Mélanie finissent par l'agacer autant que les plaintes de sa mère, toujours souffrante et jamais satisfaite de rien. A bout de nerfs, il écrit à sa maîtresse : « J'ai une mère et elle me tourmente. J'ai un fils et je n'en puis tirer encore aucune aide. J'ai une sœur et c'est comme si je n'en avais pas. Et si, après tout le monde, toi aussi tu arrives avec des reproches au lieu de consolations, mon Dieu, alors que faire ? Rassembler de quoi vivre seul et abandonner mère, enfant et pays, pour aller vivre ailleurs comme un bâtard. » Ce qu'il souhaite, avec une cruelle innocence, c'est que toutes les femmes qui ont la chance d'avoir été choisies par lui acceptent ses négligences, ses vantardises, ses infidélités, bref, qu'elles le laissent travailler et se divertir à sa guise, se contentant d'être disponibles dès qu'il éprouve le besoin de les voir.

Pour échapper à la pesante Mélanie, il décide subitement de partir pour Chartres, chez sa sœur qui, depuis le succès d'*Henri III,* est très fière de leur parenté. Quatre jours après être descendu au domicile d'Aimée, il la laisse pour courir à Nantes, puis à Paimbœuf, afin de découvrir l'océan et de respirer l'air du large. Il compte sur la vue de ce paysage grandiose pour le laver de toutes les mesquineries de la ville. Parfois, estime-t-il, la contemplation de la nature peut être plus profitable à un cerveau d'écrivain que l'enfouissement dans les papiers et les livres. Cependant, même quand il se croit éloigné des surprises, des coïncidences, des invraisemblances du théâtre, elles le rejoignent... à moins que ce ne soit lui qui les provoque inconsciemment. En déjeunant dans une auberge, à Paimbœuf, il fait la connaissance de deux jeunes mariés qui doivent embarquer, le lendemain, sur le trois-mâts *La Pauline*, à destination de la Guadeloupe, où l'homme possède une propriété importante. Tout énamourée qu'elle est, l'épouse est triste d'avoir à quitter sa famille pour au moins trois ans. Touché par son sourire mélancolique, Alexandre propose aux tourtereaux de leur rendre visite sur le navire avant l'appareillage et de porter une lettre de la voyageuse à sa mère. Mais, dès qu'il est monté à bord, le capitaine l'invite à déjeuner : qu'il ne s'inquiète de rien, il pourra regagner la terre en temps voulu dans le canot du pilote ! Alexandre accepte avec le sentiment de dériver au gré d'une aventure irréelle. Cela d'autant plus que sa voisine de table, si séduisante et si inquiète, porte le même nom que le bateau : Pauline. « Il y eut un moment où j'eus envie de ne descendre qu'à la Guadeloupe », écrira-t-il. Et encore : « Le déjeuner nous avait faits amis, la séparation nous faisait presque frère et sœur. » C'est toujours un déchirement pour lui lorsqu'il doit quitter une jolie inconnue sans l'avoir tenue, heureuse, contre sa poitrine. Cependant, il se résigne. Est-ce pour le punir d'avoir, un instant, convoité la femme de son prochain ? Il suffit qu'il ait pris place dans la barque du pilote pour qu'un ouragan déchire le ciel et que la mer se déchaîne. Obligé d'abattre la voile, le marin se dirige tant bien que mal à la rame. Quand on accoste enfin, Alexandre est trempé jusqu'aux os. Il se réfugie dans une auberge à Saint-Nazaire, se déshabille en grelottant devant un feu de bois et maudit l'idée qu'il a eue de s'intéresser à ce jeune ménage dont il n'entendra sans doute jamais plus parler. Cependant, fidèle à sa promesse, il va, dès le lendemain, porter la lettre de Pauline à sa mère.

En revenant à Paris, il a l'impression de débarquer d'un long voyage. Son bref dépaysement ne l'a pas guéri. De nouveau, des soucis d'argent l'assaillent. Il a beau recommencer dix fois ses calculs, les « rentrées » d'*Henri III* et son traitement de bibliothécaire adjoint ne permettent pas de payer deux domestiques, un pour lui, un pour Marie-Louise, et quatre loyers : le sien, rue de l'Université, celui d'une garçonnière qu'il vient de retenir à Sèvres, celui de sa mère, rue Madame, et celui de Laure Labay, à Passy. Après avoir vainement essayé de placer une nouvelle pièce, *Edith aux longs cheveux*, au Théâtre-Français, puis à l'Odéon, il se rabat sur son projet de rafistoler *Christine.* Justement, Hugo vient d'achever *Marion Delorme* et se propose de lire sa pièce, chez le peintre Achille Devéria, devant Taylor, Vigny, Sainte-Beuve Mérimée, Musset, Balzac, Delacroix et Dumas. Une séance mémorable, tant par la qualité du texte que par celle des auditeurs ! Dumas, qui a toujours eu du mal à aligner des vers, est stupéfié par l'aisance et la somptuosité de la poésie hugolienne. On dirait que, pour ce satané Victor, les rimes ne sont pas des obstacles mais des stimulants de la pensée. Cependant, si Alexandre admire la forme musicale de *Marion Delorme*, il n'est nullement impressionné par le contenu dramatique de l'œuvre. Loin de le décourager, la dernière production de son confrère l'incite à la concurrence et, si possible, au dépassement.

Avec détermination, il reprend, scène après scène, sa

Christine et y ajoute un rôle pour Virginie, qui le lui a demandé sur l'oreiller. Tandis qu'il s'échine à remodeler son drame suédois, la *Marion Delorme* de Hugo, bien que reçue à la Comédie-Française, se heurte au refus catégorique de la censure. Indigné par cette réaction béotienne, Alexandre proteste, dans un poème grandiloquent que publie *Le Sylphe*, contre les « haleines funèbres » de ceux qui « ont épaissi les ténèbres » pour mieux étouffer la « flamme vacillante » de l'auteur. Hugo le remercie de ce geste amical et se console de l'échec de *Marion Delorme* en commençant à écrire *Hernani*.

Quant à Alexandre, c'est avec une secrète satisfaction qu'il apprend la chute, le 13 octobre, de la *Christine* de Frédéric Soulié à l'Odéon. Celle de Brault ayant subi jadis le même sort, la voie est libre pour la *Christine* de Dumas. Directeur avisé, Félix Harel a déjà son idée : puisque la reine de Suède inspire tant d'auteurs, c'est qu'elle a sûrement quelque chose dans le ventre. Le tout est de mettre ce « quelque chose » en valeur. Pour décider Alexandre à tenter l'aventure malgré le « four » de Frédéric Soulié avec un sujet identique, il lui écrit carrément : « Mon cher Dumas, que dites-vous de cette idée de Mlle George : jouer immédiatement votre *Christine* sur le même théâtre et avec les mêmes acteurs qui ont joué la *Christine* de Soulié ? [...] Ne vous préoccupez pas de cette idée que vous étranglez la pièce d'un ami. Elle est morte hier de sa belle mort. » Choqué par l'indélicatesse du procédé, Alexandre fait porter la missive à Soulié en y ajoutant ce commentaire : « Mon cher Frédéric, lis cette lettre. Quel brigand que ton ami Harel ! » Nullement surpris, Soulié lui renvoie la lettre du directeur de l'Odéon avec ces quelques mots au bas de la page : « Mon cher Dumas, Harel n'est pas mon ami, c'est un directeur. Harel n'est pas un brigand, c'est un spéculateur. Je ne ferais pas ce qu'il a fait, mais je lui conseillerais de le faire. Ramasse les morceaux de ma *Christine* – et il y en a beaucoup, je t'en préviens –, jette-les dans la hotte du premier chiffonnier qui passera, et fais jouer ta pièce. »

Ainsi libéré de ses scrupules, Alexandre accepte la proposition de Harel, lequel joint par bonheur à ses fonctions de directeur de théâtre celle d'amant de Mlle George. Elle a été la maîtresse, entre autres, de Napoléon et du tsar Alexandre Ier ; cette double gloire rejaillit sur celui qui leur succède dans ses bras. L'auteur de *Christine* a un trop grand respect des événements historiques pour ne pas apprécier la chance d'intéresser une si prestigieuse interprète. Il a du reste bien besoin de ce réconfort moral, car, pour le moment, ses affaires de cœur sont compliquées par la faute du stupide mari de Mélanie. En effet, las de se morfondre dans sa garnison de Thionville, Waldor menace de resurgir à Paris, le temps d'une permission. Et qui dit « permission » dit coucherie. Une fois sur place, le capitaine voudra user de ses droits conjugaux. Cela, Alexandre, bien qu'infidèle lui-même, ne peut le tolérer. A force de paraître à ses côtés dans les salons, Mélanie est devenue, aux yeux de la société, sa compagne attitrée, une sorte d'épouse morganatique. Elle en a, estime-t-il, les privilèges et les obligations. Il se couvrirait de ridicule si elle le trompait avec son mari ! Secrètement flattée par cette flambée de jalousie, Mélanie l'attise à plaisir en lui assurant qu'elle ne saurait s'opposer au retour d'un époux auquel, somme toute, elle n'a rien à reprocher. Colère d'Alexandre : elle est à lui, rien qu'à lui ! Les lois ne comptent pas quand le cœur parle ! Sans négliger Virginie Bourbier, il jure à Mélanie qu'il est sur le point de « devenir fou » et menace même de la tuer si elle ose rouvrir sa porte à ce revenant de Waldor. Pour éviter une issue qui serait excellente au théâtre mais lui causerait beaucoup de désagréments dans la réalité, il va trouver un de ses amis au ministère de la Guerre et obtient que la permission de l'infortuné capitaine d'habillement soit annulée. Or, voici que Waldor s'entête et réitère sa demande. Quand donc comprendra-t-il que sa femme ne veut pas de lui à Paris ? Nouvelles visites d'Alexandre au ministère. On ne voit plus que lui dans les bureaux. En tout cas, ses appuis se révèlent si efficaces que le refus des autorités militaires à l'égard de Waldor est maintenu. « Trois fois le congé, prêt à être envoyé, disparaît, déchiré ou brûlé [...], écrit Alexandre, non sans fierté, dans ses *Mémoires*. Le mari ne vint pas. »

L'affaire étant ainsi réglée, Alexandre peut se détourner momentanément de sa maîtresse, Mélanie, afin de se consacrer à son héroïne, Christine de Suède. Une première lecture de la pièce en petit comité, avec Sainte-Beuve et Tissot comme « conseils littéraires », se solde par un demi-succès : *Christine* n'est reçue qu'à corrections. Furieux, Alexandre exige une seconde lecture. Le 5 décembre, devant les comédiens qui se sont adjoint Jules Janin pour étayer leur jugement, *Christine* est acceptée pour de bon. Toutefois, Harel demeure sceptique. Après avoir longtemps tourné autour du pot, il va trouver l'auteur au saut du lit et lui suggère de récrire son drame en prose. Alexandre bondit sous l'insulte. Comment cet homme ose-t-il proposer à un « poète » (car Alexandre se croit tel !) de démantibuler les vers qu'il a eu tant de peine à agencer et de jeter aux orties les rimes qu'il est si fier d'avoir trouvées durant ses nuits de veille ? Blessé dans son orgueil, il refuse de consentir à ce sacrilège. « Il va sans dire que je lui ris au nez, écrira-t-il, et qu'après lui avoir ri au nez je le mis à la porte [1]. »

Renonçant à convaincre ce rimeur impénitent, Harel met la pièce en répétition telle quelle. Mlle George interprète *Christine*, et Lockroy Monaldeschi. Quant à Virginie Bourbier, pour qui Alexandre a écrit le rôle de Paula, le page travesti, elle ne fait plus partie de la distribution ni de la vie intime de l'auteur. Séduite par un meilleur contrat, elle a quitté la Comédie-Française pour le théâtre français

1. Alexandre Dumas : *Mes Mémoires*.

de Saint-Pétersbourg. N'y aurait-il donc plus que Mélanie pour délasser Alexandre au soir d'une journée fatigante ? Heureusement, les coulisses regorgent de charmantes comédiennes qui sont sensibles aussi bien à sa prestance qu'aux recommandations dont il peut épauler leur carrière. Tandis qu'il papillonne de l'une à l'autre, le comité de censure annonce que *Christine* est refusée. « Après *Marion Delorme, Christine*, notera Dumas. Décidément la censure y prenait goût ! » Sans désemparer, il se rend auprès de l'un de ces censeurs, Charles Brifaut, écrivain obscur, mais académicien influent, et tente de le persuader que la pièce incriminée n'a rien de subversif. Cependant Brifaut est intraitable : il accuse l'auteur d'avoir fait dire à Christine, parlant du diadème de Suède : « C'est un hochet royal trouvé dans mon berceau. » Cette réplique ne constitue-t-elle pas une injure au droit divin de la succession monarchique ? Et comment tolérer que la même Christine envoie sa couronne à Cromwell, lequel la fait fondre comme un vulgaire bijou ? Renonçant à fléchir l'obstination de Brifaut, Alexandre obtient, à force d'intrigues, une entrevue avec Henri de Lourdeix, le chef de la censure. Mais celui-ci est encore plus tranchant dans sa condamnation. « Enfin, monsieur, dit-il à Alexandre au terme de leur entretien, tout ce que vous pourrez ajouter est inutile : tant que la branche aînée sera sur le trône, et tant que je serai de la censure, votre ouvrage sera suspendu. – C'est bien, lui répond Alexandre en le saluant avec une froide ironie, j'attendrai [1] ! »

Suprême espoir : il décide d'intéresser au sort cahoteux de sa pièce la favorite de feu Louis XVIII, demeurée très influente à la cour, « l'excellente et spirituelle Madame du Cayla ». La démarche se révèle payante. En quelques jours, le comité de censure, habilement circonvenu, révise son jugement et autorise les représentations de *Christine*, sans changements notables.

---

1. Alexandre Dumas : *Mes Mémoires.*

Dans l'intervalle, Victor Hugo a remporté, le 25 février 1830, une éclatante victoire avec son *Hernani.* Surexcités par le succès du *Henri III* de Dumas, les jeunes du clan romantique – cheveux en bataille et accoutrements carnavalesques – s'en sont donné à cœur joie le soir de la première, hurlant leur enthousiasme pour cette géniale illustration de « l'honneur castillan » tandis que leurs adversaires chenus s'étranglaient de rage. Tout cela est de bon augure pour la génération montante dont Alexandre est un des représentants les plus en vue. *Henri III, Hernani, Christine,* « même combat », décrète-t-il en se frottant les mains.

Entre deux répétitions de sa pièce, il rend visite à Mlle George. A quarante-trois ans, la maîtresse de Harel et l'égérie de Jules Janin est encore très appétissante. Grande, plantureuse, rayonnante de santé, elle reçoit volontiers les visiteurs en prenant son bain. Alexandre est troublé par la grâce avec laquelle elle sort, de temps à autre, ses bras hors de l'eau pour rattacher, à l'aide d'une épingle d'or, une mèche de cheveux qui se dénoue. Dans ce mouvement, il peut parfois entrevoir le haut d'une gorge qui, dit-il, semble « taillée dans du marbre de Paros ». Il doit prendre sur lui pour résister à la tentation de participer aux jeux aquatiques de son hôtesse. Ne risquerait-il pas en la brusquant de compromettre le succès de *Christine* ? Il faut si peu de chose pour qu'une pièce qu'on croyait promise à un bel avenir tombe à plat devant le public ! Et voilà que les événements politiques se chargent de détourner les esprits des salles de théâtre. Depuis quelques jours, l'atmosphère de la ville est à l'orage. La presse se déchaîne contre le gouvernement, dont l'autoritarisme, proclamé en toute occasion, indigne les gens de bon sens. Le roi voit partout des atteintes à sa souveraineté, et son âme damnée, Polignac, multiplie les mesures d'intimidation contre de prétendues manœuvres de subversion. Deux cent vingt et un députés libéraux signent une déclaration affirmant le droit des citoyens d'intervenir dans « la délibération des intérêts publics ». En réponse, Charles X suspend la Chambre. Est-ce le prélude à une nouvelle révolution ? Et il faut vivre, écrire, inventer des jeux de scène, envoyer des invitations pour la première, avec cette menace constante derrière les épaules.

Assistant à la répétition générale de *Christine*, le 29 mars, Frédéric Soulié avertit Alexandre que, d'après ses informations, une cabale se prépare pour le lendemain. En bon camarade, il craint que les partisans de l'auteur ne soient pas assez nombreux pour dominer le chahut des protestataires et demande une cinquantaine de places de parterre afin de les distribuer aux ouvriers de sa scierie mécanique. Ces rudes gaillards, dûment chapitrés par leur patron, sauront faire taire, affirme-t-il, les excités de l'autre camp. Marché conclu. Le 30 mars, à dix-neuf heures, dès le lever du rideau, le vacarme éclate. Les défenseurs du classicisme moribond se répandent en huées et en coups de sifflet. Sur un signe de Frédéric Soulié, ses ouvriers ripostent bruyamment. On hurle de toutes parts : « Canailles ! Imbéciles ! Perruquiers ! Misérables ! Les précieuses à l'hôtel de Rambouillet ! » Ces vociférations couvrent par intermittence la voix des acteurs. Pourtant, peu à peu, le calme revient. Les applaudissements ont eu raison des clameurs indignées. Lorsque Christine, voyant Monaldeschi, blessé, se traîner à terre devant elle, déclare au père Lebel : « Eh bien, j'en ai pitié, mon père... qu'on l'achève ! » la majeure partie du public semble conquise. Reste l'épilogue. La scène au cours de laquelle Christine explique les raisons de son meurtre traîne en longueur. L'attention des spectateurs se relâche. Au parterre comme dans les galeries, on tousse, on bouge, on murmure. A l'instant où la reine déchue demande à son médecin : « Combien de temps avant que je ne meure ? » un loustic se lève de son fauteuil et crie : « Si elle n'est pas morte à une heure, je m'en vais ! »

A l'issue de la représentation, Alexandre, qui est passé

par toutes les phases de l'angoisse et de l'espérance, ne sait plus si sa *Christine* a été un échec ou une réussite. En tout cas – il en est sûr maintenant ! – l'épilogue est à supprimer et quelques vers malvenus sont à redresser d'urgence. Il a convié vingt-cinq amis pour un souper, chez lui, après le spectacle. Mélanie fait les honneurs de la maison. Il y a là Hugo, Vigny, Boulanger, Planche, Théodore Villenave... Rien que des connaisseurs. On discute des corrections nécessaires au bon « déroulement » de *Christine*. Alexandre est d'accord pour écheniller le texte, mais aura-t-il le temps de procéder aux retouches nécessaires et de faire répéter l'ensemble par les comédiens avant le lendemain soir ? Son inquiétude lui coupe l'appétit. C'est méconnaître la générosité confraternelle de certains écrivains qui ont à la fois du cœur et du génie. Hugo et Vigny s'offrent spontanément à s'enfermer dans un cabinet et à effectuer la « toilette » de la pièce pendant que l'auteur et les autres invités festoieront dans la salle voisine. « Ils travaillèrent quatre heures de suite avec la même conscience qu'ils eussent mise à travailler pour eux, écrira Dumas, et, quand ils sortirent au jour, nous trouvant couchés et endormis, ils laissèrent le manuscrit, prêt à la représentation, sur la cheminée et, sans réveiller personne, ils s'en allèrent, ces deux rivaux, bras dessus, bras dessous, comme deux frères [1]. »

De bon matin, pendant qu'Alexandre somnole encore, brisé par les émotions de la veille, on frappe à la porte. Réveillé en sursaut, il va ouvrir et se trouve nez à nez avec le libraire Barba, qui vient lui proposer douze mille francs pour la publication du manuscrit de *Christine* : le double de ce que l'auteur avait touché pour le manuscrit d'*Henri III* ! Cette fois, Alexandre ne doute plus : « C'est un succès ! » proclame-t-il. Et, sur-le-champ, il décide de désintéresser quelques créanciers et de dédier le volume au duc d'Orléans, qui s'est toujours trouvé à ses côtés dans les

1. Alexandre Dumas : *Mes Mémoires.*

moments difficiles. L'ingratitude, juge-t-il, est le principal défaut des âmes basses. Aussi a-t-il choisi, dès l'âge de raison, de vivre sur les hauteurs.

La deuxième représentation, conforme au texte corrigé par Hugo et Vigny, est saluée par des applaudissements nourris et de nombreux rappels. La presse se montre, dans l'ensemble, bien disposée. Certes, il y a, çà et là, quelques haineuses égratignures. Ainsi, Philarète Chasles écrit dans *La Revue de Paris* que la pièce est « un inconcevable chaos », *Le Courrier du Théâtre* affirme que « Mlle George est un immense potiron en forme de femme » et que le succès de ces cinq actes est dû à « d'infâmes claquetins », mais le mouvement est lancé, le public marche, la salle ne désemplit pas.

Un soir, comme Alexandre traverse la place de l'Odéon, un fiacre s'arrête à sa hauteur. Une femme passe la tête par la portière et l'appelle : « Monsieur Dumas ! » Il reconnaît l'actrice Marie Dorval, la très séduisante maîtresse de Vigny, et s'incline. Elle a vu la pièce et en est encore bouleversée. « Eh bien ! montez ici et embrassez-moi ! s'écrie-t-elle. Ah ! vous avez un fier talent, vous faites un peu bien les femmes ! » Quand une jeune personne aussi agréablement tournée dit à un auteur dramatique qu'il fait « un peu bien les femmes », il n'a pas un plus bel éloge à attendre de quiconque. Alexandre grimpe dans la voiture, enlace Marie Dorval et effleure sa joue d'un baiser déférent. Cette simple marque d'amitié le conduira-t-elle un jour à des rapports plus intimes ? Il n'ose l'espérer, mais, en dépit de l'admiration et de la reconnaissance qu'il éprouve pour Vigny, il se dit que l'aventure vaudrait la peine d'être vécue. Quand il songe à ses relations avec les femmes, il a parfois l'impression de se trouver non pas dans une ville policée, mais dans une jungle où règne la loi du plus fort et où tous les coups sont permis. La proie est à celui qui sait le mieux l'approcher.

Tout en rêvant aux charmes de Marie Dorval, Alexandre s'intéresse maintenant à une autre actrice que Firmin vient de lui présenter, Belle Krelsamer, dont le nom de scène est Mélanie Serre. Encore une Mélanie dans son existence ! Pour plus de commodité, il préfère conserver à celle-ci son étrange prénom de Belle. Elle est d'origine mi-juive, mi-alsacienne, et possède, dit-il, « des cheveux d'un noir de jais, des yeux azurés et profonds, un nez droit comme celui de la *Vénus de Milo* et des perles au lieu de dents ». Entre deux passades, elle est devenue la maîtresse de Taylor et lui a donné une fille. Il l'en a remerciée en lui ouvrant les portes de la Comédie-Française. Mais le talent de Belle étant moins évident que sa grâce, elle n'a pas été engagée comme sociétaire et a dû se rabattre sur des tournées en province. Dès son retour dans la capitale, Alexandre décide de s'occuper d'elle. Il tente en vain de la faire réintégrer dans la troupe de la « Maison de Molière ». Hélas ! on ne la juge pas de taille à jouer le répertoire. Pour la consoler, il l'installe dans un petit appartement coquet, au numéro 7 de la rue de l'Université, à deux pas du numéro 25 où il loge lui-même. Les preuves qu'il lui donne, nuit après nuit, de son amour tout neuf ne l'empêchent pas de faire une cour assidue à Marie Dorval et de protester de son attachement et de sa fidélité auprès de Mélanie. Comment celle-ci en douterait-elle, alors qu'il vient de la mettre enceinte ? Encore une complication imprévue ! Craignant le scandale, Mélanie souhaite partir avec sa mère pour la propriété familiale de La Jarrie, afin d'y donner le jour à l'enfant chéri de l'adultère. Elle prépare déjà ses bagages. Juste avant la séparation, Alexandre lui confie un projet sur lequel il fonde les plus grandes espérances. Il veut, dit-il, écrire pour le théâtre leur propre histoire quelque peu « arrangée ». Dans cette pièce, encore en gestation, il montrerait un homme qui, surpris par le mari de celle dont il vient de faire sa maîtresse, la poignarde en affirmant qu'il l'a tuée parce qu'elle refusait de lui appartenir. Ainsi, ce serait pour sauver la réputation de la femme aimée qu'il s'accuserait d'avoir en vain cherché à la séduire et qu'il accepterait de mourir sur l'échafaud sans révéler la vraie nature de leurs sentiments réciproques. Bien sûr, le héros du drame a des élans autrement nobles et fougueux que ceux de l'auteur pour Mélanie, mais il suffit qu'un écrivain éprouve, fût-ce à une dose infinitésimale, les idées de son personnage pour que, l'imagination aidant, il les développe aux dimensions d'un mythe. Ayant été, depuis bientôt trois ans, l'amant d'une femme mariée, Alexandre se juge tout à fait apte à évoquer les affres de la jalousie. C'est à peine s'il aura à se forcer pour trouver dans sa tête les cris d'une passion poussée au paroxysme et vouée à la terrible conclusion du meurtre pour l'honneur. Il a déjà le titre de la pièce : elle s'appellera *Antony*. Subjuguée par l'éloquence d'Alexandre, Mélanie applaudit à l'œuvre qui mûrit dans cette cervelle enfiévrée et décide même de baptiser du prénom d'Antony l'enfant qu'elle porte dans son ventre. Heureux de cet accord de dernière minute, Alexandre accompagne, le 3 juin 1830, Mélanie et sa mère à la cour des Messageries, les installe dans la diligence de Nantes, et promet à la jeune femme d'aller la rejoindre dès qu'il aura achevé d'écrire *Antony*. Quand la voiture a disparu avec son précieux chargement, il pousse un soupir de délivrance et retourne au numéro 7 de la rue de l'Université, où Belle l'attend, toute prête à lui faire oublier ses soucis d'homme trop aimé.

Le lendemain même, il écrit à Mélanie : « Au revoir, mon ange, mes affaires terminées ici, je n'en ai plus qu'une, celle d'aller te rejoindre, d'aller voir la mer avec toi, d'y tuer force oiseaux, ramasser force cailloux, échanger force baisers – ceux que je t'envoie, mon ange, ne comptent pas. Engraisse vite, vite, et j'irai te faire maigrir en te tourmentant. » Il manie si bien les ficelles de son *Antony*, qu'en moins d'une semaine le manuscrit est bouclé. Conscient des qualités novatrices de cette œuvre, il la destine naturellement au Théâtre-Français. Le 11 juin, il la lit à Mlle Mars et à Firmin, auxquels il a pensé pour les deux premiers rôles. Le 16, c'est la lecture devant le Comité réuni en séance plénière. Drame de la passion, de la jalousie et de la violence, la pièce est écoutée dans un silence tendu. Lorsque, à la fin du cinquième acte, Antony ayant poignardé la femme qu'il aime s'écrie, face au mari épouvanté : « Elle me résistait, je l'ai assassinée ! » les plus blasés parmi les comédiens y vont de leur compliment. Dominé par son goût immodéré de la versification, Alexandre a couronné sa pièce, pourtant écrite en prose, par cet alexandrin superbe et involontaire. Nul ne songe à lui en faire la remarque. Tous sont comme étourdis par le choc d'une révélation. Il bombe le torse et jubile : « *Antony*, c'est moi moins l'assassinat ! » proclame-t-il. Et il écrit le jour même à Mélanie : « Cher amour, il est trois heures et demie. Je sors du comité, j'ai été reçu à l'unanimité. Voilà donc *Antony* lancé – ils prétendent qu'avant un mois ce sera joué –, Dieu les entende et moi aussi, car je te souhaite santé que je ne puis te donner, et bonheur et amour que je te donne. » Sûr d'avoir aujourd'hui tous les atouts en mains, il demande que sa pièce bénéficie d'un tour de faveur et soit programmée dès le 15 septembre. On cède à cette exigence du nouvel auteur en vogue. Il prend prétexte de cette modification du calendrier pour retarder son voyage à La Jarrie, où Mélanie, qui l'attend avec impatience, devra encore se contenter de ses lettres alors qu'il la trompe avec Belle. Cependant, Belle boude parce qu'il n'est pas encore parvenu à la faire engager au « Français ». Pour la calmer, il lui assure que ce n'est que partie remise ; de même, il s'efforce de raisonner Mélanie en lui démontrant qu'il est obligé, malgré sa lassitude et son dégoût, de rester à Paris pour surveiller de près la mise en route de sa pièce et déjouer les manœuvres des concurrents. Il la gronde même pour ses accès d'humeur. « Je ne comprends rien aux reproches qui terminent ta lettre, si ce n'est que ce sont encore des reproches. Je ne me rappelle plus ce que je t'ai écrit. [...] Après un lien de trois ans qui repose sur ce que l'honneur et l'amour ont de plus sacré, qu'on en soit encore aux petites recherches, aux petites tracasseries d'un amour qui commence, voilà ce que je ne comprends pas. Je t'aime pour toi, mon amour, autant que pour moi et je ne voudrais pour rien au monde mêler mes tourments à tes tourments. [...] Ne parlons plus de tout cela, nous irons ensemble aux bains de mer. [...] Adieu encore, ma Mélanie, de loin ou de près redis-toi bien que tu es la seule femme que j'ai aimée, que je désire te revoir autant qu'on puisse le désirer et que je serai dans tes bras le plus tôt possible. Adieu mon amour. – Ton Alex. »

Pendant qu'il s'emploie, lettre après lettre, à endormir les soupçons de Mélanie, le gouvernement, de son côté, tente d'apaiser le mécontentement de la population en glorifiant à son de trompe les succès de son corps expéditionnaire envoyé en Algérie. La prise d'Alger, le 5 juillet 1830, est célébrée par un *Te Deum* à Notre-Dame de Paris. En vérité, seuls les « ultras » comptent sur les victoires militaires pour peser « dans le bon sens », au moment des élections. La majorité du pays, elle, y voit une aventure lointaine et inutile. Le second tour de scrutin, le 19 juillet 1830, renforce la majorité libérale à la Chambre. Cela promet une guerre larvée entre les représentants de la nation et le roi. L'agitation politique doit être contagieuse, car la Comédie-Française elle-même a maintenant des sautes d'humeur : elle décide tout à coup de repousser le début des répétitions d'*Antony* au 1er novembre. Alexandre écume de rage. Que signifie ce retard absurde ? Veut-on se débarrasser de lui et de sa pièce ? Il en est à se demander s'il ne devrait pas la reprendre et la porter à l'Odéon. Plus que jamais il aurait besoin d'être conseillé, épaulé, aimé, par une femme au caractère doux et au jugement lucide. Mais Belle est une tête en l'air et Mélanie ne sait que gémir sur sa solitude et réclamer la présence de son Alex auprès d'elle, à La Jarrie. Sans doute ignore-t-elle qu'un auteur dramatique est l'esclave de son œuvre. Pour que cette œuvre vive, il doit, parfois, oublier de vivre lui-même. Telle est la dure loi des créateurs ! Comment le faire comprendre à une femme qui obéit avant tout aux mouvements de son ventre ? A son tour, Belle se prétend lasse, fatiguée, inquiète. Est-ce Mélanie qui déteint sur elle ? Alexandre l'interroge et elle lui apprend, confuse et fière à la fois, qu'elle est, elle aussi, enceinte. De qui ? De lui, parbleu ! Elle ne l'a pas quitté d'une semelle depuis qu'il l'a mise dans ses meubles. Il feint la satisfaction et même une certaine vanité à l'annonce de cette paternité supplémentaire. Mais, à part soi, il songe aux ennuis d'une situation déjà assez ambiguë : le corps adorable de sa maîtresse déformé par la grossesse, le remue-ménage sordide autour de l'accouchement, la tyrannie des soins quotidiens au nouveau-né, le surcroît de dépense occasionné par l'entretien d'un second ménage, la difficulté de concilier son travail et ses obligations familiales... Ah ! envoyer tout promener, fuir Paris, courir au bout du monde !... Une idée exaltante le traverse : les journaux ne parlent que du pittoresque des paysages algériens. Pourquoi ne pas filer à Alger et en rapporter un récit de voyage ? Mais quitter Belle, en ce moment, serait par trop cynique. Il lui propose de se joindre à l'expédition. Elle s'étonne : a-t-il oublié qu'elle était enceinte ? Dans son état, il n'est guère recommandé de se promener à travers un pays barbare et récemment conquis. Puis, comme il insiste, elle voit dans cette lubie une preuve naïve d'amour et accepte de le suivre, du moins jusqu'à Marseille. Sujette au mal de mer, elle refuse d'aller plus loin par crainte des houles de la Méditerranée. Satisfait de cet arrangement, Alexandre rassemble un pécule de trois mille francs, fait ses malles avec entrain et s'apprête à partir, avec Belle, le lundi 26 juillet 1830.

Or, la veille, Charles X a signé, dans sa résidence de Saint-Cloud, les quatre ordonnances draconiennes abolissant la liberté de la presse, annonçant la dissolution de la Chambre des députés, instituant une nouvelle loi électorale et fixant aux 6 et 28 septembre les futures élections, dont Polignac espère, cette fois, un résultat « correct ».

Le matin même de ce 26 juillet, jour prévu pour le grand départ, Alexandre et Belle sont réveillés par l'arrivée d'un ami commun, Achille Comte, professeur de sciences naturelles au lycée Charlemagne. Il entre en coup de vent, brandit un journal et s'écrie : « Les ordonnances sont dans *Le Moniteur* !... Partez-vous toujours pour Alger ? » En un éclair, Alexandre mesure l'importance de l'événement. Cette fois, l'affrontement entre la rue et le pouvoir est inévitable. Tout Français qui se respecte doit être prêt à intervenir... ou du moins à regarder. Sans même prendre l'avis de Belle, il rétorque : « Pas si niais ! Ce que nous allons voir ici sera encore plus curieux que ce que je verrais là-bas ! » Et, appelant son valet de chambre, il ajoute : « Joseph ! allez chez mon armurier, rapportez-en mon fusil à deux coups et deux cents balles du calibre vingt [1]. »

En donnant cet ordre, il a l'impression d'avoir trouvé une de ses meilleures répliques de théâtre. Est-ce sa faute s'il se comporte toujours comme s'il était sur une scène ? Eberluée, Belle hésite encore à défaire ses bagages. Il l'y engage avec fermeté. Au fond, elle n'est pas mécontente de ce contretemps qui lui permet de rester à la maison pour savourer, repliée sur elle-même, les mystérieux malaises de la grossesse.

Déjà, le domestique s'est précipité chez l'armurier. Deux heures plus tard, il revient avec l'attirail guerrier réclamé par son maître. Alexandre met sous clef le fusil et les balles et descend dans la rue pour prendre la température de ses concitoyens.

1. Alexandre Dumas : *Mes Mémoires*.

X

La révolution de Juillet

A première vue, Paris est calme, sous l'aveuglant soleil de juillet. Surpris par cet aspect pacifique succédant à la tension de la veille, Alexandre descend au Palais-Royal, qui paraît tout aussi engourdi, fait une brève apparition au café du Roi où quelques « ultras » se réjouissent de la publication des ordonnances, et y rencontre son ami Etienne Arago, républicain déclaré, dont le frère, l'astronome François Arago, doit prononcer tout à l'heure, à l'Institut, l'éloge de l'ingénieur Augustin Fresnel. Après s'être concertés, Alexandre et Etienne Arago se rendent à la séance sous la coupole, en se demandant si l'orateur osera prendre la parole dans une conjoncture politique aussi incertaine. Aujourd'hui, chaque mot imprudent lancé en public peut conduire aux galères ! Or, François Arago ne flanche pas. Après avoir rendu hommage à la mémoire du savant, il dénonce avec vigueur la scandaleuse violation de la Charte par Charles X. Heureux d'avoir assisté à cet acte de courage civique, Alexandre va dîner au Grand Véfour, où il apprend que le « trois pour cent » a déjà perdu six francs à la Bourse, ce qui est un mauvais présage. Dans les jardins du Palais-Royal, il voit des jeunes gens surchauffés qui agitent les feuillets du *Moniteur* en hurlant à la provocation.

Puis il échoue dans les bureaux du *Courrier de Paris*, le journal de M. de Leuven. Les collaborateurs y discutent pour savoir s'ils doivent renoncer à publier le prochain numéro pour obéir aux exigences du gouvernement ou passer outre à cette interdiction que M. de Belleyme, président du tribunal de première instance, vient de déclarer illégale. Après de longs débats, on décide de paraître contre vents et marées. Il est près de minuit lorsque Alexandre, exténué et indécis, rejoint Belle dans sa chambre. Mais il ne s'y attarde pas. Les prouesses amoureuses seront pour demain. Après avoir embrassé sa maîtresse, il rentre chez lui afin de prendre une vraie nuit de repos et d'avoir, au réveil, toute sa liberté d'esprit et d'action.

Au matin du 27 juillet, le ciel est aussi ensoleillé que la veille. Mais l'humeur de Paris a changé du tout au tout. Quand Alexandre sort de chez lui, il tombe sur des ouvriers et des étudiants qui travaillent à dresser une barricade. La troupe la démolit aussitôt sous les huées des manifestants. Ils braillent : « Vive la Charte ! A bas les ministres ! » Rien de bien méchant encore. Cependant, en bon fils, Alexandre craint que sa mère ne prenne ces événements au tragique. Il court la rassurer. Elle est sereine, inconsciente, impotente. Son principal regret est que Mélanie et Mme Villenave soient parties pour la campagne, la laissant seule, et que son fils vienne si rarement la voir. Il évite de lui parler des troubles de Paris, la cajole, donne ses instructions à la domestique, s'échappe, saute dans un fiacre et se fait conduire chez Armand Carrel, le directeur du *National*. Il le trouve en train de déjeuner. La bouche pleine, Carrel affirme qu'il ne prévoit « rien de grave » et que les ordonnances finiront par passer comme une lettre à la poste. Néanmoins, il consent à suivre Alexandre dans la rue.

Coude à coude, ils se mêlent à la cohue vociférante des boulevards et assistent au siège par la police des locaux du journal *Le Temps*, qui a osé publier un manifeste de protestation contre les fameuses ordonnances. Mais, bien que requis par le commissaire, les serruriers refusent, l'un après l'autre, de forcer les portes de l'imprimerie. Lequel des deux est dans son tort : l'ouvrier qui reste sourd aux injonctions d'un représentant de l'autorité, ou le représentant de l'autorité qui agit en application d'une disposition déclarée illégale ? Comme le dernier ouvrier appelé à la rescousse prétend avoir perdu ses outils, le commissaire veut le faire arrêter, mais la foule s'interpose et ovationne cet humble champion de la liberté. Les gendarmes à cheval chargent mollement. Aussitôt après leur passage, la multitude se ressaisit et clame sa haine du régime.

Pris dans la bousculade, Alexandre et Carrel retournent au Palais-Royal. Ils y sont accueillis par les claquements secs d'une fusillade. Tout en aimant les petites gens, Carrel déteste les désordres de la rue. Plantant là son compagnon, il décide de rentrer chez lui pour réfléchir et prendre du repos. Alexandre le comprend mais se sent incapable d'en faire autant. Excité par l'odeur de la sueur et de la poudre, il continue son errance à travers Paris. Rue Vivienne, à la tombée du soir, la troupe, baïonnette au canon, repousse devant elle un rassemblement d'hommes, de femmes et d'enfants qui marchent à reculons en scandant : « Vive la ligne ! » Par les fenêtres ouvertes, des ménagères agitent leur mouchoir et crient : « Ne tirez pas sur le peuple ! » Place de la Bourse, des gamins en guenilles jettent des pierres sur les soldats. Un garde, touché à la tête, vacille et fait feu dans le tas. Une femme s'effondre. On hurle : « Au meurtre ! » En un clin d'œil, les lumières s'éteignent, les boutiques se barricadent. Seul le théâtre des Nouveautés reste brillamment éclairé. On y joue *La Chatte blanche*. Portes closes, les spectateurs, captivés par la pièce, ignorent ce qui se passe dehors. Soudain, une douzaine d'hommes, conduits par Etienne Arago, débouchent de la rue des Filles-Saint-Thomas en rugissant : « Pas de spectacles ! Fermez les théâtres ! On égorge dans les rues de

Paris ! » Le cadavre de la femme abattue par erreur est porté sur les marches du péristyle et Etienne Arago, pénétrant dans l'établissement, exige de la direction que la salle soit immédiatement évacuée. Tandis que le flot des spectateurs, tout penauds, s'écoule dans la nuit en évitant de marcher sur le corps de la victime, Alexandre interroge le meneur : « Que fait-on ? Qu'y a-t-il de décidé ? – Rien encore ! répond Etienne Arago. On fait des barricades, on tue des femmes et on ferme les théâtres, comme tu vois ! » Et, tourné vers ses compagnons, il ajoute : « Aux Variétés, mes amis ! Les théâtres fermés, c'est le drapeau noir sur Paris ! »

Ce « drapeau noir », symbole de la fureur populaire, inquiète quelque peu Alexandre. Renonçant à accompagner Etienne Arago dans son expédition, il constate qu'il a une faim de loup et va tout de go souper au café des Nouveautés qui a rouvert ses portes. Mais, tandis qu'il se restaure tranquillement et copieusement, le tumulte reprend place de la Bourse. Les soldats, un instant maîtres du terrain, ont été surpris et débordés par les insurgés qui se sont emparés de leurs fusils, de leurs gibernes et de leurs sabres. Le cadavre de la femme est hissé sur un brancard et promené à la lueur des torches dans les rues avoisinantes. Parmi le cortège funèbre on crie : « Vengeance ! » Vers minuit, en regagnant la rue de l'Université, Alexandre est interpellé dans les ténèbres : « Qui vive ? » Il répond : « Ami ! » et serre la main d'un inconnu qui est en train de construire une barricade. Il pourrait se joindre à l'équipe ; il préfère continuer son chemin. Après ce bain de foule, il a hâte de se retrouver seul, chez lui, pour « faire le point ». Rentré dans son appartement, il ouvre la fenêtre. « Paris semblait solitaire et silencieux, écrira-t-il ; mais cette tranquillité n'avait rien de réel ; on sentait que cette solitude était habitée, que ce silence était vivant [1]. »

---

1. Alexandre Dumas : *Mes Mémoires.*

Le 28 juillet, au petit matin, Achille Comte – toujours lui ! – accourt pour informer Alexandre que les insurgés contrôlent déjà plusieurs quartiers de la capitale, que le nombre des barricades a triplé dans la nuit, que toutes les armureries ont été dévalisées et que le maréchal Marmont, de sinistre mémoire, a été chargé de rétablir l'ordre avec huit mille soldats. Alexandre n'hésite pas ; en tant que fils d'un général républicain il se doit d'appuyer jusqu'au bout la cause des révolutionnaires. Mais comment s'attifer pour jouer ce rôle de combattant des droits de l'Homme et du Citoyen ? De tout temps il a eu le souci d'adapter sa tenue aux événements. Il sonne Joseph et se fait apporter son fusil et ses habits de chasse. « C'était, pour l'exercice auquel nous allions nous livrer, le plus commode, et qui, surtout, devait le moins attirer les yeux », dira-t-il. Alors qu'il est à sa toilette, il entend une grande rumeur dans la rue du Bac. Ce sont Arago et Gauja qui appellent aux armes, parce que deux gendarmes à cheval viennent de faire leur apparition face aux manifestants. Des coups de feu retentissent. Un des gendarmes tombe, blessé, l'autre s'enfuit sans demander son reste. Enfin habillé de pied en cap, avec l'aide de son domestique, Alexandre descend parmi les insurgés et, prenant aussitôt la direction du mouvement, ordonne la construction de deux barricades, une dans la rue de l'Université, l'autre dans la rue du Bac. Pendant qu'il s'évertue à soulever les pavés avec une pince de terrassier, trois soldats des unités régulières surviennent. Empoignant son fusil, il les met en joue et leur crie de se laisser désarmer, auquel cas il ne leur sera fait aucun mal. Après s'être consultés, les trois hommes obéissent. Les gardera-t-on prisonniers ? Magnanime, Alexandre les laisse partir. D'ailleurs, il est déjà fatigué de travailler à la barricade. Abandonnant le groupe des ouvriers et des étudiants qui continuent leur besogne, il décide de se rendre, le fusil en bandoulière, à son ancien port d'attache, le Palais-Royal. En pénétrant dans les bureaux, il y découvre son ex-patron, Oudard, blême de peur à l'idée des événements qui se précipitent. Justement, les troupes du maréchal Marmont font leur jonction à hauteur du bâtiment et se préparent à marcher vers l'Hôtel de Ville. Le harnachement belliqueux d'Alexandre inquiète le chef des scribouillards. Ce fou de Dumas ne va-t-il pas commettre un attentat dont toute la maison de Son Altesse royale aura à pâtir ? Par amusement, Alexandre feint de viser le rassemblement militaire à travers la fenêtre : « Oh ! vous allez partir d'ici, n'est-ce pas ? gémit Oudard. – Je ne peux pas raisonnablement attaquer à moi seul deux ou trois mille hommes ! » réplique Alexandre goguenard.

Dès que les derniers soldats se sont présentés devant le bâtiment, il laisse Oudard à ses palpitations, sort du Palais-Royal et s'enfonce vers le centre de Paris. A chaque carrefour, il tombe sur une barricade. Etudiants, polytechniciens, ouvriers fraternisent dans la haine des Bourbons. Terrés au fond de leurs appartements, les bourgeois se taisent et attendent. Sur la cathédrale Notre-Dame flotte le drapeau tricolore. Saisi par l'enthousiasme, Alexandre réunit quelques volontaires et choisit de marcher avec eux sur l'Hôtel de Ville. Sa haute taille, son regard audacieux, son fusil à deux coups et son costume de circonstance le désignent tout naturellement pour diriger l'assaut. Quand le détachement arrive en vue du pont suspendu qui enjambe la Seine, un canon bourré à mitraille fauche les premiers rangs des assaillants. Alexandre commande de ramasser les blessés et de faire feu sur les canonniers retranchés de l'autre côté de l'eau. Ceux-ci ripostent par deux décharges successives. Puis c'est la contre-attaque des forces de l'ordre. Pourchassés à la baïonnette, les rebelles, avec Alexandre courant au milieu d'eux, se replient en pagaïe. La tentative a échoué. Mais, tout compte fait, Alexandre est content de son attitude sous le feu de l'ennemi. Son père, le général, peut en être fier dans le ciel des braves. Cependant le courage creuse l'homme. Il est temps de se restaurer. Alexandre cherche une maison amie. A tout hasard, il frappe à la porte du peintre Guillaume Lethière. On le reçoit en héros, on le garde à dîner. Il boit comme un trou et mange comme un ogre. Le fils Lethière va aux nouvelles et reparaît frétillant d'aise. Partout les insurgés triomphent. On raconte que les députés de l'opposition, conduits par Jacques Laffitte et Casimir Perier, tentent de négocier avec le maréchal Marmont, mais que celui-ci se montre d'autant plus intraitable qu'il compte sur des renforts venus de la province pour écraser définitivement les apprentis révolutionnaires. Un instant défrisé par cette information, Alexandre se demande s'il ne sera pas obligé de fuir à l'étranger pour échapper aux représailles. Il se rappelle les trois mille francs qu'il a mis de côté en prévision de son voyage à Alger et prie le fils Lethière de courir chez lui, 25 rue de l'Université, et d'en rapporter son argent et son passeport. Le tout est contenu dans un petit meuble dont il lui confie la clef. Il le charge également de se rendre au numéro 7 de la même rue et de remettre à Belle, qui doit être très inquiète, une lettre lui assurant qu'il est sain et sauf et qu'il n'a nullement l'intention de « faire des folies ». Le fils Lethière s'acquitte de cette double démarche avec célérité et revient en annonçant que le faubourg Saint-Germain est désormais entièrement aux mains de leurs amis. Cette fois, la balance semblant pencher du bon côté, Alexandre se résout à aller trouver La Fayette, qu'il a déjà souvent rencontré, et à lui demander quels sont ses plans pour le lendemain. Le face à face a lieu dans l'heure. Mais La Fayette est indécis. « Je quitte les députés, soupire-t-il. Il n'y a rien à faire avec eux ! – Alors pourquoi ne le faites-vous pas tout seul ? interroge Alexandre avec impertinence. – Qu'on me laisse faire, réplique le général, et je suis prêt ! » Cette réponse, qui équivaut à une acceptation, transporte Alexandre et il en avise aussitôt Etienne Arago. Ensemble, ils se ruent au *National* dont les collaborateurs discutent précisément de la nécessité de former un gouvernement provisoire avec – pourquoi pas ? – La Fayette, le général Gérard et le duc de Choiseul. Alexandre les approuve. Sûrs de leur fait, les conspirateurs rédigent une proclamation dans ce sens destinée à la presse, en imitant, sans scrupules, la signature des intéressés. Ce faux patriotique satisfait Alexandre et il regagne son domicile avec l'impression de n'avoir pas perdu son temps en courant les rues et les salles de rédaction. « Comme j'étais éreinté de la journée, écrira-t-il dans ses *Mémoires*, je m'endormis sur les deux oreilles, au bruit du bourdon de Notre-Dame et au pétillement irrégulier de quelques coups de fusil attardés et perdus. »

Le jeudi 29 juillet, il est réveillé très tôt par son domestique. L'air offusqué, Joseph lui apprend que les désordres se rapprochent et que les insurgés assiègent le musée d'Artillerie, place Saint-Thomas-d'Aquin. Inquiet des saccages et des vols dont risquent de souffrir les trésors archéologiques entreposés en ce lieu, Alexandre s'habille à la va-vite, avale un verre de madère pour se mettre en train et rejoint ses frères en révolte. Il arrive alors qu'ils ont déjà envahi les premières salles et les supplie de respecter du moins les armes anciennes. Un ouvrier rigolard lui répond du tac au tac : « Mais nous ne sommes ici que pour les prendre, les armes ! » Impossible de faire entendre raison à ces vandales. Renonçant aux discours, Alexandre se contente d'emporter chez lui une arquebuse, un casque, un bouclier, une épée, une hache et une masse d'armes pour les sauver du pillage.

Puis, équipé de son seul fusil, il se rend aux Tuileries que la populace vient d'investir. Il y a eu des morts, des blessés durant l'échauffourée. Dans la salle des Maréchaux, des inconnus tirent à bout portant sur le portrait de l'exécrable Marmont. La chambre à coucher du roi est le théâtre de scènes débridées et bouffonnes. La bibliothèque de la duchesse de Berry ayant été mise à sac, Alexandre ramasse, dans un coin, un exemplaire de sa *Christine*, relié en maroquin violet et frappé aux armes de la duchesse : il lui en avait fait hommage autrefois. Il l'offrira au jeune Félix Deviolaine en souvenir de leurs jeux d'enfants dans la propriété familiale. Eventré, insulté, vidé de ses occupants royaux, le palais n'est plus qu'un lieu de passage. Charles X s'est réfugié à Saint-Cloud, où il espère encore reprendre la situation en main. Cependant, la déchéance des Bourbons a déjà été proclamée à l'Hôtel de Ville. Qui remplacera le roi défaillant ? La Fayette, comme président de la République ? Le duc d'Orléans, dont les sympathies libérales sont bien connues ? Et que se passera-t-il si Charles X, ayant rameuté ses partisans, attaque Paris avec des troupes fraîches ? Faudra-t-il combattre jusqu'à la dernière goutte de sang ? La Fayette lui-même hésite à se prononcer. Alexandre l'entend murmurer à Etienne Arago qui prêche la fermeté : « Si Charles X revenait, nous n'aurions pas quatre mille coups de fusil à tirer ! » A ces mots, le fils du général Dumas se redresse. Dès qu'on parle d'une mission impossible, il se sent de taille à l'assumer. « Général, s'exclame-t-il, voulez-vous que j'aille chercher de la poudre ? » La Fayette le croit fou à lier, mais Alexandre insiste, donne des précisions : il peut très bien, dit-il, se rendre à Soissons et enlever, à lui seul, la réserve de poudre que détient cette ville, dont il connaît les moindres recoins. La Fayette est trop prudent pour prendre un tel risque ; tout ce qu'il accorde à Alexandre, pour se débarrasser de lui, c'est un laissez-passer aux termes imprécis. Peu importe ! Alexandre surcharge le document d'un ordre de sa main, enjoignant aux autorités de Soissons d'aider le « porteur » à prendre la quantité de poudre qu'il désire. Ayant fait contresigner ce faux par le général Gérard, il part, tout joyeux, à destination de Villers-Cotterêts, première étape de son expédition. Afin de donner plus d'éclat à ce déplacement quasi officiel, il voyage dans un cabriolet de louage, enrichi d'un drapeau tricolore confectionné par ses soins. Relais après relais, il dévore la route. C'est harassé, crotté, hirsute, qu'il arrive dans sa ville natale. Là, il proclame au débotté l'instauration de la République devant le peuple accouru pour saluer « l'envoyé de Paris ». Le soir même, il dîne chez l'ancien maître clerc, Paillet, et raconte aux amis réunis autour de la table les extraordinaires péripéties des « Trois Glorieuses ». Cependant, lorsqu'il leur parle de son intention d'« avaler » Soissons, ils lui déconseillent de s'y rendre, car la ville est solidement tenue par une garnison royaliste. D'un revers de la main, Alexandre balaie cette objection.

Le 31 juillet, il est à Soissons, s'abouche avec quelques libéraux qu'on lui a signalés, se présente devant le commandant de la place, le chevalier de Liniers, lui met sous les yeux l'ordre de mission qu'aucun cachet n'authentifie et exige la livraison des deux cents livres de poudre emmagasinées dans la ville. Mais le commandant se méfie et refuse d'obéir aux instructions d'un document qui a les apparences d'un faux en écriture. Jouant le tout pour le tout, Alexandre brandit son pistolet et menace de brûler la cervelle à l'officier récalcitrant. A ce moment, la porte s'ouvre et Mme de Liniers, épouvantée, se précipite vers son mari en criant : « Oh ! mon ami, cède, cède ! C'est une seconde révolte des nègres ! » La malheureuse s'est souvenue de ses parents, massacrés jadis à Saint-Domingue par les indigènes. Elle considère avec effroi ce grand gaillard efflanqué, aux cheveux crépus, au teint basané, à l'accent légèrement créole. C'est tout son passé colonial qui resurgit en elle, avec la violence d'un cauchemar. Elle se traîne aux pieds de son époux, elle se tord les mains, elle implore. Pour décider le commandant de la place, Alexandre va chercher quelques officiers de la garnison prêts à se rallier aux intérêts de la République. Cette fois, Liniers capitule. Après un semblant de résistance du maire de Soissons, les portes de l'entrepôt sont forcées, la poudre est chargée dans des voitures et le convoi, escorté de tous les sapeurs-pompiers, s'achemine vers Villers-Cotterêts. Ivre de fatigue et d'orgueil, Alexandre s'endort dans son cabriolet, pavoisé aux couleurs de la France renaissante.

De retour à Paris, le dimanche 1er août 1830, à neuf heures du matin, il est reçu à bras ouverts dans les salons de l'Hôtel de Ville par La Fayette et, après une avalanche de félicitations et d'accolades, va prendre un bain à l'école de natation de Deligny. Il ne s'est pas lavé depuis trois jours. Une fois récuré, brossé, parfumé, il rend visite au duc d'Orléans, dont on parle déjà comme du futur roi Louis-Philippe Ier et qui l'accueille par ces mots : « Monsieur Dumas, vous venez de faire votre plus beau drame ! » Alexandre remercie pour le compliment, mais, dans son for intérieur, il est un peu déçu. Ne vient-on pas de lui rappeler que, malgré ses exploits, il reste un auteur de théâtre ? Il eût préféré la promesse d'un portefeuille dans le prochain gouvernement ! Néanmoins, il écrit une lettre de victoire à Mélanie, qui se trouve toujours à La Jarrie avec Mme Villenave : « Tout est fini. Comme je te l'avais prédit vingt fois, notre révolution n'a duré que trois jours. J'ai eu le bonheur d'y avoir pris une part assez active pour y avoir été remarqué par La Fayette et le duc d'Orléans. [...] Tu conçois combien il m'est difficile de quitter Paris en ce moment. Cependant, j'ai tant besoin de te voir que je prendrai la malle-poste aussitôt que possible, ne fût-ce que pour te presser dans mes bras. Bien des choses doivent changer dans ma position. [...] Je crois que tu peux espérer beaucoup pour ton Alex. »

Le 2 août, Charles X s'est replié de Saint-Cloud à Rambouillet. Il abdique en faveur de son petit-fils, âgé de neuf ans, le comte de Chambord, et désigne le duc d'Orléans comme régent durant la minorité de l'enfant. Mais les orléanistes rejettent cette demi-mesure et veulent profiter de l'occasion pour contraindre le monarque à l'exil, dissoudre le gouvernement provisoire et asseoir leur propre prétendant sur le trône. Alexandre ne peut ignorer l'avantage qu'il y aurait pour lui à voir son ancien protecteur porté au pinacle. Il faut à tout prix que l'ultra-roi déguerpisse. Ne dit-on pas qu'il se prépare à investir Paris avec vingt mille hommes et des canons ? Derechef, c'est le branle-bas de combat dans la ville. La foule en armes se soulève pour marcher à la rencontre de ce souverain qui refuse de comprendre qu'on ne veut plus de lui en France. Alexandre grimpe dans un fiacre avec d'autres républicains et la petite équipe se met en route, poussée par la colère de tout un peuple. Mais, très vite, cette manifestation de force tourne court. Le 4 août, on apprend que Charles X, lâché par ses plus fidèles partisans, a quitté Rambouillet et se dirige vers Cherbourg où il compte s'embarquer pour l'Angleterre. Alexandre jubile, avec un rien d'appréhension pour l'avenir. Autour de lui, la multitude crie victoire et chante *La Marseillaise*. Le trône est déclaré vacant par les Chambres. Comme prévu, le duc d'Orléans se laisse proclamer lieutenant général du royaume, puis accepte la couronne sous le titre de Louis-Philippe, roi des Français. Le 9 août, il jure solennellement de respecter la Charte. En un tournemain, l'horizon politique s'est dégagé. Ceux qui ont fait la révolution s'aperçoivent qu'ils ont travaillé pour la monarchie.

Alexandre ne s'en plaint pas. Certes la République, auréolée par le prestige d'un La Fayette, le séduisait intellectuellement, mais il ne peut s'empêcher de penser qu'avec l'installation de l'ex-duc d'Orléans au sommet de l'Etat il sera secouru dans toutes ses entreprises. Comme pour l'assurer de ses bonnes dispositions, Louis-Philippe l'invite, le 10 août, à un somptueux dîner donné au palais en l'honneur de son avènement. Eperdu de fierté, Alexandre écrit à Mélanie : « J'ai passé toute la soirée à la cour ; toute la famille est aussi simple et aussi bonne qu'auparavant. » Mais la maîtresse abandonnée ne se laisse pas éblouir par les succès mondains de son amant. Elle a appris par des amis qu'il a deux liaisons à Paris, pendant qu'elle se languit, loin de lui, en province. Mordue par la jalousie, elle bombarde de lettres incendiaires Marie Dorval et Belle, coupables d'avoir mis le grappin sur son Alex. Les deux femmes se rient de ses colères et en avertissent Alexandre. Il est consterné. Comment régler le conflit entre ces trois furies, dont deux, Mélanie et Belle, sont enceintes de ses œuvres ? Encore heureux que Marie Dorval, elle, ne soit pas grosse !... Mais elle papote à tort et à travers. Toute la ville sera bientôt au courant de ces maternités simultanées, dont un seul mâle est responsable. Le mieux, estime-t-il, serait d'aller sur place et d'apaiser Mélanie. Il a toujours eu l'art de la retourner en quatre mots ! Or, un homme tel que lui ne saurait voyager comme un simple mortel. Il a pris goût aux ordres de mission. A son avis, tout acte important doit s'entourer d'un certain décorum. Inspiré par cette idée, il va trouver La Fayette et lui propose de se rendre en Vendée, afin d'y recruter une Garde nationale capable, le cas échéant, de s'opposer à des révoltes légitimistes. Les partisans des Bourbons sont encore nombreux, affirme-t-il, dans cette région rétrograde, et ils sont prêts à relever la tête dès la première occasion. Ebranlé par son aplomb, La Fayette le nomme, sur-le-champ, envoyé spécial en Vendée avec pleins pouvoirs sur les autorités locales. Premier souci d'Alexandre : quel uniforme conviendra le mieux à ses nouvelles fonctions ? Celui qu'arbore son ami Léon Pillet, rencontré par hasard place du Carrousel, le séduit d'emblée. C'est une tenue à la fois martiale et voyante, que Pillet a inventée pour la garde à cheval et qui sort des ateliers du très fameux tailleur Chevreuil : « shako à flots de plumes multicolores, épaulettes d'argent, ceinture d'argent, habit bleu de roi, pantalon *idem* ». Alexandre se rue chez Chevreuil et commande un vêtement identique. Ce faisant, il éprouve le plaisir fiévreux d'un enfant qui se prépare à un bal costumé. Dès que le tailleur lui a livré l'uniforme, il dit adieu à sa mère, laquelle n'a toujours pas compris que Louis-Philippe Ier a remplacé Charles X, va se faire admirer sur toutes les coutures par ses maîtresses, par ses interprètes, par ses amis, et se met en route.

A Angers, il prend le temps d'assister à un procès aux assises. On y juge un Vendéen pour crime de fausse monnaie. Alexandre se laisse attendrir par le cas de ce malheureux qui n'a enfreint la loi que pour « acheter du pain à ses enfants ». Vingt ans de travaux forcés, c'est trop lourd pour une histoire de gros sous ! N'a-t-il pas lui-même, naguère, trompé les autorités en imitant des signatures ? La noblesse du motif excuse l'irrégularité du geste. N'écoutant que son bon cœur, il écrit à Oudard afin qu'il sollicite auprès du roi la grâce du coupable. Dans l'attente du résultat de ses démarches, il visite la ville. L'idée ne lui vient pas qu'en s'attardant à Angers il désole Mélanie qui se ronge d'impatience à La Jarrie. Enfin, la réponse de Paris arrive : la grâce est accordée. Alexandre repart à cheval. Les routes ne sont pas sûres. Dans ce pays, fidèle à la tradition royaliste, les symboles de la République sont interprétés comme des insultes au passé. L'émissaire du pouvoir, avec son panache tricolore, déplaît aux Chouans. Alors qu'il chevauche entre le bois de Saint-Léger et la forêt de Breil-Lambert, il entend son nom, crié d'une voix essoufflée. Un homme hors d'haleine se précipite vers lui, arrête sa monture, se pend à sa botte, lui baise le genou. Il reconnait le faux-monnayeur qui a été gracié à sa requête. Le pauvre diable lui raconte qu'il l'a suivi à la trace depuis Angers et qu'il souhaite le protéger contre ceux qui lui veulent du mal dans la région. « Qui a pu vous donner le conseil de voyager en Vendée avec un pareil uniforme ? demande-t-il. On croit partout que vous voulez narguer le pays !... Au nom de Notre-Seigneur Jésus-Christ, ne vous exposez pas davantage ! » Et il propose à Alexandre de le précéder à la façon d'un « coureur », en annonçant à tous les échos que le monsieur qui le suit a sauvé la vie à un natif du Bocage. Amusé et flatté, Alexandre accepte les services de ce héraut d'un nouveau genre et tous deux poursuivent la route de conserve. Deux jours plus tard, ils atteignent La Jarrie. Le messager bénévole a déjà alerté la population sur les excellentes dispositions de son commettant. Alexandre découvre une jolie maison entourée de chênes et de cèdres dans la vallée de la Moine. Mélanie y vit discrètement avec sa mère et sa fille, Elisa, qui a cinq ans et demi. Un refuge idéal pour y accoucher en cachette, estime Alexandre.

En vérité, ses retrouvailles avec la jeune femme sont décevantes. Déformée par la grossesse, aigrie par la jalousie et la solitude, elle multiplie les reproches contre son amant volage. Il se justifie de son mieux, affirme, le front serein, qu'il n'a eu à Paris que des passades, qu'il n'a jamais cessé de l'aimer, qu'elle doit chasser toute inquiétude pour ne penser qu'à l'enfant à naître, ce joli « géranium », ce petit Antony, fruit de leur union actuelle et gage de leur bonheur futur. En dépit de ses efforts, Mélanie refuse de se laisser convaincre. A l'entendre, elle est malheureuse et il est seul responsable de ses tourments. Fatigué de se disculper et de s'apitoyer à longueur de journée, Alexandre ne songe plus qu'à fuir cette maîtresse insatisfaite et écrit, en secret, à un de ses amis parisiens, Eugène Jamet : « Quel pays que cette Vendée ! D'abord, pas une perdrix, pas un lièvre, des haies de six pieds de haut et des épines de deux pouces de long. Joignez à cela nulle part le plus petit drapeau tricolore pour récréer la vue, et la gendarmerie qui exerce en bonnet de police pour ne pas mettre de cocarde. Tirez-moi d'ici, mon ami, tirez-moi bien vite. Et voilà comment : allez trouver Firmin, mon cher, et dites-lui de me faire écrire à l'instant même par Masson, le secrétaire de la Comédie-Française, que ma présence à Paris est nécessaire pour *Antony*. Ne parlez à personne qu'à lui de cela. Vous devinez pourquoi j'ai besoin d'avoir l'air d'être forcé de partir. »

Entre-temps, pour justifier son voyage en Vendée, Alexandre, toujours en grand uniforme, constitue, tant bien que mal, un petit détachement de la Garde nationale : dix bonshommes ahuris, auxquels un gendarme fait faire l'exercice en se cachant des curieux, par crainte du ridicule. Piètre résultat pour l'envoyé de Paris qui aurait voulu être un recruteur de patriotes républicains ! Tandis qu'Alexandre ronge son frein, Mélanie se montre de plus en plus nerveuse, agressive. Le 18 septembre, elle fait une fausse couche. Gros soulagement pour le père qui, bien entendu, se prétend accablé par la perte du « géranium Antony ». Tout en s'évertuant à consoler la mère, il guette avec angoisse l'arrivée de la lettre de Masson, qui doit lui fournir le prétexte d'un prompt départ. Enfin, voici l'épître comminatoire : on réclame de toute urgence la présence de l'auteur d'*Antony* au théâtre. Il est désolé, mais son devoir d'écrivain l'appelle au chevet d'un autre Antony ! Ah ! les dures obligations de l'homme de lettres ! En tout cas, il jure à Mélanie qu'elle n'a aucun souci à se faire pour la suite de leur liaison : il ne reverra Belle que pour lui signifier la fin de leur aventure galante ; quant à Marie Dorval, elle n'a jamais été pour lui qu'une interprète dont il est prudent de ménager la susceptibilité. Ayant quitté Mélanie entre sanglots et serments, il s'arrête au relais de Cholet, commande une tasse de café, et répète par écrit à sa maîtresse les mêmes mensonges charitables : « Tu as dû voir qu'il ne fallait rien de moins que la nécessité pour me faire partir. Bon Dieu, cher ange, ne te fais point mal ainsi. Crois surtout à quelque chose de plus intime que l'amour entre nous, et qui survivra à tous nos mille chagrins. Je ne *la* reverrai pas en arrivant à Paris, mon ange. Il faudra cependant, quelques jours après, que j'aie quelques relations amicales pour lui expliquer les causes de notre séparation, mais elle aura lieu, mon ange, dût-elle pleurer bien fort et bien longtemps, ses occupations de théâtre la consoleront. » Il termine sa lettre en déposant des baisers sur « le minet » et les « nénets » de Mélanie, à preuve qu'il la désire encore après sa fausse couche et qu'il n'a nullement l'intention de la tromper.

Enfin le voici de nouveau à Paris, où il pleut sans discontinuer et où l'humeur, depuis l'intronisation de Louis-Philippe, est de plus en plus morose. On ne sait ce que veut ce faux roi, on regrette la vraie République. Belle, malgré sa grossesse, se trouve en tournée, à Rouen. Alexandre profite de ses loisirs d'amant en disponibilité pour rédiger un rapport sur la Vendée. Afin de prévenir les risques de rébellion dans cette province au sang chaud, il préconise de percer des routes à travers le fouillis forestier, d'exiler les prêtres suspects d'hostilité politique, de les remplacer par des ecclésiastiques « bon teint » et de ne plus payer de pension aux nobles qui s'obstinent à critiquer le pouvoir. A la demande de l'auteur, La Fayette transmet ce mémoire au roi, mais celui-ci n'en accuse même pas réception. Se serait-il refroidi à l'égard de son ancien protégé ? Y aurait-il solution de continuité entre l'actuel Louis-Philippe et l'ancien duc d'Orléans ? Pour saluer le courage du « chargé de mission », une commission populaire vote à l'unanimité l'attribution à Dumas de la « croix nationale », dite « croix de Juillet ». Rêvant depuis longtemps de la Légion d'honneur, Alexandre est mortifié par cette aumône. Au lieu de lui remonter le moral, Mélanie revient constamment dans ses lettres sur la mort du bébé qu'elle eût été si fière de mettre au monde. A la fois touché par sa détresse et agacé par son insistance, Alexandre lui écrit, le 29 septembre 1830 : « Pourquoi ton géranium cassé te tourmente-t-il ? Il datait d'une autre époque, il devait se briser, mais pour revivre comme notre amour. Soigne sa tige, mon ange, et tu lui verras pousser de nouvelles feuilles que dans des années tu me donneras encore avec un baiser dessus. » Puis, Belle étant revenue de Rouen, il annonce, le 4 octobre, à Mélanie qu'il a eu avec la comédienne une entrevue déchirante et sans doute définitive : « Il y a eu [...] des larmes en quantité, plus par crainte de son avenir que par véritable amour. Bref, peut-être t'écrira-t-elle, car elle ne peut croire que tu saches tout, elle pense que tu ignores nos relations et les lettres que je lui ai écrites. Mais tu sais tout, ainsi ne te tourmente de rien. Il a été convenu que nous n'étions plus rien l'un pour l'autre qu'amis. Cependant, elle m'a quitté en larmes et en colère. » Le souci majeur d'Alexandre est, à présent, de cacher à Mélanie que Belle est enceinte. La pauvre Mélanie a eu un tel chagrin en perdant son enfant qu'elle deviendrait folle de douleur et de jalousie si elle apprenait que sa rivale en attend un, lequel pourrait être viable. Pour la tranquillité de tout le monde, il faut qu'elle reste dans sa solitude et son ignorance. La distance et le temps finiront sans doute par l'apaiser. D'ici là, patience ! Superstitieux, Alexandre croise les doigts.

Ce qui complique sa vie, c'est qu'au milieu de tous ces tracas sentimentaux il ne cesse de penser au théâtre. Il n'y a pas qu'en politique que les choses bougent : la censure ayant été momentanément suspendue par le nouveau gouvernement, les répétitions d'*Antony* vont commencer à la Comédie-Française, avec Mlle Mars et Firmin dans les rôles principaux ; cependant, Harel, qui a jadis suggéré à Alexandre d'écrire un *Napoléon* à grand spectacle pour l'Odéon, revient à la charge par un ingénieux stratagème. Après un copieux souper en compagnie de quelques comédiens, Mlle George, d'accord avec le directeur du théâtre, entraîne Alexandre dans sa chambre. Quand il revient dans la salle à manger, il constate que seul Harel est encore là. Comme il veut prendre congé à son tour, Harel refuse de le laisser partir, le conduit dans une pièce inconnue, aux meubles élégants et au lit confortable, et lui annonce qu'il n'en sortira pas avant d'avoir achevé son *Napoléon*. Huit jours devraient lui suffire ! Amusé d'avoir ainsi la main forcée pour chanter les louanges de l'Empereur, Alexandre ne dit pas non. Une seule condition : il aura un collaborateur, Cordellier-Delanoue, qui se chargera de la documentation, tracera le canevas et, au besoin, signera l'œuvre. L'essentiel est que cette combinaison soit d'un bon rapport financier. Alexandre l'explique à Mélanie : « Je suis horriblement occupé par *Antony* à répéter, puis, tu sais, mon affaire de *Napoléon* que je n'osais pas écrire sous mon nom, tout cela est arrangé : Delanoue l'endosse, se charge des recherches, et cela me fera de l'argent sans qu'aux yeux de personne j'en sois l'auteur. [...] Je travaille comme un pauvre cheval. »

Peut-être devrait-il, par déférence, avertir le roi qu'il a l'intention de faire représenter un *Napoléon* de son cru ? N'ayant reçu aucune nouvelle du palais depuis l'envoi de son rapport sur la Vendée, il se demande si Louis-Philippe ne nourrit pas quelque animosité à son égard. Il est possible que sa participation active à la révolution de Juillet ait déplu en haut lieu ; possible également que Sa Majesté ait pris ombrage de l'admiration juvénile que son fils, Ferdinand, porte à un écrivain aux idées incertaines. Pour en avoir le cœur net, Alexandre multiplie ses demandes d'audience auprès de Louis-Philippe. Enfin, on accepte de le recevoir. Accueilli avec bienveillance, il décèle dans l'attitude du nouveau souverain devant son homme lige une pointe de réticence, voire d'ironie. Louis-Philippe a lu le rapport de Dumas sur la Vendée et regrette que l'auteur ait passé sous silence la nécessité d'établir, dans cette province, une Garde nationale dévouée au régime. En outre, il ne croit pas à un mouvement de protestation organisé parmi « les mécontents ». Alexandre le contredit sur ce point et déclare même, avec une certaine insolence, que, si un soulèvement se produisait dans la région, Sa Majesté serait sans doute enchantée de la diversion, car le gouvernement pourrait en tirer prétexte pour ne pas s'engager aux côtés des Belges, des Italiens et des Polonais, tous acharnés à demander leur indépendance. Agacé d'être provoqué par un profane sur un terrain qu'il prétend connaître mieux que quiconque, Louis-Philippe esquisse un sourire méprisant et laisse tomber : « Monsieur Dumas, c'est un triste métier que celui de la politique... Laissez ce métier au roi et aux ministres. Vous êtes poète ; faites de la poésie ! » Remis en trois mots à sa place, Alexandre se retire sur une courbette à peine polie. Pourquoi resterait-il au service du roi, puisque celui-ci ne daigne pas tenir compte de ses avis ? Rentré chez lui, il rédige à la volée sa lettre de démission : « Sire, mes opinions politiques n'étant point en harmonie avec celles que Votre Majesté a le droit d'exiger des personnes qui composent sa maison, je prie Votre Majesté d'accepter ma démission de la place de bibliothécaire. »

Le même jour, il a demandé à être admis dans la quatrième batterie de la Garde nationale. Une façon comme une autre de faire savoir qu'il a choisi son camp : celui de la volonté populaire ! D'ailleurs, le fils bien-aimé de Louis-Philippe, le beau et charmant Ferdinand, fait partie, lui aussi, de l'artillerie de la Garde nationale. Alexandre aura donc l'occasion de le rencontrer lors des exercices matinaux qui ont lieu trois fois par semaine dans la cour du Louvre. Ainsi, tout en affirmant ses idées libérales, gardera-t-il un contact amical avec les hôtes du palais. Ah ! s'il pouvait s'arranger avec autant de diplomatie dans sa vie sentimentale ! Mais, vers la mi-octobre, Mélanie débarque à Paris en catastrophe. Elle n'est pas dupe des continuelles palinodies de son amant. Des gens bien intentionnés l'ont renseignée. Elle sait qu'il n'a pas rompu avec Belle et qu'il l'a même logée à deux pas de chez lui, dans la même rue, pour l'avoir constamment sous la main. Dévorée de colère et d'humiliation, elle traite Alexandre de monstre, de suborneur, affirme haut et clair qu'elle n'a plus aucune raison de vivre et, le 22 novembre 1830, rédige son testament. Tout y est prévu : la restitution de ses lettres d'amour, l'inscription à graver sur sa dalle funéraire, la requête aux générations futures de toujours fleurir sa tombe de géraniums, la distribution de menus souvenirs, tels son cahier de poèmes, son éventail préféré ou sa collection de cornalines, aux êtres qui lui sont chers... Cependant, malgré ces dispositions tragiques, elle ne met pas fin à ses jours. Après quelques accès de vertige suicidaire, elle envisage d'accepter son dur destin de femme éconduite et de partager son amant avec des créatures qui ne le méritent pas. « Je n'ai d'autres pensées loin de toi que toi, lui écrit-elle, et je sens que la vie m'échappe jour par jour. Va, je ne te reproche rien, tu m'aimes, tu n'aimes que moi, mais ta faiblesse me tue et j'ai peur de mourir. [...] Te peut-elle aimer comme je t'aime ? Est-elle pour toi ce que je suis, moi, une partie de toi ? [...] Oh ! mon ange, mon Alex, je n'ai d'espoir qu'en toi. Et tu ne veux pas que je meure. Oh ! n'est-ce pas que tu ne le veux pas ? Tu m'aimes, oui, oui, tu m'aimes, tu n'aimes que moi, je suis folle, insensée ! Que je dorme sur ton sein et je guérirai, oh oui, je guérirai ! » Somme toute, elle compte sur lui pour la maintenir en vie. Terrible responsabilité pour un homme enclin aux rapides changements de cap en amour. Les paroxysmes de la passion, qu'il affectionne sur la scène, le dérangent et l'assomment dans l'existence courante. Victime d'un double chantage à la tendresse, il ne veut ni sacrifier Belle, dont le ventre rebondi mérite considération, ni pousser Mélanie à la dernière extrémité. A tout hasard, il charge le docteur Vallerand de la Fosse de suivre Mélanie pas à pas dans son dérèglement et de l'empêcher de commettre une sottise.

Quant à lui, il cherche refuge dans les tracas du théâtre contre ceux de la chambre à coucher. Le *Napoléon*, écrit à la va-vite, est une énorme machine comportant quatre-vingt-dix personnages et d'innombrables tableaux. Harel parle d'engager trente mille francs de frais. Mais il veut qu'on resserre le texte au maximum. Alexandre y consent, tout en émettant des craintes au sujet de Frédérick Lemaître dont le physique ne correspond vraiment pas à celui de l'Empereur. N'y aura-t-il pas des spectateurs pour s'en offusquer ? Harel ricane : ce qui frappait chez l'Empereur, prétend-il, ce n'était pas tant son aspect que son autorité, sa fougue, son magnétisme, et Frédérick en a à revendre ! Alexandre s'incline. Après tout, cette pièce n'est, pour lui, qu'une bonne opération commerciale.

Pendant ce temps, à la Comédie-Française, où l'on répète *Antony*, les comédiens discutaillent, pataugent dans le texte, exigent des retouches, des coupures, des becquets, envisagent même la suppression du troisième et du quatrième acte « qui font longueur ». Exaspéré par ces chipotages incessants, Alexandre éprouve un tel dégoût de la cuisine scénique qu'il songe à remporter son manuscrit. « J'en étais arrivé à trouver que c'était *Napoléon* qui était l'œuvre d'art et *Antony* qui était l'œuvre vulgaire », confiera-t-il dans ses *Mémoires*. Et il lui faut encore subir le contrecoup des événements qui secouent une France désorientée. Autour de lui, on pleure la mort de Benjamin Constant, on se passionne pour le procès des anciens ministres, on enregistre la baisse de popularité de La Fayette qui a démissionné de son poste de commandant de la Garde nationale, on s'inquiète de la reprise des troubles dans la rue. Néanmoins, lorsqu'il s'agit de remplacer un des capitaines de la quatrième batterie, c'est le vaillant Alexandre Dumas qui est élu. Ravi de cette promotion, Alexandre échange ses galons, ses épaulettes et sa corde à fourrage de laine « contre une corde à fourrage, des épaulettes et des galons d'or ». Le 27 décembre, il commande l'exercice en exhibant ses nouveaux insignes distinctifs. C'est dans cette tenue qu'il se rend, le 1er janvier 1831, au Palais-Royal pour la présentation des vœux du nouvel an à Sa Majesté. En arrivant dans la grande salle, il constate qu'il est le seul officier de son corps en uniforme. Les gens s'écartent même de lui, comme s'il apportait le choléra dont on commence à parler en ville. Le roi le toise d'un œil moqueur et observe : « Ah ! bonjour, Dumas ! Je vous reconnais bien là ! » Des rires serviles saluent cette remarque de Sa Majesté. Etonné, Alexandre rejoint ses compagnons hilares et apprend d'eux que l'artillerie de la Garde a été dissoute, la veille, par ordonnance royale – c'est dans *Le Moniteur* ! – et qu'il n'avait donc pas le droit d'endosser en public l'uniforme d'un régiment qui n'existe plus. Désolé d'avoir, sans le vouloir, offensé Louis-Philippe, il maudit son étourderie, rentre chez lui en évitant de se faire remarquer, pose à regret son bel habit désormais inutile, enfile « le costume de tout le monde » et se précipite à l'Odéon pour la dernière répétition de *Napoléon Bonaparte*. En sortant de cette ultime séance de travail avec les acteurs, il tombe, dans la rue, sur quelques camarades de l'artillerie qui ont déjà eu vent de son aventure avec le roi. Certains le félicitent pour le défi héroïque qu'il a lancé à Louis-Philippe en se présentant au palais dans la tenue de cette unité d'élite injustement sacrifiée. Il se garde bien de les détromper et poursuit son chemin, la tête haute.

Finalement, il a accepté que son nom figure sur l'affiche de l'Odéon. Le fils d'un ancien général de Napoléon n'a pas à rougir d'une pièce destinée à servir la légende de l'Aigle, même si elle n'est pas d'une haute qualité littéraire. La première a lieu le 10 janvier 1831. Une salle bondée à craquer. Harel a savamment orchestré la réclame. A son invitation, nombre de spectateurs sont venus en uniforme de la Garde nationale. Aux entractes, un orchestre militaire exécute des airs patriotiques. Devant des tableaux aussi saisissants que l'incendie du Kremlin, le passage de la Bérézina, le face à face entre l'empereur déchu et son geôlier, l'affreux Hudson Lowe, le public est bouleversé. Pourtant, ce n'est pas l'auteur qu'on applaudit, c'est son héros, dont le souvenir demeure impérissable. « *Napoléon* eut un succès de pure circonstance, reconnaîtra Dumas dans ses *Mémoires*. La valeur littéraire de l'ouvrage était nulle ou à peu près. Le rôle de l'espion seul était une création ; tout le reste avait été fait à coups de ciseaux. » Néanmoins, le rideau baissé, les spectateurs sont si ébranlés par cette parade napoléonienne que certains s'assemblent à la sortie des artistes pour conspuer l'acteur Delaistre, interprète maudit du rôle de Hudson Lowe.

Alexandre est certes très heureux d'avoir séduit la masse de ses « clients », mais il sait que les gens de goût – tel Vigny – boudent cette œuvre, toute en artifices de mise en scène et en lieux communs historiques. Il voudrait que son contentement fût sans mélange, et il doit convenir qu'il y a moins d'art que de tape-à-l'œil dans cette production sur commande. Aussi éprouve-t-il le besoin de se justifier dans la préface qu'il destine à la publication de la pièce en volume. Après avoir rappelé, en quelques lignes, la carrière de son père, le général, et affirmé que son attachement au roi ne contredit nullement son amour de la liberté, il évoque pour la première fois ses conceptions esthétiques. « Amuser et intéresser, voilà les seules règles, je ne veux pas dire que je suive, mais que j'admette », proclame-t-il. C'est tout ensemble sincère, exact et courageux. Il pourrait s'en tenir à cette profession de foi. Pourtant, il craint déjà de se diminuer en acceptant de n'être qu'un montreur de marionnettes. Un Hugo, un Vigny, ont une tout autre ambition ! Ne doit-il pas, comme eux, revendiquer la grandeur au lieu de se contenter du divertissement ? Après le clinquant de son *Napoléon*, il compte sur la nouveauté, la violence et la profondeur de son *Antony* pour prouver au monde qu'il est capable d'égaler et même – pourquoi pas ? – de dépasser les penseurs et les poètes romantiques dont on lui rebat les oreilles.

XI

L'apothéose

Malgré les appels à la raison et les protestations de tendresse, Mélanie ne lâche pas pied. Elle veut son Alex tout à elle. Refusant de quitter Paris, elle force la porte de Belle Krelsamer, tantôt pour l'insulter, tantôt pour la supplier de rompre. Ce harcèlement de harpie ne donnant aucun résultat, elle se tourne vers le docteur Vallerand de la Fosse et lui écrit pour implorer son aide dans le drame qu'elle traverse : « Bon et cher docteur, j'ai l'âme si brisée qu'il me faut vous écrire, car vous, du moins, vous avez pitié de ce que je souffre. Le verrez-vous aujourd'hui ? Oh ! voyez-le ! S'il n'est pas chez lui, c'est qu'il sera à la Porte-Saint-Martin. Vous lui ferez porter votre carte et serez introduit... Oh ! voyez-le ! Que je voie quelqu'un qui l'ait vu ! [...] Hélas ! je l'ai en vain attendu hier et avant-hier. Il m'avait promis de venir et je me fiais à son honneur, à défaut de son amour. [...] Bon Dieu ! Que ne suis-je morte ? Cela viendra... L'idée qu'il *m'aime*, me trompe et m'abuse encore, mais c'est folie, démence. Lui m'aimer ? Bon Dieu ! L'homme qui peut aimer Mme Kr[elsamer] ne m'a jamais aimée. Vous ne connaissez pas Mme Kr[elsamer] ! Vous la connaîtrez un jour, et lui aussi. Oh ! croire Mme Kr[elsamer] plus que moi ! Sacrifier ma vie à des baisers sans amour, à des baisers qu'elle donnera à l'amant qui l'achètera le plus cher, lorsqu'elle aura perdu l'espoir de se faire *épouser par lui* ! Mon Dieu, que n'était-il caché, lors de ce jour maudit où j'ai pu perdre assez toute idée d'honneur pour monter chez elle ; que n'a-t-il entendu ses paroles et les miennes !... » Les conseils de modération du médecin, loin d'apaiser Mélanie, achèvent de lui brouiller les idées. Changeant de tactique, elle relance Alexandre par lettres et lui promet, une fois de plus, une totale indépendance s'il revient à elle : « Tu peux avoir confiance en moi. Je serai pour toi tout ce que tu voudras que je sois. Tu seras libre, toujours libre. J'attendrai tout de ton cœur et rien de mes reproches ; tu n'auras ni bouderies, ni querelles, et tu seras heureux. Mais oh ! mon Alex, que Mélanie Serre [Belle Krelsamer] ne soit pas entre nous ; elle me poursuit comme un fantôme ; elle m'ôte tout repos, tout espoir, *elle me tue* et tu ne le vois pas ; et tu ne peux avoir assez de force pour tout rompre, quand ma vie est à ce prix. »

Elle sait, à présent, que Belle est enceinte et cette nouvelle l'incite à redoubler d'exigences envers Alexandre. Il dispose là, juge-t-elle, d'un excellent prétexte pour se dégager de cette intrigante qui n'obéit qu'à des considérations bassement pécuniaires : « Ecris-lui, oh ! mon Alex, écris-lui. Que je voie ta lettre... Promets-lui argent, égards, intérêt, estime, amitié, – tout excepté ton amour et tes caresses ! Cela, c'est à moi, à moi seule [1] ! »

Or, Alexandre ne se décide toujours pas à éliminer soit l'une, soit l'autre des deux femmes qui se disputent son cœur. Est-ce la crainte de blesser une âme sensible ou le refus de choisir entre deux plaisirs qui le fait hésiter ? Au vrai, ce pourfendeur ne sait pas asséner le coup de grâce. Au moment de frapper, il se glisse à la place de sa victime et se surprend à la plaindre. Et puis, il a trop de soucis avec

1. Pour les lettres de Mélanie, cf. André Maurois : *Les Trois Dumas*.

le théâtre pour se compliquer la vie en se mêlant d'intrigues secondaires.

Portant au comble ses habituels caprices, Mlle Mars exige maintenant qu'on retarde de trois mois la création d'*Antony*, le temps d'installer l'éclairage au gaz à la Comédie-Française. Elle compte en effet sur cette lumière éclatante pour mettre en valeur les robes qu'elle s'est commandées. Du reste, elle est fatiguée, elle a l'intention de prendre à nouveau un congé de maladie, cela jusqu'à la fin de l'année. *Antony* peut bien attendre quelques semaines encore ! Alexandre comprend que ses interprètes n'aiment pas sa pièce et qu'on cherche à se débarrasser poliment de lui. Vexé, il entame des pourparlers avec François Louis Crosnier, le directeur de la Porte-Saint-Martin : on parle à présent, dans l'entourage du gouvernement, de modifier les statuts de la Comédie-Française, de dissoudre la Société des comédiens et de nommer un directeur qui serait, en même temps, un homme de lettres au talent reconnu. Songeant à l'avantage personnel qu'ils tireraient de cette solution, Hugo et Dumas se proposent pour ce poste et élaborent de concert un plan d'exploitation. On en restera là. Les affaires théâtrales ne sont déjà plus à l'ordre du jour : des événements graves se préparent. On doit juger les dix-neuf républicains, dont Godefroy Cavaignac, qui ont déclenché une émeute lors du procès des anciens ministres. La plupart des coupables appartenaient à l'artillerie de la Garde supprimée par ordre de Louis-Philippe. Alexandre était des leurs. Ne va-t-on pas l'arrêter, lui qui, par inadvertance ou par bravade – il ne le sait plus au juste ! –, a endossé, lors de la présentation au roi des vœux de nouvel an, l'uniforme d'un régiment que Sa Majesté venait de dissoudre ? Il traverse des heures d'angoisse, mais le pouvoir semble l'avoir oublié. Est-ce l'indulgence du souverain ou l'amitié de son fils Ferdinand qui le sauve de la prison ?

Epargné cette fois encore, il n'en continue pas moins à

suivre de très près les mouvements insurrectionnels de la capitale. Le 14 février 1831, à Saint-Germain-l'Auxerrois, une messe à la mémoire du duc de Berry est suivie d'une quête en faveur des soldats de Charles X blessés lors de la révolution de Juillet. Il n'en faut pas plus pour que des manifestants résolus, conduits par Etienne Arago, envahissent l'église et protestent contre cette provocation politique. Alexandre assiste, consterné, à la profanation du sanctuaire par ses amis. Sans être pratiquant, il a gardé de son enfance le respect de la religion. Il avouera même ne pouvoir « entrer dans une église sans prendre de l'eau bénite, ni passer devant un crucifix sans faire le signe de la croix ». Ce jour-là, à Saint-Germain-l'Auxerrois, selon lui, « l'incrédulité se vengeait par l'impiété, le sacrilège et le blasphème, des quinze ans pendant lesquels elle avait été forcée de couvrir son visage moqueur du masque de l'hypocrisie ». Choqué par ces rires et ces hurlements autour des « choses saintes », il rentre chez lui bouleversé, incapable de déterminer s'il appartient encore au clan des insurgés ou s'il a cessé d'être des leurs. Le lendemain, il se rend aux abords de la Cité et se heurte à une foule accourue pour voir de près le sac de l'archevêché de Paris. Debout sur le Pont-Neuf, au milieu de la cohue, il contemple tristement les flots glauques de la Seine, charriant, comme autant d'épaves, des meubles, des livres, des chasubles, des soutanes. Ayant pillé le bâtiment, le peuple s'acharne maintenant à le démolir, pierre par pierre. Cette folie de destruction épouvante Alexandre. Il s'étonne de la déformation des plus nobles idées dans des cerveaux surchauffés. Peut-on être à la fois un penseur et un homme d'action ? Mandée en hâte, la Garde nationale tente de disperser les émeutiers. Au cours de l'échauffourée, un adjudant blesse un manifestant par mégarde. Indignation de la multitude. Elle seule a le droit de frapper. Toute riposte gouvernementale est impie. Par chance, l'adjudant maladroit échappe au lynchage. Le corps de la victime est transporté sur le parvis de la cathédrale, puis, ce qui est plus logique dans son état, à l'Hôtel-Dieu. Et les remous continuent. Alexandre se contente d'espérer qu'ils s'apaiseront d'eux-mêmes au fil des heures. « C'était l'émeute bourgeoise, racontera-t-il, enfin la plus impitoyable comme la plus misérable de toutes les émeutes. Je reviens chez moi le cœur navré, je me trompe : soulevé ! J'appris le soir qu'on avait voulu démolir Notre-Dame et que peu s'en était fallu que ce chef-d'œuvre de quatre siècles, commencé par Charlemagne, achevé par Philippe Auguste, n'eût disparu en quelques heures comme l'archevêché [1]. » Inquiet des débordements de la rue, il souhaite à présent un gouvernement fort, capable de rétablir l'ordre sans léser les droits légitimes des citoyens. On parle de plus en plus de l'énergique Casimir Perier pour remplacer le faible Jacques Laffitte.

Sur ces entrefaites, le 5 mars 1831, Belle donne le jour à une enfant qui sera appelée Marie-Alexandrine. Comme Belle est déjà mère d'un fils de six ans, né d'une liaison passagère, elle demande à Alexandre de prendre ses responsabilités et de reconnaître officiellement sa fille. Il met un point d'honneur à s'exécuter dans les quarante-huit heures suivant l'accouchement. Après quoi, le bébé, dont les deux parents ne se soucient guère, est placé en nourrice. Cependant, engagé dans la voie de la légalisation, le père prolifique songe qu'il a un fils âgé de sept ans déjà, le petit Alexandre, qu'il ne l'a pas reconnu à sa naissance, qu'il le voit d'ailleurs rarement, mais toujours avec plaisir, et qu'il devrait bien régulariser cette situation dans la foulée, ne serait-ce que pour empêcher la mère, Laure Labay, de lui disputer un jour le droit de surveiller l'éducation du gamin. Dans un souci d'égalité de traitement entre les deux bâtards, il écrit au notaire Jean-Baptiste Moreau pour mettre les choses au clair : « Je voudrais le reconnaître [le petit

---

1. Alexandre Dumas : *Mes Mémoires.*

Alexandre] sans que la mère le sût. [...] La plus grande promptitude est nécessaire. J'ai peur qu'on ne m'enlève cet enfant que j'aime beaucoup. » Le 17 mars la reconnaissance de paternité est enregistrée. Tout irait bien si Laure Labay, avertie de la manœuvre – par quelle indiscrétion ? –, ne réagissait, dès le 21 avril, en faisant établir de son côté, un acte similaire. Du coup, le petit Alexandre, qui n'était jusque-là le fils de personne, se retrouve avec deux parents authentiques. Cette concurrence larvée entre deux puissances tutélaires fait mal augurer de l'avenir du garçon. La mère déjà sort ses griffes ; mais le père a, pour l'instant, d'autres chats à fouetter.

Ayant satisfait à ses obligations morales envers sa progéniture, il se rejette dans le tourbillon du théâtre. Le nouveau gouvernement vient de renoncer à donner un directeur à la Comédie-Française. En conséquence, les deux prétendants, Hugo et Dumas, n'ont plus rien à espérer d'une réorganisation de la maison. Taylor a d'ailleurs repris, auprès de la troupe, ses fonctions de commissaire royal. Tirant la leçon de ce retour aux anciennes habitudes, Hugo va porter sa pièce, *Marion Delorme*, à Crosnier, pour la Porte-Saint-Martin. Il incite Alexandre à en faire autant pour son *Antony*. Prudent, celui-ci choisit d'intéresser d'abord Marie Dorval à son affaire. Depuis longtemps il apprécie cette petite femme brune, alerte, un rien vulgaire, dont chaque geste, chaque regard exprime la passion. Sur scène, elle ne joue pas, elle vibre de tous ses nerfs, de toutes ses veines, « tel un violon sous la caresse d'un archet ». Elle sera, sans nul doute, une extraordinaire interprète du rôle d'Adèle dans *Antony*.

Il lui rend visite, son manuscrit sous le bras. Elle l'accueille avec une joie gouailleuse, l'appelle son « bon chien » et l'éblouit d'un regard plein de promesses. Mais, par respect pour Vigny, qui est l'amant officiel de la comédienne, il s'interdit de lui faire la cour. D'ailleurs, elle s'est mariée entre-temps avec un certain Jean Toussaint

Merle, dit « le Merle Blanc » à cause de ses opinions légitimistes, homme discret, compréhensif et même accommodant. Elle est impatiente d'entendre *Antony* pour décider si le personnage d'Adèle lui convient. Il s'agit, lui a-t-on dit, d'un rôle difficile, celui d'une femme du monde. Saura-t-elle le jouer, elle qui a l'accent parigot ? Alexandre commence la lecture et elle s'appuie contre son épaule. Il sent son souffle tiède sur sa nuque. A la fin du premier acte, elle est si émue qu'elle lui effleure le front d'un baiser. Au second acte, elle pleure. Il se demande si c'est l'homme ou l'auteur en lui qui la trouble à ce point. Elle lui tend les lèvres. Il l'embrasse avec fougue et poursuit sa lecture... A la fin du troisième acte, elle le saisit par le cou et s'accroche à lui comme pour ne pas tomber. « Ce n'était plus seulement son sein qui s'élevait et s'abaissait, écrira-t-il, c'était son cœur qui battait contre mon épaule. Je le sentais bondir à travers ses vêtements. » Le quatrième acte achève de la transporter. Elle serre Alexandre dans ses bras à l'étouffer et s'écrie : « Ce n'est pas difficile à jouer, tes pièces ! Seulement ça vous broie le cœur ! Oh ! là, là, laisse-moi pleurer un peu, hein ?... Ah ! grand chien, va ! »

Cependant, le cinquième acte lui paraît moins réussi. Il en convient et promet de le refaire « un de ces jours ». Elle le regarde intensément, glisse au bas de sa chaise et se loge, souple et chaude, entre ses jambes. Tandis qu'il la tient ainsi, pelotonnée dans l'étau de ses cuisses, elle murmure d'une voix traînante : « Tu devrais m'arranger cet acte-là cette nuit ! – Je veux bien, dit-il. Je vais rentrer chez moi et m'y mettrai ! – Non, décrète-t-elle, mutine, sans rentrer chez toi ! » Et elle lui annonce que son mari, l'honnête Merle, est à la campagne et que, de ce fait, sa chambre est libre. « Prends sa chambre, propose-t-elle. On te fera du thé ; de temps en temps, je t'irai voir pendant que tu travailleras. Demain matin, tu auras fini et tu viendras me lire cela près de mon dodo. Ah ! ce sera bien gentil ! – Et si Merle revient ? objecte-t-il. – Bah ! s'exclame-t-elle, nous ne lui ouvrirons pas, à lui ! » Alexandre est ravi de passer la nuit à écrire aux côtés d'une femme si désirable. Réfugié dans la chambre du mari absent, il se jette sur son cinquième acte pour le rafistoler. A trois heures du matin, il a refait les scènes les plus mal venues. A neuf heures, il s'assied sur le lit de Marie Dorval, encore tout alanguie de sommeil, et entame la lecture. Dressée sur ses oreillers, elle bat des mains, de temps à autre, avec frénésie. Certaines phrases lui semblent avoir été écrites spécialement pour elle. Le regard allumé, elle s'entend déjà lançant les plus belles répliques du haut de la scène. Elle s'écrie : « Comme je dirai : "Mais je suis perdue, moi !" Attends donc, et puis : "Ma fille, il faut que j'embrasse ma fille !" et puis : "Tue-moi !" Et puis tout enfin ! » Au comble de l'exaltation, elle demande qu'on aille aussitôt porter un message impératif à l'acteur Bocage, qui sera, à n'en pas douter, un époustouflant Antony. La lettre qu'elle lui envoie est si pressante qu'il accourt, tout fumant, pour le déjeuner. Un beau ténébreux, ma foi – cheveux noirs ondulés et dents blanches –, avec des yeux qui savent exprimer tous les sentiments sans le secours de la voix. Après le repas, avalé en quatre coups de fourchette, il écoute sagement les cinq actes d'affilée et déclare à la fin : « Ce n'est ni une pièce, ni un drame, ni une tragédie, c'est un roman ; c'est quelque chose qui tient de tout cela, fort saisissant à coup sûr !... Seulement, est-ce que vous me voyez dans Antony, moi ? » Marie Dorval et Alexandre lui jurent que ce sera le plus grand rôle de sa carrière. Dès le lendemain, on arrange une lecture au domicile de Crosnier. Un homme spirituel, aux cheveux blonds clairsemés, aux yeux gris, à la bouche édentée et aux manières courtoises. Dès le troisième acte, il lutte contre la somnolence ; au quatrième, il pique du nez et s'endort ; au cinquième, il ronfle. Malgré le peu d'intérêt qu'il prend aux tourments d'Antony et d'Adèle, Marie Dorval le secoue, l'assourdit d'exclamations enthousiastes et finit par le persuader de monter la pièce à la Porte-Saint-Martin.

Les répétitions commencent sans tarder. Vigny y assiste souvent, autant par amitié pour Alexandre que par amour pour Marie Dorval. Il pousse même la bienveillance confraternelle jusqu'à indiquer à l'auteur certaines modifications de texte qui lui semblent indispensables. Ainsi lui conseille-t-il de ne pas présenter son héros comme un personnage négatif et résolument athée. Un tel parti pris de noirceur risquerait, dit-il, de déplaire au public. Alexandre reconnaît la justesse de cette remarque et corrige le dialogue en conséquence. Cependant, en dépit de l'attention qu'il porte au travail des comédiens, il décide d'interrompre les répétitions pendant trois jours, afin de suivre le procès en cour d'assises des dix-neuf républicains dont certains lui sont proches par le cœur et par les idées. C'est en frémissant de fierté qu'il entend Godefroy Cavaignac s'écrier devant les juges impassibles : « Vous m'accusez d'être républicain ; je relève l'accusation à la fois comme un titre de gloire et comme un héritage paternel ! » Cette noble apostrophe, Alexandre a l'impression qu'elle sort de sa propre bouche. N'est-il pas, lui aussi, le fils d'une époque glorieuse, qui a commencé sous la Révolution et s'est épanouie sous l'Empire ? Le public des assises applaudit comme au théâtre. Le président va-t-il faire évacuer la salle ? Non, ce petit scandale ne le trouble pas. Il paraît même étrangement indulgent à l'égard des coupables. En fin de compte, les dix-neuf républicains sont acquittés. Satisfait du verdict, Alexandre peut retourner à ses préoccupations d'auteur dramatique.

Les répétitions marchent bien ; pourtant Marie Dorval, admirable de grâce et de spontanéité, se désole parce qu'elle ne sait pas encore tirer le meilleur effet de sa réplique : « Mais je suis perdue, moi ! » Elle interroge Alexandre sur la façon dont Mlle Mars disait ces quelques mots lorsqu'elle débrouillait son rôle sur la scène de la Comédie-Française. « Elle était assise et se levait », indique Alexandre succinctement. Aussitôt, Marie Dorval décide de jouer ce passage debout et de s'asseoir, comme brisée par la fatalité, en prononçant la phrase tant attendue. En effet, à la répétition suivante, le moment venu, elle vacille, se laisse choir sur un fauteuil et gémit : « Mais je suis perdue, moi ! » avec un tel accent de terreur et de naïveté féminines que les rares personnes présentes éclatent en bravos. « C'est ça, le théâtre ! pense Alexandre : un jeu de scène, un regard, un soupir suffisent à transformer une réplique banale en un cri du cœur. » Et il n'en aime que plus et l'actrice et la pièce !

La première a lieu le 3 mai 1831. Salle comble, comme il se doit. Combien de vrais amis dans cette assemblée disparate ? Toute la jeunesse romantique est là, chevelue et ardente, dans un mélange de journalistes, d'écrivains, de peintres et de salonards désœuvrés. Mais les vieux croûtons du classicisme se sont dérangés, eux aussi, et forment, çà et là, des îlots de résistance. Les femmes sont très élégantes, avec leurs coiffures « à la girafe », leurs hauts peignes d'écaille et leurs manches à gigot. Comment ne pas se dire que les soucis intimes, les fatigues de la journée, les troubles de la digestion, tous ces facteurs imprévisibles affecteront l'humeur des inconnus réunis à la Porte-Saint-Martin pour décider du succès ou de l'échec d'*Antony* ?

Le rideau se lève sur un décor banal, qui ne peut que décevoir un public friand de fastes spectaculaires. Marie Dorval, en robe de gaze, a une voix un peu rauque qui ne convient guère à la femme du monde qu'elle est censée interpréter. Mais il y a une telle vérité dans ses intonations, une telle simplicité dans ses moindres gestes, que les plus réticents parmi l'assistance sont bientôt captivés. Quand elle lance sa grande réplique : « Mais je suis perdue, moi ! » une moitié de la salle retient ses larmes. Sentant la température monter, Alexandre ordonne d'écourter les entractes. Au quatrième acte, Bocage se montre admirable de fureur sombre et d'exigence amoureuse. La toile tombe sur le viol d'Adèle, qu'Antony a entraînée dans la pièce voisine, hors de la vue des spectateurs, pour achever de la séduire et la posséder. Devant cette audace, la foule, éberluée, garde le silence. Vont-ils applaudir ou siffler ? se demande Alexandre avec angoisse. Pendant un instant, Porcher, le chef des claqueurs, n'ose déclencher le vacarme de la victoire. Il craint d'intervenir à contretemps. Et soudain, c'est l'explosion : « Une immense clameur, suivie d'applaudissements frénétiques, s'élança comme une cataracte, écrira Dumas dans ses *Mémoires*. On applaudit et l'on hurla pendant cinq minutes. » Il observe tous ces gens qui acclament son œuvre et il voudrait les serrer dans ses bras pour leur témoigner sa gratitude. Par correction, il a envoyé des places à Mélanie, bien qu'il ne la voie plus guère. Au vrai, il a espéré qu'elle ne viendrait pas. Or, elle est venue, elle est là, émaciée, livide, un mouchoir devant les yeux. Lui en veut-elle d'avoir réussi cette pièce qu'elle lui a, sans le vouloir, inspirée ? Est-elle furieuse de constater que, loin d'elle, malgré elle, il marche de triomphe en triomphe ? Chassant de sa tête ces idées déprimantes, Alexandre se hâte d'aller féliciter les acteurs dans leurs loges. Marie Dorval est en train de se changer. Le bonheur la rend encore plus appétissante. Elle embrasse Alexandre à pleine bouche. Mais c'est un baiser d'interprète à auteur. Alexandre sait qu'on ne peut rien en conclure pour l'avenir de leurs relations. Du reste, en ce moment, sa pensée est ailleurs. Il avoue que la suite du spectacle l'inquiète beaucoup. A son avis, le quatrième acte « n'ira pas sur des roulettes ». Marie Dorval lui rit au nez, l'embrasse encore et le pousse dans le couloir. Mais il n'est toujours pas rassuré et, renonçant à assister à la déconfiture probable du maudit quatrième acte, il sort, en pleine nuit, et entraîne son ami Bixio dans une folle promenade à travers Paris jusqu'à la Bastille.

A leur retour, le rideau vient de tomber sur un tonnerre d'applaudissements. Aussitôt, Alexandre a une idée de parfait stratège théâtral. Il se rue vers les machinistes et leur crie : « Cent francs si la toile se lève avant que les applaudissements aient cessé ! » Au bout de deux minutes, le rideau s'envole devant une salle encore toute bruissante d'émotion. Les machinistes ont gagné leurs cent francs et Alexandre le cœur du public. Le cinquième acte est ponctué de battements de mains et de bravos. Au dénouement, lorsque Antony, ayant poignardé Adèle, accueille le mari par ces mots terribles : « Elle me résistait ! Je l'ai assassinée ! » la réplique est saluée, du parterre aux galeries, par des clameurs d'effroi et d'admiration. Pour tous les spectateurs, Antony, incarné par Bocage, est l'homme fatal type, et Adèle, incarnée par Marie Dorval, la faible femme par excellence. Il montera à la guillotine sans regret, et l'honneur de la malheureuse, qu'il a tuée par amour, restera sauf aux yeux du mari et de la société. Un double mythe vient de naître : celui de l'épouse idéale qui préfère mourir plutôt que d'être perdue de réputation, et celui de l'amant sublime qui se sacrifie pour que leur double secret finisse dans la tombe. La foule a subitement conscience de participer non plus à un jeu mais à une révélation sur la profondeur de ses propres sentiments. Elle réclame l'auteur pour le remercier de l'avoir comprise et conquise. Marie Dorval et Bocage saluent et prononcent avec force le nom d'Alexandre Dumas. Le tohu-bohu grandit. C'est du délire. Alexandre se fraie un chemin vers les acteurs. Il est reconnu, ovationné, pourchassé jusque dans la loge de Marie Dorval. Là, ses admirateurs le tirent de droite et de gauche, l'embrassent, arrachent les boutons de son habit. Certains se demandent déjà s'il n'est pas plus grand en prose que Victor Hugo en vers !

Alors qu'Alexandre regagne son appartement, cette nuit-là, avec un feu d'artifice sous le crâne, Mélanie, en se retrouvant seule dans sa chambre, après les lumières et le bruit du théâtre, éprouve l'amère impression d'avoir servi la gloire d'un homme qui ne l'aime plus, qui ne l'a peut-être jamais aimée, et qui n'a qu'une seule passion au monde : écrire !

DEUXIÈME PARTIE

I

Les succès secondaires

Le 7 mai 1831, quatre jours après la première tonitruante d'*Antony*, Alexandre est convié à l'assemblée générale des décorés de Juillet. On forme un bureau (Dumas représentera le 14e arrondissement), on élit un président et on discute gravement des exigences formulées par Louis-Philippe. Celui-ci veut que le ruban distinctif du nouvel ordre ait un fond bleu rehaussé d'un liseré rouge, que la mention officielle soit : « Donnée par le roi des Français » et que les bénéficiaires de cet honneur prêtent serment d'allégeance à Sa Majesté. Après avoir tiqué sur les couleurs du ruban, Alexandre les accepte, mais se déclare hostile à la mention et au serment. La majorité de l'assemblée le suit dans son refus. Pourquoi les héros de la révolution de 1830 consentiraient-ils à être félicités par un souverain qui, à l'époque, n'était nullement à la tête des insurgés ? Ne s'agit-il pas d'une manœuvre de Louis-Philippe pour confisquer à son profit le prestige des vrais combattants ? Ne va-t-il pas finir par se considérer comme mandaté par eux pour redresser la France à l'ombre du drapeau tricolore ? En fait, tout en échangeant des poignées de main et des accolades avec Etienne Arago et Raspail, Alexandre amorce un virage prudent vers les partisans de l'ordre et de la tranquillité. Le fait de prôner haut et fort les vertus du pouvoir populaire n'empêche pas de souhaiter la fin des troubles qui nuisent au travail des hommes de pensée.

Le 9 mai, les « décorés malgré eux » se retrouvent aux Vendanges de Bourgogne, faubourg du Temple, pour un banquet en l'honneur des artilleurs acquittés, en avril, par un tribunal compréhensif. Au champagne, les convives, échauffés par de nombreuses libations, réclament à Alexandre un toast d'encouragement à leur cause. Pris de court, il se dresse, lève son verre et se contente de dire : « A l'art ! Puissent la plume et le pinceau concourir aussi efficacement que le fusil et l'épée à cette régénération sociale à laquelle nous avons voué notre vie, et pour laquelle nous sommes prêts à mourir ! » Ce sont davantage des paroles d'écrivain que de tribun politique. Autour de lui, on est un peu déçu. Mais on l'applaudit par courtoisie. Déjà d'autres toasts, de plus en plus provocateurs, succèdent au sien. Subitement, un jeune illuminé bondit de sa chaise. En entendant prononcer le nom de Louis-Philippe, le « roi-poire [1] », il brandit un poignard et hurle des menaces incohérentes. Effrayé par cet appel à la violence, Alexandre s'avise que le restaurant est au rez-de-chaussée, enjambe le rebord de la fenêtre et s'enfuit à travers le jardin. Que les fous continuent sans lui leurs vociférations ! Lui, il a mieux à faire ! Le lendemain, il apprend que le forcené du banquet des décorés de Juillet n'est autre qu'un génie en herbe, un visionnaire des mathématiques, Evariste Galois, et qu'il vient d'être jeté en prison pour incitation au meurtre.

A regret, Alexandre se dit que, quand on a, comme lui, des convictions libérales, on risque toujours d'être débordé sur sa gauche par des fanatiques. Le succès d'*Antony*, qui poursuit allègrement sa carrière à la Porte-Saint-Martin, lui

---

1 Surnom né d'une caricature de Louis-Philippe due au dessinateur et journaliste Charles Philipon (1806-1862), fondateur de plusieurs journaux dont le *Charivari* où débuta Daumier.

fait un devoir de reprendre la plume. Cependant, à Paris, les soulèvements sporadiques continuent. Il suffit que, sur les boulevards, quelques gamins bombardent de trognons de choux un détachement de sergents de ville pour que l'incident dégénère en « une bonne petite émeute, commençant à cinq heures du soir et s'achevant à minuit ». Tout en approuvant par principe les remous populaires, Alexandre doit reconnaître que même la révolution, quand elle est quotidienne, finit par lasser les bonnes volontés. Une seule consolation dans ce marasme, mais elle est de taille : après quelques ruades de fierté et de jalousie, Mélanie se résigne à ne plus jouer auprès de lui que le beau rôle de souvenir vivant.

« L'amour que je n'ai plus s'est changé comme en un culte du passé, lui écrit-elle le 15 mai 1831. Vous entendre louer de bonne foi vous rend à moi, il me semble qu'alors je vous reprends et que vous redevenez mon bien. Ah ! tout ce qui est bon et grand en vous aura toujours un lien secret à mon âme. Je ne vivrai plus pour moi. Mais vous savoir heureux, aimé, honoré me referait une vie qui vient encore de vous. »

On ne peut être plus conciliante après des mois de revendications et d'insultes. Alexandre apprécie d'avoir enfin les mains libres avec Belle. D'autant qu'il a obtenu récemment du tribunal que son fils, le petit Alexandre, soit enlevé à sa mère, Laure Labay. Appréhendé par un commissaire de police, l'enfant est confié à l'institution Vauthier, rue de la Montagne-Sainte-Geneviève. Les larges gains du père, au théâtre, lui permettent d'assurer l'entretien de ses maîtresses et de ses bâtards. Il n'en est pas peu fier ! Mais il ne faut pas lâcher la rampe. Pendant qu'il cherche un nouveau sujet de pièce, des confrères occupent le devant de la scène avec plus ou moins de bonheur. C'est sans plaisir et presque par obligation confraternelle qu'il assiste à la représentation de *La Maréchale d'Ancre* de Vigny, à l'Odéon, une pièce qui lui paraît sans chair et sans âme. En revanche, il s'amuse joliment au spectacle de *La Famille improvisée* d'Henri Monnier, au Vaudeville. Une telle réussite dans la fantaisie devrait le stimuler. Cependant, même l'émulation n'a plus de prise sur lui. Sans doute est-ce Paris et son embrouillamini politico-littéraire qui le paralysent ? Un seul remède : changer d'air !

Le 6 juillet, il prend la diligence, en compagnie de Belle, à destination de Rouen. Quatorze heures de cahots, avec de brèves haltes aux relais. Pendant le voyage, bercée par le mouvement de la voiture, Belle a tout loisir de recenser les derniers événements de leur vie à tous deux. A demi somnolente, elle savoure sa victoire sur Mélanie, qui vient d'abandonner la partie, et même sur Laure Labay dont Alexandre a su contester l'autorité parentale. Belle serait toute disposée à accueillir à la maison le fils de son amant ainsi que sa propre fille qui est encore en nourrice. Rien de tel que la présence des enfants pour équilibrer les rapports d'un couple ! Mais il vaut mieux que l'idée vienne de lui. On en parlera à tête reposée. Alexandre n'aime pas s'embarrasser de soucis domestiques. C'est une bête de travail ! Et de plaisir ! Enfin, Rouen ! Après une rapide visite de la ville, on embarque sur un bateau qui vogue vers Le Havre. De là, une simple barque à quatre rameurs amène les voyageurs à un village perdu : Trouville.

L'hébergement ne pose pas de problème. Une auberge rustique fera l'affaire. La patronne, Marie Anne Rose Oseraie, plantureuse et proprette, pose d'emblée ses conditions : quarante sous par jour et par chambre. Il en faut deux, car Alexandre exige d'avoir un local bien à lui pour écrire aux heures qui lui conviennent. Afin de n'être pas distrait par la vue de la mer, il choisit une pièce dont la fenêtre donne sur la campagne. Des murs passés à la chaux, une table de noyer, un lit de bois peint en rouge, un miroir à barbe en guise de glace, des rideaux de calicot et le bouquet de fleurs d'oranger de l'aubergiste sous un globe de verre. Cette simplicité réjouit Dumas, qui est surtout féru de calme et de solitude. Son emploi du temps est rigoureux. Lever aux premiers rayons du soleil, travail jusqu'à dix heures ; déjeuner ; chasse de onze heures à quatorze heures dans les marais communaux ; reprise du travail de quatorze heures à seize heures avec une plongée dans la mer pour rafraîchir son cerveau et assouplir ses muscles ; le dîner est toujours une fête. Par convention avec la tenancière, c'est Belle qui s'occupe de la cuisine. Alexandre est gourmand. Elle le sait et tient à honneur de se surpasser devant les fourneaux. Les menus sont variés : potage normand, côtelettes de pré-salé, soles en matelote, homards à la mayonnaise, salades de crevettes, bécassines rôties. L'air du large creuse l'estomac. Le ventre lesté de bonnes victuailles et de vins fins, Alexandre s'impose une promenade digestive sur la plage. Puis il retourne aux paperasses qui l'attendent sur sa table. Ayant abattu le nombre de lignes qu'il s'est fixé, il se couche, sur le coup de minuit, enlace celle qui, au long de la journée, a attendu qu'il veuille bien refermer son manuscrit pour refermer les bras sur elle.

La raison de cet acharnement à noircir des pages est évidente : il s'est promis de terminer en quelques semaines une nouvelle œuvre dramatique, *Charles VII et ses grands vassaux*, inspirée à la fois par la *Chronique du roi Charles VII* d'Alain Chartier et par des réminiscences de *Quentin Durward* et de *Richard Cœur de Lion* de Walter Scott. Malgré le succès d'*Antony*, drame en prose, il veut que son *Charles VII* soit un drame en vers. A son avis, il y a la même différence entre une scène écrite dans le langage de tous les jours et une scène élégamment rythmée et rimée qu'entre une ébauche modelée dans de la terre glaise et une statue taillée dans le marbre. L'exemple de Hugo, l'homme au verbe d'airain, le fascine. Il se persuade que, s'il renonçait à utiliser l'alexandrin dans ses pièces, il gâcherait ses plus nobles thèmes et perdrait toute chance de rejoindre les vrais poètes dans leur empyrée. Ainsi, heure après heure, se bat-il infatigablement contre la hantise du nombre de pieds, de la césure et des assonances. Sa production normale est de cent lignes quotidiennes. A ce train-là, il estime que *Charles VII* sera bientôt achevé.

Mais voici que, le 24 juillet, jour de ses vingt-neuf ans, il voit arriver chez la mère Oseraie un pensionnaire inattendu, Jacques Félix Beudin, grand producteur de pièces en collaboration avec un certain Prosper Goubaux. Il y a quatre ans, Beudin et Goubaux ont remporté un triomphe avec *Trente ans ou la Vie d'un joueur*, comédie pour laquelle ils s'étaient adjoint Victor Ducange. Cette fois, les deux compères sont aux prises avec une grosse machine historique, *Richard Darlington*, et espèrent que Dumas, dont l'habileté est déjà proverbiale, les aidera à débrouiller les péripéties de ce drame écossais chipé aux romans de Walter Scott. Excité par l'appât du gain, Alexandre accepte l'offre de Beudin, mais à la condition de n'être pas nommé sur l'affiche et de ne se mettre à la besogne qu'après avoir écrit le dernier vers de son *Charles VII*. On tope là. Tout le monde est content, Beudin parce qu'il a trouvé le rafistoleur idéal et Dumas parce qu'il compte sur une bonne rentrée d'argent. Beudin repart et Alexandre cravache pour en finir au plus vite avec les aventures des vassaux de Charles VII, surnommé « le Bien Servi ». Le 10 août, il trace l'ultime réplique de la pièce, relit l'ensemble et fait la moue : « C'était, écrira-t-il, un pastiche plutôt qu'un véritable drame. » Mais, tel quel, le « monstre » existe et peut donc être monnayé. Rien ne retenant plus Alexandre à Trouville, le couple repart pour Paris.

Dans la diligence de Rouen, il voyage à côté d'un rédacteur du *Journal des Débats*. A l'aube, les voyageurs descendent de voiture pour gravir une pente raide. Marchant près du chroniqueur professionnel, Alexandre l'entend dire que *Marion Delorme* vient de subir, à la Porte-Saint-Martin, un échec retentissant et mérité. Immédiatement, Alexandre prend la défense de Hugo ; il sait par cœur des passages entiers de la pièce et les récite avec flamme, ce qui étonne fort son interlocuteur, pour qui tous les écrivains devraient se détester puisqu'ils sont rivaux. Le cocher interrompt leur conversation en criant : « En voiture, messieurs ! » Chacun remonte dans son coin et la diligence reprend son trot monotone. Le soir même de son arrivée dans la capitale, Alexandre se précipite au théâtre de la Porte-Saint-Martin dans l'espoir d'entraîner par ses applaudissements les spectateurs inconscients des qualités du texte de Hugo. Mais il doit reconnaître que, à part Marie Dorval et Bocage, les interprètes sont indignes de l'œuvre. La rage au cœur, il assiste à une caricature de la pensée et de l'art du poète. Rentré chez lui, il est abattu, écœuré, comme si c'était lui qui avait subi cette misérable avanie. « J'eus besoin de laisser passer quelques jours pour avoir le courage d'en revenir à mes vers après avoir entendu et relu ceux de Hugo », notera-t-il dans ses *Mémoires*. Un moment, il songe même à remettre son *Charles VII* en prose, comme Harel l'avait invité à le faire pour *Christine*. Mais, sur le point d'adopter cette solution extrême, il se ravise. Comment se résoudre à saccager un jardin dont il a eu tant de mal à fleurir les parterres ? Aimera-t-il autant une plate mouture dans le style quotidien que les envolées lyriques dont il s'est grisé, pendant des heures, à Trouville ? Incapable de consentir au sacrifice, il convoque quelques amis et leur lit la pièce telle quelle. Malgré toute leur bienveillance, ils font la grimace. Alexandre encaisse le coup sans broncher. Inutile d'insister. Mieux vaut un manuscrit rangé dans un tiroir qu'une pièce sifflée devant le Tout-Paris. Or, il a déjà reçu mille francs de prime des mains d'Harel. Il les lui retourne en annonçant, par lettre, qu'il renonce à faire représenter *Charles VII*. C'est ignorer la persévérance aveugle du bonhomme. Soupçonnant Dumas de refuser *Charles VII* à l'Odéon parce que la Comédie-Française lui offre une prime supérieure, il se déclare prêt à surenchérir jusqu'à cinq mille francs. Pour séduire l'auteur récalcitrant, il va même jusqu'à brandir les billets de banque sous son nez.

Le moyen de résister à une telle générosité ? Alexandre accepte de lire son manuscrit devant Harel, Mlle George, Janin et Lockroy. Les comédiens sont moins sévères que les amis pour cette sombre histoire de jalousie, de vindicte et de crimes. L'engouement de Mlle George est même si communicatif qu'Harel consent à mettre sans tarder la pièce en répétition. Agréablement surpris, Alexandre commence à croire qu'il s'est trompé et que son *Charles VII* a des chances de plaire, sinon aux esprits raffinés, du moins au grand public.

Entre-temps, il a déménagé et s'est installé, avec Belle, au 40 rue Saint-Lazare dans un immeuble neuf. Il dispose, au troisième étage, d'un appartement spacieux et meublé avec goût. Sa mère viendra bientôt y habiter aussi. Peu importe qu'Alexandre vive avec sa maîtresse ! Les vraies familles sont au-dessus des lois bourgeoises. Quelle paisible existence ils mèneraient à trois, si Mélanie ne s'obstinait à poursuivre son ancien amant d'épîtres éplorées ! Craignant les réactions de Belle, cette « gueuse » qui lui a volé Alex, elle adresse même une longue lettre, sous double enveloppe, à Mme Dumas, en la chargeant de la remettre à son fils, mais seulement « quand vous serez seule avec lui ». Mme Dumas s'exécute et Alexandre lit en cachette, avec accablement, l'interminable litanie : « Je suis plus calme à mesure que je t'écris, à mesure que je t'ouvre mon âme. A toi seul, vois-tu, je pouvais dire tout ceci. Que cela meure entre nous ! La confiance peut survivre à l'amour, peut-être même est-elle plus réelle après. Si quatre ans de notre vie n'avaient pas mêlé nos âmes et notre existence, si le fond de ton âme, si tout ce que le monde et les femmes n'ont pas encore eu le temps de gâter en toi, ne m'étaient pas connus, je ne t'écrirais pas ainsi, car, vois-tu, si tu m'allais répondre : "*Que me fait tout cela ?*", je retomberais de toute ma hauteur et Dieu sait dans quel abîme ! » Alexandre dissimule la lettre dans un tiroir secret. Belle n'en saura rien. Mais il ne peut oublier tout à fait cette folle de Mélanie. Son passé l'englue. Au moment où il voudrait s'élancer vers un avenir de lumières et d'ovations, des mains tremblantes le tirent par les basques de son habit. Est-ce sa faute si on l'aime alors qu'il a cessé d'aimer ?

D'ailleurs, il n'y a pas que sa vie sentimentale qui soit encombrée. Pour son travail également, il est obligé de se mettre en quatre. De tous côtés on réclame sa présence : alors que la troupe d'Harel répète *Charles VII*, il doit se pencher, avec Goubaux et Beudin, sur *Richard Darlington*. L'histoire de cet arriviste anglais ayant vécu au XVIIIe siècle en vaut une autre. Pour accéder au sommet des honneurs, le héros est résolu à se débarrasser de sa femme, Jenny, et à se marier avec la fille d'un marquis, ce qui lui ouvrira la pairie. Mais comment faire disparaître la première épouse ? Goubaux se creuse la tête et propose, sans conviction, le poison ou le poignard. Alexandre juge ce vieux truc indigne des auteurs. Soudain, il a une illumination : « Il la fout par la fenêtre ! » s'écrie-t-il. Goubaux proteste : le jeu de scène serait impossible à régler sans que l'actrice, en basculant par-dessus la balustrade, montrât ses jambes et même un peu plus ! Le public ne risquerait-il pas d'être choqué par une exhibition aussi incongrue ? Sensible à l'objection, Alexandre promet de réfléchir à la meilleure façon de contourner l'obstacle. Une nuit, il se réveille en sursaut, comme si quelqu'un lui touchait l'épaule. Dressé sur son séant, il s'exclame : « Eurêka ! » La solution est trouvée : au cours d'une ultime entrevue avec Jenny, Richard menace de la tuer et la malheureuse se précipite sur le balcon en appelant au secours ! Fatale initiative : Richard la rejoint, referme sur eux les deux battants de la porte-fenêtre. On ne les voit plus de la salle. Mais un cri horrible retentit. Richard reparaît seul. Jenny a été précipitée par lui dans le vide. Et le tour est joué. « A huit heures du matin, note Dumas, j'écrivais la dernière ligne du troisième acte de

Richard, et, à neuf heures, j'étais chez Goubaux ; à dix, il reconnaissait que la fenêtre était, en effet, le seul chemin par lequel Jenny pût sortir. »

Pour se reposer de cet effort d'imagination, il accepte de raconter et de dialoguer des scènes tirées de l'*Histoire des ducs de Bourgogne* de Prosper Brugière de Barante. Publiés par la *Revue des Deux Mondes*, ces récits susciteront, chez les lecteurs, un élan de curiosité qui le surprendra, car il se croit avant tout un auteur dramatique. Quel que soit le sort de ses pièces, il estime, en effet, que son vrai terrain c'est la scène. Pourtant, il n'en mène pas large, le 20 octobre 1831, lors de la première de *Charles VII*. Il a voulu que son fils, âgé de sept ans, assistât à la représentation. N'est-il pas temps que le gamin entende les acclamations qui montent vers son père ? Mélanie Waldor est là, elle aussi, en robe rouge, les yeux hagards, effrayante de maigreur, sorte de cadavre galvanisé. Et, comme d'habitude, au parterre, dans les galeries, la horde des barbus et des moustachus du romantisme s'étale avec ses redingotes à larges revers, ses gilets bariolés et ses manteaux en toile cirée verte. Rien qu'à les voir, Alexandre se sent ragaillardi. Quoi qu'il arrive, la jeunesse ne le laissera pas tomber !

Hélas ! il a péché par excès d'optimisme. Même les amis de l'auteur, savamment disséminés dans la salle, sont très vite déçus par ce salmigondis historico-sentimental. D'abord favorablement disposé, le public cède à l'indifférence, à l'agacement et à l'ennui. Au quatrième acte, Charles VII, joué par Delafosse, apparaît dans une armure qu'Alexandre a pu emprunter au musée de l'Artillerie. Au cours d'une tirade, la visière du casque retombe net devant le visage de l'acteur et lui coupe la parole. Les spectateurs pouffent de rire. Tandis que le malheureux étouffe sous son bâillon de métal et beugle des vers inintelligibles, un écuyer du roi s'élance vers lui et, avec son poignard, parvient à relever la pièce mal ajustée. Rendu à l'air libre, Delafosse achève en haletant son monologue, au milieu d'un joyeux hourvari. A la fin de la pièce, quelques applaudissements de politesse ne suffisent pas à couvrir la rumeur de désapprobation qui monte de la foule. Alexandre lui-même reconnaît que son œuvre est mort-née. « La pièce avait juste assez de vertus secondaires pour n'effaroucher personne », écrira-t-il. Ce qui l'affecte le plus, peut-être, ce n'est pas que son *Charles VII* ait été mal accueilli par les Parisiens, mais que son fils et Mélanie aient assisté à la déculottée.

Si encore la politique de la France apportait une compensation à ses soucis d'auteur ! Il a beau se répéter qu'il y a des « spécialistes » pour régler les affaires de l'Etat, les nouvelles qu'il lit dans les journaux le hérissent. La noble insurrection polonaise a été écrasée par les Russes et, au lieu de s'en indigner, le stupide Sebastiani a pu proclamer superbement devant la Chambre des députés : « L'ordre règne à Varsovie ! » Raspail, Galois et Blanqui, ces idéalistes farouches, se morfondent en prison, à Sainte-Pélagie. A Lyon, le soulèvement des canuts, affamés, désespérés et sublimes, a été noyé dans le sang. Partout, le pouvoir témoigne de sa duplicité et de son intolérance. Atterré par cette inexorable mise au pas d'un peuple désarmé, Alexandre ne se sent pourtant pas capable de relever le défi. Il estime le courage d'un Etienne Arago, prêt à sacrifier sa carrière, sa vie pour une idée, mais il ne le suit pas. D'autres obligations l'appellent.

Au plus fort de son indignation, il ne peut oublier que *Richard Darlington* a été mis en répétition à la Porte-Saint-Martin, dont Harel vient de prendre la direction, tout en conservant la haute main sur les destinées de l'Odéon. Frédérick Lemaître interprète le rôle principal ! Nul mieux que lui ne saurait porter la pièce au sommet. Déjà on chuchote, parmi les initiés, que ce drame a une signification politique et qu'on y fustige les mœurs corrompues des hommes d'Etat. Le 10 décembre 1831, lors de la première, la salle où dominent les « Jeunes-France » est tellement surexcitée que chaque allusion aux louches tractations des dirigeants, en Angleterre, est accueillie comme une critique visant le gouvernement français. Croyant tenir un succès, Harel se précipite dans la loge d'Alexandre et, bien que celui-ci ait exigé l'anonymat, lui demande l'autorisation de le désigner comme coauteur avec Goubaux et Beudin. Drapé dans sa dignité, Alexandre refuse, sous prétexte que le sujet n'est pas de lui. Convaincu que le nom de Dumas ajouterait à la réussite de l'entreprise, Harel insiste. A l'entracte suivant, il revient avec Goubaux et Beudin, lesquels, à leur tour, supplient leur collaborateur de se démasquer. Puis, joignant le geste à la parole, Harel tire de sa poche trois billets de mille francs et les fait crisser entre ses doigts aux oreilles de l'auteur impavide. Enfermé dans sa décision première, Alexandre ne veut pas, dit-il, signer une œuvre qu'il n'a pas conçue et rédigée de bout en bout. En vérité – il ne le dit pas ! – il craint un second échec après celui de *Charles VII*. Or, une fois de plus, il se trompe dans ses pronostics. La salle réagit mieux qu'il ne l'a prévu. Après le dernier acte, le public applaudit à tout rompre. Sans doute sont-ce des raisons plus politiques que littéraires qui excitent l'enthousiasme des spectateurs ? En quittant sa loge d'avant-scène, Alexandre se heurte à Alfred de Musset, ivre, livide et titubant, qui balbutie : « J'étouffe ! » Mais à quoi doit-on attribuer ce malaise : à un excès d'admiration ou à un abus d'alcool ? Comme le poète est incapable de le préciser, Alexandre décide de s'en tenir à la première hypothèse. Pourtant cette œuvre bancale, dont il a trop vite renié la paternité, lui laisse un arrière-goût amer.

Dressant le bilan de l'année 1831, il note dans ses *Mémoires* : « J'avais donné trois pièces ; une mauvaise, *Napoléon Bonaparte*, une médiocre, *Charles VII*, une bonne, *Richard Darlington*. » Et cette dernière, par bravade, par sottise, il ne l'a pas signée ! Dommage ! Pendant ce temps, Hugo a publié *Notre-Dame de Paris*. « Plus qu'un roman, décrète Dumas, un livre ! » Qu'on ajoute à cela les poèmes admirables des *Feuilles d'automne* et la couronne sera complète. Vraiment, ce Victor porte bien son prénom ! Il est inégalable, inexpugnable ! Tout autre est l'opinion d'Alexandre sur le jeune Balzac qui, lui aussi, a gravi un échelon dans la faveur des foules avec *La Peau de chagrin*. « Une de ses productions les plus crispantes », estimera l'auteur de *Richard Darlington*. Tout dans cet écrivain prolifique et voyant l'agace. Il critique à la fois ses manières bon enfant, sa fausse élégance et ses enflures de style. Néanmoins, il avouera : « Comme talent, sa façon de composer, de créer, de produire était si différente de la mienne que je suis un mauvais juge. » A aucun moment il ne craindra la concurrence de cet autre grand abatteur de travail.

Au vrai, son expérience de collaboration avec Beudin et Goubaux lui a ouvert des horizons. Ne devrait-il pas persévérer dans cette méthode d'assistance ? Certes, il n'est pas désagréable de se répartir les tâches autour d'un sujet donné, de confronter les apports des uns et des autres et, en additionnant les efforts, de torcher, en quelques jours, une bonne petite œuvre commerciale qu'un auteur isolé aurait mis des mois à écrire. Mais il y a là un petit danger. « Le malheur d'une première collaboration est d'en amener une seconde, confessera Dumas dans ses *Mémoires* ; l'homme qui a collaboré est semblable à l'homme qui s'est laissé pincer par le bout du doigt dans un laminoir ; après le doigt, la main, après la main, le bras ; après le bras, le corps ! Il faut que tout y passe : en entrant, on était homme ; en sortant, on est fil de fer. » Dumas eût été plus proche de la vérité en comparant l'attrait de la besogne en commun, dans une atmosphère d'amitié et d'émulation, à l'effet d'une drogue, qui, peu à peu, vous grise avant de vous asservir. Stimulé par le demi-succès de *Richard Darlington*, il repique au jeu et s'attaque à une sorte d'opéra-comique aux allures de mélo : *Térésa*. La trame lui en a été fournie par Anicet Bourgeois, un honnête fabricant de rôles sur mesure, patronné par Bocage. A la demande de l'acteur, il reçoit Anicet Bourgeois, se fait raconter la pièce, en approuve l'idée, y ajoute quelques grains de sel et l'écrit à la volée en trois semaines. Echaudé par son refus de signer *Richard Darlington*, il estime, cette fois, pouvoir présenter *Térésa* sous son nom. Mal lui en prend ! En relisant son manuscrit, il regrette le temps qu'il a passé à le rédiger. « Mon opinion sur ce drame : c'est un de mes plus mauvais », constate-t-il avec une froide lucidité. Toutefois, par faiblesse ou par opportunisme, il consent à le voir porter sur scène. Le théâtre réserve tant de surprises qu'il ne faut jamais renoncer à y tenter sa chance ! Bocage a pu caser *Térésa* aux Variétés. Or, les Variétés sont au bord de la faillite. On se rabat sur la salle Ventadour, nouvellement affectée à l'Opéra-Comique. La première représentation a lieu le 6 février 1832. Une comédienne de vingt ans, Ida Ferrier, dénichée par Bocage, fait partie de la distribution. Elle tient le rôle d'une jeune femme candide, rivale de sa belle-mère. Alexandre lui trouve « un talent fin, gracieux, très simple, en dehors de toutes les conventions théâtrales ». D'autres trouveront qu'elle est trop grasse, qu'elle a « de vilaines dents » et qu'elle « parle du nez ». Ses cheveux blonds et abondants sont « coiffés en mille boucles, à la Mancini ». Elle affiche des « façons de cuisinière » et se maquille trop, ce qui la fait ressembler, selon la comtesse Dash, à « un pierrot enfariné [1] ». Si elle singe la pureté sur scène, elle est toute rouerie et toute provocation dans les coulisses. Or, depuis le temps qu'Alexandre est fidèle à Belle Krelsamer, il éprouve un furieux besoin de dépaysement. Il aime trop les femmes pour se contenter d'une seule. Devant cette petite actrice fraîche, potelée et coquette, il se surprend à rêver et, sautant le pas, lui propose d'être mieux que son interprète.

Le spectacle se déroule correctement. Même une scène scabreuse, au quatrième acte, entre l'épouse adultère et le valet entreprenant, est applaudie. Devant ce succès, Ida

---

1. Comtesse Dash : *Mémoires des autres*.

saute au cou d'Alexandre et l'embrasse. Désormais, elle est prête à jouer un tout autre rôle, loin du public. Cependant, Alexandre a noté un relâchement dans l'attention des spectateurs, vers la fin de la pièce. Anicet Bourgeois est du même avis. Il offre de procéder à de larges coupures. Docile, Alexandre s'en remet à l'initiative de son collaborateur. Anicet Bourgeois gomme, allège, tranche, ampute... Résultat : lors des représentations suivantes le drame apparaît squelettique, sans rythme, sans accent. « Les développements de *Térésa* enlevés, observe Dumas, la pièce avait perdu de son intérêt artistique, et, étant devenue plus ennuyeuse, semblait être devenue plus longue. » De toute façon, Alexandre juge son œuvre condamnée à l'oubli. Mais elle n'aura pas été inutile puisque, grâce à elle, Ida Ferrier est entrée, pirouettante et pimpante, dans la vie de l'auteur.

II

Le choléra, les émeutes et les amours

Alors que Paris tente d'oublier les dernières émeutes, que les femmes recommencent à se montrer en toilettes claires dans les jardins des Tuileries et que les directeurs de théâtre reprennent confiance à la vue des spectateurs faisant la queue devant leurs guichets, un cri horrible secoue la ville : « Le choléra ! » Un homme s'est abattu, comme foudroyé, rue Chauchat. D'autres succombent, dans leur lit, au travail ou sur le trottoir. Pas un quartier qui ne soit atteint. Les gens se barricadent chez eux, retiennent leur respiration, surveillent leur boisson, leur nourriture... On dit que l'épidémie, partie de l'Inde, a traversé la Perse, gagné Saint-Pétersbourg, puis Londres et que la France n'y échappera pas. Frissons, crampes, diarrhées, empoisonnement du sang, faiblesse nauséeuse conduisant à l'agonie, tous les symptômes sont là. Et la science est impuissante à guérir et même à définir le mal. Courant d'un grabataire à l'autre, les médecins ne savent que lever les bras et hocher la tête. Epouvantés par cette hécatombe, les gens préconisent des remèdes de bonne femme et implorent la clémence de Dieu. « On criait : "Le choléra ! le choléra !" comme dix-sept ans auparavant on criait : "Les Cosaques !" » raconte Dumas dans ses *Mémoires*. Et il poursuit : « Un homme tombait malade chez lui ; deux voisins le posaient sur une civière et le portaient à l'hôpital le plus rapproché. Souvent, avant d'arriver, le malade était mort, et l'un des porteurs, sinon les deux, prenait sa place sur la civière. » Le fléau frappe de préférence les pauvres, mais les riches ne sont pas épargnés. Les sœurs de charité, débordées par l'afflux des moribonds, meurent elles-mêmes, malgré les potions et les prières. On entasse les cadavres à dix ou vingt dans les tapissières, les prêtres se contentent de célébrer des messes collectives et les terrassiers bénévoles n'ont même pas le temps de refermer les fosses communes entre deux arrivages. Comme il faut des coupables aux malheurs publics, on murmure dans les faubourgs que le gouvernement, cherchant à se débarrasser d'un excédent de population, fait jeter du poison dans les fontaines et dans les brocs des marchands de vin. Çà et là, une foule surexcitée lynche quelque malheureux soupçonné de ces pratiques criminelles. Sept mille morts, treize mille hospitalisés le 14 avril. « Oh ! écrira Dumas, quiconque a vu Paris à cette époque ne l'oubliera jamais, avec son ciel implacablement bleu, son soleil railleur, ses promenades désertes, ses boulevards solitaires, ses rues sillonnées de corbillards et hantées par des fantômes. » Alexandre compte sur sa robuste constitution pour résister à la contagion qui menace la France. Au milieu du désastre général, il déplore surtout – sans trop oser le dire ! – que les théâtres soient délaissés par le public. Harel a beau faire insérer dans les journaux une annonce affirmant que, d'après une étude de la situation sanitaire, les salles de spectacle sont les seuls endroits préservés du choléra, les Parisiens préfèrent rester chez eux, portes et fenêtres closes.

Cependant, Alexandre refuse de se croiser les bras en attendant la fin de l'épidémie. A son avis, la meilleure médecine contre le choléra, c'est encore l'écriture. Certains vivent les yeux rivés sur les hôpitaux, lui préfère river les siens sur les théâtres. Quelques semaines auparavant, il a rencontré, chez Firmin, une actrice, Caroline Dupont, spécialisée dans les rôles de soubrette à la Comédie-Française. Cette jeune femme, spirituelle et accorte, qui rit « avec des lèvres si roses et de si blanches dents », a obtenu du baron Taylor qu'une représentation soit donnée à son bénéfice. Elle souhaiterait un seul petit acte, lestement enlevé, qui mît en valeur ses qualités de primesaut et d'effronterie. A qui le demander, sinon à Alexandre Dumas, qui travaille si vite et si bien ? Flatté d'avoir été choisi par cette adorable « Martine » du répertoire, il accepte. Mais il ne compte pas consacrer plus d'un jour ou deux à ficeler ce « lever de rideau ». Pour accélérer la besogne, il appelle à son secours un de ses amis, à la fois littérateur et chef de bureau au ministère de l'Intérieur, Eugène Durieu, et celui-ci, fouillant dans ses papiers, lui propose l'idée d'une comédie : *Le Mari de la veuve*, qui ferait l'affaire. Le projet est discuté et adopté en deux coups de cuiller à pot. On décide de s'adjoindre Anicet Bourgeois. Après avoir débrouillé le scénario, Anicet et Eugène le soumettront à Alexandre ; à eux trois, ils feront le découpage et le numérotage des scènes ; et Alexandre rédigera seul les dialogues. Cette répartition des tâches est observée à la lettre. *Le Mari de la veuve* est achevé en vingt-quatre heures, tandis que, sous les fenêtres de Dumas, qui s'efforce à la gaudriole, des cortèges funèbres s'acheminent vers le cimetière Montmartre.

Reçue le 8 mars 1832, la pièce est immédiatement mise en répétition, avec Mlle Mars dans le rôle principal et Caroline Dupont dans celui de la soubrette. Alexandre retrouve avec plaisir les intrigues et l'odeur des coulisses. Mais n'est-ce pas une gageure de vouloir présenter une franche comédie en ces heures de deuil ? La première a lieu le 4 avril. Cinq cents spectateurs à peine ont bravé le risque de contagion pour traverser la ville. Des relents de camphre et de chlore montent de la salle. Les visages sont d'une froideur funèbre. Comme si tous ces inconnus en voulaient à l'auteur d'avoir osé écrire un dialogue drôle au lieu de rester au lit à boire des tisanes. Si certains jeux de scène sont applaudis, une réplique de Menjaud, le jeune premier, est saluée par un coup de sifflet. L'acteur, censé revenir d'une course sous la pluie, disait en s'ébrouant : « Quel temps ! Me voilà trempé comme du vin de collège ! » Cette formule a dû paraître désobligeante à quelque maître de pension égaré dans l'assistance. Il a protesté d'une voix claironnante. Pourquoi pas ? Le public a tous les droits ! Mais Alexandre, vexé, refuse d'être nommé à la fin du spectacle. La critique est dédaigneuse. Pour Lesur, dans l'*Annuaire historique,* les gens qui se sont abstenus de se rendre à la Comédie-Française « n'ont guère perdu », et pour le chroniqueur de *La Gazette de France* la pièce, « quoique écrite avec assez de rapidité et de naturel dans le dialogue, n'offre que fort peu de bon sens dans l'intrigue et de vérité dans les caractères ». Alexandre hausse les épaules : piqûres d'épingles que tout cela ! Il a mieux à faire que s'intéresser à l'avenir du *Mari de la veuve.*

Depuis quelques jours, Harel s'est fourré en tête de lui faire écrire une *Tour de Nesle,* dont les péripéties suffiraient, dit-il, à guérir Paris du choléra. Mais Alexandre, à qui le même sujet a été déjà proposé par Henri Fourcade et Roger de Beauvoir, refuse de s'atteler à une nouvelle entreprise dramatique dans un climat malsain, alors que les salles de théâtre sont aux trois quarts vides. Pour l'instant, il préfère travailler à un ouvrage d'érudition, *Gaule et France,* dont le vaste dessein répond à son désir de se poser en écrivain sérieux. Pour se distraire de ses recherches historiques, il fréquente les rares salons parisiens encore ouverts, reçoit chez lui, avec Belle, quelques amis de qualité, comme Hugo, Boulanger, Fourcade ou Liszt. En parfaite maîtresse de maison, Belle leur sert du thé très fort, breuvage souverain, prétend-elle, pour écarter l'épidémie.

Un soir, alors qu'Alexandre vient de reconduire ses invités et éclaire leur descente dans l'escalier, il est pris d'un brusque tremblement des jambes ; des frissons courent sur sa peau ; il titube et claque des mâchoires. Belle et la femme de chambre, Catherine, s'affolent et le soutiennent. N'est-ce pas le choléra ? Sur le point de s'effondrer sans connaissance, Alexandre se couche et demande un morceau de sucre imbibé d'éther. La servante, perdant la tête, se trompe et, au lieu d'un morceau de sucre, lui apporte un verre rempli aux deux tiers d'éther pur. Sans réfléchir, il l'avale d'un trait. Une épée de feu le transperce. Il râle, suffoque, ferme les yeux et s'endort d'une masse. Son évanouissement dure deux heures. « Quand je rouvris les yeux, rapportera-t-il, j'étais dans un bain de vapeur qu'à l'aide d'un conduit mon médecin m'administrait sous mes couvertures, tandis qu'une bonne voisine me frottait par-dessus les draps avec une bassinoire pleine de braise. »

Il reste au lit pendant près d'une semaine, et reçoit chaque jour une carte d'Harel qui insiste pour le voir d'urgence : l'entreprenant directeur de la Porte-Saint-Martin s'accroche à son projet de *La Tour de Nesle*. Il donnerait cher pour y intéresser Dumas. Peine perdue ! Alexandre est encore incapable de rien entendre, de rien décider. Enfin, les forces lui reviennent. Il ouvre sa porte. Harel s'y engouffre et lui affirme d'emblée que le choléra est à son déclin, que les survivants du fléau n'auront bientôt qu'une hâte, c'est de retrouver le chemin des théâtres, et que le moment est venu de rafistoler et de jouer cette *Tour de Nesle* dont tout laisse prévoir qu'elle sera le plus grand succès de la saison. Comme Alexandre, à peine convalescent, hésite encore, il lui reparle d'un jeune homme, un certain Frédéric Gaillardet, qui a jeté sur le papier les idées de ce drame, sans les développer ni les dialoguer. Jules Janin a bien essayé d'étoffer le canevas, mais il y a vite renoncé, faute d'imagination. Là où un Janin a flanché, un Dumas devrait facilement réussir. Malgré les adjurations d'Harel, Alexandre tergiverse. Pour emporter le morceau,

Harel aborde l'aspect commercial de la combinaison. La main sur le cœur, il déclare être le propriétaire de *La Tour de Nesle* aux termes d'un traité qu'il a conclu avec Janin et Gaillardet. Janin s'étant retiré de l'association, Alexandre le remplacerait et toucherait donc la moitié des droits, l'autre moitié revenant à Gaillardet. La proposition est alléchante. Mais Alexandre entrevoit un arrangement plus équitable. Dans un élan de générosité, il demande que la totalité de la somme (soixante-douze francs par représentation) soit versée à Gaillardet, lui-même étant rétribué à raison de dix pour cent de la recette du jour plus quarante francs de billets. C'est un pari audacieux, car si la pièce marche il ramassera un joli magot, et si elle tombe il se retrouvera Gros-Jean comme devant. Trop content d'avoir convaincu son interlocuteur, Harel souscrit à ses conditions et accepte même que Dumas ne cosigne pas *La Tour de Nesle*. A l'entendre, Gaillardet, actuellement en province pour l'enterrement de son père, sera enchanté d'apprendre qu'un grand écrivain, tel que l'auteur d'*Antony*, condescend à travailler sur son texte.

En attendant le retour de Gaillardet, toujours dans sa famille à Tonnerre, Alexandre prend connaissance du manuscrit revu par Janin. Il juge l'exposition longue et maladroite, mais apprécie le nœud du drame, qui est une lutte sans merci entre la reine Marguerite de Bourgogne, femme de Louis X, pétrie de ruse, de cruauté, de vices, et un aventurier, le capitaine Buridan, acharné à se hisser d'échelon en échelon par la séduction et le chantage. De l'avis d'Alexandre, qui est un connaisseur, cette intrigue violente réveillerait un mort, fût-il victime du choléra. Beaucoup d'argent en perspective ! Cependant, malgré les demandes réitérées d'Harel, il reste sur son rocher : il ne signera pas ! Que d'autres se prostituent pour des spectacles secondaires. Lui ne donnera son nom qu'à une œuvre digne de la postérité.

Cette fière réserve ne l'empêche pas de s'appliquer à la

tâche. Chaque jour, allongé dans son lit, le dos appuyé à des oreillers, une écritoire calée sur ses genoux, il rédige *La Tour de Nesle*. Un tableau par jour. Quand il est trop fatigué ou trop fiévreux pour tenir la plume, il se contente de dicter les répliques. Dehors, le choléra fait rage. Dès qu'on met le nez à la fenêtre, on respire une odeur de putréfaction. Néanmoins, au théâtre de la Porte-Saint-Martin, les acteurs ne chôment pas. Le drame est mis en répétition au fur et à mesure de la livraison des pages par l'auteur. En moins de deux semaines, Alexandre a bouclé l'affaire. Par peur de l'épidémie, Frédérick Lemaître, pressenti pour le grand rôle masculin, se terre à la campagne. C'est Bocage qui sera Buridan, alors que Mlle George incarnera Marguerite. Ayant rempli ses obligations professionnelles, Alexandre écrit aimablement à Gaillardet pour l'avertir qu'il a refondu sa pièce, qu'il en a « aplani toutes les difficultés » et que, grâce à ses efforts, le texte est enfin acceptable. « Je n'ai pas besoin de vous dire, monsieur, conclut-il, que vous en restez *seul* auteur, que *mon nom ne sera point prononcé*, c'est là une condition sans laquelle je reprendrais de l'ouvrage ce que j'ai été heureux d'y pouvoir ajouter. Si vous regardez ce que j'ai fait pour vous comme un service, permettez-moi de vous le *rendre*, et non de vous le *vendre*. » Sans doute aurait-il dû avertir plus tôt ledit Gaillardet du rapetassage auquel il allait se livrer sur *La Tour de Nesle*. Mais le temps passait, Gaillardet était loin de Paris et, de toute façon, un débutant parfaitement inconnu ne pouvait qu'être reconnaissant à l'écrivain en renom qui lui tendait la main. Or Gaillardet a une trop haute idée de son talent pour avaler ce genre de couleuvre. Il revient en hâte à Paris, débarque chez Harel, en vêtements de voyage, et exige qu'on joue *La Tour de Nesle* dans sa version personnelle et non dans celle de Dumas, dont il n'a même pas eu connaissance. Si on ne lui cède pas, il menace de faire interdire le spectacle. « Vous n'y parviendrez pas, lui réplique Harel imperturbable. J'en change le titre et je la joue. Vous m'attaquez en contrefaçon, vol, plagiat, tout ce que vous voudrez. Vous obtiendrez douze cents francs de dommages et intérêts. Si vous laissez jouer, vous gagnez douze mille francs ! »

Comme Gaillardet continue à tempêter, Harel fait prévenir Dumas, lequel arrive dare-dare et tente de se justifier en plaidant la bonne foi. Mais les explications de Dumas se heurtent à un mur de suffisance et de bêtise. La dispute s'envenime si vite que, selon son habitude, Dumas ne voit plus d'issue que dans un duel. Plus retors, Harel s'interpose en conciliateur et finit par persuader les deux adversaires de signer une convention par laquelle l'un et l'autre se reconnaîtront auteurs en commun de *La Tour de Nesle*. Chacun se réservera le droit de publier la pièce sous son nom dans ses œuvres complètes, mais elle sera jouée sous le seul nom de Gaillardet. Tout au plus le nom de Gaillardet sera-t-il suivi d'étoiles sur l'affiche, afin d'indiquer qu'il a eu un collaborateur désirant rester inconnu. Aucun des deux auteurs n'est satisfait de cet accord ambigu, mais ils s'y résignent pour éviter un éclat.

Dehors, le choléra semble régresser. Il laisse derrière lui des montagnes de morts, parmi lesquels le gentil Guillaume Lethière, Georges Cuvier, Casimir Perier... Ceux qui ont échappé à l'extermination sont partagés entre le deuil et la soif de vivre. Les passions politiques, elles aussi, se réveillent. La duchesse de Berry, ayant échoué dans sa tentative de soulever le Midi, regroupe ses partisans en Vendée. Mais seuls quelques légitimistes fanatiques croient au succès de « l'Amazone ». Le 29 mai 1832, soir de la première de *La Tour de Nesle*, Alexandre dîne chez Odilon Barrot. Ce très libéral politicien se vante d'avoir la langue bien pendue. Il pérore si longuement, entre deux coups de fourchette, que le repas traîne en longueur. Alexandre craint d'arriver en retard au théâtre. Bien que la pièce ne soit pas officiellement de lui, il compte fort sur sa réussite. L'argent qu'elle pourrait rapporter lui semble une récompense au moins aussi enviable que la gloire. Enfin, Mme Barrot donne le signal du départ. Les convives se lèvent de table pour se rendre en groupe à la Porte-Saint-Martin. Quand ils gagnent leurs places, le spectacle est déjà commencé et la salle vibre comme un chaudron sur le feu. Lorsque le rideau tombe, après le premier acte, les bravos crépitent, les mains claquent dans un vacarme assourdissant.

Ce que les spectateurs applaudissent inconsciemment dans ce mélodrame, c'est son défi à toutes les forces obscures qui font le malheur des hommes : le scandale du pouvoir absolu, la fauche aveugle du choléra, l'absurdité sanglante des émeutes, la détresse des petits, l'impunité des grands... Les mécontents trouvent à boire et à manger dans ce brouet infernal. A mesure que l'action se poursuit, l'engouement du public s'amplifie. On crie, on trépigne. Dumas lui-même est tellement satisfait du dernier tableau qu'il écrira dans ses *Mémoires* : « Quelque chose y rappelait la fatalité antique de Sophocle mêlée à la terreur scénique de Shakespeare. » A la fin du spectacle, Bocage annonce le nom de l'auteur : M. Frédéric Gaillardet. Un inconnu. Cela paraît louche. Déjà quelques initiés chuchotent le nom du très probable collaborateur resté dans l'ombre : Alexandre Dumas. Exploitant cette rumeur, Harel ordonne d'imprimer une nouvelle affiche : « *La Tour de Nesle*, de MM. XXX et Gaillardet ». Cette manière de suggérer que l'auteur cité nommément n'est pas le seul responsable de la pièce, et que l'anonyme aux trois étoiles mérite même d'être mentionné avant lui, soulève l'indignation de Gaillardet. Il ne fait ni une ni deux et convoque Harel, par papier timbré, devant le tribunal de commerce. Cette procédure réjouit fort le rusé directeur qui s'écrie : « Bon procès ! Bon procès ! J'en demande deux pareils par an pendant six ans et ma fortune est faite ! » Mais Alexandre, qui n'a pas la même conception de la publicité, se sent mauvaise conscience. Lui qui aime tant « le bruit » estime que celui-ci n'est pas de bonne qualité.

Le lendemain, Gaillardet, de plus en plus revendicatif, écrit aux journaux pour les informer du préjudice moral qui vient de lui être infligé. « Monsieur le rédacteur. Nommé seul, hier, comme auteur de *La Tour de Nesle*, mon nom se trouve aujourd'hui précédé de deux M. et de trois étoiles : c'est une erreur ou une méchanceté, dont je ne veux être ni la victime, ni la dupe. Dans tous les cas, veuillez annoncer, je vous prie, que dans mon traité, comme sur le théâtre, et, comme je l'espère, sur l'affiche de demain, je suis et serai le seul auteur de *La Tour de Nesle.* » Aussitôt, Harel réplique par un autre communiqué à la presse : « Voici ma réponse à l'étrange lettre de M. Gaillardet, qui se prétend le seul auteur de *La Tour de Nesle.* La pièce tout entière pour le style, et dans les dix-neuf vingtièmes au moins pour la composition, appartient au célèbre collaborateur qui, pour des raisons particulières, n'a pas voulu se nommer après un immense succès. Du travail primitif de M. Gaillardet, il ne reste rien, ou presque rien. Voilà ce que j'affirme et ce que prouvera, au besoin, la comparaison du manuscrit représenté avec le manuscrit de M. Gaillardet. » Mauvais coucheur, Gaillardet s'étrangle de colère et riposte, le 2 juin, dans les colonnes des mêmes journaux : « Pour seule réponse à M. Harel, ayez la bonté d'insérer la lettre ci-jointe que m'écrivait le *célèbre collaborateur* dont vous parle M. Harel, lettre que je reçus à Tonnerre, où je venais d'apprendre que j'avais un collaborateur. » Cette lettre, toute de bienveillance, est celle qu'Alexandre avait envoyée au jeune Gaillardet pour lui assurer qu'il serait à jamais considéré comme le seul auteur de *La Tour de Nesle.* Sautant sur l'occasion de colporter des ragots de théâtre, *Le Corsaire* publie la missive en l'accompagnant de commentaires désobligeants pour Dumas. Excédé par ces chamailleries, Alexandre s'en prend au directeur du journal, Viennot, qu'il songe même à provoquer en duel. Puis, estimant que ce vil gazetier ne mérite pas l'honneur d'un cartel, il se contente d'une sévère mise au point. *Le Corsaire* l'imprime à sa demande : « Je n'ai pas lu le manuscrit de M. Gaillardet ; ce manuscrit, sorti un instant des mains de M. Harel, y est rentré presque aussitôt, car, en consentant à faire un ouvrage sur un titre et une situation connus, j'ai craint d'être influencé par un travail antérieur au mien et de perdre ainsi la verve qui m'était nécessaire pour achever cette œuvre. Maintenant, puisque M. Gaillardet trouve que le public n'est pas encore assez au courant de cette pauvre affaire, qu'il convoque l'arbitrage de trois hommes de lettres, à son choix, qu'il arrive devant eux avec son manuscrit, et moi avec le mien ; ils jugeront alors de quel côté est la délicatesse, et de quel côté l'ingratitude. »

Gaillardet, qui a la tête près du bonnet, mais de solides conseillers juridiques derrière son dos, se garde bien d'accepter une procédure confraternelle qui risque de tourner à son désavantage. Il s'en tient au procès. Il a raison, puisqu'il le gagnera ; il a tort puisque, malgré ses efforts, personne ne songera jamais à lui attribuer la paternité de *La Tour de Nesle* ! Ravi du tapage fait ainsi autour de la pièce, Harel supprime les étoiles incriminées et proclame partout que le véritable auteur n'est pas celui qui exige d'être traité comme tel, mais celui qui se cache par dignité et par philosophie.

Cette basse empoignade, qui a forcé Alexandre à jouer, face à un débutant hargneux, le rôle de l'écrivain arrivé et sûr de lui, achève de le consterner. Habitué à ne penser qu'à l'avenir, il se retourne sur son passé : en un an et demi, il a écrit et représenté sept pièces, dont cinq sous sa signature et deux sans être nommé. N'est-ce pas trop pour une seule cervelle ? Ne va-t-on pas lui reprocher sa phénoménale production ? Quand il s'interroge sur lui-même, il ne sait plus au juste où se situer ni comment se définir. Tantôt il considère que le plus important pour lui c'est d'amasser de l'argent avec des pièces auxquelles il ne croit pas, tantôt que c'est de conquérir l'estime de son public avec des pièces dont il a le droit d'être fier, même si elles ne remplissent pas les salles. Au bout du compte, est-il un « faiseur » ou un « génie », un « montreur de marionnettes » ou un « créateur », un « amuseur » ou un « penseur » ? Certains jours, il penche vers la littérature commerciale et, à d'autres, il aspire aux éblouissements de la notoriété. Sans doute les spectateurs et les journalistes se demandent-ils quel crédit accorder à un homme qui invoque volontiers son honneur d'écrivain tout en se pliant à des besognes alimentaires ? Par moments, il a hâte de fuir Paris où il ne sait plus s'il est aimé ou détesté, moqué ou porté aux nues.

Or, voici qu'à la mort du général Lamarque, le héros des journées de Juillet, la famille du défunt le désigne comme commissaire aux obsèques. Un tel honneur console de bien des déboires ! En rendant publiquement hommage au disparu, Alexandre entend convaincre les sceptiques de son propre attachement aux idées libérales. Le 5 juin, à l'aube, il revêt son ancien uniforme d'artilleur de la Garde nationale et fait la queue, tête basse, pour déposer un rameau de laurier sur le cadavre. Affaibli par la maladie, il appréhende la lenteur des cérémonies et la longue marche qu'il devra s'imposer derrière le corbillard. Du reste, selon certains, des troubles populaires sont à craindre. On assure que le gouvernement a rassemblé des troupes à tous les points stratégiques pour intervenir au moindre incident. Sous un ciel chargé de nuages, la chaleur est étouffante. L'orage éclate au moment où le char funèbre, tiré par une trentaine de jeunes gens, se met en branle entre deux haies de badauds massés sur les trottoirs. Stoïque sous la pluie, La Fayette a pris la tête du cortège. Le sabre au poing, l'uniforme trempé, Alexandre suit pas à pas en s'efforçant de paraître digne et déterminé malgré un léger vertige. Rue de Choiseul, à la terrasse du Cercle aristocratique, le duc de Fitz-James, champion des légitimistes, refuse de se découvrir devant la dépouille d'un ami des trublions. On lui crie : « Chapeau bas ! » On lui lance des pierres. Des vitres volent en éclats. Il se retire, tandis que la multitude scande : « Honneur au général Lamarque ! » Près de la Bastille, une soixantaine de polytechniciens rejoignent le défilé. Ils ont bravé l'interdiction qui leur a été faite de quitter l'école. A leur vue, la musique qui précède le corbillard joue *La Marseillaise*. « On ne saurait se faire une idée de l'enthousiasme avec lequel la foule accueillit cet air électrique défendu depuis plus d'un an », confiera Dumas dans ses *Mémoires*. Cinquante mille voix répétèrent en chœur : « *Aux armes, citoyens !* » A l'entrée du pont d'Austerlitz se dresse une estrade du haut de laquelle plusieurs personnalités seront invitées à prononcer des discours. Après quoi, le corps du général devra continuer sa route vers les Landes, où il sera inhumé. Il est trois heures de l'après-midi. Alexandre, qui est à jeun depuis la veille, décide d'aller manger un morceau pendant que les orateurs s'adresseront au public. Deux artilleurs, également affamés, lui emboîtent le pas. On se rend au restaurant des Gros-Marronniers quai de la Rapée. Les jambes flageolantes, Alexandre doit s'appuyer aux bras de ses compagnons pour arriver jusqu'à la porte. Sur le point de s'évanouir, il demande à boire. On lui sert un verre d'eau glacée. Désaltéré, il reprend ses esprits et applaudit à la commande d'une gigantesque matelote, la spécialité de l'endroit. Pendant que les convives dégustent cet épais mélange de poissons, d'ail, de vin et de fines herbes, des coups de feu retentissent au loin. Repoussant leurs assiettes, les trois gaillards se ruent dehors et courent vers le pont. A la barrière de Bercy, des hommes en blouse les renseignent : « On a tiré sur le peuple ! Les artilleurs ont riposté !... Le père Louis-Philippe est dans le troisième dessous !... La République est proclamée !... » Alexandre s'étonne qu'une révolution ait pu se produire en quelques minutes alors qu'il savourait paisiblement une matelote. Il interroge d'autres témoins et ne tarde pas à comprendre que ses premiers informateurs ont pris leurs désirs pour des réalités. Cette fois encore, il s'agit tout au plus d'une émeute. Déception ou soulagement ? Il ne saurait le dire. Tel un somnambule, il traverse la place de la Bastille, occupée par des troupes régulières, suit les boulevards à demi déserts et se heurte, à la hauteur du faubourg Saint-Martin, à un détachement de soldats de ligne. Parmi eux, il avise un de ses anciens camarades de batterie, l'orléaniste Ernest Grille de Beuzelin. Que fait ce farfelu au milieu des défenseurs de l'ordre ? Alexandre agite la main en signe de reconnaissance et s'avance vers lui. Mais Grille de Beuzelin le met en joue. Croyant à une plaisanterie, Alexandre hasarde encore un pas. Au même instant, Grille de Beuzelin fait feu. La balle siffle aux oreilles d'Alexandre, qui détale sans demander son reste. Il s'engouffre dans le passage du théâtre de la Porte-Saint-Martin. A l'entrée de l'établissement, une affiche annonce la cinquième représentation de *La Tour de Nesle*. La porte du théâtre est fermée, barricadée. Il l'enfonce à coups de botte et se précipite à l'intérieur. Alerté par le bruit, Harel surgit devant son auteur, qui, furibond, exige un fusil ou, du moins, les pistolets qu'il a prêtés naguère pour la représentation de *Richard Darlington*. En vain Harel essaie-t-il de le raisonner. Alexandre veut, dit-il, se venger de l'infâme Grille de Beuzelin qui a failli le tuer. A bout d'arguments, le directeur se dresse, bras écartés, en travers de la porte conduisant au magasin des accessoires. « Oh ! mon ami, gémit-il, vous allez faire brûler le théâtre ! » L'éventualité de cette catastrophe suffit à dégriser Alexandre. Renonçant à toute action d'éclat, il se contente de monter au deuxième étage et de se planter derrière une fenêtre pour guetter la suite des événements. A peine s'est-il installé à son poste d'observation qu'Harel le supplie de redescendre. Le malheureux directeur est au bord de la crise de nerfs : une vingtaine d'insurgés ont envahi son théâtre. Renseignés on ne sait comment, ils réclament les armes qui ont servi pour les représentations de *Napoléon à Schönbrunn*. Alexandre accourt et commence par les exhorter à la conciliation en leur rappelant que M. Harel a été préfet pendant les Cent-Jours et exilé par les Bourbons, en 1815, ce qui témoigne de sa sympathie envers les opposants au régime. Sur quoi, de sa propre initiative, il leur fait distribuer vingt fusils entreposés dans la réserve contre la promesse qu'ils les rapporteront après usage. « Parole d'honneur ! » s'écrient les combattants de la liberté. L'un d'eux écrit à la craie sur les trois portes du théâtre : « Armes données », et appose sa signature sous ce brevet de civisme révolutionnaire. On se sépare sur d'énergiques poignées de main et des serments de « lutte sans merci jusqu'à la mort ». Quand les visiteurs intempestifs ont déguerpi, Alexandre fait verrouiller toutes les issues. Le menton tremblant, les larmes aux yeux, Harel répète : « Le théâtre est à vous, à partir de ce moment, mon cher ami, et vous pouvez y faire ce qu'il vous plaira : vous l'avez sauvé ! » Mlle George, qui s'était cachée dans son appartement pendant les tractations, renaît, elle aussi, à l'espoir. Mais elle craint qu'en ressortant dans la rue, avec cet uniforme d'artilleur sur le dos, Alexandre n'attire l'attention des forces de l'ordre qui traquent partout les suspects. « Vous serez tué avant d'être au faubourg Poissonnière ! » prophétise-t-elle. Sur son conseil, Harel envoie un employé du théâtre chercher au domicile de M. Dumas « un vêtement civil », qui lui permettra de circuler sans danger à travers Paris. Le messager revient avec un assortiment d'habits inoffensifs. On peut changer de costume sans changer d'idées !

Accoutré en bourgeois, Alexandre se rend à l'hôtel de M. Laffitte, centre de l'opposition républicaine. Quelques députés libéraux sont déjà réunis dans le salon. On attend le vieux La Fayette. Il arrive enfin, décati et superbe. « Eh bien, général, crie-t-on de toutes parts à l'entrée de ce revenant des années de lumière, que faites-vous ? – Messieurs, dit La Fayette, de braves jeunes gens sont venus chez moi et en ont appelé à mon patriotisme

[...] Je leur ai répondu : “Mes enfants, plus un drapeau est troué, plus il est glorieux ! Trouvez-moi un endroit où l’on puisse mettre une chaise, et je m’y ferai tuer !” » Cette réplique, digne d’un cinquième acte, galvanise Alexandre. Mais très vite, à deux pas de lui, les bavardages prudents succèdent aux déclarations héroïques. Manifestement, la plupart de ces hommes de cœur se gargarisent du mot liberté mais ne lèveraient pas le petit doigt pour la défendre. Lui-même ne se sent pas prêt à risquer sa vie pour l’établissement d’un quelconque gouvernement provisoire. Cette journée d’émeutes et de palabres l’a épuisé. La tête à l’envers et les genoux mous, il se dirige vers les grands boulevards, arrête un cabriolet et se fait conduire chez lui, rue Saint-Lazare. En gravissant l’escalier, il tombe évanoui entre le premier et le deuxième étage. Belle et la femme de chambre le découvrent gisant, inanimé, sur les marches, le transportent dans l’appartement, le déshabillent et le couchent.

Pendant la nuit du 5 au 6 juin, l’émeute, refoulée par les troupes régulières, s’est concentrée autour de la place de la Bastille et dans les rues Saint-Merri, Aubry-le-Boucher, Planche-Mibray et des Arcis [1]. Alexandre en est informé dès son réveil par des voisins. Il saute sur ses pieds, pressé de courir aux nouvelles. Mais ses forces le trahissent. Il se résout à louer une voiture pour rejoindre les bureaux du *National*. Là, il apprend que les dernières barricades sont sur le point d’être démantelées et que leurs défenseurs ont été arrêtés ou massacrés. Est-ce la fin de l’espoir républicain ? Il veut en avoir le cœur net et se traîne, clopin-clopant, chez Laffitte. Les déçus du soulèvement populaire sont réunis là, avec des têtes funèbres, et attendent les décisions du groupe de députés libéraux qui délibèrent, à huis clos, dans le salon. Enfin, François Arago quitte

1. Ces deux dernières rues ont été réunies à l’actuelle rue Saint-Martin.

l'assemblée des politiciens, s'avance vers ses amis anxieux, et leur avoue avec amertume que la séance s'est achevée dans la honte et qu'on va envoyer au roi trois commissaires chargés d'implorer sa clémence pour les derniers contestataires pris en flagrant délit de rébellion.

Accablé, Alexandre sort de l'hôtel Laffitte comme s'il avait reçu un coup de gourdin sur la tête. Après avoir erré de rue en rue, il se laisse tomber sur une chaise à la terrasse du café de Paris. Il songe aux combattants désespérés qui fuient les barricades et que les soldats traquent dans leurs cachettes, à ceux qu'on emprisonne, à ceux qu'on fusille sans jugement. Une phrase danse dans son cerveau : « Tout plutôt que la guerre civile ! » Et pourtant, il était prêt à y participer ! Soudain, il entend hurler : « Vive le roi ! » Qui peut lancer ce salut outrecuidant, alors que la moitié de la ville est en deuil ? Dressant le menton, il découvre, avec stupéfaction, qu'un régiment de la Garde nationale, aligné sur le boulevard, ovationne Louis-Philippe. Sa Majesté s'avance, à cheval, vers les vaillants défenseurs du trône qui, à sa vue, redoublent d'acclamations. Souriant et bienveillant, le monarque, entouré des ministres de l'Intérieur, de la Guerre et du Commerce, s'incline de temps à autre sur sa monture et serre la main d'un de ces hommes qui ont fait couler le sang de leurs frères. Indigné, écœuré, Alexandre se hâte de rentrer chez lui pour échapper au spectacle d'une reprise en main qui a fait tant de victimes pour un si piètre résultat.

A peine émerge-t-il de son bourbier politique que l'inévitable Harel le relance chez lui. Ce diable d'homme n'a que commerce et profit en tête. « Allons, mon ami, s'écrie-t-il devant Alexandre qui tente en vain de clarifier ses idées, il ne s'agit pas de perdre son temps... Voilà le calme rétabli ; comme après toutes les grandes secousses, il va y avoir une réaction en faveur du théâtre. Il faut bien oublier le choléra et l'émeute ! »... En fait, Harel vient s'enquérir du degré d'avancement d'une pièce qu'Alexandre lui a promise : *Le*

Fils de l'émigré. C'est Mlle George qui est à l'origine du projet : quelques jours auparavant, appuyée par Harel, elle a supplié son « auteur préféré » d'écrire pour elle un mélodrame dans lequel elle jouerait, pour une fois, non plus une grande dame (elle en a assez !), mais une femme du peuple. Peut-on rien refuser à cette reine de la scène française ? L'idée du *Fils de l'émigré* est d'Anicet Bourgeois. D'accord sur le principe, Alexandre a rédigé seul les trois premiers actes et s'est reposé sur son collaborateur pour la suite. Du reste, il n'a pas l'intention de signer cette œuvrette. Tarabusté par Harel, il accepte néanmoins de mettre la dernière main au manuscrit avant le début des répétitions. Il s'agit de quelques feuillets à peine : « un jeu d'enfant » pour un écrivain aussi doué que lui, prophétise Harel. Facile à dire ! Dès qu'Harel est parti, Alexandre regrette sa promesse. Sa maladie lui a vidé le cerveau. Est-il encore capable d'aligner trois répliques ? Et puis, il y a cette inquiétude sur le sort que lui réservent les autorités, après sa participation aux journées des 5 et 6 juin 1832. Au lieu de rester dans son coin, il s'est compromis en se pavanant dans son uniforme d'artilleur, en distribuant des armes aux insurgés à l'intérieur du théâtre Saint-Martin, et en assistant à divers colloques des députés de l'opposition. En dépit de cette menace latente, il termine avec Anicet Bourgeois, les 7 et 8 juin, *Le Fils de l'émigré.* Bon débarras ! On peut enfin penser à autre chose ! Or, le 9 juin, il lit dans une feuille légitimiste qu'il a été pris les armes à la main, lors de l'affaire du cloître Saint-Merri, qu'il a été jugé pendant la nuit et qu'on l'a fusillé à trois heures du matin. Le journaliste déplore, au passage, « la mort prématurée d'un jeune auteur qui donnait de si belles espérances ». Ce compliment posthume ne suffit pas à réconforter Alexandre. Il se plante devant une glace et se demande s'il est encore de ce monde, si ce n'est pas son fantôme, pâle, émacié, les yeux brillants de fièvre, qui le dévisage. S'étant convaincu de sa présence réelle, il écrit au journaliste qui l'a prématurément enterré pour le remercier de ses bonnes pensées. Charles Nodier, qui a pris connaissance lui aussi de l'étrange nouvelle, lui envoie une lettre amusée : « Je lis à l'instant dans un journal que vous avez été fusillé le 6 juin, à trois heures du matin. Ayez la bonté de me faire dire si cela vous empêcherait de venir dîner demain à l'Arsenal, avec Dauzats, Taylor, Bixio, nos amis ordinaires enfin. Votre bien bon ami, Charles Nodier, qui serait enchanté de [profiter de] l'occasion pour vous demander des nouvelles de l'autre monde. » Alexandre répond qu'il n'est pas sûr d'être encore vivant, mais que, « corps ou ombre », il sera chez lui, le lendemain, à l'heure dite. Cet échange de plaisanteries ne le divertit qu'à moitié. D'une part, il craint que cet accès de choléra – vrai ou faux – n'ait entamé sa force créatrice, d'autre part, il a été prévenu par un aide de camp du roi, M. de Lawoestine, que l'éventualité de son arrestation a été sérieusement envisagée. Des amis proches du trône lui recommandent de partir pour l'étranger, de voyager pendant deux ou trois mois et de revenir à Paris quand on y aura oublié ses foucades. Excellent conseil ; encore faut-il que cette expédition hors de France soit financièrement profitable ! Depuis longtemps, Alexandre a envie de visiter la Suisse, pays paisible et démocratique. Pourquoi n'en pas rapporter deux beaux volumes d'impressions ? Pratique, il propose l'affaire au libraire Gosselin. Le bonhomme, buté comme une mule, n'en veut pas. « La Suisse, dit-il, est un pays usé sur lequel il n'y a plus rien à écrire. Tout le monde y a été. » Mais Alexandre ne démord pas de son idée. Il négocie avec Harel la remise du manuscrit du *Fils de l'émigré* contre les trois mille francs promis à titre de prime, plus une traite de deux mille francs. Simultanément, il fait établir un passeport pour lui, un autre pour Belle, et hâte les préparatifs du départ.

Avant tout, il entend satisfaire à ses obligations de cœur et de famille. Tandis que sa maîtresse principale, ravie de l'aventure, s'affaire au milieu des valises, il court chez l'autre, la chère Ida, qu'il a continué d'honorer de temps à autre de ses attentions, la serre dans ses bras, la couvre de baisers, lui assure que leur séparation sera brève et qu'il lui reviendra plus amoureux que jamais ; son fils, le petit Alexandre (huit ans), qui se morfond dans sa pension, a droit lui aussi à des cajoleries et à de douces paroles ; Dumas va même jusqu'à faire une rapide visite à sa fille, Marie-Alexandrine (un an et demi), que Belle et lui ont placée en nourrice ; enfin, il se penche tendrement sur sa mère, à demi paralysée, en lui jurant que toutes les dispositions sont prises pour qu'elle ne manque de rien en son absence. Ainsi, bon amant, bon père, bon fils, Alexandre devrait se sentir en paix avec lui-même. Et pourtant, il envisage avec dépit cette sorte d'exil qu'on lui impose pour le punir de n'être pas toujours de l'avis du gouvernement. Son père, le général Dumas, a également subi autrefois la suspicion humiliante du pouvoir. Mais, à l'époque, il s'agissait de Napoléon. Aujourd'hui, Alexandre n'a plus en face de lui que Louis-Philippe. Nuance !

Le 21 juillet 1832 au soir, il prend la diligence avec Belle qui se pelotonne contre lui, tout émerveillée à la perspective de ce dépaysement sentimental et politique. Alexandre est heureux qu'elle, du moins, interprète sa disgrâce comme une faveur du Ciel.

III

Écriture, duels et procès

A peine Alexandre a-t-il posé le pied sur le sol béni de la Suisse qu'il se sent revigoré et comme rajeuni. Sa curiosité est si exigeante que ses habituels tracas d'écrivain lui semblent appartenir à un autre et qu'il n'a plus qu'une envie, ouvrir les yeux et les oreilles pour absorber l'enseignement de ce monde nouveau. « Voyager, écrira-t-il, c'est vivre dans toute la plénitude du mot, c'est oublier le passé et l'avenir pour le présent ; c'est respirer à pleine poitrine, jouir de tout, s'emparer de la création comme d'une chose qui est sienne [1]. » Emporté par sa soif de connaissance, il ne se lasse pas de visiter les paysages et les monuments remarquables, tout en questionnant les autochtones sur leur mode de vie et leurs souvenirs. Il fait des excursions en montagne, participe à une chasse au chamois, pêche la truite à la lanterne et se lie d'amitié avec un sujet britannique, qui sera tué devant lui en duel par un commis voyageur bonapartiste. Suprême honneur, il rencontre Chateaubriand, exilé volontaire, qui se dit prêt à rentrer en France si, par malheur, la duchesse de Berry est arrêtée et qu'on ait besoin de lui pour la défendre. L'admiration

1. Alexandre Dumas : *Impressions de voyage.*

d'Alexandre pour l'auteur du *Génie du christianisme* est telle qu'il croit déceler en ce champion déclaré du légitimisme des traces de bon sens démocratique. Il a également la chance d'être présenté à Hortense de Beauharnais, fille de l'impératrice Joséphine et mère de Louis Napoléon Bonaparte. Invité à dîner par elle, il succombe au charme de cette grande dame si proche de la légende napoléonienne, et, payant d'audace, la prie de se mettre au piano, en sortant de table, et de lui chanter une romance de sa composition. En l'écoutant, il croit entendre sa sœur interprétant le même air, *Vous me quittez pour marcher à la gloire*, alors qu'il avait cinq ans. Emue par la vénération qu'il lui témoigne, Hortense de Beauharnais le réinvite pour le lendemain matin. Ce jour-là, au cours d'une promenade dans le parc, il a avec elle une discussion politique et tente de lui expliquer qu'il est un « républicain social », donc fréquentable, ce qui l'oppose aux « républicains révolutionnaires », responsables des plus graves égarements et des pires violences. Pour lui, le bonheur des petites gens s'accommode très bien d'un gouvernement fort et équitable. Le tout, pour un chef d'Etat, est de savoir concilier justice et charité, souci de l'ordre et bienveillance. Amusée par ces propos raisonnables, Hortense de Beauharnais pense aux aspirations politiques de son fils et interroge Alexandre sur ce qu'il dirait à Louis Napoléon Bonaparte, si ce dernier éprouvait la tentation du pouvoir. Interloqué, Alexandre prend le temps de la réflexion, puis laisse tomber un avis catégorique : « Je lui dirais d'obtenir la radiation de son exil, d'acheter une terre en France, de se faire élire député, de tâcher, par son talent, de disposer de la majorité à la Chambre et de s'en servir pour déposer Louis-Philippe et se faire élire roi à sa place. » Elle le récompense de ces bonnes paroles en lui montrant les reliques qu'elle a gardées du temps de l'Empire. Auprès d'elle, il ne sait plus s'il se trouve dans un salon mondain ou dans un musée à la gloire de Napoléon. Quelques jours plus tard, autre sujet d'émerveillement, il se promène au-dessus de Chamonix, dans le chaos éblouissant de la mer de Glace. Le guide Jacques Balmat lui raconte l'ascension du mont Blanc qu'il a faite, en 1786, avec le docteur Paccard, un an avant Saussure. Doublement fasciné, Alexandre admire à la fois la blancheur des neiges éternelles et le courage de l'homme qui les a foulées le premier. Il redescend dans la vallée avec la sensation d'avoir pris un bain de pureté en même temps qu'une leçon d'énergie.

Bien qu'elle ne l'accompagne pas dans ses courses les plus aventureuses, Belle se réjouit de le voir à nouveau si gaillard et si déterminé. Après trois mois d'errance à travers les Alpes suisses, françaises, italiennes, Alexandre a hâte soudain de se replonger dans la marmite parisienne, toute bouillonnante de littérature et de politique. En son absence, le choléra a encore reculé, un ministère Soult a été mis en place, avec Thiers à l'Intérieur et Guizot à l'Instruction publique, la France est intervenue militairement pour faire reconnaître par les Pays-Bas l'indépendance de la Belgique... Mais la nouvelle la plus importante pour Alexandre, c'est l'échec du *Fils de l'émigré*, qui a été représenté alors qu'il voyageait en Suisse. Accueillie par des coups de sifflet le soir de la première, la pièce n'a tenu que neuf jours. Bien que le nom de Dumas n'ait pas figuré sur l'affiche, c'est lui que les journalistes accusent de n'avoir plus une once d'imagination. « Il n'y a pas de critiques possibles sur de semblables pièces, lit-on dans *Le Constitutionnel*; on les quitte le plus vite que l'on peut, comme on repousse du pied un objet rebutant. Où en sommes-nous pour qu'il y ait un nom d'homme de talent attaché à ce drame comme à un poteau ? Il est vrai que cet écrivain a trouvé, cette fois, sa peine dans le délit même : son talent y semble mort tout entier. » Ainsi, alors qu'il croyait s'être régénéré au bon air des montagnes, à Paris on le considère comme définitivement enterré. « La curée était complète, notera-t-il dans ses *Mémoires*; il ne me restait plus un lambeau de chair sur les os. » En vain essaie-t-il de reprendre contact avec des directeurs de théâtre. Les gens de spectacle sont superstitieux. C'est à peine s'ils le reconnaissent en le croisant dans les coulisses. Pour la plupart d'entre eux, il porte la guigne !

Et, par-dessus le marché, il doit subir les jérémiades d'Ida. Il a pu la faire engager au Palais-Royal. Mais elle est sur le point d'être renvoyée et il ne sait à qui s'adresser pour lui décrocher un bout de rôle dans une troupe honorable. De son côté, malgré la petite pension qu'il lui verse, Laure Labay se plaint d'être constamment à court d'argent et demande à son ancien amant d'intervenir auprès de Cavé, à la Direction de la librairie, afin d'obtenir un brevet de marchande de livres. Cette mesure, dit-elle, permettra plus tard à leur jeune fils d'avoir une occupation stable et rémunératrice. Alexandre s'exécute de bonne grâce. Mais il doit songer aussi à alimenter sa caisse personnelle pour subvenir aux besoins des femmes et des enfants qui, à un titre ou à un autre, dépendent de lui : premièrement, sa mère, deuxièmement, Laure Labay et son coquin d'Alexandre, lequel va sur ses neuf ans et montre déjà qu'il a de la jugeote et du caractère, troisièmement, Belle, toujours plus présente et plus exigeante, quatrièmement, Ida, qui rêve d'une improbable carrière sur les planches, et leur fille, la petite Marie-Alexandrine, dont il faut payer régulièrement la nourrice... Jusqu'à ces derniers temps, il a été tiré d'affaire par Harel. Mais le directeur de la Porte-Saint-Martin a perdu beaucoup d'argent avec *Le Fils de l'émigré* et se contente maintenant de digérer leur échec à tous deux. Alexandre tire la leçon de ces contre-temps. « Je renonçai donc, pour le moment, au théâtre », notera-t-il. Pourtant, il n'abandonne pas la plume. Simplement, il change de terrain. Tout en rédigeant ses *Impressions de voyage*, il écrit trois nouvelles (*Le Pont de Montereau*, *Le Traité*, *La Course*) qui seront publiées avec succès dans la *Revue des Deux Mondes*. Surtout, il se remet à son grand projet, *Gaule et France*. Pour se documenter sur l'évolution du pays depuis son invasion par les Germains jusqu'aux affrontements, durant le XVe siècle, avec l'Angleterre, il pioche sans vergogne dans les ouvrages des historiens professionnels. Loin de le décourager, son ignorance lui ouvre l'appétit jusqu'à la boulimie. Il lui paraît essentiel d'expliquer à ses concitoyens comment d'un aggloméraț de peuplades disparates ont pu se dégager, au fil des ans, une nation, une langue, une culture, une patrie. Il lit avec passion les *Lettres sur l'Histoire de France* d'Augustin Thierry, les *Etudes historiques* de Chateaubriand, il prend des notes, il médite, il rêve... Au fond, il aimerait apprendre l'Histoire de France aux Français tout en les distrayant. N'est-ce pas ainsi qu'il l'a apprise lui-même, au hasard de ses plongées dans les ouvrages réputés ennuyeux ? Et puis, il vient d'aboutir à une découverte capitale : il trouve très agréable d'être, en quelque sorte, l'unique interprète de son œuvre, au lieu de la faire jouer par trente-six acteurs sous forme de dialogues. En se substituant à lui pour animer un sujet qu'il a conçu de bout en bout, les comédiens lui volent le premier rôle, celui, infiniment respectable, du narrateur. Il se rappelle l'excitation joyeuse qu'il éprouvait aux soirées de l'Arsenal, quand Charles Nodier le priait de prendre la parole devant ses invités. A ces moments-là, il était seul en face de son public, comme il est seul, aujourd'hui, devant son papier. Et c'était, et c'est encore, cet exercice de conteur libéré de toute entrave qu'il préfère ! A bas le théâtre ! Vive le livre !

Dans sa volte-face, il s'étonne même que d'autres écrivains de talent s'acharnent encore à travailler pour la scène. Victor Hugo est du nombre. La première du *Roi s'amuse* a eu lieu le 22 novembre 1832. Alexandre n'y a pas assisté : il voulait marquer une certaine distance entre lui et l'auteur. Leurs maîtresses respectives, Ida Ferrier pour Dumas, Juliette Drouet pour Hugo, sont d'ailleurs rivales sur scène et se détestent. « Un peu de froid s'était glissé dans mes relations avec Hugo, avouera Alexandre ; des amis communs nous avaient à peu près brouillés. » Or, Hugo traverse une mauvaise passe. *Le roi s'amuse*, fraîchement accueilli par le public, est interdit, le lendemain, sur une décision de Thiers. De nouveau la censure, raidie dans son corset, règne sur toutes les plumes de France. Raison de plus, juge Alexandre, pour ne plus se risquer dans la comédie ou le mélodrame.

Du reste, le vrai théâtre n'est plus seulement sous les feux de la rampe, il est dans la ville, dans le pays qui s'agite autour de l'extravagante aventure de la duchesse de Berry. Arrêtée le 6 novembre, à Nantes, par le général Paul Dermoncourt au terme d'une équipée rocambolesque, elle a été incarcérée dans la forteresse de Blaye. Les journaux royalistes crient au scandale. Le marquis de Dreux-Brézé interpelle le gouvernement à la Chambre des pairs au sujet du traitement barbare infligé à la mère du comte de Chambord. Deux médecins sont dépêchés par le gouvernement pour examiner l'état de santé de l'illustre captive. Aussitôt après, *Le Corsaire* insinue que, si elle se dit fatiguée, c'est qu'elle subit les effets normaux d'une grossesse. Les légitimistes indignés envoient un défi collectif à la rédaction de cet ignoble journal, qui ose insulter à la réputation d'une grande dame. Les feuilles républicaines (*La Tribune*, *Le National*) prennent la défense de leurs confrères injustement soupçonnés de mensonge. Epaulé par toute la gauche, *Le Corsaire* maintient son information au sujet d'un heureux événement attendu à la forteresse de Blaye. Du coup, Armand Carrel, du *National*, se voit provoquer en duel par une douzaine de champions de la duchesse. Ce cartel met le feu aux poudres. De nombreux libéraux se portent volontaires pour affronter les légitimistes sur le terrain. Tout en estimant cette affaire hautement ridicule, Alexandre assure Carrel de son soutien moral. Il lui rend même visite pour s'informer de ses qualités d'escrimeur et lui enseigner deux ou trois bottes de sa façon. Trop tard ! La rencontre a déjà eu lieu et Carrel a été grièvement blessé à l'aine par son adversaire. Il est soigné par le célèbre Dupuytren. Tout Paris défile dans l'antichambre du « martyr » pour déposer sa carte en hommage : Dumas, Béranger, La Fayette, Thiers, et même Chateaubriand qui, sans partager les opinions de Carrel, s'incline devant sa bravoure. Pour venger l'infortuné rédacteur du *National*, les témoins qui l'ont assisté lors du duel provoquent ceux de son adversaire. C'est une véritable bataille de clans, aussi enragés l'un que l'autre. Pressé par ses amis, Alexandre ne peut leur refuser cette marque de solidarité sans être accusé de poltronnerie. Mais qui choisir parmi les partisans de la duchesse pour croiser le fer avec lui ? Il jette son dévolu sur Beauchêne, un excellent ami, nostalgique de Charles X, et qui a l'avantage de résider, en ce moment, à la campagne et de ne pouvoir se déplacer. Il lui écrit : « Mon cher Beauchêne, si votre parti est aussi bête que le mien et vous force à vous battre, je vous demande la préférence, enchanté que je serai toujours de vous donner une preuve d'estime, à défaut d'une preuve d'amitié. » Beauchêne comprend fort bien l'embarras et même la réticence d'Alexandre. Retenu loin de Paris, il propose de remettre à plus tard cette rencontre d'honneur. En somme, les deux champions sont soulagés, chacun de son côté, de n'avoir pas à défendre une cause à laquelle ni l'un ni l'autre ne croient plus.

Entre-temps, Alexandre a assisté, le 2 février 1833, à la première de *Lucrèce Borgia*, la nouvelle œuvre de Hugo, avec qui il s'est plus ou moins raccommodé. Il juge la pièce exécrable et s'étonne du triomphe que les étudiants, les rapins et les plumitifs du romantisme font à ce plat indigeste. A la sortie du théâtre, ils hurlent le nom de l'auteur, dételIent les chevaux de son fiacre et l'escortent en l'acclamant. Ont-ils oublié que, si un certain Dumas n'avait pas écrit *La Tour de Nesle*, avec ses péripéties énormes et ses répliques fracassantes, Hugo n'aurait sans doute jamais eu l'idée de bâtir cette fable en prose, noire comme l'encre et fausse comme de la monnaie de singe ? On raconte dans les coulisses et les salles de rédaction que l'épouse du glorieux Victor, la douce Adèle, le trompe avec Sainte-Beuve et que Victor lui rend la pareille en la cocufiant avec la très jeune et très appétissante Juliette Drouet. Celle-ci a d'ailleurs joué fort correctement dans *Lucrèce Borgia.* Ce n'est certes pas Alexandre qui reprocherait à Hugo ses infidélités. Elles forment depuis trop longtemps la trame de sa propre existence ! Dès son plus jeune âge, il a appris à considérer le monde comme un terrain de chasse dont les femmes constituent le merveilleux gibier. Que serait la vie sans cette perpétuelle traque, ces mensonges, ces scènes de jalousie, ces pleurs et ces promesses d'amour éternel sur l'oreiller ? Cependant, autour de lui, les insultes par journaux interposés, les conciliabules de témoins, les menaces de rencontre sur le pré couvrent, par instants, le murmure qui monte des alcôves. Pour calmer l'ardeur des duellistes, le gouvernement fait procéder à quelques arrestations préventives. Puis, soudain, les passions se dégonflent : *Le Moniteur* publie une déclaration de la duchesse de Berry annonçant qu'elle s'est mariée secrètement en Italie avec un prince italien et qu'elle est bel et bien enceinte.

Leur idole ainsi découronnée, les adorateurs de l'Amazone courbent le dos au milieu des ricanements de leurs adversaires. Mais Alexandre profite des confidences du général Paul Dermoncourt, celui-là même qui a arrêté la duchesse sur l'ordre du roi, pour écrire un récit, *Vendée et Madame*, inspiré par la folle équipée de la prisonnière. Il y présente son héroïne comme étant une aristocrate résolue, chimérique et superbe, mais souligne en même temps l'esprit chevaleresque de l'homme qui a mis fin à ses agissements. Ainsi, tout le monde est content : les partisans de la noble aventurière et ceux des défenseurs de l'ordre.

Alexandre souhaiterait qu'un même esprit de conciliation animât le roi dans les moindres manifestations de son autorité. Mais Louis-Philippe a la rancune tenace. Il a donné un grand bal costumé, le 18 février, aux Tuileries, et n'a pas jugé nécessaire d'y inviter Dumas. Est-ce un oubli ou une insulte ? Alexandre croit plutôt que Sa Majesté, par principe, refuse d'ouvrir les portes de son palais à un républicain. Encouragé par ses amis, il décide de relever le défi et d'organiser son propre bal costumé, dont les fastes et la gaieté éclipseront les tristes somptuosités officielles. Il a mis assez d'argent de côté pour se payer une telle folie. D'ailleurs il n'a jamais su compter et l'insouciance lui a toujours réussi. Belle l'approuve avec un enthousiasme de fillette attardée. Elle se préoccupe déjà de sa coiffure, de sa toilette... Alexandre ayant l'intention de lancer plus de trois cents invitations et son appartement étant trop petit pour contenir une telle foule, son propriétaire consent à lui prêter, pour l'occasion, un vaste local inoccupé sur le même palier. La décoration des lieux est confiée aux plus grands artistes, qui acceptent de travailler gratuitement. Ciceri, le décorateur habituel de l'Opéra, fait tendre des toiles sur les murs nus et apporte le matériel, pinceaux, brosses, torchons, couleurs. Les peintres rivalisent d'ardeur, au coude-à-coude, pour historier les panneaux. Même Delacroix se met de la partie. Sans daigner tomber la veste ni relever ses manches, il esquisse, avec virtuosité, un magnifique « Roi Rodrigue après la bataille ». Des cartons d'invitation sont envoyés aux quatre coins de Paris : « M. Alexandre Dumas prie M... de lui faire l'honneur de venir passer la soirée chez lui, le samedi 30 mars. Le travestissement est de rigueur. On se réunira à dix heures, rue Saint-Lazare, n° 40. » Pour agrémenter le souper, il conduit lui-même une expédition de chasse dans la forêt de la Ferté-Vidame et en revient avec neuf chevreuils et trois lièvres. Quelques chevreuils sont cédés au traiteur Chevet en échange d'un saumon, d'une « galantine colossale » et de l'accommodement, en « rôtis dans toute leur taille », du gibier restant. Déjà, les serveurs de Chevet dressent les tables, disposent les couverts. On chauffe les pièces à grand feu pour sécher les toiles fraîchement peintes. Trois cents bouteilles de bordeaux, trois cents bouteilles de bourgogne, cinq cents bouteilles de champagne attendent les soiffards. Les premiers invités ne vont pas tarder à franchir la porte. Alexandre et Belle se dépêchent de s'habiller pour les recevoir. Alexandre endosse un costume copié sur des gravures du XVIe siècle : il est le frère du Titien : justaucorps vert d'eau broché d'or, retenu sur le devant de la chemise par un lacet d'or et rattaché à l'épaule et au coude par des lacets identiques. Tel quel, athlétique, jovial, rayonnant, il est, à lui seul, tout le siècle de François Ier et de Charles Quint. Alexandre songe que, sans doute, il eût été plus à sa place en ces temps de raffinement et de barbarie que sous le règne étriqué de Louis-Philippe. Belle apparaît à son tour, dans une robe de velours noir à collerette empesée. Un feutre noir, à plumes noires, coiffe ses beaux cheveux bruns et lustrés. Elle est Hélène Fourment, la seconde femme de Rubens. La sobriété de sa tenue contraste avec l'éclat seigneurial de celle qu'arbore Alexandre. Il ne peut s'empêcher de la trouver jolie, avec sa peau de lait et ses yeux bleus scintillant d'allégresse. Plus jolie qu'Ida, laquelle, bien entendu, n'a pas été invitée pour éviter un esclandre ! Mais il y a trop longtemps que Belle et lui sont ensemble ! L'habitude des corps décourage le retour du désir. Seule la découverte d'une nouvelle peau, d'une nouvelle âme, d'une nouvelle caresse, empêche un homme de s'encroûter. Alexandre s'avise soudain que cette fête, dont Belle se promet tant de joie, pourrait bien être la soirée de leurs adieux.

Les deux orchestres engagés pour animer le bal ont pris place dans les deux appartements qui se font vis-à-vis et dont les portes ont été ouvertes sur le palier. Le flot des amis déferle. Tout ce que Paris compte de célébrités a voulu répondre à l'invitation de ce rufian de Dumas. Il y a là, pêle-mêle, des écrivains, des peintres, des journalistes, des éditeurs, des politiciens, des comédiens et des comédiennes... Alexandre attendait trois cents personnes. C'est le double, au bas mot, qui se presse dans un extraordinaire concours de travestis, de dominos et de masques. Le brouhaha des conversations est ponctué par des éclats de rire. Des marquis, des moines, des astrologues, des fées, des pages, des princes arabes, des corsaires, des dames de la cour d'Henri IV se pavanent sous leurs déguisements d'une nuit. A trois heures, on soupe par grandes tablées bruyantes. L'odeur des fenaisons rôties se mêle à celle de la transpiration, du tabac et des cosmétiques. Après le dessert, largement arrosé de champagne, le bal commence par une sarabande échevelée. Le vertige s'empare des têtes les plus graves. Un homme d'Etat se trémousse entre les bras d'une sorcière à demi ivre. Un poète laisse tomber son nez sur le sein d'une nonne opulente, dont la coiffe oscille au rythme de la valse. En les voyant, Belle peut croire que son Alexandre est un magicien, puisque tant de personnages illustres dansent au son de sa musique : voici Alfred de Musset, Odilon Barrot, Rossini, Delacroix, Mlle Mars, Mlle George, Frédérick Lemaître, Eugène Sue, Pétrus Borel, Gérard de Nerval... Vigny n'a pas pu venir, retenu au chevet de sa mère malade, ni Hugo. Mais celui-ci n'a fourni aucune excuse. Belle regrette son absence. Il est si ombrageux, si chatouilleux ! Sans doute est-il encore agacé par la popularité d'Alexandre !

A neuf heures du matin, toute la compagnie, précédée par les deux orchestres, se déverse dans la rue et se livre à un galop endiablé. La tête du cortège sautillant atteint le boulevard, tandis que la queue piétine devant la maison. Alertés par les accords des violons, les battements de pieds et les gloussements de femmes, des voisins se mettent à leurs fenêtres. Quand les derniers invités se sont dispersés dans la froide lumière du jour, Alexandre et Belle remontent chez eux pour trouver leur intérieur saccagé, un vague relent de victuailles autour des tables, des débris de cotillons par terre et la silencieuse solitude de deux amants qui ne savent plus se parler cœur à cœur.

Le règne de Belle est terminé ; celui d'Ida commence. En cadeau de joyeux avènement, Alexandre, revenant au théâtre, écrit pour la nouvelle élue un drame, *Angèle*, dont l'argument lui paraît à la fois original et osé : un arriviste insolent, Alvimar, a résolu de s'élever dans les honneurs par les femmes. Y a-t-il plus agréable marchepied que le corps d'une maîtresse pour grimper dans l'échelle sociale ? Ayant séduit une riche héritière, Angèle, il découvre que la mère de celle-ci est également très désirable et que, mieux que sa fille, elle l'aiderait à réussir. Or, entre-temps, il a mis Angèle enceinte. Peu lui importe ! Au lieu de reconnaître cette paternité, il prétend épouser la mère de la malheureuse. Un homme de qualité, le docteur Muller, qui est follement épris d'Angèle, se présente à temps pour dénouer la situation. Bien que tuberculeux au dernier degré, il provoque Alvimar en duel, le tue et se marie avec Angèle, non sans l'avoir préalablement accouchée. Un rôle en or pour Ida. Comme elle est plutôt corpulente, elle incarnera à merveille la jolie Angèle, alourdie par plusieurs mois de grossesse. L'affaire se présente donc sous un jour favorable. Reste à trouver un directeur de théâtre assez audacieux pour accueillir chez lui cette pièce réaliste. Le providentiel Harel s'avance et propose une combinaison intéressante. Il se dit prêt à monter *Angèle* à la Porte-Saint-Martin, fût-ce avec une demi-inconnue comme Ida Ferrier en tête de la distribution. En outre, il s'engage à reprendre *Térésa* aux conditions habituelles. Alexandre accepte, contre la promesse qu'*Angèle* sera créée aussitôt après *Marie Tudor* de Victor Hugo, dont la première représentation, sur la même scène, est prévue pour l'automne prochain. En fait, cette *Angèle* sur laquelle il compte pour reconquérir la première place comme dramaturge, tout en servant au mieux la carrière d'Ida, il l'a écrite, une fois encore, avec la collaboration d'Anicet Bourgeois. Mais il voudrait la signer seul. Anicet n'y voit aucun inconvénient. Dans un travail d'équipe, la vanité d'auteur s'efface, la plupart du temps, devant les avantages financiers. Ravie de l'aubaine, Ida se monte la tête et compte les jours qui la séparent du début des répétitions.

De son côté, en attendant ce nouveau rendez-vous avec le public, Alexandre fait un brin de cour, pour s'amuser, à l'incandescente George Sand. Bien que sérieusement éprise de Marie Dorval, elle vient de rompre avec Jules Sandeau, se divertit, à ses moments perdus, avec le critique Gustave Planche et se dit toute disposée à « essayer » Dumas. Mais Alexandre est circonspect. Malgré le guet-apens amoureux manigancé par Sainte-Beuve pour le décider à brûler les étapes, il craint de se fourvoyer en s'intéressant de trop près à cette dévoreuse d'hommes. Il l'observe, la flatte, la provoque et la redoute. Le 19 juin, lors d'un dîner en l'honneur des collaborateurs de la *Revue des Deux Mondes*, il se retrouve assis à table avec elle, Gustave Planche et Buloz. Le nom de Marie Dorval passe dans la conversation. Mal inspiré, Alexandre se permet une innocente plaisanterie au sujet de cette charmante actrice qui est aimée à la fois par l'auteur de *Stello* et par celui d'*Indiana*. George Sand étouffe de colère. Cette allusion à ses rapports avec Marie Dorval l'a, dit-elle, atteinte dans sa dignité. Le lendemain, obéissant à une impulsion virile, elle provoque Alexandre en duel. Il rit de ce cartel incongru : on ne se bat pas avec une personne du beau sexe ! En revanche, il se déclare prêt à rencontrer sur le terrain celui qui se présente comme son chevalier servant : Gustave Planche. Ce dernier accepte le défi, mais, comme il souffre d'ophtalmie, il demande un petit délai. Elégant, Alexandre lui répond : « Je suis, comme vous me l'avez demandé, à vos ordres pour le jour et le lieu : quant aux armes, ce sera l'affaire de nos témoins. » Il a déjà choisi les siens. Cependant il veut bien, dit-il, se rétracter, à condition que Planche lui écrive qu'il n'est pas l'amant de George Sand et que, par conséquent, il n'a à répondre « ni de ses propos passés ni de ses propos à venir ». Comprenant qu'il s'est trop aventuré en prenant fait et cause pour George Sand, Gustave Planche accepte de certifier, noir sur blanc, qu'il n'y a rien d'autre entre lui et la romancière qu'une grande amitié et qu'il n'est nullement responsable des paroles qu'elle prononce en public. L'affaire étant ainsi arrangée à l'amiable, George Sand se tourne tout entière vers Musset, qui sera sa prochaine victime, et Alexandre part se reposer chez des amis, à Vizille, dans l'Isère.

Là, il poursuit la rédaction de ses *Impressions de voyage* et la mise au point du manuscrit d'*Angèle. Gaule et France*, qui vient de paraître, a été salué par un flot de louanges dans *La Revue de Paris* et férocement démoli par Granier de Cassagnac dans *L'Europe littéraire*. Mais ledit Granier de Cassagnac ne se contente pas de cet étrillage en règle. Hugo l'ayant fait entrer au *Journal des Débats*, il présente à son protecteur, en guise de remerciement, un nouvel article plus injurieux encore à l'égard de Dumas. Dithyrambique pour Hugo, « le plus grand poète français », cette chronique reprend, en les aggravant, les accusations les plus violentes contre son concurrent. Selon Granier de Cassagnac, Dumas serait un vil plagiaire, nourri du talent de Walter Scott, de Schiller, de Lope de Vega et de vingt autres. Tout ce qu'il propose au public est volé, falsifié, truqué. C'est le forban de la littérature. Hugo lit le pamphlet et se réjouit *in petto* de voir cravaché de la sorte un écrivain qui est son rival. Cependant, il déconseille la publication de ces lignes terribles. A son avis, il serait maladroit d'irriter Dumas et ses nombreux amis, alors que sa propre pièce, *Marie Tudor*, est sur le point d'être jouée à la Porte-Saint-Martin. Le soir de la première, on aura besoin de tous les dévouements, de toutes les voix, de tous les battoirs. Donc, patience ! La chronique de Granier de Cassagnac peut attendre. C'est François Bertin, le propriétaire du *Journal des Débats*, qui décidera s'il faut l'insérer, et dans quel numéro.

Au début du mois d'octobre, Alexandre regagne Paris et se préoccupe d'abord de régler des questions matérielles.

Ayant rompu sans éclat avec Belle, il lui laisse l'appartement de la rue Saint-Lazare jusqu'au jour où elle devra partir en tournée. Reprenant ses habitudes de célibataire, il loge, en attendant mieux, dans un garni. Ida, elle, habite rue de Lancry, non loin du boulevard Saint-Martin. Elle y reçoit d'ailleurs d'étranges visites. Alexandre sait qu'elle n'est pas d'une fidélité à toute épreuve. Mais, parfois, oubliant ses propres fredaines, il explose. Ayant appris qu'une entremetteuse de haut vol, Mme Arnould, recommande Ida à ses clients et que ceux-ci apprécient les rondeurs de la jeune femme, il écrit à la responsable de son « déshonneur » : « La première fois que Madame Arnould enverra faire de nouvelles propositions rue de Lancry, n° 12, il y aura quelqu'un qui se chargera de la remercier à coups de cravache. » La maquerelle réplique du tac au tac : « Vous savez qu'il est dans mes attributions de faire des offres de service aux jolies dames, comme à vous de proposer vos ouvrages au public. La vertu de cette dame de la rue de Lancry, n° 12, ne datant pas d'assez loin pour qu'on ne se rappelle pas son passé ; en visitant les théâtres Montparnasse et Belleville, on est au courant de sa conduite privée : elle ne vous demande pas la permission de vous faire cocu lorsque cela lui convient, du reste, elle ferait bien de le faire souvent, afin de la mettre à même de payer trente mille francs de dettes. Un jaloux est un imbécile, un cocu est un homme d'esprit quand il sait se taire [1]. »

Bien entendu, Ida pleure, s'indigne, se justifie et la maquerelle disparaît de l'horizon. Alexandre pardonne. Tout cela, juge-t-il, est à la fois malpropre et amusant. N'ont-ils pas autant de torts l'un que l'autre ? On ne va pas se quitter pour si peu ! Et puis, derrière eux, il y a le théâtre, cette grande école de faux-semblants et de bonheurs éphémères. La scène console de la vie. Rue de Lancry, Ida est la

1. Cf. Claude Schopp : *Alexandre Dumas*.

voisine de l'ami Porcher, le roi de la claque. Elle compte sur lui et son équipe, le soir de la première d'*Angèle*. Mais on n'en est pas encore là, hélas ! D'après la convention signée avec Harel, cette maudite *Marie Tudor* doit passer avant le beau drame d'Alexandre. Ida souhaite que la pièce de Hugo ne fasse pas long feu afin que celle de Dumas soit rapidement programmée. Ce doit être aussi l'idée secrète d'Harel car, le 1er novembre 1833, il fait placarder une affiche ainsi conçue : « Incessamment, *Marie Tudor*. Prochainement, *Angèle*. » N'est-ce pas avouer publiquement que la direction prévoit la chute de l'œuvre citée en premier et met tout son espoir dans celle qui lui succédera ? La fureur de Hugo est celle d'un dieu de l'Olympe. Sans hésiter, il rend Dumas responsable de cette annonce injurieuse. Puisqu'il en est ainsi, il n'y a plus aucune raison de retarder la divulgation du réquisitoire cinglant de Granier de Cassagnac ! L'article paraît. Alexandre en prend connaissance avec étonnement, avec tristesse. Des amis communs lui apprennent que Hugo en a personnellement corrigé les épreuves et aiguisé les attaques. Constatant qu'il s'est trompé, une fois de plus, en accordant son admiration et sa confiance à un homme qui, malgré son génie, n'est qu'un confrère parmi les autres, il lui écrit : « Mon cher Victor, j'étais prévenu depuis longtemps qu'il devait y avoir, dans *Le Journal des Débats*, un article contre moi, et l'on ajoutait que cet article, sinon rédigé par vous, devait être fait sous votre patronage : je n'en croyais pas un mot. Aujourd'hui, on m'apporte l'article pour me le faire lire et je dois avouer que je ne comprends pas que, lié comme vous l'êtes avec M. Bertin [le propriétaire du journal], un article où il est question de moi passe sans vous être communiqué ; j'ai donc la conviction que vous connaissiez l'article. Que vous dirai-je, mon ami, sinon que je n'aurais jamais souffert, surtout à la veille d'une représentation d'une de mes pièces, qu'un article passât dans un journal où j'aurais eu l'influence que vous avez aux *Débats*, contre je ne dirai pas mon rival, mais mon ami. Toujours à vous quand même. »

Au lieu d'être touché par la douceur de ces reproches, Hugo répond avec un mélange de froideur et d'ambiguïté. Certes, il avoue avoir eu connaissance, depuis six semaines, de l'article de Granier de Cassagnac, mais, plutôt que de s'en prendre à lui, Alexandre devrait le remercier, dit-il, d'avoir, par son intervention, « évité le pire ». Et, sans autres explications, il conclut : « Je vous dirai tout quand vous viendrez : dix minutes de causerie éclairciront mieux les choses que dix lettres. Ne croyez pas de moi ce que je ne croirais pas de vous. – Victor Hugo. P.-S. Je vous réserve deux stalles pour la première représentation de *Marie Tudor*. En voulez-vous davantage ? » Hugo pourrait se contenter de cet échange de lettres confidentielles, mais, pour mieux justifier son attitude, il fait insérer dans les journaux la protestation de Dumas et sa propre réponse. Alexandre n'apprécie pas que leur différend soit ainsi jeté en pâture aux foules. Tout Paris est bientôt au courant de cette misérable histoire où l'auteur de *Marie Tudor* ne tient pas le beau rôle. Une erreur tactique pour Hugo. Le public est versatile. Ceux-là mêmes qui ont porté naguère *Lucrèce Borgia* aux nues font courir des bruits sur la médiocrité de *Marie Tudor*. La cabale s'enfle de jour en jour, sans qu'il soit possible d'en définir l'origine. Il est vrai que ce drame en prose, stigmatisant les vices des grands de ce monde, face à la générosité d'un ouvrier au cœur sublime, est quelque peu boursouflé et démagogique. Mais les spectateurs devraient aimer le caractère simpliste de la démonstration. Or, le soir de la première, la pièce est sifflée. Lors des annonces traditionnelles à la fin du spectacle, le nom de Hugo est même conspué sans rémission. Juliette Drouet, qui jouait Jane, en tombe malade de dépit. Le théâtre doit faire relâche. Par qui remplacer l'actrice défaillante ? Harel n'a qu'Ida Ferrier sous la main. Hugo, consulté entre deux portes, accepte, à contrecœur, ce pis-aller. Risquant le tout pour le tout, Alexandre fait répéter le rôle de Jane à sa maîtresse. Pour qui se dévoue-t-il ainsi ? Pour elle, qui est tellement fière de cette promotion ? Ou pour Hugo, dont la pièce pourra ainsi continuer, vaille que vaille, sa carrière ? Quand il a entendu, le soir de la première, les lazzi qui accueillaient certaines répliques du drame et jusqu'au nom de l'auteur, il a eu mal pour lui en se rappelant ses propres souffrances d'écrivain désavoué. Mais, en même temps, il n'a pu se défendre d'un trouble sentiment de revanche. Il sait que, désormais, il n'y aura plus jamais entre lui et Hugo de regards fraternels, de franches poignées de main. Incapable d'une longue haine, il se replie sur une désillusion philosophique.

Or, voici qu'on parle d'une possibilité de monter *Antony* à la Comédie-Française. Depuis la création de la pièce, en 1831, à la Porte-Saint-Martin, le rôle d'Adèle « appartient » moralement à Marie Dorval. Mais Marie Dorval, à qui appartient-elle ? A Alfred de Vigny ? A George Sand ? A Merle, le mari compréhensif ? Elle a eu des « bontés » pour Dumas, au moment où tous deux se félicitaient de la brillante réussite du spectacle. Il n'a pas gardé un mauvais souvenir de ce badinage. Elle non plus, d'ailleurs. Pourquoi ne pas renouveler une expérience aussi agréable ? Elle vient à peine de rentrer d'une tournée au Havre où elle a joué précisément *Antony*. Et voici qu'on lui offre de reprendre le rôle sur la première scène de France. Une chance à saisir. Alexandre en est aussi heureux qu'elle. Tous deux signent des contrats avantageux avec le théâtre. Sur sa lancée, Dumas promet d'écrire, en plus, une comédie et une tragédie. La seule vue de Marie Dorval le stimule. Elle, de son côté, tout en regrettant de tromper Vigny qu'elle aime tant et qui est « un ange », fond de plaisir dès qu'Alexandre lui frôle le bras. Il est inévitable, pense-t-elle, qu'entre une actrice et l'écrivain dont elle sait le texte par cœur se crée une secrète complicité de paroles, voire de sentiments et que cette union intellectuelle les conduise, à leur insu même, vers l'union physique. Alexandre lui plaît par sa robustesse, son ardeur africaine, son extravagance, son insouciance et sa légèreté. Elle cède, puisque manifestement ils sont faits l'un pour l'autre. Alexandre pavoise. Le plaisir avant tout ! Tant pis pour Ida. Ne l'a-t-il pas suffisamment dédommagée en lui offrant le premier rôle dans *Angèle* ? D'ailleurs, dans un faux ménage comme le leur, on ne peut parler que de fausses passions et de fausses infidélités. Cependant, par charité mais surtout par horreur des scènes, il lui cache sa nouvelle liaison. Marie Dorval est d'ailleurs souvent obligée de s'absenter pour jouer en province. Retenu à Paris, il lui écrit qu'il brûle du désir de la revoir. Mais voici qu'après s'être abandonnée à la jouissance elle s'abandonne au remords. Elle souffre, répète-t-elle dans ses lettres, de trahir la confiance d'un homme aussi admirable que Vigny : « Si je n'étais pas aimée comme je le suis, cette tromperie ne serait pas révoltante à mes yeux. [...] Avoir un secret comme celui que nous nous sommes fait, c'est affreux ! J'ai osé me donner à vous, je n'ose pas vous écrire parce que je n'ose pas penser. [...] Ce qui me sauve, c'est que votre amitié est bien plus grande que votre amour. C'est de l'amitié, croyez-le bien, que vous avez pour moi ; la contrainte dans laquelle on nous a fait vivre lui a donné un peu le caractère de l'amour et vous êtes devenu mon amant parce qu'il a fallu nous cacher pour nous voir. » Comme il insiste pour la rejoindre à Rouen, où elle se trouve en tournée, elle redouble de scrupules et de craintes : « Vous voulez donc venir ? Commencer ainsi l'année, cela nous portera malheur. L'amour que j'ai pour vous ne peut se trouver à l'aise dans mon cœur parce que la peur y tient toute la place. Pourras-tu la chasser, dis ? Je ne le crois pas ! Viens donc, puisque tu le veux, viens, et que ce soit un adieu, car je ne puis être ta maîtresse plus longtemps, vois-tu. [...] Brûle cette lettre si tu m'aimes, brûle-la, ôte-moi cette inquiétude que tu puisses la perdre ou qu'on la trouve sur toi. »

Cette longue missive gémissante est datée du 28 décembre. Or, le même jour, à la Porte-Saint-Martin, *Angèle*, mélodrame cruel, habile et larmoyant, remporte un joli succès. La hardiesse des situations, la violence du texte secouent heureusement le public. Les journalistes se plaisent à souligner le talent des interprètes, Bocage, Lockroy, Mlle Verneuil. Même Ida Ferrier, malgré « son embonpoint et sa voix nasillarde », a été à la hauteur dans le rôle de la jeune femme sacrifiée. Pourtant, un critique osera écrire que la prononciation de la comédienne est défectueuse, qu'elle bute sur le mot « maman », et qu'elle dit : « Baban, je suis bien balheureuse ! » Quant à Alexandre, *La Gazette des Lettres* va jusqu'à lui décerner le titre de « chef de l'école romantique moderne ». Hugo, ainsi détrôné par un « fabricant », manque d'en faire une jaunisse. Le croche-pied qu'il avait réservé à Dumas lors de la querelle autour de *Marie Tudor* le conduit à trébucher lui-même. Par contrecoup, Alexandre, porté au pinacle, exulte. Pour la première fois, on le prend au sérieux dans les salles de rédaction. Hippolyte Romand, analysant sa personnalité dans la *Revue des Deux Mondes*, proclame qu'il est « l'être le moins logicien qui soit [...], menteur en sa qualité de poète, avide en sa qualité d'artiste [...], trop libéral en amitié, trop despote en amour ; vain comme femme, ferme comme homme, égoïste comme Dieu, franc avec indiscrétion, obligeant sans discernement, oublieux jusqu'à l'insouciance, vagabond de corps et d'âme [...], Don Juan la nuit, Alcibiade le jour, véritable Protée, échappant à tous et à lui-même, aussi aimable par ses défauts que par ses qualités ».

Ce portrait satisfait pleinement Alexandre. Couronné à Paris par le public et la presse, il a hâte d'aller se faire couronner à Rouen par Marie Dorval. Avertie de ce projet, elle en est à la fois flattée et terrifiée. Que se passera-t-il si Vigny l'apprend ? Elle accepte de tromper « son » poète, mais pas de lui causer de la peine. « Comment se fait-il que tout le monde ici m'annonce ton arrivée ? écrit-elle à Alexandre. Tu es fou ! [...] Est-ce possible, tu veux donc que je reparte tout de suite ! [...] Peux-tu venir un jour ou deux plus tard ? C'est bien simple, viens dans le même hôtel, seulement ne viens pas dans ma chambre. [...] Tu m'enverras un petit mot pour me dire où sera ta chambre. »

N'écoutant que son instinct, Alexandre débarque à Rouen par la malle-poste, loue une chambre à l'hôtel, envoie le petit mot convenu et reçoit dans ses bras une Marie Dorval plus belle encore d'être bourrelée de remords. Ensemble, ils trahissent une fois de plus, avec une frénésie coupable, le cher Alfred, qui continue d'adresser des lettres de tristesse et de passion à sa maîtresse infidèle. Après trois jours de folie amoureuse, Alexandre repart pour Paris, afin de partager avec Ida les joies du succès d'*Angèle*. Avant son escapade à Rouen, il avait remarqué une jeune comédienne au théâtre de la Gaîté, Eugénie Sauvage. Comme elle semble peu farouche, il ne résiste pas à la tentation de faire plus ample connaissance avec elle. Les théâtres sont un inépuisable vivier de jeunes personnes jolies, faciles, expertes et pas trop sottes. Pourquoi chercher des femmes ailleurs que parmi ces délicieuses servantes de l'art dramatique ? Mais les ragots de coulisses se répandent telle une traînée de poudre. En rentrant à Paris, au mois de janvier 1834, Marie Dorval apprend qu'Alexandre a renoué avec Ida, qu'il l'a installée chez lui, dans un nouvel appartement, au numéro 30 de la rue Bleue, et qu'il est devenu l'amant de cette Eugénie Sauvage, une petite théâtreuse qui joue « les ingénuités » dans les mélodrames. En outre, Alfred de Vigny l'accable de questions embarrassantes. Liée par contrat, elle doit se rendre à Bordeaux pour une série de représentations. Cette obligation l'arrange, car elle ne sait plus démêler ses sentiments entre les deux hommes de sa vie. Alexandre s'offre à l'accompagner dans son voyage. Elle est tellement désemparée qu'elle accepte. La malle-poste l'emporte, le

24 janvier 1834, à six heures du soir. Pour éviter de nouveaux cancans, Alexandre ne se présente pas à l'embarquement dans la cour des Messageries et monte en voiture au relais suivant. Trois jours d'effusions amoureuses à la barbe de tous ceux qui lui envient sa maîtresse, et le voici qui prend seul le chemin du retour.

A Paris, Ida boude dans leur coquet appartement de la rue Bleue. Quelques mensonges et quelques baisers ont raison de sa mauvaise humeur. Elle pose à la parfaite maîtresse de maison. On a engagé un nouveau valet de chambre, Louis, pour remplacer l'ancien, Joseph, dont la main était par trop chapardeuse, et un aide-secrétaire, Fontaine, destiné à seconder le secrétaire en titre, Rusconi, qui se plaint d'être débordé de travail. Malgré cette organisation en apparence efficace, la production de Dumas s'essouffle. Quelques nouvelles, une pièce médiocre, *La Vénitienne*, en collaboration non avouée avec Anicet Bourgeois, une autre, *Catherine Howard*, qui est un rafistolage maladroit, en prose, de cette injouable *Edith aux longs cheveux* qu'il a commise en 1829. La critique est sévère. Le public aussi. Il est temps de réagir contre cette inexplicable désaffection. Sur ces entrefaites, Marie Dorval regagne à son tour la capitale. Mais des deux côtés, les feux sont éteints. Les amants décident de se séparer, tout en gardant l'un pour l'autre une amitié très tendre. Ida, qui a tout deviné, n'en continue pas moins à tourmenter Alexandre de ses soupçons et de ses exigences. Il vit dans une atmosphère orageuse, où les crises de nerfs succèdent aux éclats de joie et où les baisers ont un goût de larmes. Tout en s'efforçant de rassurer Ida sur la sincérité de ses sentiments, il se dévoue en cachette pour aider Marie Dorval à surmonter les intrigues qui se nouent autour d'elle au Théâtre-Français à l'instigation de la redoutable Mlle Mars. A grand-peine il obtient que la reprise d'*Antony*, avec Marie Dorval dans le premier rôle, soit fixée au 28 avril. La date paraît bien choisie. Mais, le 13 avril, des émeutes éclatent à Paris, en écho à « l'insurrection des mutuellistes » de Lyon, et la Garde nationale intervient avec une vigueur excessive pour disperser les manifestants. Ces troubles ne vont-ils pas empêcher le nouvel essor d'*Antony* ? Décidément, songe Alexandre, la politique est la principale ennemie de la littérature. Il suffit qu'un écrivain cherche à s'imposer par une œuvre de qualité pour que des événements extérieurs l'en empêchent. On dirait que, tour à tour, le peuple et le gouvernement s'ingénient à mettre des bâtons dans les roues à tous ceux qui s'entêtent à vouloir réussir en France !

Un lundi matin, Alexandre est réveillé par son fils qui arrive tout droit de sa pension, l'air bouleversé, et tenant à la main un numéro du *Constitutionnel.* C'est le directeur de l'établissement, un ancien collaborateur de Dumas, Prosper Goubaux, qui l'envoie en « messager de malheur ». L'affaire, selon Goubaux, est des plus graves. Alexandre jette un regard sur la première page du journal et saisit immédiatement le danger qui le menace. Dans un article virulent, le député et académicien Antoine Jay s'indigne que la subvention du Théâtre-Français ait été portée à deux cent mille francs, alors qu'on s'apprête à y représenter *Antony*, « l'ouvrage le plus hardiment obscène qui ait paru en ces temps d'obscénité ». L'auteur du factum conclut en sommant Thiers d'interdire une pièce qui n'a d'autre but que de « corrompre la jeunesse ». Déjà, à l'instigation de ce « père la vertu », qui est également rapporteur du budget des théâtres, une offensive a été déclenchée à la Chambre, visant à ne pas voter la subvention prévue pour la Comédie-Française. Un tel refus aurait pour première conséquence de faire retirer *Antony* de l'affiche. Or, Thiers ne peut rester insensible à l'hostilité parlementaire. Au lieu de faire front, il se dérobe et ordonne de suspendre la représentation de la pièce. Hors de lui, Alexandre se précipite au ministère. Il tempête, menace Thiers de le traîner devant le tribunal de commerce et de le faire condamner au travers de l'actuel administrateur de la Maison de Molière, Jouslin de la Salle. Puis, Thiers ne revenant pas sur sa décision, il sort du bureau en claquant la porte. Consternée autant que lui, Marie Dorval envoie à Antoine Jay une couronne de rosière dans un carton noué d'une faveur blanche, avec ce billet ironique : « Monsieur. Voici une couronne jetée à mes pieds dans *Antony*, permettez-moi de la déposer sur votre tête. Je vous devais cet hommage. Personne ne sait davantage combien vous l'avez méritée. » Le procès contre Jouslin de la Salle traîne pendant plusieurs audiences et se termine le 14 juillet 1834 : Jouslin est condamné à se conformer au contrat initial ou à verser au demandeur la somme de dix mille francs à titre de dommages et intérêts. Il fait appel et propose à Alexandre un arrangement à l'amiable : six mille francs d'emblée contre l'abandon de toute revendication ultérieure. Alexandre a besoin d'argent frais. Il signe le compromis. Tant pis pour le public qui devra se passer d'*Antony* cette saison, et peut-être à jamais !

Cependant, Alexandre est déjà entraîné dans un autre procès ; cette fois, ce n'est pas lui le plaignant. L'éditeur Barba, qui a acquis les droits de publication de *Christine*, l'attaque parce qu'il a cédé ses œuvres complètes, y compris la pièce en cause, à Charpentier pour une prochaine édition. Dumas et Charpentier, condamnés lourdement en première instance, font appel et obtiennent un verdict plus clément. Mais une feuille satirique, *L'Ours*, s'intéresse aux démêlés juridiques de cet auteur à succès. Dans un article intitulé « Alexandre Dumas et le libraire Barba », il est présenté comme un faux aristocrate : « Comte, vicomte ou baron tout au moins ! écrit le journaliste. Va pour vicomte ! Comme gentilhomme, M. le vicomte Alexandre Dumas est le plus mauvais sujet que l'on puisse imaginer, n'ayant ni souci, ni soins, homme de plaisir et de fêtes, jetant par les fenêtres l'or, le vin et les femmes, un don Juan, un Lovelace, un Faublas, un [vulgaire] régent. » Une telle insulte ne peut évidemment rester impunie. Alexandre provoque en duel le rédacteur en chef de *L'Ours*, Maurice Alhoy. Comme témoins, il songe à l'irremplaçable Bixio et au général Dermoncourt, ancien aide de camp de son père. Puis, estimant qu'il serait beau d'avoir à ses côtés un grand nom de la littérature, il ravale son orgueil et écrit à Hugo : « Victor, quelles que soient nos relations actuelles, j'espère que vous ne refuserez pas le service que je vais vous demander. Je ne sais quel faquin m'a insulté personnellement, dans un misérable journal à quatre pattes nommé *L'Ours* [...] Je vous attendrai demain, chez moi, à sept heures. Un mot au commissionnaire, que je sache si je puis compter sur vous. Et puis, voyez-vous, c'est un moyen peut-être de nous serrer la main encore une fois ; à tout prendre, cela me manque. » Hugo est revenu à de meilleurs sentiments envers Dumas. Le lendemain, à sept heures du matin, il se présente rue Bleue, embrasse Alexandre, serre la main des autres témoins, Bixio et Dermoncourt, et recommande la conciliation. Tel est également l'avis des témoins de Maurice Alhoy. Mais Alexandre veut à toute force en découdre. Le duel a lieu aux premières lueurs de l'aube, à l'épée. Alexandre est égratigné à l'épaule et, l'honneur étant sauf, on se sépare sans trop d'animosité.

Dans l'intervalle, Alexandre a mûri un nouveau projet : un voyage scientifique autour de la Méditerranée. Le 4 août 1834, lors d'une soirée chez la duchesse d'Abrantès, il expose ses idées sur ce périple à quelques invités, parmi lesquels le général Thiébault, petit baron d'Empire. Ce personnage, connu pour son aversion envers les gens de couleur, est néanmoins séduit par la désinvolture et la verve de Dumas. Se souvenant de sa rencontre avec Alexandre, il écrira dans ses *Mémoires* : « Je vis à ce jeune homme la peau d'un métis, la chevelure crépue et épaisse du nègre, les lèvres africaines, les ongles de son espèce, les pieds aplatis ; mais sa taille était svelte et élevée, sa physionomie assez noble ; son regard doux, grave, contemplatif lui donnait une sorte d'onction. [...] A la facilité de son élocution, à l'énergie de ses expressions, à sa véhémence enfin, je sentais que je n'avais pas pour interlocuteur un homme sans mérite [...]. Il m'apprit qu'il se préparait à un voyage de quinze mois pour se mettre en mesure d'écrire l'histoire militaire, religieuse, philosophique, morale et poétique de tous les peuples qui se sont succédé sur les bords de la Méditerranée [1]. » Ayant exposé ce vaste dessein au général Thiébault, Alexandre ajoute : « J'ai d'ailleurs besoin de sortir de Paris ; les femmes ne m'y laissent pas le moyen de travailler ! »

Alors qu'Alexandre en est encore à rêver de son prochain départ vers les pays du soleil, une nouvelle affaire lui tombe sur les bras. Gaillardet vient de publier, dans *Le Musée des familles*, un long article sur l'authentique histoire de la Tour de Nesle qui, dit-il, lui a inspiré sa première pièce. Une note précise à l'intention des lecteurs : « Il est inutile de rappeler que M. Gaillardet est l'auteur de *La Tour de Nesle*, drame moderne joué avec tant de succès et d'éclat à la Porte-Saint-Martin. » Usant de son droit de réponse, Alexandre réplique avec ironie, dans le même journal, pour rétablir la vérité sur la genèse de l'œuvre. Il raconte notamment le minable apport de Gaillardet, les suggestions de Janin, son propre travail sur la pièce. A travers ce récit, Gaillardet apparaît comme un citoyen chicaneur et ridicule. Remis vertement à sa place, il riposte et dénonce en son prétendu « collaborateur », le fastueux Dumas, un voleur de gloire et d'argent. Excédé par la mauvaise foi de son jeune confrère, Alexandre lui écrit, le 14 octobre 1834 : « Votre première lettre était une insolence. La seconde est une plaisanterie. Mercredi matin, mes témoins seront chez vous. »

La rencontre est fixée au 17 octobre 1834. Alexandre

1. *Mémoires du général baron Thiébault*, publiés par Fernand Calmettes, Plon, 1894.

voudrait se battre à l'épée. Mais Gaillardet, étant « l'offensé », exige le pistolet. La veille du duel, Alexandre rédige son testament, prépare ses instructions, « en cas de malheur », pour son fils, pour sa fille, et écrit une vingtaine de lettres qui, s'il était tué, devraient être expédiées de différentes villes d'Italie à sa mère, afin de lui faire croire qu'il vit encore et de lui épargner ainsi un grand chagrin.

Le lieu choisi pour « l'explication » se trouve à Saint-Mandé, en plein bois. Alexandre et ses témoins s'y rendent dans un fiacre. Gaillardet arrive de son côté : redingote noire, pantalon noir et gilet noir ; pas un seul point blanc à viser dans cette tenue funèbre. Alexandre est d'un calme qui étonne Bixio. Sans mot dire, il tend le poignet à son ami afin que celui-ci lui prenne le pouls : aucune accélération cardiaque. Cet écrivain si sensible sait donc, quand il le faut, garder son sang-froid ! Les témoins se consultent pour fixer les conditions du combat. Alexandre propose que les deux adversaires marchent l'un sur l'autre et tirent à volonté. Ce serait un massacre ! Sagement, les témoins décident de les poster à une distance de cinquante pas. Ils auront le droit d'avancer de quinze pas, chacun jusqu'à deux cannes plantées en terre, et fixant la limite à ne pas franchir. Les pistolets sont chargés. Dumas et Gaillardet gagnent la place qui leur est assignée. Un témoin, Soulié, tape trois fois dans ses mains. A ce signal, Gaillardet s'élance, courant comme un détraqué, tandis qu'Alexandre se rapproche posément, à lentes enjambées. Soudain, Gaillardet lève le bras et tire. Selon les règles, Alexandre doit riposter de l'endroit où il a essuyé le feu. Tandis que Gaillardet se présente à lui de profil, en se protégeant le visage avec son pistolet dressé, Dumas réfléchit et hésite. Cet homme désarmé lui ôte bizarrement tout courage. Faut-il l'abattre pour le punir de son insolence ou l'épargner par charité et par mépris ? Sans prendre le temps de viser, il décharge son arme dans la direction de Gaillardet. Le coup passe à côté. Gaillardet est livide.

Furieux de sa maladresse, Alexandre demande qu'on recharge les pistolets. Gaillardet serait d'accord. Mais les témoins refusent. Ils estiment que l'affaire est close. Alors Alexandre, qui ne veut pas rester sur un échec, propose de recommencer le duel à l'épée. Cette fois, c'est Gaillardet qui dit non. Il n'y aura pas de sang versé. Dommage ! On se sépare dans la dignité et la froideur. Alexandre monte dans la calèche à côté de Bixio et ordonne au cocher de le conduire chez lui, 30 rue Bleue. Il ne sait au juste s'il est heureux ou malheureux de s'être dérangé pour rien.

Le soir même, il part pour Rouen avec deux écrivains de ses amis, Fontan et Dupeuty. Tous trois ont été désignés par leurs confrères de la Société des auteurs dramatiques pour les représenter à l'inauguration de la statue de Corneille. Alexandre médite sur l'étrangeté de la situation : le matin même, il risquait sa vie pour défendre son honneur, et le voici roulant vers une ville de province pour célébrer un écrivain disparu depuis plus de deux siècles. Il y a quelques heures, il se demandait s'il sortirait mort ou indemne d'un duel absurde, à présent, il se demande si le discours qu'il a préparé la veille pour saluer la mémoire de l'auteur du *Cid* sera apprécié des auditeurs. « Quelle dérision que l'existence ! » soupire-t-il. Mais cette constatation s'accompagne d'une joyeuse gratitude envers l'étoile qui l'a toujours et partout protégé. Quand il prend la parole devant le public venu pour l'inauguration de la statue, il est sûr de lui, sûr de son texte. Et il a raison. C'est Pierre Lebrun, de l'Académie française, qui lui succède à la tribune. Ayant lu les deux allocutions dans le *Journal des Débats*, un certain Stendhal se contentera de noter : « Alexandre Dumas est moins bête que Pierre Lebrun [1]. »

De retour à Paris, Alexandre ne veut plus s'occuper que de son prochain voyage d'étude autour de la Méditerranée. Il compte sur une aide substantielle de l'Etat. Mais le

1. Cf. Daniel Zimmermann : *Alexandre Dumas, le Grand.*

gouvernement est d'une ladrerie révoltante. Malgré les demandes réitérées de Dumas, Guizot n'accorde que cinq mille francs, payables en trois fois, pour financer l'entreprise. Une misère ! Heureusement, si la France est trop prudente, Dumas et ses amis ont, eux, du courage à revendre. Les obstacles ne leur font pas peur. Au contraire, ils les stimulent. « On se débrouillera en cours de route ! » décide Alexandre. Et, révisant ses premières prévisions à la baisse, il se résigne à ne pas emmener dans son voyage le médecin, le géologue, le statuaire, l'architecte, dont il avait d'abord jugé le concours indispensable. Deux ou trois compagnons agréables et suffisamment instruits remplaceront l'équipe scientifique. On travaillera d'autant mieux qu'on sera moins nombreux ! Allons, en route et advienne que pourra ! Après s'être proclamé le chef de l'expédition la plus hasardeuse et la plus utile des temps modernes, Alexandre retient des places, pour lui et ses assistants explorateurs, dans la chaise de poste qui doit quitter Paris le 7 novembre 1834.

IV

L'expédition scientifique

Après plusieurs démarches infructueuses, Alexandre s'est contenté d'emmener en voyage un de ses amis, le peintre paysagiste Godefroy Jadin, et le chien de celui-ci, Mylord, un hideux bâtard, croisement approximatif de terrier et de bulldog, qui ne peut voir un chat sans lui bondir dessus pour essayer de lui casser les reins. Comme prévu, Dumas doit également embarquer, au prochain relais, un jeune républicain assez extravagant, Jules Lecomte, qui s'est caché pendant un mois chez lui, rue Bleue, soi-disant pour échapper aux poursuites de la police et à qui, par grandeur d'âme, il a fourni un faux passeport. Malgré les antécédents suspects de ce parasite, il a la faiblesse de s'amuser en sa compagnie, de gober ses mensonges et même de régler ses dettes. C'est ainsi qu'en arrivant à Fontainebleau, lieu de leur rendez-vous, il apprend que le gaillard s'y est présenté comme étant Alfred de Musset et a offert un somptueux dîner à la jeunesse locale. Bien entendu, l'inviteur n'a pas réglé la note : quatre cents francs ! Indulgent, Alexandre gronde Jules Lecomte pour la forme, paie l'aubergiste et fait jurer au coupable qu'il ne recommencera plus. Dûment admonesté, Jules

Lecomte se tient tranquille, à l'intérieur de la voiture comme aux haltes successives. Mais peut-on faire longtemps confiance à ce genre d'écervelés ?

A Lyon, Alexandre s'émeut de constater que les insurrections d'avril ont laissé des traces à la fois sur les murs, criblés de balles, et dans le cœur des habitants qui souffrent et se souviennent. La classe ouvrière, écrasée, affamée, ne peut pardonner l'arrogance et le luxe d'une bourgeoisie florissante. Dans cet enfer glacé, une femme, Marceline Desbordes-Valmore, vit, ignorée de tous, alors que Dumas la considère comme un des plus grands poètes de son temps. Elle le reçoit et, après s'être fait longtemps prier, consent à lui montrer quelques vers qu'il juge sublimes. Merveilleuse coïncidence, le seul grand théâtre de la ville joue *Antony* ! Alexandre ne résiste pas au plaisir d'aller revoir et applaudir sa pièce. C'est une jeune comédienne, Hyacinthe Meinier, qui tient le rôle d'Adèle, et « fort bien, ma foi » ! Aussi bien et peut-être mieux que Marie Dorval. En s'informant à la ronde, Alexandre apprend que Hyacinthe est mariée, mère de famille, et que c'est elle qui, avec ses appointements d'artiste, entretient le ménage. Tout cela est d'autant plus touchant qu'avec cette belle âme elle a un joli minois ! Il lui rend visite dans sa loge, l'étourdit de compliments et lui glisse un billet pour l'inviter à le rejoindre, le lendemain, dans sa chambre d'hôtel. Le coup classique. Elle ne peut refuser cette petite récompense à *son* auteur. Or, il se trompe de cible. Offensée par la façon cavalière de Dumas, Hyacinthe lui retourne sa lettre. Il se pique au jeu, proteste de la pureté de ses intentions, supplie la cruelle de venir le voir, ne serait-ce que quelques minutes, afin qu'il puisse se justifier de vive voix : « Je ne quitterai pas ma chambre n° 3, lui écrit-il. Je vous y attendrai. Je ne sais ce que je vous écris, mais il faut que je vous voie, ce soir ou demain matin. »

Elle vient. La porte de la chambre n° 3 se referme sur eux. Il croit avoir gagné la confiance de la jeune femme et que la suite ne sera qu'un combat de coquetterie. Or, Hyacinthe reste sur sa réserve. Puis, comme Alexandre se montre de plus en plus pressant, elle pose la tête sur sa poitrine, soupire, sourit et lestement se dérobe. Tout ce qu'il obtient, c'est un baiser, du bout des lèvres, au moment du départ. Cette fuite vertueuse le rend fou. Puisque cette mijaurée ne veut pas de lui, il faut absolument qu'il la possède. Mais, en même temps, il l'admire d'avoir su lui résister. « Hyacinthe chérie, lui écrit-il, je n'aurais pas cru qu'on pût faire un homme si heureux en lui refusant tout ! [...] Oh ! chère à moi, savez-vous que vous réalisez un rêve que j'ai toujours fait, c'est d'avoir un amour en dehors de tous mes autres amours, un amour isolé, avec de l'absence, plus de cœur que de sens – un de ces amours auxquels on accourt de loin lorsqu'on éprouve une grande peine ou un grand bonheur ? Vous serez pour moi comme les anges qui ne sont visibles qu'à certains intervalles mais qui font bien heureux quand ils apparaissent. [...] Pourquoi faut-il donc que je parte, mon Dieu ! Oh ! mais, dans six semaines, à mon retour, vous viendrez et plus personne ne sera là pour m'empêcher de vous serrer sur mon cœur et baiser vos lèvres chéries. [...] Oh ! quel merci ! »

Il part, en effet, car les étapes de son voyage sont impérativement fixées. On ne change pas le programme d'une « expédition scientifique » à cause d'un incident sentimental. Pourtant, tout au long de son itinéraire, qui passe par Châteauneuf, Avignon, Nîmes, Aigues-Mortes, Beaucaire, Tarascon, Arles, Marseille, il ne cesse de penser à cette jeune femme qui a eu assez de fermeté d'âme pour le repousser. Son instinct de chasseur lui interdit de se résigner. Plus la proie se défend, plus il y a de plaisir à la soumettre. En regardant les rues, les monuments, les passants, les ciels des villes qu'il traverse, c'est Hyacinthe qu'il voit, par transparence, dans le costume de scène d'Adèle. Avec un acharnement cynique, il multiplie les lettres où il lui peint son tourment, mais aussi son espoir.

Troublée, elle lui répond qu'elle a pour lui de l'admiration, de la tendresse, mais que ce sentiment doit rester platonique. Tout en l'approuvant, il ne désarme pas. Dans son esprit, il s'agit d'une manœuvre pour l'aguicher et donner plus de prix à l'acceptation finale. Elle le détrompe en quelques lignes : elle est épouse et mère, et cela elle ne l'oubliera jamais ! « Tout ce que mon cœur peut renfermer d'amour, tout ce que mon âme peut concevoir d'exaltation, tout doit être comprimé dans un seul sentiment : l'amour maternel. Il me suffit, il me rend heureuse, et ma vie doit s'arrêter là. » Pourtant, elle ne nie pas avoir été bouleversée par les rares moments d'intimité qu'ils ont passés ensemble : « Vous avez cru voir en moi de la coquetterie, non, il y avait de l'ivresse en mon cœur, car j'admirais en vous tout ce qui peut faire croire à la divinité. » En lisant ces mots, il se met à rêver que, dans sa collection de femmes, presque toutes faciles, celle-ci représente une créature d'exception, qu'elle est la seule digne d'inspirer une passion absolue, désincarnée, éthérée, telle que chaque poète souhaite en rencontrer une dans sa vie, et qu'il a, somme toute, beaucoup de chance qu'elle se soit refusée à lui. Mis en confiance par les qualités rarissimes de sa correspondante, il lui parle même d'Ida, dans ses lettres. Sa maîtresse actuelle, dit-il, l'a déçu parce qu'elle est sèche comme une brassée de fagots. « Bientôt, je me suis aperçu que son amour, aussi étendu que son organisation permettait qu'il fût, était cependant loin de répondre au mien. » S'il a entrepris ce long voyage c'est que, face à son exaltation débordante, il était encombré d'une femme qui n'en avait pas assez : « La poitrine de ma maîtresse était trop étroite pour renfermer un cœur ! » conclut-il. Ah ! s'il avait pu emmener Hyacinthe dans son expédition ! Sa présence eût magnifié les instants les plus ordinaires.

Au lieu de cette apothéose amoureuse, il doit régler les menus tracas qui surviennent, jour après jour, sur son chemin. Le petit Jules Lecomte, pique-assiette incorrigible, a encore fait des dettes dans la ville. Excédé par le sans-gêne de cet aimable voyou, Alexandre le congédie, après avoir réglé ses ardoises. De toute façon, l'équipe est à court d'argent. Guizot n'a pas versé la deuxième partie de la subvention promise. Bon gré mal gré, il faut rentrer à Paris. Alexandre avale stoïquement les étapes de la retraite. Il traverse Lyon en coup de vent, renonce à rencontrer Hyacinthe et lui envoie un billet désespéré : « Adieu ! vous êtes une bonne, chère et loyale enfant que j'aime de toute mon âme et à qui j'ai bien besoin de le dire. »

Il arrive à Paris vers la mi-janvier 1835 et, loin de renoncer à son projet, s'emploie immédiatement à rassembler de nouveaux capitaux pour reprendre une expédition malencontreusement interrompue. Ida l'encourage à persévérer dans ses démarches financières. Il l'a retrouvée avec ennui et presque avec rancune. Son visage, sa voix, son odeur, ses manies, ses colères, ses effusions, tout l'agace. Il lui en veut de n'être pas « un ange » comme Hyacinthe. Sans se priver de coucher avec elle quand l'envie lui en prend, il ne cesse de penser à la très sage dame de Lyon. Il adresse à cette créature idéale des lettres de plus en plus tristes, de plus en plus torrides. Elle lui répond avec le même entrain. Sur elle aussi maintenant, l'absence a un effet aphrodisiaque. Elle avoue à Alexandre que, désormais, un fougueux désir se mêle à son admiration : « Si vous saviez avec quelle ivresse je pose mes lèvres sur chaque ligne que votre main a tracée ! – puis, votre lettre dort sur mon cœur *avec votre chaîne et vos cheveux* – il n'y a que la nuit qu'il me soit arrivé parfois de la quitter, car il me semblait qu'elle brûlait ma poitrine – elle me donnait de mauvaises pensées – malgré moi, je murmurais votre nom comme une prière – ma bouche avait soif de votre front – je vous pressais dans mes bras – puis, au matin, je pleurais – je demandais pardon à Dieu – car il doit être mal d'aimer ainsi – et peut-être encore plus mal d'oser vous le dire ! [...] Quand pourrai-je vous dire : Je t'aime ! vous donner des caresses, des baisers, mais ce sera tout, n'est-ce pas [1] ? » En lisant ces déclarations d'une âme chavirée, il songe que, tout compte fait, sans jamais avoir possédé cette femme, il a peut-être remporté sur elle la plus belle de ses victoires. Et, bizarrement, c'est Ida qui profite des élans amoureux qu'une autre a éveillés en lui. Elle ne s'en plaint pas. Les infidélités d'Alexandre, comme les infidélités d'Ida, font partie du contrat tacite qui les lie.

D'ailleurs, comme toujours, il consacre plus de temps à bâtir l'avenir qu'à soupirer après le passé. A force d'intrigues et de pressions, il vient de former, avec l'éditeur Drouot de Charlieu, une société par actions destinée à financer son aventure méridionale. Mais, subitement effrayé par l'ampleur du projet, Charlieu déclare forfait et passe la main, dans la société, à Amédée Pichot, directeur de la *Revue britannique*. Ainsi épaulé, Alexandre se démène pour placer cent actions de mille francs dans le public. D'abord, il met à contribution les amis. Gérard de Nerval, qui vient de toucher un héritage, aligne les mille francs demandés pour une action pleine. Victor Hugo, plus près de ses sous, se contente de souscrire pour deux cent cinquante francs. Çà et là, d'autres bourses se délient, par sympathie pour l'auteur ou par calcul. Pour arrondir le total, Alexandre écrit quelques nouvelles d'une main négligente, achève une *Isabelle de Bavière*, collabore avec Cordellier-Delanoue pour un drame, *Cromwell et Charles Ier*, destiné à la Porte-Saint-Martin et prend des notes pour un « grandiose » *Don Juan de Marãna*, ou *La Chute d'un ange*, mystère en cinq actes inspiré par un récit de Mérimée, *Les Ames du Purgatoire*. En même temps que ces multiples travaux de plume, il poursuit sans relâche la préparation de l'expédition, étudie les itinéraires, consulte des cartes, recueille des lettres de recommandation. Il est tellement obnubilé par ce mirage ambulatoire qu'il se

---

1. Cité par Claude Schopp : *Alexandre Dumas*.

désintéresse des problèmes qui, à ce moment, passionnent le pays. Ainsi, bien que très proche de certains des soixante républicains qui sont jugés, en ces jours de tension politique, pour complot contre le régime, évite-t-il d'assister au procès. D'ailleurs, alors qu'il doit mettre toutes les chances de son côté, il serait maladroit, pense-t-il, de défier le pouvoir en se montrant dans la salle d'audience. La date du grand départ approche. Cette fois encore, Jadin et l'encombrant chien Mylord seront du voyage ; le peintre s'est d'ailleurs engagé à fournir pour deux mille cinq cents francs de dessins. Mais Jules Lecomte, lui, notoirement indésirable, est exclu de l'équipe. Sans doute s'est-il vengé de cette interdiction en racontant à Ida les détails de l'idylle sublime et contrariée d'Alexandre et de Hyacinthe. Craignant un retour de flamme chez son amant lors de la traversée de Lyon, Ida exige maintenant de le suivre pas à pas dans son expédition. Pour avoir la paix, il se résigne à traîner avec lui ce boulet quasi conjugal. Au besoin, il trouvera le moyen, pense-t-il, de la semer en cours de route !

On quitte Paris le mardi 12 mai 1835, à quatre heures. Le mercredi 13 au soir, on est déjà à Lyon. Impossible de rencontrer Hyacinthe, avec Ida qui ne lâche pas son homme d'une semelle. Le lendemain à l'aube, le petit groupe remonte dans la diligence. Direction Marseille, via Avignon et Aix. A Marseille, on retrouve Méry qui fait visiter aux touristes le château d'If et ses sinistres cachots. A Toulon, c'est le bagne qui éveille la curiosité d'Alexandre. Au cours de sa tournée d'inspection, il découvre, parmi les forçats, un homme de sa connaissance, ancien serviteur chez Mlle Mars, qui a été condamné pour vol de bijoux. Sur l'ordre du directeur de l'établissement, d'autres forçats se chargent de promener le Parisien en barque. Tandis que les galériens tirent sur les rames, en cadence, Alexandre admire leur docilité. « N'était la livrée, écrira-t-il ironiquement, je désirerais fort n'avoir jamais d'autres domestiques. » Du reste, la ville est si agréable, le climat si doux, qu'il décide de s'accorder ici quelques semaines de vacances. Les voyageurs logent dans une bastide louée, au-dessus de la rade. Ida se laisse aller aux langueurs du farniente, Jadin dessine paresseusement, Mylord dort au soleil et se réveille en grondant dès qu'un chat se risque dans les parages, et Alexandre travaille à son drame, *Don Juan de Marãna*. Mais l'inspiration lui manque, il patauge, bâcle le dernier acte et expédie, à regret, le manuscrit à Paris. « Fini mon drame, le 12 juin [1835], note-t-il dans son carnet. Envoyé le 14 à Paris, mécontent. Jadin me console. Cependant, je ne crois pas à un grand succès. »

Ayant mal travaillé et s'étant bien reposé, Alexandre se juge prêt à partir vers de nouvelles surprises. Après avoir exploré la France, on franchit la frontière : Nice, Monaco, Gênes. Là, on embarque pour Livourne. Au-delà, c'est Florence, c'est Rome. Une image chasse l'autre sans qu'Alexandre en éprouve la moindre lassitude. Comme il entend continuer sa prospection vers le sud, il se rend auprès de l'ambassadeur de Naples à Rome, M. de Ludorff, et sollicite un visa pour cette ville et pour la Sicile. Mais M. de Ludorff lui refuse poliment l'entrée du royaume, sous le prétexte que M. Dumas étant républicain n'a rien à y faire. Alexandre ne sourcille pas, se précipite à l'Ecole française de Rome, dirigée par M. Ingres, emprunte le passeport d'un des pensionnaires, le peintre Joseph Benoît Guichard, et, le document ne comportant aucun signalement, fait établir pour lui-même des papiers sous ce faux nom.

Le tour est joué, l'horizon se découvre et la petite troupe monte en voiture pour gagner la ville interdite. La nuit suivante, Alexandre et ses compagnons sont à Naples. Leur premier pèlerinage est pour le prestigieux théâtre lyrique de l'endroit, le San Carlo. On y joue *La Norma* de Bellini. Aux côtés de la Malibran se produit sur scène une jeune cantatrice aussi belle par la voix que par le visage : Caroline Ungher. Alexandre a déjà eu l'occasion de l'applaudir à Paris, au Théâtre-Italien. Ici, elle lui paraît encore plus séduisante. Transporté d'admiration, il n'hésite pas à aller la féliciter après le spectacle. Pour un peu, il en oublierait la pure et lointaine Hyacinthe. Mais, pas plus que Hyacinthe, Caroline ne paraît disponible. Elle est flanquée d'un fiancé, d'ailleurs charmant, le compositeur Henri de Ruolz-Montchal. Ils sont sur le point de se marier. Ce n'est pas le moment de semer la discorde dans ce couple si bien assorti. Et puis, il y a Ida, qui ouvre l'œil et sort ses griffes à la moindre alerte. Caroline et Ruolz doivent partir incessamment pour la Sicile, où la chanteuse est attendue pour une série de représentations. Or, c'est précisément en Sicile qu'Alexandre a projeté de se rendre pour continuer son voyage d'exploration. Pourquoi ne pas naviguer tous ensemble ? La proposition est aussitôt adoptée et Alexandre se dépêche de louer un *speronare*, sorte de grande barque, servie par dix matelots. L'appareillage est prévu pour le 23 août. Mais, à la dernière minute, Ida se décommande : elle a peur du mal de mer. Ravi d'échapper à sa surveillance, Alexandre lui assure qu'en effet elle sera plus heureuse en l'attendant dans un hôtel confortable qu'en se hasardant sur des eaux réputées pour leurs tempêtes. Elle le laisse partir sans trop de regret. Debout sur le port, elle agite un mouchoir en direction de l'esquif qui s'éloigne. Quand sa silhouette a disparu dans la brume, Alexandre pousse un soupir de délivrance.

La mer est calme, mais les marins sont inquiets. Le nez en l'air, ils prévoient une rencontre du mistral et du sirocco. Bientôt, le ciel se couvre, une bourrasque se lève, le tonnerre gronde, la pluie tombe dru, la barque oscille dangereusement. Alexandre, Jadin, Ruolz et Caroline se réfugient sous une tente de fortune réservée aux passagers. Cependant, au bout de quelques minutes, Ruolz, indisposé par le roulis et le tangage, se précipite sur le pont pour vomir. En son absence, une vague énorme soulève le bateau. Délogée de son matelas par la secousse, Caroline glisse sur celui d'Alexandre, qui est couché tout à côté. Elle tremble de crainte. Il la prend dans ses bras. Serrée contre cette dure poitrine d'homme, elle s'abandonne, avec horreur et délices, à la sensation d'être enfin protégée. Il en profite pour lui prouver, rapidement mais intensément, le désir qu'elle lui inspire. La tempête dure toute la nuit sans que Ruolz se manifeste. Au petit matin, c'est l'accalmie. Ruolz descend, pâle comme un cadavre, et s'écroule sur sa paillasse pour se reposer. Alors qu'il somnole, malade, rompu, Alexandre et Caroline montent sur le pont. Cet orage providentiel leur a révélé leur amour. Blottis l'un contre l'autre, ils échangent serments et projets. Incapable d'abuser un être qu'elle respecte, Caroline a résolu, en quelques heures, de tout avouer à Ruolz, de rompre leurs fiançailles, de renvoyer le malheureux à Naples pendant qu'elle chantera à l'Opéra de Palerme et d'attendre, dans cette ville bénie, qu'Alexandre vienne la rejoindre après avoir terminé son tour de Sicile. Le *speronare* accoste dans le port de Messine. Là, les amants se séparent. Laissant le bateau continuer sa route jusqu'à Palerme, Dumas achève son exploration de l'île, à dos de mulet, avec Jadin. Ils gravissent l'Etna, visitent les ruines de Syracuse et d'Agrigente. Partout, le souvenir de Caroline obsède Alexandre. Il l'imagine adossée à ces vieilles pierres. A travers l'odeur de la végétation rôtie de soleil, il croit respirer son parfum. Brûlant les étapes, il arrive, exténué et impatient, à Palerme. Immédiatement, il se précipite à l'hôtel des Quatre Nations où elle est descendue. Personne ! Elle est au théâtre, en train de répéter. Enfin, la voici. Du plus loin qu'elle le voit, elle crie : « Je suis libre ! libre ! » Et elle se jette à son cou. Ruolz est retourné à Naples. Il a compris et s'incline. Plus rien ni personne ne peut séparer Caroline et Alexandre. Durant trois jours, ils savourent en affamés l'union de leurs corps, de leurs haleines, de leurs pensées les plus intimes. Une conclusion religieuse s'impose. A Sainte-Rosalie, un oratoire au-dessus de Palerme, ils jurent de se marier.

Mais déjà Alexandre doit repartir : les prescriptions d'un « voyage scientifique » sont sacrées. Et Caroline ne peut le suivre car elle est tenue, par contrat, de donner plusieurs représentations à l'opéra de la ville. Lors de la séparation entre les deux amants, les larmes, les baisers, les promesses se confondent. Le *speronare* est déjà à quai. Alexandre embarque dessus comme il monterait à l'échafaud. Mais, à peine le bateau est-il sorti du port que le vent tombe. La mer est d'huile, les voiles pendent, on dirait que les éléments refusent de faciliter le départ de l'amant inconsolable. La nature entière se ligue avec Caroline pour le retenir ! La nuit vient, toute de silence et de paix étoilée. Alexandre s'endort sous la tente de toile, tandis qu'à quelques encablures, sur la scène de l'Opéra de Palerme, Caroline chante les plus beaux airs de *La Norma*.

Réveillé à l'aube, il s'avance vers le bastingage et découvre, avec stupeur, un canot qui, parti du port, s'approche à force de rames : c'est Caroline ! Profitant du calme plat qui immobilise le *speronare*, elle vient relancer Alexandre pour un dernier moment de plaisir. Elle monte à bord et distribue aux marins des bouteilles de vin et des tranches de viande froide. Pour eux, pour lui, elle chante dans le matin radieux. Mais Alexandre est pressé. Il entraîne Caroline sous la tente et rabat la toile. Ils font l'amour pendant que l'équipage festoie. Peu après, il faut se séparer à nouveau. La brise s'est levée. Le *speronare* peut cingler vers le large. Caroline remonte dans le canot qui l'a amenée et tend les bras, dans un geste implorant, vers le bateau qui emporte Alexandre. Debout sur le pont, les mains en porte-voix, il hurle : « Je t'aime, tu es belle ! Tu es belle, je t'aime ! » Ce faisant, il a l'impression d'être sur une scène et que tout, dans son existence, est faux : le paysage marin, son cri de désespoir, et peut-être même ses sentiments. Il sait déjà, avant de se l'avouer, qu'il n'épousera pas Caroline malgré sa promesse et que les lettres d'amour qu'elle lui adressera ne le feront pas changer d'avis. Sans remuer le petit doigt,

Ida l'a reconquis par la seule force – obstinée et bête – de l'habitude. Elle du moins, pense-t-il, ne réclamera pas le mariage. Pour un homme aussi instable que lui, c'est déjà un gage de sécurité.

Le *speronare* vogue vers Lipari. A son bord, Jadin dessine et Alexandre prend des notes dans son carnet de voyage. A San Giovanni, sur la côte calabraise du détroit de Messine, le mauvais temps oblige le patron du bateau à faire halte. Marins et passagers débarquent et campent à terre, pendant quelques jours, sous des abris improvisés. Alexandre met à profit ce bref intermède pour jeter les bases d'un drame destiné à la Porte-Saint-Martin : *Paul Jones*. Le plaisir qu'il trouve à nouveau dans le travail lui semble un signe de guérison sentimentale. Il y voit la justification de toute sa carrière, de toute sa vie : aucune femme ne saurait le priver de sa plume. Il est né autant pour écrire que pour faire l'amour. Comme la tempête ne faiblit pas, il renonce à une navigation hasardeuse et décide, avec Jadin, de continuer leur route par voie de terre, avec des guides expérimentés et de bons mulets. Une longue et pénible chevauchée, par des sentiers rocailleux, à travers des forêts sauvages. C'est miracle qu'ils ne soient pas assaillis et dévalisés par des brigands. Ils retrouvent le *speronare* à Cosenza, ville qu'un tremblement de terre vient de détruire aux trois quarts. On reprend la mer, mais pour peu de temps. Enfin, la terre ferme ! Les marins sont devenus des amis. La séparation avec eux est cordialement arrosée. Un *corricolo* transporte les voyageurs jusqu'à Pompéi et Herculanum. Ils ne parviennent à Naples qu'au début de novembre.

Alexandre retrouve Ida inchangée, rayonnante, sûre d'elle-même. Il se cache pour aller chercher les nombreuses lettres que Caroline lui a adressées poste restante, sous des noms convenus, et les lit avec autant d'inquiétude que de bonheur. De l'une à l'autre, la plainte s'amplifie : « Oh ! l'absence est insupportable. [...] J'ai prié de tout mon cœur baigné de larmes à la place où je te disais : "Fais mon Dieu qu'il m'aime, qu'il revienne et que je sois digne de lui." » Et encore : « Mes nuits sont affreuses, toujours des rêves tristes. Quand j'aurai une lettre de toi de *Naples*, quand cette lettre sera pour moi une nouvelle preuve de ton amour et la plus certaine, alors peut-être je serai moins accablée par mes visions, par mes craintes. » Elle lui envoie son portrait avec ces mots : « J'éprouve tout ce que l'amour a de plus profond et de saint, et, si tu m'oubliais, si ton cœur changeait, je ne pourrais vivre. » Ces déclarations passionnées, qui ont d'abord ému Alexandre, lui semblent tout à coup les signes d'une exaltation confinant à la tyrannie. Il est bon qu'une femme soit éprise, mais, quand elle passe la mesure, il faut la fuir pour éviter l'esclavage. Alexandre eût préféré une conclusion en demi-teinte. Devinant qu'il y a anguille sous roche, Ida le presse de questions. Il n'ose lui avouer qu'il l'a longuement et follement trompée, de même qu'il n'ose répondre aux lettres de Caroline par peur d'attiser sa flamme. Au fond, il voudrait garder intact le souvenir du bonheur sicilien et craint que Caroline ne le gâche en ressassant des projets d'avenir, hélas irréalisables. N'est-ce pas en s'éloignant d'elle et en se taisant qu'il servira le mieux l'image de leur couple ? « Quant à Palerme, écrira-t-il dans *Aventure d'amour*, c'est le paradis du monde. Que la bénédiction des poètes soit sur Palerme ! »

Comme pour raviver dans sa mémoire le reflet de Caroline absente, il retrouve à Naples celui qu'il a remplacé auprès d'elle, le compositeur Ruolz. L'ex-fiancé de Caroline a écrit un opéra, *Lara*, qui doit être créé, dans les tout prochains jours, au théâtre San Carlo. La famille royale a promis d'assister à la représentation. Ruolz est dans ses petits souliers. Il a oublié sa mésaventure sentimentale et ne songe qu'à l'épreuve artistique qui l'attend. Alexandre nourrit à son égard une sympathie renforcée par un vague remords. Comment ne lui serait-il pas reconnaissant puisqu'il lui a volé Caroline ? Ce genre de gratitude, pense-t-il, conduit aux meilleures amitiés. Ruolz apprécie ses encouragements et sa compétence en matière de spectacles. Le soir de la première, le public, selon l'usage, attend pour manifester son plaisir que le roi ait donné le signal des applaudissements. Or, le roi a d'autres soucis en tête pour l'instant et ne songe même pas à regarder la scène. Bien que transportés d'enthousiasme, les spectateurs se taisent, figés dans le respect de l'étiquette. Persuadé que *Lara* est un échec, Ruolz s'enfuit pour cacher sa honte. Mais, à la fin du IIIe acte, le souverain se rappelle soudain qu'il est au théâtre et frappe ses augustes mains l'une contre l'autre. Aussitôt, la salle éclate en bravos. On court chercher l'auteur. Il reparaît, abasourdi par la joie, pour entendre son nom clamé par des centaines de bouches. Alexandre est heureux du succès de Ruolz. Il a l'impression de n'avoir plus rien à se reprocher envers lui.

Mais en ce qui concerne Caroline ? Soudain, il n'est plus très sûr d'avoir bien agi avec elle. A son avis, quel que soit leur destin futur, il lui doit une explication. Rompant le silence, il lui écrit longuement et posément. Après lui avoir certifié qu'elle a tort de prendre ombrage de ses rapports avec Ida, il s'étonne que, séparée de lui, elle se laisse courtiser par de nombreux soupirants. Il va même jusqu'à lui suggérer de « rompre ses relations » avec eux. Cette attitude lui est inspirée par une idée très simple : c'est en se montrant jaloux qu'un homme peut le mieux rassurer une femme sur la sincérité de l'amour qu'il lui porte. Or, Caroline ne retient de cette lettre trop habile qu'une seule évidence : Alexandre vit toujours en concubinage avec Ida, alors qu'elle-même s'impose une conduite irréprochable. « Crois-tu que j'aie eu tant de *relations à rompre*, lui répond-elle. Mon Dieu, aucune qui ressemble à celle que tu as, bien sûr, et je suis scrupuleuse en amitié ; je ne veux plus personne que toi au monde. [...] Tu m'effraies à dire que peut-être pour longtemps tu ne pourras rompre avec *elle*. [...] Si tu m'aimes, ne dois-tu pas lui dire adieu et venir à ta femme ? Si tu ne le fais pas ainsi, tu ne m'aimes pas et alors il vaudrait mieux mourir. » Cette missive mélancolique est datée du 19 novembre. Caroline l'a écrite peu avant de quitter Palerme pour Venise, où elle a été engagée à la Fenice. Dès le lendemain, 20 novembre, elle chasse ses idées moroses et reprend la plume, cette fois pour évoquer devant Alexandre la félicité sans nuage qu'ils connaîtront, l'année prochaine, lorsqu'ils se seront mariés et installés dans une belle maison, à Florence. « Tu vois que je commence à oser former des projets. Mais, si tu savais comme je crains que mon bonheur actuel et à venir ne soit un rêve, comme je me persuade toute la journée, et à la fin je me dis : "Tu es folle, *c'est vrai, il t'aime*, c'est ton mari !" et qu'alors je m'écrie : "Mon Dieu, c'est trop de bonheur !" »

Tandis qu'elle s'abandonne à ses chimères, Alexandre est arrêté par la police napolitaine sur la dénonciation d'un mouchard. Les autorités lui reprochent d'avoir fait usage de faux papiers pour s'introduire dans le royaume. Le délit est flagrant. Impossible de nier. Mais Jadin alerte le chargé d'affaires français, le comte de Béarn, et « le sieur Dumas » est relâché, à condition de quitter la ville dans les vingt-quatre heures. Il ne se fait pas prier pour déguerpir, toujours flanqué d'Ida et de Jadin. Une diligence brimbalante emporte le trio qui somnole, épuisé par tant d'émotions.

Destination : Rome. Que va-t-on faire là-bas ? Alexandre a une idée grandiose : il veut rencontrer le pape. La lumière de la chrétienté accueillant la lumière de la littérature ! N'est-ce pas un tableau digne de fasciner le monde ? Dès le lendemain de son arrivée, il entreprend les démarches nécessaires. Auguste de Tallenay, premier secrétaire près le Saint-Siège, lui obtient une audience. Grégoire XVI le reçoit, vêtu de sa longue robe immaculée, coiffé de sa calotte blanche. Quoique préparé à ce tête-à-tête solennel, Alexandre a l'impression, en voyant le Saint-Père, de pénétrer dans l'antichambre de l'au-delà. Il tombe à genoux devant le souverain pontife et cherche à baiser une de ses mules rouges, brodées d'or. Mais le pape lui tend la main et l'invite, en souriant, à se relever. Puis, ayant fait asseoir son visiteur en face de lui, il l'interroge avec une douceur diplomatique sur le but de son voyage. Au cours d'une conversation à bâtons rompus, on en vient à parler de Chateaubriand, de Louis-Philippe, de l'admirable dévouement des missionnaires catholiques dans les pays les plus reculés, de l'influence salutaire de la religion dans la conduite des affaires du monde. Soudain, le pape, rompant les chiens, demande à Alexandre quelle sera sa prochaine pièce. Sans hésiter, il répond : *Caligula.* Grégoire XVI semble surpris et même quelque peu contrarié par l'intérêt que l'écrivain français porte à ce monstre honni par les historiens et les gens d'Eglise. Néanmoins, il lui fait cadeau d'un assortiment de chapelets rustiques, composés de noyaux d'olives. Ces olives, précise-t-il, ont été cueillies au jardin des Oliviers.

Alexandre sort très ému de cette entrevue édifiante. Il la raconte par le menu à Ida et l'invite à partager avec lui le noble et pur enseignement qu'il en a retiré. Mais il lui cache une autre nouvelle, pourtant aussi importante à ses yeux que l'audience papale : Caroline l'a averti qu'elle allait passer par Rome avant de se rendre à Venise. Vite, vite, il faut arranger un rendez-vous clandestin avec elle. Il a l'habitude de ces ruses. La rencontre a lieu, au jour dit, à l'heure dite, dans une chambre d'hôtel sans éveiller le moindre soupçon. En retrouvant, dans les bras de Caroline, les plaisirs exquis de Palerme, Alexandre hésite à la détromper sur les lendemains de leur union. Il est trop heureux dans le mensonge pour ne pas en profiter le plus longtemps possible. Selon son habitude, il refuse de penser à l'avenir pour mieux jouir du présent. Entre deux baisers, il lui promet de la rejoindre, dans quelques jours, à Venise. Elle part rassurée, comblée. Et, aussitôt, il se demande s'il n'a pas parlé à la légère. Il en est encore à envisager la meilleure façon de dénouer cet imbroglio lorsque deux carabiniers lui mettent la main au collet. Ordre lui est donné de quitter illico la ville et de n'y pas remettre les pieds, sous peine de cinq ans de galères. Décidément, on ne veut pas de lui en Italie ! Est-ce sa réputation de républicain français qui le poursuit ? A moins que le Saint-Père, rancunier à sa manière, ne lui reproche de songer à écrire un *Caligula* ! Alexandre s'indigne, plaide son innocence, invoque sa notoriété de dramaturge en France et à l'étranger. Peine perdue : il faut plier bagage !

Les trois voyageurs échouent à Pérouse, puis à Florence. Caroline, qui attend toujours Alexandre dans la cité des doges, lui écrit ingénument : « Vois-tu, je suis sûre qu'à Venise tu m'aimeras bien davantage : la tranquillité qui règne ici et qui n'est interrompue que par le chant du gondolier, cela te conviendrait. » Alors qu'elle se languit, solitaire, entre une répétition à l'opéra et une rêverie dans la brume hivernale au bord d'un canal gelé, Alexandre a déjà oublié qu'il a juré d'être bientôt auprès d'elle, de l'épouser et de finir ses jours dans la quiétude d'un parfait amour conjugal. Tout au contraire, à mesure que le temps passe, il se sent davantage attiré par Paris. Le travail, la gloire, l'argent, les lumières, les cancans, les coucheries rapides, les amitiés, les inimitiés, les critiques, les louanges, c'est là-bas qu'ils ont leur vraie saveur. Le séjour en Italie n'a été pour lui qu'un amusant intermède. S'il veut survivre en tant qu'écrivain, il doit se hâter de retourner en France. Saisi d'impatience, il houspille les membres de « l'expédition scientifique » en vue d'un rapatriement précipité.

Le voyage s'accomplit rapidement et sans anicroche. On arrive à Paris juste à temps pour participer aux fêtes de fin d'année. La moindre des choses, estime Alexandre, est d'envoyer un billet à Caroline pour lui préciser qu'il a regagné la capitale. Par charité ou par courtoisie, il répète qu'il pense constamment à elle. Est-elle dupe de cette formule de politesse ? En tout cas, elle lui répond qu'elle l'attend avec une fébrilité extrême et qu'elle prépare le nid où s'épanouira leur bonheur : « Oh ! tu verras que tu n'auras pas à te plaindre; je chercherai par mon amour et par mille petits soins d'une bonne femme aimante à te faire bénir le jour où tu m'as donné ta foi. » Comme il craint qu'elle ne divague ainsi jusqu'à la déraison, il la prépare à la perte de ses illusions en lui disant qu'il lui sera probablement impossible d'aller à Venise avant longtemps. Immédiatement, elle s'insurge et rend l'abominable Ida responsable de cette volte-face.

« Tu me fais croire, lui écrit-elle, que tu ne pourras venir à Venise, car, si tes pièces ne vont en scène qu'au mois d'avril, avec Mlle Ida, cela durera jusqu'en mars pour attendre ton retour. Puis, elle reste à Paris sans engagement. Tu pourvoiras à ses dépenses. Ce n'est pas l'argent qui m'intéresse en cela, mais la peur que tu ne *te fasses personnellement payer les intérêts*. Trois mots encore : Paris – les distractions – et Ida – comment le souvenir d'une sainte et d'une femme qui a le malheur d'aspirer à un amour légitime pourra-t-il tenir ? »

Dans l'intervalle, Alexandre a fait une rapide incursion à Rouen, sans doute pour y retrouver l'inaccessible Hyacinthe. Il ne l'a appris à Caroline qu'après coup. C'est un crime de lèse-amour. Elle se considère comme offensée, rejetée, oubliée : « Il y a presque un mois que vous avez pris la plume la dernière fois, pour m'écrire deux lignes après votre retour de Rouen. [...] Je ne puis plus douter que j'ai été bien prévoyante quand je vous ai laissé la liberté de disposer de mon avenir; au moins vous n'aurez pas de remords, car vous ne verrez pas mon chagrin et vous pourrez dire : "J'ai été sincère !" Pourtant j'aurais préféré deux paroles de vous et point de silence qui m'instruit parfaitement mais prolonge mon agonie, de courrier en courrier. Je me suis fait la loi de ne pas vous gêner, de ne pas vous écrire qu'en répondant à vos lettres, mais, ce matin, il m'est impossible de maintenir ma parole, mon pauvre cœur déborde et d'ailleurs je ne veux pas vous laisser ignorer que *je vous comprends*, et que je suis parvenue à me dire : “Il ne m'aime plus !” Et vous ne pourrez pas me persuader du contraire, car il n'y a aucune raison qui justifie ce silence prolongé. [...] Reprenez donc votre liberté. [...] Je serai toujours pour vous la meilleure amie. Je n'oublierai pas que vous m'avez ouvert les portes du paradis – je l'ai vu, je ne puis l'habiter, votre bonheur est mon seul désir, donc que votre volonté soit faite [1]. »

Ainsi la rupture est enfin acceptée, consommée. Alexandre tourne la page avec soulagement. Un véritable chasseur se reconnaît à ce qu'il est plein de compassion, et même d'amour, pour le gibier qu'il vient d'abattre ; l'homme de cœur, qui s'est débarrassé d'une femme trop volumineuse, trop exigeante, témoigne de la même tendresse envers celle qu'il a dû sacrifier pour préserver son indépendance. En se penchant sur son passé, Alexandre voit une guirlande de frais visages. Leurs noms s'égrènent dans sa mémoire : Laure, Mélanie, Belle, Marie, Hyacinthe, Caroline, des inconnues de passage, Ida enfin... Toutes l'ont attiré par les sens, aucune ne l'a retenu par le cœur. Peut-être est-il trop absorbé par le jeu de l'écriture pour se livrer tout entier au jeu de l'amour ? Peut-être l'artifice, qui est de règle au théâtre, règne-t-il aussi dans sa vie ? Il n'est à son aise que dans le tape-à-l'œil, la provocation, le changement, la mystification, la pirouette et la frime. Ida l'a compris mieux que quiconque. C'est pourquoi, malgré ses défauts, elle gagne chaque jour du terrain. Depuis des années, elle profite de lui et il profite d'elle, hors de tout grand sentiment, hors de tout grand discours. Avec elle, il sait qu'il est seul sans jamais l'être tout à fait, qu'il peut, quand il le veut, l'oublier, la délaisser, excédé par ses incessantes chamailleries, mais qu'elle sera là dès qu'il aura besoin d'une oreille pour l'entendre et d'un sein pour y reposer sa tête. Pourquoi changerait-il de monture au milieu du gué ?

---

1. La plupart des lettres de Caroline Ungher sont citées par Claude Schopp dans son *Alexandre Dumas*.

V

Les batailles indécises

Paris, qu'Alexandre retrouve après six mois d'absence, semble s'être résigné à l'immobilité, à l'ordre et à l'ennui louis-philippards. Les républicains, fatigués de crier dans le vide, sont aphones, les légitimistes baissent la tête depuis la conclusion ridicule de l'épopée de la duchesse de Berry, la bourgeoisie se livre sans vergogne à la spéculation financière, les ouvriers végètent toujours dans la misère, la crasse et la faim, la presse bâillonnée n'ose plus attaquer le gouvernement et se contente de démolir quelques écrivains prestigieux, tel le transfuge Dumas qui, selon eux, a fini d'écrire et peut-être même d'exister. Aussitôt, celui-ci imagine de lancer un démenti cinglant à leurs accusations d'impuissance ; il rapporte dans sa besace de voyageur de quoi clouer le bec à tous ceux qui doutent de lui : deux pièces, un roman, des albums d'impressions prises sur le vif. Mais c'est sur le théâtre qu'il compte avant tout pour se remplumer. Harel a reçu le *Don Juan de Marãna*, qu'Alexandre lui a envoyé de Toulon. Bien mieux, on a engagé Ida pour le principal rôle féminin. Par ailleurs, Frédérick Lemaître a soumis à Dumas le manuscrit d'un drame, *Kean*, dont les auteurs, Théaulon et Courcy, n'ont su tirer aucun parti, alors que sa matière est d'une extraordinaire richesse. Il suffit à Alexandre de parcourir quelques pages du texte pour se sentir en communion de cœur et d'esprit avec l'illustre comédien anglais qui donne son nom à la pièce : un être excessif, imprévisible, torrentueux, qui envoûte et blesse les femmes par son rayonnement. De toute évidence, Frédérick Lemaître est né pour incarner ce personnage volcanique et Dumas pour lui donner la parole. Enthousiasmé par le projet, Alexandre modifie le scénario initial, l'infléchit vers la comédie, et s'accorde le plaisir de mettre à plusieurs reprises dans la bouche de l'acteur une féroce dénonciation de l'ignorance et de la vénalité des critiques.

Tandis qu'il peaufine sa version personnelle de *Kean, ou Désordre et génie*, *Don Juan de Marãna* fait son entrée sur la scène de la Porte-Saint-Martin. Les dialogues sont soulignés par une musique aimable de Louis Alexandre Piccinni, un compositeur en vogue à l'époque. Malgré cet accompagnement mélodieux, le spectacle tombe de haut. Au vrai, c'est moins le contenu de la pièce que sa présentation qui déçoit le public. On rit et on siffle dans la salle à l'apparition d'Ida, qui est censée incarner « l'Ange » de l'innocence, alors qu'elle a l'embonpoint d'une solide matrone. Les petits journaux se déchaînent contre l'auteur et sa « protégée ». Devant ce désaveu unanime, Alexandre songe avec inquiétude que, croyant se construire un socle, il a contribué à creuser sa tombe. « J'étais plus que passé, écrira-t-il ; j'étais trépassé. » Harel lui-même est fortement ébranlé par ce four inexorable. Bien qu'ayant accepté une autre pièce de Dumas, *Paul Jones*, il refuse, par prudence, de la monter. D'ailleurs, Alexandre lui-même reconnaît qu'elle n'est pas de la meilleure encre.

Heureusement, si le théâtre boude Dumas, le journalisme lui ouvre les bras. Emile de Girardin vient de fonder une nouvelle gazette, *La Presse*, à prix modique et à large diffusion. Il propose à Alexandre d'y rendre compte des spectacles les plus intéressants du Théâtre-Français et de la

Porte-Saint-Martin. En outre, chaque dimanche matin, l'auteur disposera d'un feuilleton pour évoquer les grands événements de l'Histoire de France à compter du règne de Philippe de Valois. Conditions : un franc par ligne pour les articles de critiques, un franc vingt-cinq pour les chroniques dominicales, qui devront être à la fois « instructives et divertissantes ». Alexandre se frotte les mains : cet arrangement commercial lui assure le quotidien, certes, mais l'enrichit, en même temps, d'une source non négligeable d'inspiration : le feuilleton historique ! Un tel filon est inépuisable pour quiconque sait en exploiter astucieusement la diversité. C'est avec enthousiasme qu'il se lance dans une production en série où la fantaisie et l'érudition échangeront leurs masques.

Sans doute réussit-il trop bien dans son entreprise, car très vite le succès de *La Presse* agace les autres journaux. Les feuilles concurrentes se liguent pour dénoncer la médiocrité littéraire et le défaut d'information de ce « torchon » qui prétend tout soumettre aux exigences de la rentabilité. *Le Bon Sens*, puis *Le National* de Carrel, s'en prennent à Emile de Girardin, le directeur de *La Presse*, en qui ils voient un spéculateur, un aigrefin, un partisan non avoué des fameuses lois de Septembre, hostiles à la juste propagation des nouvelles dans le public. Après un échange d'invectives, un duel au pistolet a lieu, le 22 juillet, dans le bois de Vincennes, entre Girardin et Carrel. Girardin est légèrement touché à la jambe ; Carrel s'effondre, frappé à l'aine. La blessure est mortelle. Tandis que ce champion de l'idéal égalitaire agonise, tous ses amis crient leur haine envers « le meurtrier ». Fidèle à ses convictions agnostiques, le moribond refuse le secours d'un prêtre, exige des funérailles civiles et rend le dernier soupir en murmurant les mots « France » et « République ». Une foule recueillie conduit au cimetière la dépouille du héros. Arago, Béranger et même Chateaubriand font partie du cortège. Alexandre, lui aussi, suit le corbillard, la tête basse et l'esprit divisé. En tant que champion des idées libérales, il se doit de pleurer le défunt dont il s'est maintes fois senti très proche ; en tant que collaborateur de *La Presse*, il ne peut dénigrer son « employeur », le généreux et habile Emile de Girardin. L'honneur lui commanderait de démissionner de la rédaction, l'intérêt lui souffle de s'asseoir, pour une fois, sur ses principes. Un cas de conscience qu'il n'a pas prévu. Au journal, on se demande quelle sera sa décision. Déjà des gazettes rivales annoncent qu'il va rompre son contrat. Il hésite quelques heures encore, puis, le cœur serré, retourne à la besogne qui constitue son gagne-pain. Le 28 juillet 1836, l'organe d'Emile de Girardin peut annoncer triomphalement : « M. Alexandre Dumas nous adresse immédiatement la suite des feuilletons historiques qu'il s'est engagé à faire paraître, quatre fois par mois, dans *La Presse.* »

Tout en habillant à sa façon les grandes figures du passé, Alexandre juge, dans la même feuille, les spectacles de la saison. Rare plaisir d'éreinter les confrères quand ils le méritent, après avoir été éreinté alors qu'il ne le méritait pas ! Il profite de l'occasion pour exposer son point de vue sur le théâtre contemporain, l'avenir du drame populaire, les avatars de la tragédie. Cette analyse impartiale du talent des autres le maintient, presque malgré lui, dans le mouvement de la scène et le chuchotement des coulisses. D'ailleurs, il n'a pas renoncé à sa vocation d'auteur dramatique. Frédérick Lemaître répète *Kean* aux Variétés. La pièce est créée le 31 août 1836. Et, d'emblée, c'est un succès. Public et critique, tout le monde est ravi. Mais qui applaudit-on ? Frédérick Lemaître ou Alexandre Dumas ? Peu importe ! L'essentiel est que le triomphe de *Kean* fasse oublier l'échec de *Don Juan*. Quel merveilleux jeu de bascule que la vie ! Hier jeté à terre, aujourd'hui porté au pinacle. C'est en ne s'avouant jamais vaincu qu'on prépare le mieux sa revanche. Une règle qu'Alexandre prétend tenir de son père. De quoi irait-il s'inquiéter au lendemain de *Kean*, puisqu'il a plusieurs cordes à son arc ? Dramaturge, historien, romancier, critique, il sait tout faire. Et tout lui réussit !

Ida a repris fermement en main les rênes de la maison. Elle tient bien le ménage, reçoit chaleureusement les amis, avec une préférence marquée pour les « gens du monde », mais continue de reprocher à Alexandre son attirance pour le premier jupon qui passe et de lui casser les oreilles pour qu'il la fasse entrer à la Comédie-Française. Cependant, il lui reconnaît depuis peu un nouveau mérite. Soucieuse de consolider leur liaison, elle a recueilli, rue Bleue, la fille qu'il a eue de Belle, la petite Marie-Alexandrine, âgée de six ans. L'enfant n'est guère séduisante, malgré de beaux cheveux noirs et des yeux bleu clair qui rappellent ceux de son père. Ballottée depuis des mois de nourrice en nourrice, elle est tout heureuse de se retrouver au chaud, dans un vrai foyer, avec une dame au corsage rebondi, qui l'entoure de caresses et la gave de friandises. En s'occupant d'elle avec tendresse, Ida satisfait à la fois un besoin maternel longtemps refoulé et sa propension à peser sur la vie de ses proches. Si elle obtient tout ce qu'elle veut de Marie-Alexandrine, elle se heurte à un mur dès qu'elle veut diriger l'éducation du fils de Laure Labay, le jeune Alexandre, qui a maintenant douze ans. Autant il admire son père pour sa taille, sa force, son intelligence et sa gaieté, autant il déteste l'encombrante compagne qu'il s'est choisie. Ida souffre à la fois d'être dédaignée par ce gamin teigneux et de le voir béer d'admiration devant le « grand Dumas », qui ne manque pas une occasion de faire la roue pour le séduire. Au vrai, si elle est quelque peu jalouse des relations d'Alexandre avec son fils, elle l'est bien plus de l'intérêt qu'il porte à certaines de ses admiratrices par trop envahissantes. A la fin de l'année 1836, en apprenant que son ex-maîtresse Virginie Bourbier est rentrée de Saint-Pétersbourg et qu'elle l'a gratifié d'une superbe robe de chambre et d'un sachet de tabac turc inconnu en France, elle confisque le tout, se taille une veste dans la robe de chambre et remplace le tabac d'Orient, au délicat arôme, par du vulgaire « caporal » qui fait tousser et cracher quiconque se hasarde à en aspirer la fumée. Ces mesures vexatoires sont accompagnées d'un tel torrent d'imprécations qu'Alexandre se demande parfois s'il ne devrait pas prendre ses cliques et ses claques et aller habiter ailleurs.

Par bonheur, une diversion inattendue se présente à lui le 18 septembre : il est incarcéré, pour deux semaines, dans la maison d'arrêt des Fossés-Saint-Bernard. Motif : ses nombreuses absences aux exercices de la Garde nationale. En prison, il s'amuse à rédiger *Mes infortunes de garde national*, distille quelques pamphlets contre des critiques professionnels dont il a eu à se plaindre, et reçoit des visites, dont celle d'Ida qui, enfin charitable, compatit à son isolement, et celle de Virginie Bourbier pour qui il éprouve un fort goût de revenez-y. Comme elle lui annonce en soupirant qu'elle doit sous peu regagner Saint-Pétersbourg, il songe sérieusement à la suivre, sinon jusqu'en Russie, du moins jusqu'à Hambourg où ils pourraient prendre du bon temps. Mais Gérard de Nerval le détourne de ce projet extravagant en l'invitant à collaborer avec lui au livret d'un opéra, *Piquillo*, dont le compositeur Hippolyte Monpou ferait la musique. Le premier rôle en serait confié à Jenny Colon, dont Gérard de Nerval est éperdument épris sans rien recevoir d'elle en échange. Ravi à l'idée d'écrire une pièce poétique entre les murs d'une prison, Alexandre accepte de s'occuper de *Piquillo* et d'oublier Virginie. Pendant deux semaines, Gérard et lui, enfermés tête à tête, s'escriment à mettre sur pied une histoire dont ni l'un ni l'autre ne sont très fiers. Du moins, grâce à elle, auront-ils passé de riches heures d'amitié et de rire. Créé l'année suivante à l'Opéra-Comique, *Piquillo* n'aura, au dire de Dumas, qu'« un succès secondaire ».

A peine sorti de prison, Alexandre retombe entre les bras d'Ida. Elle est tenace et il s'efforce d'être patient. Multipliant les menaces et les supplications, elle obtient qu'il pose comme condition, pour donner une nouvelle pièce au Théâtre-Français, l'engagement officiel de sa maîtresse dans la troupe. La direction, assurée provisoirement par Philoclès Régnier, cède à son exigence et Ida est prise sous contrat pour une durée de six mois, de quoi la rendre indulgente durant quelques jours à l'égard de son amant trop dispersé. D'ailleurs, Virginie Bourbier est déjà repartie pour Saint-Pétersbourg, aucune rivale ne se profile à l'horizon et Alexandre est tout absorbé par ses nouveaux démêlés avec la presse. L'affreux petit Jules Lecomte, profiteur, menteur et escroc, qu'il a « mouché » au terme de son voyage dans le Midi, vient de publier en Belgique, sous le pseudonyme de comte Van Engelgom, une *Lettre sur les écrivains français*, dans laquelle il étrille Dumas de belle manière. Cette diatribe a été aussitôt reproduite en France par *Le Cabinet de lecture*, dont le directeur est Balathier. Certains écrivains, dont Alphonse Karr, également attaqués et dénigrés dans l'article, veulent provoquer Balathier en combat singulier. Bien que très chatouilleux sur l'honneur, Dumas préfère répondre par le dédain à la basse vengeance d'un raté. A-t-il appris que, au début de cette année 1837, en Russie, un poète nommé Alexandre Pouchkine a été tué en duel par un jeune Français, Georges de Heeckeren d'Anthès, servant dans la Garde impériale russe [1] ? Le défunt, à peu près inconnu en France, mais très célèbre dans son pays, était, dit-on, d'ascendance africaine. Le même sang que Dumas, le même prénom que lui. Simple coïncidence ou signe prémonitoire ? Ce serait trop bête, pense Alexandre, s'il subissait un sort identique à celui de ce Pouchkine par la faute d'un moins-que-rien !

Peu à peu, les remous causés par les perfidies de Jules

1. Pouchkine est mort le 1er février 1837, mais le calendrier julien en usage en Russie étant en retard de douze jours sur le calendrier grégorien en usage ailleurs, cette date correspond au 13 février en France.

Lecomte s'apaisent, l'affaire se termine sans effusion de sang et Alexandre retourne à son projet d'un *Caligula* digne de rivaliser avec *Hamlet* ou *Macbeth.* A présent, il imagine d'allier la farce à l'horreur et de donner le rôle principal dans la pièce au fameux cheval dont l'empereur avait voulu faire un consul afin de prouver au monde l'étendue de son pouvoir. Justement, le cirque Franconi possède un cheval savant, nommé Adolphe. Quel extraordinaire coup de réclame si on l'exhibait sur les planches pour témoigner de la folie de son maître ! Manque de chance, dix jours plus tard, Adolphe se casse une jambe au cours d'un exercice et on doit l'abattre ! Toutefois, Alexandre ne prend pas le deuil de cette mort. Il s'est avisé, entre-temps, que l'apparition d'un cheval sur la scène du Théâtre-Français risquait d'apparenter la pièce à une bouffonnerie ou à une parade de cirque. Or, *Caligula* doit être une œuvre grave, un drame à la fois romantique et classique, une cascade d'alexandrins sonores, « du Shakespeare récrit par Racine », bref, une révélation qui portera le nom de l'auteur à un niveau dont aucun critique ne pourra plus le déloger. Ida s'agite derrière son dos. Elle est d'autant plus impatiente de le voir s'attaquer à la rédaction de *Caligula* qu'il lui a promis le premier rôle féminin. Mais, si Alexandre parle beaucoup de sa pièce aux amis, il n'en a pas encore écrit une ligne. Il est vrai qu'il travaille si vite ! En quelques semaines, promet-il, l'affaire sera dans le sac. Déjà, il prépare les journalistes à l'intronisation de celle qui sera l'étoile montante du spectacle : « Mon cher voisin, écrit-il à Alphonse Karr le 27 février 1837, Ida a été engagée vendredi à la Comédie-Française ; elle doit y débuter au mois de septembre prochain ; soyez assez aimable si vous avez conservé quelques relations avec *Le Corsaire* pour y envoyer une note. »

Le terrain étant ainsi préparé, il lui reste à faire l'essentiel : écrire la pièce, vers par vers, réplique par réplique. Anicet Bourgeois lui a soumis un canevas assez lâche. Un fourre-tout de démence, de cruauté et de débauche. En face de Caligula et de Messaline, qui personnifient le mal païen, se dresse la pure vierge chrétienne, Stella, victime des désirs de l'empereur et qui mourra en martyre sur son ordre. Il y a là tous les ingrédients nécessaires pour satisfaire les amateurs de sensations fortes. Aussi Alexandre repousse-t-il les nombreuses offres de collaboration qui arrivent sur sa table. Armand Durantin lui ayant demandé de l'aider dans la fabrication d'une œuvrette facile, il rejette avec hauteur sa proposition et lui répond que, désormais, il écrira toujours seul : « J'ai tout à fait renoncé à ce genre de travail qui réduit l'art au métier. »

Son acharnement à célébrer les débordements de Caligula ne l'empêche pas de hanter les plus brillants salons de Paris pour y faire étalage de sa prestance et de son bagou. La ville entière est d'ailleurs en liesse. Il y a de la romance dans l'air. Le jeune Ferdinand, duc d'Orléans, envers qui Alexandre nourrit depuis longtemps une déférente sympathie, vient d'épouser la charmante Hélène de Mecklembourg-Schwerin. On annonce que, pour fêter l'événement, Leurs Majestés donneront un grand dîner, suivi d'un bal, à Versailles, et que les personnalités les plus éminentes de France y seront invitées. Dumas est fier de figurer au nombre des élus. D'autant que, en gage d'admiration et d'amitié, Ferdinand le fera nommer chevalier de la Légion d'honneur. Hugo, lui, aura droit au grade d'officier. Pourquoi cette différence de traitement dans la distribution des récompenses ? Est-ce parce qu'un Hugo écrit mieux qu'un Dumas ? Rien n'est moins sûr ! D'ailleurs, il est trop tôt pour en juger. Alexandre répugne aux chipotages. Toute décoration est bonne à prendre. Mais Louis-Philippe, seul maître du jeu, se rappelle que son ex-surnuméraire a eu le front de lui adresser, jadis, une lettre de démission. Sa Majesté a la rancune tenace. D'une plume rageuse, elle raie le nom de son ancien commis sur la liste des attributions de la Légion d'honneur. Outré, Alexandre prévient Ferdinand que, dans ces conditions, il n'assistera pas aux festivités versaillaises. Hugo se range à ses côtés, et, par solidarité confraternelle, renvoie, lui aussi, son carton d'invitation. Ferdinand, qui les admire et les respecte tous deux, intervient auprès de son père pour essayer de le fléchir. A contrecœur, Louis-Philippe revient sur sa décision. Alexandre annonce la bonne nouvelle à Hugo : « Mon cher Victor, votre croix et la mienne ont été signées ce matin. Je suis chargé de vous le dire *officieusement.* [...] Je vous embrasse. »

En même temps, obéissant à la demande du duc et de la duchesse d'Orléans, il se rend auprès de Delacroix afin de lui acheter un tableau que Leurs Altesses souhaiteraient offrir à Victor Hugo pour le remercier de leur avoir envoyé son dernier recueil de poèmes : *Les Rayons et les Ombres.* Alexandre aimerait acquérir en leur nom le *Marino Faliero*, superbe évocation du doge octogénaire qui affronta le gouvernement patricien de Venise. Mais le peintre, qui accepterait de céder cette toile à Dumas, refuse de la voir échouer entre d'autres mains, fussent-elles princières. Qu'à cela ne tienne : à défaut de *Marino Faliero* Hugo recevra un *Saint-Evremont*, hommage du jeune couple à son talent et à ses sentiments monarchiques.

En attendant la réception royale, Alexandre se pavane tout au long des boulevards, en arborant sur son plastron une énorme et scintillante croix de la Légion d'honneur, entourée des insignes de quelques ordres secondaires. Cette collection de décorations hétéroclites le ravit comme s'il était, à lui seul, un blason en marche. Est-ce de ses ancêtres africains qu'il tient ce goût immodéré pour la bimbeloterie et le clinquant ? Possible ! mais il n'en rougit pas. Si on dédaignait les petites satisfactions de l'existence, on ne serait pas capable d'apprécier les grandes.

Enfin, l'heure des réjouissances arrive. A la réunion populaire du Champ-de-Mars, la foule a été si nombreuse que plusieurs personnes sont mortes étouffées. En revanche, la réception de Versailles est un festival d'élégance et de componction. Dumas et Hugo s'y retrouvent, toutes décorations dehors, dans leur uniforme d'officier de la Garde nationale. Pas une tête dans cette assemblée prestigieuse qui ne mérite d'être signalée dans les échos mondains des journaux. Alexandre est sincèrement ému par l'amabilité du roi, la simplicité de Ferdinand et la sympathie plus que confraternelle de Hugo. Il déplore avec lui que nombre d'invités, malgré leurs grands noms, soient incapables d'apprécier le génie à l'état pur. Après la représentation du *Misanthrope* qui clôt la soirée, avec Mlle Mars dans le rôle de Célimène, il a entendu dire à des dignitaires du régime : « C'est ça *Le Misanthrope* ? Je croyais que c'était amusant ! » Et c'est pour ces gens-là qu'on écrit ! constate Alexandre avec amertume.

La fête terminée, aux premières lueurs de l'aube, Dumas a quelque peine à retrouver, dans l'enchevêtrement des équipages, la voiture qui l'a amené à Versailles. Une fois assis sur la banquette à côté de Hugo, il revient à son idée d'assumer avec lui la direction d'un important théâtre. Bercé par le mouvement des roues, les oreilles encore pleines du bruit de l'orchestre et des conversations, Hugo dodeline de la tête. Mais ne dit pas non.

Cependant, de retour à Paris, Alexandre renonce provisoirement à son idée d'administration bicéphale d'une grande scène parisienne et met les bouchées doubles pour boucler son *Caligula*. Ce travail forcené ne l'empêche pas de s'accorder, de temps à autre, quelques heures de distraction. C'est ainsi qu'il accepte de participer à un pique-nique organisé par le duc d'Orléans, aux environs de Compiègne. Une joyeuse compagnie festoie sur l'herbe. Tandis que le docteur Pasquier découpe un faisan sous l'œil amusé des convives, le duc murmure : « Et quand je pense que cet animal-là me découpera un jour comme il découpe ce faisan ! » Une ombre passe sur son visage. A-t-il la prescience d'une mort prochaine ? Les invités rient maladroitement. Mais Dumas, qui est superstitieux, emporte de cette courte scène une impression de malaise.

Très vite d'ailleurs, les horreurs de *Caligula* lui font oublier le faisan taillé et détaillé par une main experte, et ses vagues appréhensions à la vue du couple princier. A la fin de septembre 1837, la pièce est achevée. Lue par lui devant le Comité, elle est acceptée à l'unanimité. Toutefois, les sociétaires tiquent sur la dépense, car le spectacle nécessitera cinq décors, cent soixante costumes et une abondante figuration. Il est question de représenter sur le plateau une rue de Rome, la terrasse du palais de César, le triclinium impérial... Dumas reconnaît qu'une telle mise en scène coûtera cher, mais il assure que la ruée du public vers les guichets calmera, dès les premiers jours, l'inquiétude des comptables. Entre autres originalités, il a prévu que le char de Caligula serait tiré par quatre chevaux blancs. A cette seule idée, les membres du Comité de lecture bondissent sur leurs chaises. Jamais la Comédie-Française n'a accueilli d'animaux vivants sur scène ! Alexandre rétorque que ce n'est pas une raison pour se priver aujourd'hui d'une innovation aussi nécessaire. Mais il a beau s'égosiller, menacer le théâtre d'un procès en cas de refus, le Comité demeure inébranlable. Après de longues palabres, on aboutit à un compromis : le char de Caligula sera traîné par des femmes. En acceptant cette solution de rechange, Alexandre se dit que, pour le coup d'œil, un attelage de jolies comédiennes plaira peut-être davantage aux messieurs du parterre qu'un attelage de coursiers trottant de conserve.

La censure donne son accord au texte, moyennant de légères retouches et, le 15 novembre 1837, les répétitions commencent. Tout au long du travail de mise au point du spectacle, les acteurs sont effrayés par les lubies de cet auteur dont on ne sait s'il a perdu la raison ou s'il possède, plus que les autres, le don de la clairvoyance commerciale. Philoclès Régnier se rappelle : « Dumas nous a, pendant trois mois, fait perdre la tête par ses exigences, ses folies, ses inconséquences, à tel point que nous en étions à penser que le travail auquel il s'était livré sur *Caligula* lui avait fait prendre un peu la maladie de son héros [1]. » Grâce aux indiscrétions des feuilles à potins, tout Paris est mis au courant de ces préparatifs fastueux. On parle de *Caligula* comme d'une entreprise à la fois géniale et démente. Les places sont louées deux mois à l'avance et le service d'ordre est renforcé en prévision d'une bousculade pour la soirée inaugurale. Le 26 décembre, jour de la première, des camelots vendent à l'entrée du théâtre une médaille en plomb commémorant la création de la pièce. Encore une idée saugrenue d'Alexandre. Certains y voient la preuve d'une scandaleuse vanité, d'autres s'en amusent. Le duc et la duchesse d'Orléans font une entrée noble et gracieuse dans leur loge, alors que la salle est déjà pleine. Tout paraît calme, mais comme à la veille d'un orage d'été. Le chef de claque ne cache pas son inquiétude. En effet, depuis quelque temps, une cabale s'est organisée derrière son dos. Certes, il a été engagé pour faire applaudir *Caligula* aux endroits choisis, mais plusieurs sociétaires, mécontents de la distribution, ont soudoyé les claqueurs pour siffler les acteurs qui leur déplaisent et même l'auteur, trop ambitieux dans son dessein. Mlle George serait du complot. On dit même que Hugo ne verrait pas d'un mauvais œil la dégringolade de la pièce.

Très vite Dumas, le regard aiguisé, l'oreille tendue, détecte une molle désaffection, une indifférence railleuse chez les spectateurs. Manifestement, ces gens-là ne sont pas venus à la Comédie-Française pour admirer, mais pour critiquer. Son flair ne le trompe pas. Chaque geste de Caligula, l'ignoble tyran, est souligné par les soupirs moqueurs du public ; des rires fusent lorsque la grosse Ida, en jeune martyre immatérielle, se prend les pieds dans sa

1. Cf. Claude Schopp : *Alexandre Dumas*.

longue robe et manque de s'étaler sur les planches. A partir de cet instant, les répliques les plus émouvantes déchaînent des quolibets. Alexandre, qui escomptait un triomphe, est atterré. Même ses amis sont embarrassés pour lui parler de son œuvre. La presse assaisonne ses commentaires avec du vinaigre. Janin, n'ayant pas digéré le portrait que Dumas a tracé de lui dans *Mes infortunes de garde national*, se venge dans un article particulièrement virulent sur *Caligula* et son auteur. Etonné par cette trahison d'un ami, Alexandre songe à lui envoyer ses témoins. Mais Janin, après avoir craché sa bile, se dérobe à une explication par les armes. D'ailleurs, Alexandre n'avait pas vraiment envie de se battre. Il est découragé, attristé tout au plus. Ce n'est pas tant l'échec de sa pièce que le manque à gagner qui le tourmente à présent. Ida, de son côté, enrage en lisant les viles plaisanteries des journaux à son sujet. Delphine de Girardin, consœur d'Alexandre dans *La Presse*, le journal de son mari, a osé écrire, sous le pseudonyme de De Launay : « Comment prend-on la profession d'ingénue avec une taille semblable ? [...] L'embonpoint de mademoiselle Ida, jeune fille rêveuse et vierge sentimentale, toujours vêtue de blanc, vierge timide au pied léger, fuyant un infâme ravisseur, ange et sylphide dont on cherche les ailes, est risible et révoltant. Il faudrait au moins être transportable quand on se destine à être enlevée tous les soirs. »

Le 16 février, après vingt représentations devant des salles à demi vides, le Théâtre-Français retire de l'affiche cette pièce à la fois trop osée et trop onéreuse. Pour se consoler de son insuccès, Alexandre ne peut compter que sur la reprise d'*Angèle* à l'Odéon. Mais, cette fois encore, la meute des critiques étripe les interprètes et l'auteur. Le soir de la première, un incident regrettable a eu lieu sur scène : la chute de la toile de fond sur Mlle Verneuil. C'est Ida qui l'aurait provoquée en exigeant qu'on déplaçât un meuble pour se rapprocher de la rampe et être ainsi mieux éclairée. On le lui reproche dans les coulisses. Elle est au désespoir et Alexandre ne décolère pas. Le naufrage d'*Angèle* après celui de *Caligula*, et cela à quelques semaines de distance, c'est plus qu'il n'en peut supporter ! Il soupçonne une sournoise manœuvre de tous les besogneux de la plume pour le punir d'écrire trop et d'avoir trop de succès, alors qu'eux, les éternels incompris, tirent la langue.

Mais les désenchantements d'Alexandre sont toujours de courte durée. A peine a-t-il touché terre des deux épaules qu'il se redresse. Un réflexe de lutteur dû autant à ses muscles solides qu'à son esprit combatif. Pour mieux affronter le sort, il décide de fuir les lieux qui ont vu sa déconfiture. Un changement de domicile s'impose. Quittant le modeste logis de la rue Bleue, il emménage dans un bel immeuble de la rue de Rivoli, presque en face des Tuileries. Un vaste et clair appartement, au quatrième étage, avec balcon et vue sur les jardins. Ida meuble l'intérieur avec un goût raffiné. Sa réussite dans la décoration atténue momentanément ses déceptions de comédienne. Quant à Alexandre, comme cette nouvelle installation coûte fort cher, il ne songe plus qu'à faire de l'argent en vendant aux libraires ses feuilletons de *La Presse* : *Chronique de France*, *La Comtesse de Salisbury*, *La Salle d'armes* et *Pascal Bruno*, brillant récit qui est, trois ans avant *Colomba* de Mérimée, l'histoire d'une vendetta impitoyable. Peu après, *Le Siècle* a la primeur d'un autre roman de Dumas, plus ancien, *Le Capitaine Paul*, pour lequel il a utilisé le drame écrit en Calabre et refusé par Harel. Rien ne se perd dans une bonne gestion des manuscrits ! Enfin, il décide d'utiliser les recherches qu'il a effectuées autour de son *Caligula* en se livrant à un retour vers l'Antiquité romaine. Avec *Acté*, qui paraîtra d'octobre à décembre 1837, dans *La Revue et Gazette musicale de Paris*, il signe son premier roman historique. Certes, son évocation de la Rome de Néron est des plus fantaisistes, les rapports de l'empereur avec la jeune affranchie Acté prêtent à sourire. Mais l'inceste, l'androgynie, le viol, le meurtre, la fuite dans les catacombes, les jeux du cirque qui pimentent l'intrigue tiennent le lecteur en haleine. Que peut-on demander de plus à un conteur-né ? Au vu du résultat, Dumas se dit qu'il ferait sans doute mieux de se cantonner dans la discipline narrative plutôt que de tourner désespérément autour des scènes parisiennes qui refusent de l'accueillir. Il a d'ailleurs le sentiment que son expérience théâtrale favorise sa carrière de romancier. A force d'imaginer des répliques frappantes, de ménager des effets imprévus, de captiver le public par d'incessantes trouvailles, il a acquis un sens diabolique du suspense. Désormais, il est servi par deux dispositions complémentaires de son esprit toujours en éveil : sa connaissance des ressorts dramatiques, et son goût pour les événements et les héros d'autrefois. D'une part, il est imbattable dans l'art de manier les « ficelles », d'autre part, nul mieux que lui ne sait donner vie aux figures du passé. Alliant sans effort apparent l'habileté du tricoteur d'intrigues à la science de l'érudit d'occasion, il a conscience d'inaugurer un genre nouveau : celui d'illusionniste de l'Histoire. Après tout, la gratitude des lecteurs vaut bien celle des spectateurs. Derechef, Alexandre est fier de s'appeler Dumas. Non parce qu'il est content de ce qu'il a écrit jusqu'à ce jour, mais parce qu'il a confiance en ce qu'il écrira demain. Tant qu'un auteur a du pain sur la planche, quoi qu'il dise, il n'est pas à plaindre !

VI

De la tragédie à la comédie

Des fenêtres de son nouvel appartement de la rue de Rivoli, Alexandre peut apercevoir, dans les jardins des Tuileries, le pavillon de Marsan où loge son grand ami, le duc d'Orléans. Ils se guettent à distance, échangent des signaux, s'envoient des billets à propos de tout et de rien. L'âge et l'expérience les ont rapprochés. A trente-six ans, Alexandre, tout en continuant à se proclamer républicain, éprouve un vif penchant pour la monarchie constitutionnelle, et Ferdinand, après avoir fait preuve de sa bravoure et de son habileté dans la campagne d'Algérie, est de plus en plus ouvert aux idées libérales et de moins en moins enclin à approuver l'absolutisme aveugle de son père. A chaque appel de l'héritier du trône, Alexandre accourt, et ce sont de longues conversations, durant lesquelles les deux amis, tout en évitant les professions de foi politiques, évoquent l'avenir de la France, dont la survie dépend, selon eux, d'une régénération sociale profonde et pacifique.

Toutefois, en emménageant dans le voisinage du duc d'Orléans, Alexandre n'a pas oublié sa mère. Pour la rapprocher de lui, il l'a installée au 48 rue du Faubourg-du-Roule, dans un appartement en rez-de-chaussée qui lui a été cédé par la famille Deviolaine. A demi paralysée et l'esprit éteint, Marie-Louise n'a d'autres distractions que les visites de son petit-fils, le dimanche, à sa sortie de la pension, et les incursions en coup de vent de son fils, toujours aussi exubérant et aussi pressé. Alexandre est comme apporté par le mouvement et le bruit de la rue. Tout en lui n'est que gentillesse, rapidité et échos mondains. Il en a conscience, mais ne peut s'astreindre à un comportement plus réservé. Quand il se trouve devant cette vieille femme au regard vitreux clouée dans son fauteuil, il a honte de sa propre vitalité. Le fait qu'elle soit si diminuée après avoir été si vaillante le torture comme s'il était indirectement responsable de sa déchéance. Incapable de la sauver de l'anéantissement, il s'en veut de son impuissance et doute de la justice divine. Ida est agacée par cette sensibilité qu'elle juge excessive. Elle estime qu'un homme qui se respecte devrait avoir les nerfs autrement solides. Il n'est plus un enfant pour s'abandonner ainsi, lui dit-elle. Il se rebiffe : ignore-t-elle donc qu'il n'y a pas d'âge pour pleurer la mort d'une mère ? Incompris de sa maîtresse, Alexandre s'épanche auprès de son meilleur ami. Refoulant ses larmes, il écrit à Ferdinand : « Au chevet de ma mère mourante, je prie Dieu de vous conserver votre père et votre mère. »

Le 31 juillet 1838, il déjeune chez le duc d'Orléans quand un serviteur vient le prévenir que Marie-Louise a subi une nouvelle attaque. Il se précipite à son chevet. Prostrée, elle ne peut prononcer un mot et paraît effrayée par les décorations qu'il a accrochées à sa poitrine. A-t-elle oublié qu'il a été fait chevalier de la Légion d'honneur ? Il quitte son habit pour s'asseoir auprès d'elle. Le médecin, qu'il a immédiatement envoyé chercher, ne lui laisse aucun espoir et repart « sans un mot de sympathie ». La sœur aînée d'Alexandre, Aimée, est accourue, elle aussi, mais elle est pour lui une étrangère, une inconnue. Il la regarde et se demande s'ils sont vraiment sortis du même ventre. En revanche, il se sent moralement obligé d'avertir Ferdinand de sa douleur à l'instant de l'inexorable séparation. Il rédige une lettre et la lui fait porter au pavillon de Marsan. Une demi-heure après, un valet du duc d'Orléans se présente et annonce que Son Altesse royale l'attend, devant la maison, dans sa voiture. Bouleversé par cette délicate attention, Alexandre dévale les étages, se rue dehors, ouvre la portière de la calèche et s'écroule en pleurant, la tête appuyée sur les genoux du prince.

Quand il remonte dans l'appartement, il retrouve sa mère inerte, muette, déjà absente. Pris de remords, il regrette de l'avoir trop négligée, de lui avoir fait si peu de visites vers la fin de sa vie. Les vains soucis de l'écriture et de la parade lui ont caché que l'essentiel ne se jouait ni au théâtre ni dans les salons, mais dans cette chambre où celle qui lui avait donné le jour n'avait plus que les rares apparitions de son fils pour la rattacher au monde. Une fois encore, il couche auprès d'elle, dans la même alcôve, comme dans son enfance, à Villers-Cotterêts. Mais a-t-elle seulement conscience qu'il est de nouveau à son côté, qu'il a de nouveau dix ans ? Le lendemain matin, 1er août, elle rend le dernier soupir. Devant le cadavre, Alexandre demeure longtemps hébété, incrédule. Il lui semble que l'agonie à laquelle il vient d'assister, au lieu de le rapprocher de Dieu, l'en a éloigné. Son suprême espoir maintenant est de revoir sa mère en rêve. Le soir venu, il allume les bougies. Refusant la présence d'un prêtre ou d'une religieuse, il veut être seul pour veiller le corps. Après être resté des heures durant, le regard fixé sur ce visage de cire, il s'endort, terrassé de fatigue. Mais, malgré ses prières, Marie-Louise ne le visite pas dans son sommeil. Ce rendez-vous manqué avec une image problématique le renforce dans son scepticisme. « Si quelque chose de nous survivait à nous-mêmes, écrira-t-il, [...] ma mère me fût apparue. La mort, c'était bien l'éternel repos [1]. » Appelé

1. Alexandre Dumas : « Sur Gérard de Nerval », *Nouveaux Mémoires*, cité par Daniel Zimmermann : *Alexandre Dumas, le Grand.*

par lui, le peintre Amaury Duval fait un portrait de la défunte. La sœur d'Alexandre se charge des formalités.

Marie-Louise est enterrée le 4 août, à Villers-Cotterêts, à côté de son mari, le général, décédé trente-deux ans auparavant. Alexandre est arrivé sur les lieux la veille, avec le convoi funèbre. Tout Villers-Cotterêts s'est réuni autour de lui dans le cimetière. Sur ces figures de connaissance tristement marquées par l'âge, il mesure la fuite du temps. Rien que des caricatures de sa jeunesse, des morts en sursis ! Lui seul vit encore. Pour combien d'années ? Il refuse d'y songer. Vite, vite, fuir le deuil, les réminiscences malsaines, l'obsession du passé ! Ce n'est pas un manque d'amour envers sa mère qui l'incite à s'arracher ainsi aux douceurs vénéneuses du souvenir, mais le besoin primitif de respirer, de bouger, de s'amuser, d'aimer, d'écrire pendant que la machine humaine fonctionne encore. Quatre jours après avoir enterré Marie-Louise, il se prépare à partir, avec Ida, pour un voyage en Allemagne, projeté il est vrai depuis longtemps et au cours duquel il doit rejoindre Gérard de Nerval. Evidemment, il y a le problème de la langue qui le gênera pour mener son enquête auprès des habitants. Mais, par chance, Ida, qui a fait ses études dans un pensionnat religieux à Strasbourg, parle et écrit couramment l'allemand. Elle servira d'interprète. De son côté, le duc d'Orléans a muni Alexandre de nombreuses et chaleureuses lettres de recommandation, dont une pour son beau-frère, le roi des Belges.

Première étape : Bruxelles. Alexandre et Ida y arrivent le 10 août et descendent à l'hôtel de la Reine-de-Suède. La ville leur paraît provinciale et paisible à souhait. Un tour dans les rues suffit à Alexandre pour constater que règne dans ce pays une liberté d'opinion inconnue en France. Léopold Ier le reçoit avec une amabilité et une simplicité exemplaires. D'emblée, Alexandre décide que tous les souverains devraient ressembler à celui-ci pour conquérir le cœur de leur peuple. Quiconque veut régner utilement ne peut le faire, estime-t-il, qu'en se penchant sur ses sujets afin de mieux entendre leurs souhaits et leurs doléances. Peu après, lors du pèlerinage inévitable au champ de bataille de Waterloo, le fils du général Dumas s'efforce de régler ses comptes avec l'Empereur qui fut à la fois si ingrat pour son père et si grand pour la France. Il met en balance le poids des morts et l'éclat des victoires, l'horreur des combats et la splendeur des fêtes, les familles en deuil et le défilé des drapeaux, ce qui l'amène à regretter, en secret, que Napoléon ait supplanté Bonaparte.

A Anvers, qu'il visite ensuite, ce sont les tableaux de Rubens qui retiennent son attention. Il voit dans cette avalanche de corps féminins aux charmes rebondis un hommage à l'anatomie d'Ida, dont ses mains ne se lassent pas de tâter et de soupeser les chairs plantureuses. Le goût qu'il a devant la nudité de sa maîtresse ressemble à l'appétit d'un convive devant un bon repas. Il n'a jamais su résister à la faim qui le tenaille, que ce soit en amour ou à table. A Liège, il se fâche parce que, à l'hôtel d'Albion, le personnel le prend pour un Flamand et refuse de le servir, sous prétexte qu'il n'y a plus rien à manger aux cuisines. Il se rattrape le lendemain, en compagnie de l'archiviste Polain, qui l'a invité à un repas pantagruélique. Le jambon de Mayence est si savoureux qu'il en mange jusqu'à s'étouffer et la succession des vins de la Moselle et du Rhin achève de lui brouiller le cerveau.

C'est tout étourdi et tout alourdi qu'il passe la frontière. La vigilance et la discipline prussiennes le frappent d'une admiration inquiète. Interdiction de descendre de voiture et même de changer de place, à l'intérieur, durant le voyage. Stricte observance des horaires par les postillons à chaque relais. Ces gens-là ont-ils donc un mouvement d'horlogerie à la place du cœur ? Pourtant, ils possèdent de grands poètes, ils aiment la nature et ils savent en parler ! Dès son premier contact avec l'Allemagne, à Aix-la-Chapelle, Alexandre décèle en outre les effets d'un nationalisme arrogant à l'égard de la France. De tous côtés, on réclame le rattachement de l'Alsace et de la Lorraine à la mère patrie germanique. Il y a chez les Allemands, note Dumas, une vénération profonde pour le Rhin, dont ils voudraient contrôler les deux bords : « C'est pour eux une espèce de divinité protectrice qui [...] renferme dans ses eaux une quantité de naïades, d'ondines, de génies bons ou mauvais que l'imagination poétique des habitants voit, le jour, à travers le voile de ses eaux bleues, et, la nuit, tantôt assis, tantôt errant sur ses rives. Pour eux, le Rhin est l'emblème de l'univers ; le Rhin, c'est la force ; le Rhin, c'est l'indépendance ; le Rhin, c'est la liberté ; le Rhin a des passions comme un homme ou plutôt comme un Dieu. »

Remontant en bateau à vapeur, avec Ida, le cours du fleuve, Alexandre s'émerveille à la vue des coteaux couverts de vignes et de châteaux médiévaux en ruine, hantés par les spectres des burgraves. Tout lui plaît dans ce pays, hormis la cuisine qu'il juge détestable. Il recrache avec dégoût le bœuf aux pruneaux, le lièvre aux confitures, le sanglier aux cerises et l'omelette aux clous de girofle. Parvenu à Francfort le 27 août, il y attend avec impatience l'arrivée de Gérard de Nerval, lequel se dit coincé, faute d'argent, à Strasbourg. Toujours prêt à secourir un ami en difficulté, Alexandre lui envoie cent quarante francs pour qu'il puisse continuer le voyage. Pourtant lui-même est quasiment à sec.

A peine s'est-il installé à l'hôtel de l'Empereur-Romain que le *Journal de Francfort*, entièrement rédigé en français, signale son apparition dans la ville en précisant : « Une comédie de M. Dumas, intitulée *Kean*, sera représentée en l'honneur du célèbre auteur dramatique. » Sensible à ce coup de chapeau de la presse locale, Alexandre regrette cependant que *Kean* soit joué dans sa version allemande. Le directeur du *Journal de Francfort*, Charles Durand, est un ingénieux publiciste qui a dû fuir la France pour des raisons politiques. Il invite chez lui l'auteur et sa maîtresse. La réception est tout ensemble admirative et cordiale. Alexandre découvre avec intérêt que son hôte a une fort jolie femme de vingt-trois ans, Octavie, et qu'elle possède « une poitrine de sphinx ». Cette splendide paire de seins fait également loucher le jeune Alexandre Weill, collaborateur habituel du journal, mais Mme Durand ne lui accorde aucune attention. En revanche, elle semble subjuguée par l'illustre écrivain français qui trône à sa table. Accoutumé à ce genre de conquêtes, Alexandre redouble d'amabilité, multiplie les bons mots, joue de la prunelle et finit par séduire le mari autant que la femme. Tous deux l'escortent dans ses visites à travers Francfort, à la maison de Goethe, à la cathédrale, à la rue des Juifs. On organise même des excursions guidées dans le Taunus et le duché de Nassau. Partout, Alexandre s'extasie, note, remercie, tout en coulant à la belle Octavie des regards significatifs. Ida a l'habitude de cette provocation donjuanesque chez son incorrigible compagnon. Puisqu'on est en voyage, elle le laisse faire. De toute façon, ce badinage au bord de la route ne peut conduire à rien. Telle n'est pas l'opinion d'Alexandre. Prétextant qu'il lui est impossible de travailler dans une chambre d'hôtel, il emprunte trois mille francs au mari, afin de louer un petit appartement en ville. Il s'y enferme, soi-disant pour écrire, plusieurs heures par jour. Mais la muse qui vient le retrouver dans cette retraite studieuse n'a rien d'immatériel : c'est une femme furtive et voilée, Octavie. Là, on fait l'amour à la sauvette. Le mari ne se doute pas de son infortune. Ida non plus. Ou du moins préfère-t-elle feindre d'être dupe pour que le voyage puisse continuer sans accrocs.

En débarquant inopinément à Francfort, Gérard de Nerval rompt le charme de cette idylle adultère. Il a conçu, entre-temps, l'idée d'une nouvelle œuvre qu'il se propose d'exploiter avec Dumas : *Les Illuminés*. Tel est, dit-il, le nom d'une société secrète d'étudiants qui ont voulu naguère libérer l'Allemagne des influences étrangères et l'unifier en un grand empire conquérant. Le plus ardent de ces conspirateurs était Karl Sand, lequel fut exécuté, en 1820, à Mannheim, après avoir assassiné l'écrivain espion tsariste, Kotzebue. Cette évocation d'événements historiques tout proches, sur fond de fanatisme et de sang, excite Alexandre. Il décide de se rendre à Mannheim, sur les lieux de l'action, afin d'y réunir les détails nécessaires à la construction de la pièce. Gérard de Nerval l'aidera dans ses investigations et Ida leur servira d'interprète. Ils seront accompagnés d'Octavie Durand, qui se déclare curieuse de participer à une recherche mi-policière, mi-littéraire, et de son soupirant, le malheureux Weill, qui trotte toujours sur ses talons en espérant une improbable faveur.

A Mannheim, les voyageurs visitent la maison de Kotzebue, se recueillent dans la chambre où il fut poignardé et où Karl Sand tenta de se suicider pour échapper à la justice, se rendent enfin, en cohorte déférente, sur le *Sandhimmelfahrtwiese*, la prairie devenue sacrée, où le jeune patriote fut décapité et d'où son âme monta au ciel des martyrs. Là, Alexandre et ses amis rencontrent le directeur de la prison, qui, ayant bien connu Sand et assisté à son supplice, le décrit comme un étudiant idéaliste, au cœur tendre et à l'esprit résolu. Il montre à Dumas quelques documents officiels restés en sa possession et l'autorise à recopier des lettres écrites par le condamné peu avant de monter à l'échafaud. Satisfaits de cette moisson d'informations, les cinq enquêteurs rentrent à l'hôtel et fêtent leurs découvertes par un copieux souper. Mais l'atmosphère est ambiguë. Ida surveille du coin de l'œil son amant qui ne cesse de lorgner Octavie, et Weill souffre en silence de voir son idole échanger avec Alexandre des regards complices. Seul Gérard de Nerval, l'esprit tranquille, ne songe qu'à manger et à boire. Sa bien-aimée, Jenny Colon, vient de se marier. Il est vacant et quasiment veuf. Aussitôt après le repas, les convives se séparent. Ida et Dumas logent dans une chambre contiguë à celle de Nerval. Vers minuit, Alexandre, en chemise, se lève et ouvre la porte donnant sur le couloir. « Où vas-tu ? » s'écrie Ida, réveillée en sursaut. Il s'écroule sur le plancher et gémit qu'il a d'affreuses coliques. Alerté par le bruit, Gérard aide Ida à relever le malade et à le conduire, chancelant et geignant, jusqu'au cabinet d'aisances, à l'étage. Quand ils ont réintégré leurs chambres respectives, Alexandre, qui n'est nullement indisposé, sort du réduit à pas de loup et se dirige vers la chambre d'Octavie. La porte n'en a pas été fermée à clef en prévision de cette visite galante. Mais le pauvre Weill a tout entendu, tout deviné, tout enduré, et il le raconte dans ses Mémoires [1]. En regagnant son lit, Alexandre affirme à Ida qu'il est soulagé. Il ne dit pas de quoi ni comment ! Le lendemain de cette nuit de dupes, on se rend, toujours en groupe, chez le bourreau Widemann. Mais ce n'est pas lui, c'est son père qui a exécuté Karl Sand. Lui n'avait que quatorze ans à l'époque. Ses souvenirs sont confus. Pourtant il exhibe l'épée avec laquelle fut tranchée la tête du condamné. Les taches de rouille qu'on voit sur la lame correspondent, dit-il, au sang de la victime. Son père aurait refusé de laver ces traces par dévotion à la noble cause allemande. Alexandre ne croit pas un mot de cette histoire et s'étonne de se trouver, pour une fois, devant quelqu'un de plus hâbleur que lui. Pour clore le pèlerinage, il se rend, avec ses amis, au cimetière où sont enterrés, côte à côte, le héros national et l'espion vendu à la Russie. Sur la tombe de Karl Sand pousse un prunier sauvage. Avec philosophie, Alexandre brise une branche de l'arbrisseau, arrache une liane au lierre qui pend sur le monument de Kotzebue, et les emporte, serrés l'une contre l'autre, dans sa main.

C'est avec mélancolie que toute l'équipe, ayant achevé ses investigations, retourne à Francfort. Alexandre n'a plus

1. Cf. Alexandre Weill : *Ma jeunesse.*

rien à faire en Allemagne, alors que cent projets l'attendent à Paris. Certes, il est triste de quitter la douce et sensuelle Octavie, son mari si accommodant et le brave Weill qui a chaperonné avec discrétion les amours adultères de sa patronne et de l'écrivain. En les prenant tous trois dans ses bras pour leur dire adieu, Alexandre leur jure qu'il les fera bientôt venir à Paris. Par extraordinaire, il tiendra parole, l'année suivante. Grâce à ses démarches, Charles Durand obtiendra le poste de rédacteur en chef du *Capitole*, journal français subventionné, dit-on, par la Russie. Weill accompagnera son employeur en France. Et Octavie saura remercier Dumas, à plusieurs reprises, de l'intérêt qu'il continue de porter à son ménage. Quant à Ida, elle pense, à part soi, que cette petite aventure germanique n'a pas trop ébranlé sa liaison avec Alexandre et que, somme toute, elle a eu raison de fermer les yeux.

De retour à Paris, le 2 octobre 1838, Dumas se préoccupe immédiatement d'exploiter les matériaux bruts rapportés d'Allemagne. Après avoir agité en tous sens, dans sa tête, l'aventure de Sand et de Kotzebue, il décide de s'en inspirer très librement pour écrire l'histoire d'un « illuminé » de son invention, *Léo Burckhart* (titre de la pièce). Une fois élevé aux fonctions de premier ministre dans une vague principauté allemande, Léo Burckhart comprend soudain qu'il a commis une erreur en visant si haut, car rien ne pervertit davantage le cœur d'un homme que l'usage immodéré du pouvoir. Comme de coutume, Gérard et Alexandre se partagent le travail : quatre actes pour Dumas, deux actes pour Nerval. L'ensemble, réduit à cinq actes, récrit par Alexandre et signé de lui seul, ne sera représenté que bien plus tard, à la Porte-Saint-Martin. Quant à l'édition en volume, elle sera accompagnée d'une étude de l'auteur sur les sociétés secrètes en Allemagne. Ainsi, rien ne sera perdu du voyage à Francfort et à Mannheim. Lorsque Dumas s'attable devant un sujet, il utilise tout, même les miettes.

Pour l'instant d'ailleurs, ce ne sont pas les illuminés allemands qui le préoccupent. En son absence, l'ami Porcher, claqueur émérite et prêteur toujours bien disposé, a cédé à son gendre, Théodore Nézel, directeur d'un théâtre minable, le Panthéon, sur le point de faire faillite, un drame, *Paul Jones*, dont Alexandre lui avait jadis remis le manuscrit contre une substantielle avance. C'est sans en avertir l'auteur que le bonhomme a mené ces tractations mi-commerciales, mi-familiales. Et voici que, par sa faute, Dumas va être joué sur une scène de troisième ordre. Cette représentation au rabais risque de compromettre le prestige de l'écrivain dans le public. Déjà, parmi les confrères et les journalistes, on le plaint d'en être réduit à chercher n'importe où un abri pour ses pièces. Afin de limiter les dégâts, il exige, du moins, de n'être pas nommé. Or, non seulement il figure en grosses lettres sur l'affiche, mais la direction expose son manuscrit dans le foyer du Panthéon. Rudement attaqué par Alexandre, Porcher se défend en alléguant qu'il vaut mieux avoir un grand succès dans un théâtre secondaire qu'une tape retentissante au Théâtre-Français. Devant cet argument imparable, la colère de Dumas retombe. D'ailleurs, contrairement à ses prévisions, *Paul Jones* passe bien la rampe et fait de jolies recettes : soixante représentations et vingt mille francs de bénéfice. Hélas ! c'est encore insuffisant ! Alexandre a de gros besoins d'argent. Pour pouvoir régler le loyer de ses appartements, les pensions de ses maîtresses présentes ou passées, les gages de ses domestiques, les cadeaux, les fleurs destinés à ses interprètes et ses propres dépenses, il se tourne vers un ancien protecteur d'Ida, Jacques Domange, riche entrepreneur de vidange, qui est, accessoirement, féru de littérature et de théâtre. L'opulent vidangeur consent à prêter de fortes sommes à l'écrivain aux abois qui, en échange, lui en garantit le remboursement sur ses droits d'auteur. Ligoté par ce contrat léonin, Alexandre est obligé de « noircir » encore plus de pages et encore plus vite. La course contre la montre s'organise. Les manuscrits, les plans, les notes s'amoncellent sur sa table de travail. Il court d'un sujet à un autre avec la fièvre d'un chercheur de trésors : des nouvelles, des récits de voyage, un nouveau drame, *L'Alchimiste*, en collaboration avec Gérard de Nerval... Deux ans auparavant, il a obtenu du duc d'Orléans la fondation d'un « second Théâtre-Français » : la Renaissance, consacré au répertoire romantique et dirigé par un journaliste, Anténor Joly. Pour être sûr d'attirer un public suffisant, il a été décidé que des pièces de Hugo et de Dumas alterneraient à l'affiche. La grande saison de 1838 s'ouvre à la Renaissance, le 8 novembre, avec *Ruy Blas*. Dès maintenant, il faut prévoir une œuvre inédite d'Alexandre pour succéder à celle de Victor. Le temps presse. Reprise par sa passion des planches, Ida tanne son amant pour qu'il lui écrive un rôle sur mesure. Justement, un obscur collaborateur, âgé de vingt-cinq ans, Auguste Maquet, se présente à Alexandre sur la recommandation de Gérard de Nerval. Il apporte un drame : *Soir de carnaval*. Faute de mieux, Dumas s'en empare, récrit le tout à la volée, et *Soir de carnaval*, rebaptisé, devient *Bathilde*. Le 14 janvier 1839, Ida, rayonnante, fait ses débuts à la Renaissance dans le rôle-titre de la pièce. Ce n'est ni un succès, ni un fiasco. Mais Alexandre, généralement plus orgueilleux, se contente de cette demi-mesure.

En vérité, il a déjà une autre ambition en tête : il rêve d'une revanche à la Comédie-Française pour effacer le cuisant échec de son *Caligula*. En fouillant dans ses papiers, il retrouve une pièce en deux actes que Brunswick lui avait apportée, quatre ans auparavant, en espérant qu'il en tirerait quelque chose. Sur le moment, il n'y avait décelé aucune qualité, ni artistique ni commerciale. A la relecture, il change d'opinion. Sous des dehors maladroits, il y a là, pense-t-il, une brillante matière à surprises et à rebondissements. Le tout est de bien lier la sauce. Il résume ainsi le sujet : « Une jeune fille qui découche pour aller voir son père prisonnier, et qui, ne pouvant avouer le lendemain où elle a été, est compromise. » Seulement, à son avis, cette intrigue est plus comique que dramatique. Or, le Théâtre-Français est surtout intéressé par le drame, dont Dumas passe pour être le spécialiste. Tant pis, on forcera la main de ses acteurs stéréotypés. Délaissant les fureurs et les larmes, qui ont assuré sa réputation, Alexandre se lance dans la légèreté et la drôlerie : un vaudeville, étiré sur cinq actes : *Mademoiselle de Belle-Isle*. En quelques jours, l'affaire est troussée. Et, le 15 janvier 1839, lue par l'auteur devant les comédiens-français, la pièce est reçue à l'unanimité. Pour donner plus de relief à l'événement, Dumas affirmera partout avoir raconté *Mademoiselle de Belle-Isle* devant le Comité alors qu'il n'en avait pas encore écrit une ligne. Ce genre de fanfaronnade ne trompe personne, mais contribue à la légende d'un Dumas aux mille talents et aux audaces folles.

Aussitôt se pose l'épineux problème de la distribution. Toutes les comédiennes classées parmi les jeunes premières sont en émoi. Laquelle de ces demoiselles décrochera le rôle qui donne son titre à la pièce : Mlle de Belle-Isle ? Elles ont tort d'oublier qu'au Théâtre-Français l'ancienneté éclipse souvent la fraîcheur. Bien que sexagénaire, Mlle Mars se prétend apte à incarner une vertueuse et innocente héroïne de vingt ans. Elle sera le personnage par l'intérieur, sinon par la figure. Nul n'ose la contredire, même pas Alexandre, ravi d'avoir une si grande actrice à l'affiche, fût-ce à contre-emploi. Grâce à la prime de deux mille cinq cents francs qu'il vient de toucher de la direction, il a pu éteindre une partie de la dette qu'il a contractée auprès de Jacques Domange, le capitaliste vidangeur. Mais celui-ci prend prétexte de ses relations financières avec l'auteur pour assister aux répétitions et donner son opinion sur le texte et la mise en scène. Un jour, agacé par les interventions de ce profane qui se prend pour un connaisseur, Alexandre lui lance : « Monsieur Domange, je ne touche pas à votre marchandise, ne touchez pas à la mienne ! » Marie Dorval vient, elle aussi, par curiosité pure, saluer le travail des comédiens sur la pièce de son ex-amant. A l'issue d'une de ces séances, elle s'écrie, à la fois furibonde et rieuse, devant Alexandre : « Oh ! ces salauds d'auteurs ne me feraient pas un rôle comme ça, à moi ! »

Le grand soir de l'épreuve arrive enfin : 2 avril 1839. Toute la troupe est sur les dents. Un public nombreux, élégant, papotant se presse dans la salle. On est impatient de savoir comment Dumas, champion patenté du drame, s'est accommodé des impératifs de la comédie. Certains ne cachent plus qu'ils souhaiteraient le voir se casser le nez. On ne change pas impunément de genre en littérature ! Or, dès le départ, l'atmosphère se détend. On est sous Louis XV ; jolis costumes, quiproquos, coups de théâtre, répliques piquantes ont raison de la réserve des spectateurs les plus résolus à bouder leur plaisir. C'est rapide, licencieux – juste assez ! –, amusant et sans prétention. Le régisseur note laconiquement dans son rapport quotidien : « Grand succès ». La critique ne dément pas cette assertion. En croyant s'abaisser vers le Boulevard, Dumas a redoré son blason, dit-on dans les salles de rédaction des petits journaux. Il visait trop haut avec *Caligula*, il se retrouve à son étage avec *Mademoiselle de Belle-Isle*. Le *Charivari* lui tresse des couronnes pour avoir diverti ses concitoyens pendant trois heures. Sainte-Beuve, le quinteux, le félicite d'avoir quitté son empyrée.

Encensé de toutes parts, Alexandre dédie la pièce à Mlle Mars, afin que « la comédie remonte à sa source ». Mais déjà une nouvelle idée de gloire enfièvre son cerveau : ne devrait-il pas profiter de ce flot d'éloges pour tourner ses regards vers les graves messieurs du quai de Conti ? Au degré de notoriété où il est parvenu, sa place est assurément parmi les « immortels ». Le tout est de bien préparer les voies. Il écrit à Buloz : « Parlez donc de moi dans la *Revue [des Deux Mondes]* pour l'Académie. » Son rêve : y devancer Victor Hugo. L'admiration n'exclut pas la rivalité. Souvent même elle l'encourage !

VII

Le mariage, l'Italie, la mort

Sept ans déjà qu'Ida partage la vie d'Alexandre. Malgré les hauts et les bas de cette liaison, il ne songe pas à rompre. Tant qu'elle acceptera les fringales amoureuses qui l'entraînent provisoirement vers d'autres femmes, il tolérera sa présence dans la maison. Pourtant, elle n'est pas d'un commerce agréable. La comtesse Dash, qui l'a bien connue, la dépeint ainsi : « Profondément corrompue, sans aucun principe, elle ne sut jamais résister à une fantaisie quelle qu'elle fût. Elle mettait de la passion dans tout. La plus impétueuse de toutes était celle des chiffons. [...] Bien qu'elle fût très gourmande, elle se fût passée de manger pour avoir une cornette de dentelle. [...] Elle n'aimait qu'elle sur la terre et n'eut jamais une affection véritable pour qui que ce fût. [...] Chez elle, l'amour était violent, emporté, jaloux. [...] Colère jusqu'à la fureur, elle ne vivait que de scènes ; elle avait un besoin perpétuel d'émotions. [...] Dominante, impérieuse, tout devait s'humilier devant elle. [...] Comme elle n'avait pas d'autre frein que son caprice, son caractère était d'une inégalité sans pareille dans son intérieur [1]. » C'est l'orgueil et le goût de paraître

1. Comtesse Dash : *Mémoires des autres.*

qui attachent Ida à Dumas ; et c'est le besoin d'avoir une alliée sûre, quoique grincheuse, dans sa course aux honneurs et aux plaisirs qui attache Dumas à Ida. Au vrai, épris l'un et l'autre de clinquant et d'esbroufe, ils sont faits pour s'entendre malgré les orages.

En cette année 1839, Ida a tout lieu d'être satisfaite de la carrière de son amant. Lui, qu'on disait à bout de souffle, n'a jamais été aussi entreprenant. Plusieurs théâtres parisiens jouent en même temps des pièces de cet auteur heureux entre tous : *Mademoiselle de Belle-Isle* à la Comédie-Française, *L'Alchimiste* à la Renaissance, *Léo Burckhart* à la Porte-Saint-Martin. Et, à côté de la scène, il y a les livres, les journaux. La prose d'Alexandre coule partout, il publie *Les Aventures de John Davys*, très librement adaptées de l'anglais, un *Napoléon* de plus, pour répondre à l'attente des bonapartistes, une série de *Crimes célèbres*, avec la collaboration d'Arnould, de Fiorentino, de Narcisse Fournier et de Mallefille. Huit volumes de basse littérature mais qui se vendent bien. Balzac, qui pourtant écrit beaucoup lui aussi, ne cache pas son mépris pour ce pisseur de copie. Il est surtout agacé par les succès théâtraux de son turbulent confrère. Le rencontrant un soir dans un salon qu'ils ont l'habitude de fréquenter tous deux, il ne peut s'empêcher de grommeler en toisant Dumas : « Quand je serai usé, je ferai du drame. – Commencez donc tout de suite ! » lui rétorque Dumas. Le mot sera répété. Mais Alexandre ne veut pas d'esclandre : il craint que le moindre scandale ne compromette ses chances à l'Académie française. Il est tellement soucieux de ne pas donner à ces messieurs du quai de Conti l'image d'un trublion, que, après l'échec de l'insurrection de Barbès et de Blanqui au printemps 1839, il se tient à l'écart de la protestation des intellectuels, emmenés par Victor Hugo et George Sand, contre la sévérité des sentences qui frappent les rebelles. Résolu à une sage neutralité en politique, il n'entend briller que par ses œuvres. On ne peut être à la fois, juge-t-il, un créateur respectable et un casseur d'assiettes. Du moins quand on envisage de se présenter à l'Académie. D'ailleurs, Ida, tout en le turlupinant pour des vétilles, lui prêche la raison pour l'essentiel. Elle aussi, maintenant, a soif d'honorabilité !

Soudain, une nouvelle incroyable secoue les salons parisiens : Dumas se range, il est sur le point d'épouser sa vieille maîtresse. Qu'est-ce qui l'a poussé à sauter le pas à ce moment ? Selon certains, dont le médisant Eugène de Mirecourt, c'est le duc d'Orléans qui serait à l'origine de cette décision. Le jour d'une grande réception aux Tuileries, il aurait déclaré à Alexandre, qui ingénument lui présentait Ida : « Il est entendu, mon cher, que vous n'avez pu me présenter que votre femme ! » Une telle remarque de Son Altesse royale aurait été interprétée par Dumas comme un ordre amical de régulariser sa situation. D'autres confidents du couple assurent que Jacques Domange, l'ancien protecteur d'Ida, devenu le principal créancier d'Alexandre, a menacé ce dernier de le faire arrêter pour dettes s'il ne se mariait pas immédiatement. Enfin, selon Paul Lacroix, Alexandre se serait résigné à passer la bague au doigt de sa compagne pour faire bonne figure aux yeux des académiciens qui – c'est bien connu ! – se méfient des écumeurs d'alcôves. Toujours est-il qu'invité de différents côtés à légaliser sa situation, il cède sur toute la ligne. A un ami qui lui demande le vrai motif de sa résolution, il répond, à la fois bourru et goguenard : « Mon cher, c'est pour mieux m'en débarrasser ! » Bien entendu, un tel événement entraînera des frais. Mais Jacques Domange est là pour y subvenir. Alexandre lui emprunte trente-six mille francs afin de parer aux dépenses de la cérémonie, plus mille cinq cents francs destinés à l'achat d'une bague de fiançailles ornée d'un diamant. Un contrat de mariage est passé le 1er février 1840, par-devant Me Desmanèches, notaire. La dot du marié est constituée par « la propriété de tous ses ouvrages dramatiques et littéraires », l'ensemble étant estimé à deux cent mille francs, celle de la mariée s'élève à vingt mille francs de bijoux et d'argenterie et à cent mille francs de « deniers comptants », alors qu'elle n'a pas un sou vaillant, à part ce que lui donne Dumas pour la bonne marche de la maison.

Si tout Paris se gausse de ces noces extravagantes, le petit Alexandre, alors âgé de seize ans, s'indigne de la « mésalliance » de son père. Mélanie Waldor partage sa fureur. Elle continue à le considérer comme son fils putatif, et l'incite à alerter sa vraie mère, Laure Labay, ainsi que les témoins du futur mariage pour empêcher la « monstrueuse comédie » qui se prépare. Laure Labay ayant refusé, par dignité, d'intervenir dans une affaire aussi intime, Mélanie suggère au jeune Dumas d'écrire une lettre violente à son géniteur devenu « irresponsable ». Or celui-ci s'est retiré pour prendre quelques jours de repos à la Petite-Villette, chez Jacques Domange. C'est donc là que Mélanie fait apporter le message du fils rebelle. Par qui ? Par l'ordonnance de son propre mari, le capitaine Waldor, avec lequel, du reste, elle est séparée de biens. Cela n'empêche pas les petits services entre gens d'honnête compagnie.

Alexandre lit avec stupéfaction, avec douleur, les reproches de son enfant et lui répond d'une plume superbe : « Ce n'est point ma faute, mais la tienne, si les relations de père à fils ont tout à coup cessé entre nous : tu venais à la maison, tu y étais bien reçu de tout le monde, quand tout à coup il t'a plu, excité, je ne sais par quel conseil, de ne plus saluer la personne que je regardais comme ma femme, puisque j'habitais avec elle. A compter de ce jour, et comme il n'entrait pas dans mon intention de recevoir des conseils même indirects de toi, l'état dont tu te plains a commencé et, à mon grand regret, a duré six ans. Maintenant, cet état cessera le jour où tu le voudras : écris une lettre à Mme Ida, demande-lui d'être pour toi ce qu'elle est pour ta sœur, et tu seras toujours et éternellement le bienvenu. Ce qui peut arriver de plus heureux pour toi, c'est que cette liaison continue, car, comme je n'ai pas eu d'enfant depuis six ans, j'ai la *certitude* de n'en pas avoir et tu resteras mon seul fils et mon fils aîné. Si tu fais cela – ce dont je te prie sans l'exiger ne voulant rien devoir à la contrainte – non seulement tu seras le bienvenu tous les quinze jours, mais encore tu me rendras aussi heureux qu'il est en ton pouvoir de le faire. Je n'ai pas autre chose à te dire. Réfléchis seulement que, si je me mariais avec une autre femme que Mme Ida, je pourrais avoir trois ou quatre enfants, tandis qu'avec elle je n'en aurai *jamais*. »

Sur le point de clore cette longue et raisonnable épître, une idée importante traverse le cerveau de Dumas. A la naissance de son fils, il a obéi à un mouvement de vanité en lui donnant son propre prénom. Or, le garçon se pique d'écrire des vers – très enfantins encore ! – et les signe Alexandre Dumas. S'il continue dans son âge mûr, ne risque-t-il pas d'y avoir confusion, dans l'esprit du public, entre les deux Dumas : l'ancien et le nouveau, le vieux et le jeune ? Ce serait regrettable, injuste, scandaleux. Soucieux de régler, dès à présent, cette délicate affaire, Alexandre 1 ajoute un post-scriptum à l'intention d'Alexandre 2 : « Tu devrais, au lieu de signer Alex Dumas comme moi, ce qui peut avoir pour nous deux, un jour, un grave inconvénient, puisque nos deux écritures sont pareilles, signer *Dumas Davy*. Mon nom est trop connu, tu comprends, pour qu'il y ait doute, et je ne puis ajouter père : je suis trop jeune pour cela. »

Alexandre 2 ne tiendra aucun compte de la judicieuse recommandation d'Alexandre 1. Quant à ses récriminations de dernière heure, elles n'empêcheront pas l'union qu'il condamne sans trop savoir pourquoi. Le mariage civil d'Alexandre Dumas et d'Ida Ferrier a lieu le 5 février 1840, à la mairie du premier arrondissement de Paris. Alexandre a choisi des témoins prestigieux : Chateaubriand et Villemain, ministre de l'Instruction publique. Plus modeste, Ida s'est contentée d'un conseiller d'Etat et d'un vicomte de ses relations. Mais, pour la bénédiction nuptiale à l'église Saint-Roch, Chateaubriand et Villemain déclarent forfait. Ils sont remplacés, au pied levé, par le peintre Louis Boulanger et l'architecte Charles Robelin. Le curé, qui n'a pas été prévenu de la substitution, croit bien faire en saluant dans son discours « l'illustre auteur du *Génie du christianisme* », et le grand homme d'Etat « qui tient dans ses mains les destinées de la langue et de l'Instruction publique ». Malgré cet impair, l'échange des anneaux s'accomplit à la satisfaction générale. Les époux et les témoins apposent leurs signatures sur le registre de la paroisse. En face de son nom, Jacques Domange renonce à noter comme profession « vidangeur » et préfère indiquer : « propriétaire ». Il aurait pu aussi se dire « écrivain » car, pratiquement, toutes les œuvres de Dumas lui appartiennent.

Le mariage n'a pas assagi Alexandre. Bien qu'Ida ait obtenu de lui le statut enviable d'épouse, il commence par la tromper avec une actrice de dix-sept ans, Léocadie Aimée Doze, puis il s'amourache d'une autre jeune comédienne, Henriette Laurence. Comme cette dernière se trouve dans le besoin et qu'elle a de charmants élans de gratitude après le moindre cadeau, il l'entretient, à l'insu de sa femme évidemment. Mais Ida a des soupçons et se plaint de manquer d'argent alors que son mari dilapide ses revenus aux hasards d'une vie dissolue. A qui confierait-elle ses griefs, sinon à son protecteur et ami, l'obligeant vidangeur Jacques Domange ? Elle pleure dans son gilet et lui donne la liste de ses dépenses : « De tout ce que je vous dis là, lui écrit-elle, j'ai les preuves entre les mains. Ajoutez à cela la sœur [Alexandrine Aimée] à qui on ouvrait des comptes courants pour les magasins qui nous fournissaient, les *cousins*, les *neveux*, les *maîtresses*, et dites-moi, quand on a déjà avec cela un fond de dettes considérables et que, par sa position, on est forcé de mener une vie assez élégante et surtout qu'on ne sait ce que c'est que l'ordre, dites-moi s'il est possible de ne pas tomber dans un gouffre sans fond. [...] Je vous écrirais des volumes avec toutes les causes de ruine auxquelles, la main levée devant Dieu, je puis me dire parfaitement étrangère. Et songez que, lorsqu'il n'y a pour combler ces dépenses que le produit d'un travail qui varie sans cesse et dont les rentrées sont fort irrégulières, et que surtout on tient ses affaires avec le plus grand désordre, faisant à tort et à travers des billets et des lettres de change qu'on me cachait parce qu'on ne voulait pas m'en dire les motifs, comment voulez-vous que j'aie pu quelque chose contre un état de choses aussi déplorable ? »

A l'entendre, dans cette union mal assortie, c'est elle la victime et lui le bourreau. Alexandre reconnaît que leur situation est de plus en plus précaire. Or, il ne peut travailler davantage. En quelques semaines, il a pondu de nouvelles *Impressions de voyage* (une marchandise qui se vend toujours bien !), un petit drame passe-partout, *Jarvis, l'honnête homme*, et mis en route, en collaboration avec Charles Lafont, un roman « dépaysant » à souhait, *Le Maître d'armes*. Le sujet de cette dernière œuvre lui a été fourni par son professeur d'escrime, Grisier, lequel a rapporté d'un séjour en Russie des échos de la révolte, en décembre 1825, des intellectuels et des militaires libéraux, dits les « décembristes », contre le tsar Nicolas Ier. Au nombre des insurgés figurait le comte Annenkoff, amoureux d'une jeune Française, Pauline. Condamné aux travaux forcés, il fut déporté en Sibérie ; Pauline l'y rejoignit et l'épousa en dépit du sort misérable qui les attendait dans cette contrée hostile, parmi les réprouvés. Dans le livre, Dumas a, bien sûr, changé le nom des personnages et allègrement déformé le contexte historique. Mais le fond de l'intrigue, qui relate le dévouement d'une femme admirable, préférant partager les souffrances et les privations de l'homme qu'elle aime plutôt que d'être à jamais séparée de lui, est conforme à la vérité. Sur le plan littéraire, le résultat est mitigé : un pâle roman d'amour au milieu de la formidable secousse qui a ébranlé la Russie impériale, en ce premier quart du XIXe siècle. Les lecteurs français ne sont guère intéressés par cette idylle conjugale dans les steppes. Et, en Russie, le livre, jugé inopportun, voire subversif, est carrément interdit à la vente.

Déçu par le peu d'enthousiasme du public pour ses dernières productions romanesques ou théâtrales, Alexandre décide que l'air de Paris commence à « sentir le roussi ». Il faudrait impérativement réduire les dépenses, licencier les domestiques, les secrétaires, éviter les sorties coûteuses, renoncer à offrir des fleurs aux femmes et des dîners aux amis. Or, il est incapable de restreindre son train de vie et de compter ses sous chaque matin, au lieu de les jeter gaiement par la fenêtre. Une seule issue : déguerpir au plus vite, aller à Florence, par exemple, la Toscane étant le seul Etat d'Italie où il ne soit pas interdit de séjour. La ville, qu'il connaît bien, est fort belle, et l'existence y est bon marché. Pour prendre un gage sérieux sur l'avenir, Alexandre délègue son ami Prosper Mérimée auprès de Rémusat, le nouveau ministre de l'Intérieur, afin que celui-ci lui passe commande d'une comédie destinée au Théâtre-Français, avec promesse que la lecture devant le Comité sera, cette fois, « une simple formalité » et que la pièce entrera en répétition huit jours après avoir été admise. Rémusat ayant confirmé cet engagement par écrit et ayant fait verser, de surcroît, une prime de six mille francs à l'auteur, Alexandre se redresse. Sans pavoiser encore, il peut au moins respirer. Rien ne s'oppose plus au départ pour Florence. Mais Ida fait ses additions, racle ses fonds de tiroir et persiste à s'inquiéter. Attentif à la tranquilliser tout à fait sur leur avenir, Alexandre signe une « procuration générale » à Jacques Domange, « propriétaire de ses droits d'auteur », et le charge de défendre au mieux ses intérêts durant son absence.

Du coup, Ida est convaincue. On boucle les valises et la diligence emporte le couple à travers une France printanière. Ils embarquent à Marseille le 5 juin et, le 7 au soir, ils sont à Florence. Dès son arrivée, Alexandre s'adapte au luxe italien : les locations de palais sont pour rien dans cette ville bénie ! Il s'installe avec Ida à la villa Palmieri que Boccace, dit-on, a décrite dans son *Décaméron*. La pièce qui lui sert de bureau est celle-là même où travaillait, cinq siècles auparavant, l'illustre auteur des « Cent nouvelles ». La maison possède une salle de spectacles, un immense jardin avec jets d'eau, statues et bosquets de citronnier. Tout cela ne coûte que trois cents francs par mois. Pourquoi s'en priver ? Dans ce cadre grandiose, et qui lui convient parfaitement, Alexandre trime comme un forcené. Comédies, drames, scènes historiques, récits de voyage, il passe d'un chantier à l'autre sans fatigue apparente. A peine quelques douleurs aux yeux qui l'agacent. Ida estime qu'en écrivant tant de pages il devrait gagner plus. Mais bientôt, après avoir goûté aux somptuosités de la villa Palmieri, il faut songer à se rabattre sur un intérieur plus modeste. On emménage donc dans un appartement moins vaste et moins confortable, via Rondinelli. Bien qu'ayant troqué le bureau de Boccace contre une chambrette sous les toits, Alexandre ne regrette rien. Du moment qu'il peut écrire dix heures par jour, et que ni le papier, ni l'encre, ni les plumes ne lui sont mesurés, il s'estime heureux. Il en arrive même à aimer ce décor banal, avec sa peinture à la détrempe et son lit immense entouré d'une moustiquaire. « J'y ai écrit les trois premiers volumes du *Chevalier d'Harmental*, tout le *Corricolo*, tout le *Speronare*, précisera-t-il dans un article destiné à un journal belge. C'était un charmant réduit, blanc [...] avec des rideaux blancs, dont la fenêtre s'ouvrait à huit heures du matin sur une cour pleine de soleil printanier et de brises errantes et, en s'ouvrant, donnait passage aux branches d'un immense jasmin [...], tandis que deux de ces hirondelles, dont la rue porte le nom, bâtissaient en gazouillant leur nid à l'angle de cette fenêtre [1]. » Les nouvelles qui parviennent de France lui

1. *L'Indépendance belge*, numéro du 20 mars 1852. Texte cité par Claude Schopp : *Alexandre Dumas*.

semblent plus irréelles que le pépiement des oiseaux florentins. Il note cependant avec intérêt que le prince Louis Napoléon, qui a jadis essayé de soulever la garnison de Strasbourg, vient de tenter un second coup de main sur Boulogne et qu'il a été enfermé à vie au fort de Ham, que son cher Ferdinand est toujours en Algérie où il fait merveille, sous les ordres du général Bugeaud, et qu'en janvier 1841 Victor Hugo a enfin été élu à l'Académie française. Aussitôt, chatouillé à un endroit sensible, Alexandre écrit à Charles Nodier : « Croyez-vous que j'aurais en ce moment des chances à l'Académie ? Voilà Hugo passé. Tous ses amis étaient à peu près les miens. [...] Si vous voyez que la chose prît quelque consistance, montez à la tribune académique, et dites, en mon nom, à vos honorables confrères quel serait mon désir de siéger parmi eux ; faites valoir mon absence toutes les fois que j'ai pensé que ma présence était un embarras, enfin dites de moi tout le bien que vous en pensez, et même celui que vous ne pensez pas. Si vous ne voyez pas de chances, bouche close. » Nodier, circonspect, préfère la deuxième solution : celle du silence prudent. Alexandre n'en garde pas moins l'espoir que son tour viendra d'être accueilli, un jour prochain, en triomphateur, sous la Coupole ; ici comme à la Comédie-Française, estime-t-il, le talent finira bien par désarmer l'intrigue !

Par ailleurs, il est heureux de constater que, à distance, ses relations avec son fils se sont améliorées. Ils échangent des lettres empreintes de franchise et de tendresse. « Sois tranquille, écrivait Alexandre 1 à Alexandre 2, dès le 30 novembre 1840, ce n'est pas six mois, ce n'est pas deux ans, c'est toujours que j'aurai soin de toi jusqu'à ce que tu puisses te tirer d'affaire. » Il s'occupe de l'éducation de cet enfant sauvage avec d'autant plus de sollicitude qu'il se sent coupable de l'avoir longtemps négligé. Se penchant sur les balbutiements poétiques de son jeune émule, il lui recommande d'apprendre à faire des vers en latin afin de mieux réussir ceux qu'il fait en français, de se familiariser avec le grec ancien, car il est préférable de lire Homère, Sophocle et Euripide dans l'original, d'étudier la Bible dans la traduction de Sacy, de se plonger dans Shakespeare, Dante, Corneille, de savourer mot à mot Molière : « On ne fera rien comme style de plus beau que cela. » Mais il ne faut pas que le néophyte oublie pour autant les auteurs modernes. Dans Hugo, Alexandre 1 conseille à Alexandre 2 de choisir parmi les meilleurs monologues d'*Hernani*, du *Roi s'amuse* et de *Marion Delorme*. « Enfin moi, ajoute-t-il, tu peux aussi apprendre le récit de Stella dans *Caligula*, et la chasse au lion d'Yacoub, ainsi que toute la scène du troisième acte entre le comte, Charles VII et Agnès Sorel. »

C'est sans fausse modestie que Dumas se range parmi les plus grands. Il est sûr que son fils l'admire. L'ère des malentendus est révolue. Celle de l'entente familiale commence. Il lui semble même que, dans cette nouvelle atmosphère de compréhension, il travaille avec plus d'énergie et de verve. A peine a-t-il achevé *Le Chevalier d'Harmental*, roman dont le premier jet lui a été cédé par Auguste Maquet, qu'il propose au même « fournisseur » de travailler avec lui sur une pièce légère : *Un mariage sous Louis XV*. Il en résume ainsi le thème à l'intention du futur collaborateur : « Une jeune fille, toute jeune, toute naïve [...] a épousé un jeune homme presque aussi jeune qu'elle, mais préoccupé de cette idée toute moderne que la vie d'un homme n'est rien sans la passion. Une espèce de singe d'Antony. » Le rêve d'Alexandre est de faire interpréter sa comédie par une de ses dernières maîtresses, Léocadie Aimée Doze, aux côtés de sa nouvelle grande amie, Mlle Mars, laquelle se prépare à prendre sa retraite. Finalement, Auguste Maquet, trop occupé ailleurs, se dérobe et Dumas écrit seul ce divertissement alerte et anodin. Pour rassurer Jacques Domange sur les vertus commerciales de sa nouvelle production, il lui affirme : « Elle [...] vaut *Mademoiselle de Belle-Isle* dans un autre genre. Elle aura un grand succès, surtout si Mademoiselle Mars la joue. » A peine l'encre du manuscrit a-t-elle séché qu'il s'empresse de lire *Un mariage sous Louis XV* dans un cercle de relations aristocratiques, parmi lesquelles la duchesse de Choiseul, le comte de Laborde, le prince Galitzine, le duc de Lucques et d'autres notabilités de moindre envergure. En tant qu'épouse de l'auteur, Ida assiste, en grande toilette, à la séance. Un triomphe ! Aussitôt, elle écrit à Jacques Domange : « La pièce a produit un effet dont vous n'avez pas idée. Je n'ai jamais vu pareil enthousiasme. [...] Je trouve que c'est la meilleure comédie de ce temps-ci. Il s'est surpassé et je crois que c'est supérieur à *Mademoiselle de Belle-Isle*, c'est mon avis et celui de toutes les personnes qui l'ont entendue. Je vous prie donc, mon cher ami, de ne pas vous laisser étourdir par toutes les criailleries du Théâtre-Français, de cet imbécile de Buloz ou des journaux. Vous ne savez pas ce que c'est que toute cette canaille et les motifs qui la font parler et agir ! »

Le lendemain, le duc de Lucques récompense l'auteur par l'octroi de la grand-croix de son minuscule duché. Alexandre, qui peut se prévaloir déjà de la croix de la Légion d'honneur, de celle de l'ordre d'Isabelle la Catholique, de celle que lui a offerte Léopold Ier de Belgique, de celle, suédoise, de Gustave Wasa et de celle de Saint-Jean-de-Jérusalem, est aux anges. Il charge Domange de lui acheter à Paris « une aune de ruban vert de Wasa et une aune de ruban d'Isabelle la Catholique ». A cet effet, il lui envoie des échantillons dont les couleurs sont à respecter. Ida, elle aussi, est éblouie de voir son mari se pavaner avec une poitrine aussi chamarrée qu'une devanture de magasin la veille de Noël. Il mérite cent fois ces hommages, estime-t-elle, mais ce n'est pas la bimbeloterie, si honorifique soit-elle, qui fait vivre un ménage. Et Alexandre, qui est un champion de l'écriture rapide, ne peut raisonnablement augmenter sa cadence. « Il ne saurait travailler davantage sans compromettre sa santé et sa réputation, mande-t-elle à l'habituel confident du ménage, Jacques Domange. Il a fait des efforts de travail tellement grands qu'ils ont attaqué sa santé assez gravement ; en outre, il est pris d'une maladie des yeux qui m'inquiète. Il a consulté deux ou trois médecins, et tous à l'unanimité ont ordonné, avant toutes choses, un repos complet, au moins momentanément. » Recommander le repos à Alexandre revient à interdire le tabac à un fumeur. Il est physiquement incapable de lâcher sa plume. Le *Mariage sous Louis XV* a été expédié à Paris en double exemplaire : un pour Asseline, le secrétaire du duc d'Orléans, l'autre pour Jacques Domange qui doit se charger de faire accepter la pièce par le Théâtre-Français, tâche difficile, reconnaît l'auteur, car on tentera de l'en empêcher par « mille cochonneries », attendu que « Mlles les maîtresses de ministres ou autres ne jouent pas dedans ».

Un mariage sous Louis XV est lu en Comité le 27 décembre 1840. La comédie n'est reçue qu'à corrections. Vexé par ces réserves, Alexandre n'en accepte pas moins de revoir son texte pour un léger « polissage ». Il y a plus grave : Mlle Mars, mécontente de son rôle, refuse de jouer « la comtesse ». L'auteur, qui redoute une désaffection générale, se fait humble pour amadouer l'interprète : « La pièce a été faite pour vous seule, à votre intention seule, lui écrit-il le 7 janvier 1841. [...] Le rôle est toujours à vous. » Cette sollicitation désespérée n'ébranle pas la détermination de Mlle Mars. Se jugeant trop vieille pour l'emploi auquel on la destine, elle rompt les ponts et écrit une lettre de démission. Pour compliquer la situation, Buloz, qui dirige à présent la Comédie-Française d'une main de fer, n'a toujours pas versé les deux mille cinq cents francs prévus à titre de prime. Fin janvier, Alexandre, exaspéré, intervient auprès de Jacques Domange pour qu'il hâte le règlement de l'affaire : « Vous devez être aussi embêté que moi des façons de Buloz ; s'il vous a refusé deux mille cinq cents francs comptant, cinglez-moi un huissier au cul de ce bougre-là ! » Le même Jacques Domange, devenu décidément l'homme d'affaires du ménage, est chargé de porter une lettre confidentielle d'Alexandre à Hugo : « Que pensez-vous de ma candidature [à l'Académie française] dans ce moment-ci ? Est-ce que ce ne serait pas beau d'entrer ensemble ? Voyez Pongerville et Nodier, et parlez-leur de cela. Je sais que vous serez aussi content de me voir vous suivre que j'ai été content de vous voir me devancer. » Il importe également que l'habile vidangeur circonvienne Asseline, afin que celui-ci tâte les dispositions de Casimir Delavigne et réveille, mine de rien, la sympathie trop paresseuse de Charles Nodier. Mais, malgré les efforts de ses amis, Dumas se rend compte que, pour la création de sa pièce à la Comédie-Française comme pour la réussite de sa campagne académique, il vaudrait mieux qu'il fût sur place. « Pressez les répétitions, mon cher Domange, écrit-il à son mandataire habituel, je les reprendrai où elles seront et je les activerai. »

En mars 1841, le couple Dumas revient en France. Entretemps, Alexandre a résilié le bail du bel appartement de la rue de Rivoli et même celui du petit logis de la rue du Faubourg-du-Roule, où sa mère est morte. N'ayant plus de domicile fixe, Ida et lui s'installent provisoirement à l'hôtel. C'est avec une joie de collégien qu'Alexandre retrouve Ferdinand, revenu depuis trois mois d'Algérie. Le prince lui paraît encore plus beau, plus viril, plus lumineux que dans son souvenir. Car tout en étant grand amateur de femmes, Alexandre n'est pas insensible à la grâce masculine. L'aspect physique de ses amis renforce son admiration et même son estime pour eux. A ses yeux, Ferdinand est un exemple de perfection corporelle et intellectuelle, éclairée par la sensibilité. Pour lui marquer son attachement, le duc d'Orléans lui commande une histoire de l'armée française. Il saute sur cette occasion de faire plaisir à Son Altesse royale en gagnant quelques sous par une besogne de tout repos.

A la Comédie-Française, le différend entre Buloz et

Domange a été dénoué sans difficultés majeures. La distribution de la pièce est correcte, malgré l'absence de Mlle Mars. Les contacts avec *Le Siècle*, qui doit publier en feuilleton *Le Chevalier d'Harmental*, sont prometteurs, et l'éditeur Max Béthune est prêt à mettre sous presse la suite des *Impressions de voyage* (*Le Capitaine Arena*). Autre sujet de satisfaction pour Alexandre, son fils, qui aura bientôt dix-huit ans, est passionné de poésie, écrit des vers, comme lui-même dans sa jeunesse, et rêve de faire à son tour une carrière dans la littérature. Retrouver dans un enfant l'écho – même affaibli ! – de ses propres dons, de ses propres aspirations, n'est-ce pas ce qu'un père peut souhaiter de mieux en ce bas monde ?

Alors qu'il a mis tant d'espoir dans la création d'*Un mariage sous Louis XV*, Alexandre commence à croire, au fil des répétitions, qu'il s'est trompé dans son pronostic. Est-ce la pièce ou l'interprétation qui le déçoit ? Les deux peut-être. Les clabauderies dont bourdonnent les coulisses du Théâtre-Français ne lui disent rien qui vaille. Prévoyant un échec, il préfère ne pas y assister et repart, avec Ida, pour l'Italie. La première a lieu, sans lui, le 1er juin 1841. Succès médiocre, dédain moqueur de la critique. Quel dommage que Mlle Mars ait renoncé à son rôle ! Son talent, son renom eussent assurément sauvé la partie.

A Florence, pendant les mois d'été, Alexandre récrit *Jeannic le Breton*, un drame quelconque d'Eugène Bourgeois, qu'il ne signera pas pour éviter de compromettre par une œuvre « peu littéraire » ses chances à l'Académie française. En revanche, il s'applique à rédiger une pièce noble et ambitieuse. *Lorenzino*, inspiré comme le *Lorenzaccio* d'Alfred de Musset par les *Chroniques florentines* de Benedetto Varchi. Cette fois, il ne compte que sur lui-même pour les tractations avec le Théâtre-Français. Laissant Ida à Florence, il repart pour Paris, l'esprit conquérant et le manuscrit serré dans ses bagages. Le 15 octobre 1841, il lit sa pièce, avec un bel élan, devant le Comité. Elle est reçue sans qu'il soit question de retouches. Deux mille cinq cents francs de prime à la clef. Quant à ce *Jeannic le Breton* dont Dumas refuse la paternité tout en comptant sur une part des recettes, l'ouvrage devra attendre le 27 novembre 1847 pour être représenté à la Porte-Saint-Martin. Du pain pour l'avenir. On ne va pas faire la fine bouche ! D'autant que *Lorenzino* va, bien sûr, rapporter gros. Pour calmer la morosité d'Ida, l'esseulée, il lui écrit à la fin décembre : « La pièce [*Lorenzino*] marche et se débrouille [...] Tout cela sera fini avant la fin du mois, et Dieu merci ! je n'aurai plus à te quitter, ne voulant rien faire pour le théâtre l'année prochaine. » Il s'enfuit de Paris au début de janvier 1842, alors que les comédiens répètent encore son drame sur la scène de la Comédie-Française.

C'est à Florence qu'il apprend la chute de cette pièce dont il espérait tant ! Le public s'est ennuyé à cette belle histoire, tout imprégnée de fureur et de ruse, sous le règne tyrannique d'Alexandre de Médicis. Et la critique, une fois de plus, a brocardé l'auteur. *Lorenzino* est retiré de l'affiche après sept représentations. Un camouflet cuisant. Pour compenser la perte d'argent et de prestige, Alexandre s'avise d'écrire des adaptations de *Macbeth* et d'*Hamlet*. Avec Shakespeare dans sa manche, il n'a rien à craindre. Eh bien, si ! *Macbeth*, soumis au Théâtre-Français, est carrément refusé ! La version de Dumas n'a pas l'heur de plaire aux comédiens. C'est à désespérer de l'intelligence du Comité de lecture ! Une nouvelle visite d'Alexandre à Paris ne résout rien. On ne veut ni de son *Macbeth* ni de son *Hamlet*. La machine Dumas serait-elle détraquée ? Il hésite à le croire. D'autant que, déçu dans ses espérances littéraires, il se rattrape en amour. Dès son arrivée à Paris, il a retrouvé Virginie Bourbier, qui est revenue définitivement de Saint-Pétersbourg en janvier dernier. Des deux côtés, les sentiments renaissent et flambent. Quelques jours de plaisir sont toujours bons à prendre. En sortant des bras de Virginie, Alexandre écrit à Ida pour la maintenir dans d'heureuses dispositions d'esprit. D'ailleurs, elle n'est pas à plaindre. Il a été informé qu'elle s'était entichée, à Florence, d'un gamin de vingt-quatre ans, un prince de Villafranca, duc de Sponara, marquis de Santa Lucia, qui, sans doute, a découvert en elle une seconde maman. Tant mieux pour elle ! Occupée à coqueter avec le godelureau, elle laissera son mari travailler en paix. Pour prolonger le temps des voluptés clandestines, Virginie accompagne Alexandre, dans son voyage de retour, jusqu'à Lyon, où ils se séparent à regret.

A Florence, il retombe dans la monotonie de la vie conjugale et dans la routine du travail. Tout en se laissant courtiser par son soupirant, Ida redouble de jalousie envers son mari que, par habitude, elle accable de reproches et de soupirs. Mais voici qu'une troupe de comédiens-français, dirigée par Doligny, arrive en Italie et se propose de monter des œuvres de Dumas, *Richard Darlington*, ou *Antony*, ou *La Tour de Nesle*, ou *Angèle*. Sachant qu'il est, pour la censure locale, un auteur immoral et même maudit, Alexandre suggère à l'imprimeur Batelli de changer les couvertures des volumes contenant les pièces en cause. Elles seront présentées aux acheteurs sous d'autres titres et comme étant d'Eugène Scribe, un écrivain en qui la pudique administration italienne voit le meilleur ami des familles. Grâce à ce subterfuge, la censure abusée laisse jouer les quatre ouvrages qui remportent un vif succès. Il est même question, en haut lieu, affirme Dumas, de récompenser Scribe par la croix de commandeur de l'ordre de Saint-Joseph.

Depuis son retour à Florence, Alexandre a noué une nouvelle amitié dans la colonie française. Il s'agit du jeune prince Napoléon Joseph, fils de l'ex-roi Jérôme, un garçon de vingt ans « d'une intelligence profonde et juste ». Auprès de lui, Alexandre se sent plus paternel encore qu'auprès de son propre enfant. Chaque conversation, chaque regard les rapproche l'un de l'autre. Ensemble, ils décident d'effectuer un « pélerinage napoléonien » en visisant l'île d'Elbe.

Après s'être rendus à Livourne, ils embarquent sur un bateau fragile, au nom prédestiné, le *Duc de Reichstadt*. Une petite tempête les secoue juste assez pour que la notion du danger pimente leur aventure. Un bon dîner chez le gouverneur achève de les requinquer. Le lendemain, ils participent à une chasse sur l'île voisine de Pianosa. De Pianosa, on aperçoit un rocher en forme de pain de sucre, élevé de deux à trois cents mètres au-dessus de l'eau et peuplé, dit-on, de chèvres sauvages. Son nom : l'île de Monte-Cristo. Cette appellation frappe l'oreille d'Alexandre par sa sonorité étrange. Il devient rêveur. Puis, comme Napoléon Joseph s'étonne de son silence, il lui annonce qu'en mémoire de leur voyage il donnera le titre de *Monte-Cristo* à un de ses prochains romans.

Le 13 juillet 1842, de retour à Florence, Alexandre, qui a appris, durant l'expédition, que deux pauvres pêcheurs de l'île d'Elbe ont eu leurs filets déchirés par des bateaux de la flotte française en manœuvre dans les parages, décide d'écrire à la reine Marie-Amélie, la mère de Ferdinand, pour que, grâce à son charitable appui, ils soient au moins indemnisés. Sans doute Napoléon Joseph, qui a du cœur, approuve-t-il cette démarche de son ami. Le 18 juillet, il invite Alexandre à dîner au Quarto, chez son père, l'ex-roi Jérôme. Un honneur que Dumas apprécie comme une décoration supplémentaire. A l'heure dite, sur le perron du palais, le prince Napoléon Joseph l'attend avec un visage décomposé par la tristesse. Il vient de recevoir une terrible nouvelle de France : Ferdinand d'Orléans est mort, le 13 juillet, autrement dit le jour même où Alexandre écrivait à la reine Marie-Amélie pour solliciter son intervention en faveur des deux pêcheurs. Alors que le duc revenait de Plombières où sa femme était allée prendre les eaux, les chevaux de sa calèche se sont emballés à la limite de Neuilly, près de la porte Maillot, et il a été projeté hors de la voiture par une forte secousse. Quelques heures plus tard, il succombait, la colonne vertébrale brisée, sans avoir repris connaissance. Anéanti de chagrin, Alexandre a l'impression, sur le moment, que sa fin à lui aussi est venue. « Mort, quel terrible assemblage de lettres toujours, mais comme, dans certains cas, il devient plus terrible encore, écrira-t-il. Mort à trente et un ans, mort si jeune, si beau, si noble, si grand, si plein d'avenir ! Mort quand on s'appelle le duc d'Orléans, quand on est prince royal, quand on va être roi de France ! » Alexandre se réfugie au fond du jardin. Ses hôtes, eux-mêmes consternés, respectent sa douleur. Comme l'ex-roi Jérôme tente de le réconforter, il gémit : « Monseigneur, permettez-moi de pleurer un Bourbon dans les bras d'un Bonaparte ! » Puis il demande à se retirer. « J'avais besoin de me renfermer seul avec moi-même. Mes souvenirs, c'était tout ce qui me restait du prince qui m'avait aimé. » Une cérémonie funèbre doit avoir lieu le 3 août, à Notre-Dame de Paris, et l'inhumation le lendemain, à Dreux. La décision d'Alexandre est immédiate. En brûlant les étapes, il peut arriver à temps ! Laissant Ida à Florence, il se rend à Gênes et y prend un bateau à vapeur pour Marseille. De là, il compte gagner Paris sans s'arrêter. En cours de route, il a rencontré un ami, Adolphe d'Ennery, qui, le voyant plongé dans de sombres pensées, lui propose de profiter du voyage pour bâcler, à eux deux, une pièce : une comédie de préférence. A contrecœur, Alexandre accepte cette diversion. « Entre Gênes et Chambéry, affirmera-t-il, la pièce fut faite. » Il s'étonne lui-même d'y être parvenu : que faut-il donc pour qu'il renonce à ses travaux littéraires, puisque même la mort d'un ami ne suffit pas à l'en détourner ? La passion d'écrire est-elle une maladie insidieuse, un vice, qui conduit à l'esclavage ? Peu importe que cette pièce, de piètre qualité, appelée *Halifax*, ait été conçue dans le fracas des roues et le battement des sabots de chevaux. Elle sera créée aux Variétés l'année suivante, ne remportera aucun succès, mais aura servi, du moins, à tromper le désespoir d'Alexandre pendant quelques heures.

Le 3 août, au matin, il est à Paris. Le secrétaire du duc d'Orléans, Asseline, lui apprend que le corps du défunt a été confié au scalpel du docteur Pasquier pour une autopsie. C'est le même docteur Pasquier, qui, quelques années auparavant, avait découpé un faisan lors d'un pique-nique à Compiègne, ce qui avait amené la triste prédiction de Son Altesse royale sur sa propre fin. Alexandre se souvient de la scène et son cœur se serre jusqu'au malaise. Comme relique, il peut emporter pieusement la serviette tachée de sang qui a enveloppé la tête du duc après l'accident. Il écrira dans *Villa Palmieri* : « Il y avait, dans la voix du duc d'Orléans, un charme magnétique qui fascinait. Je n'ai jamais retrouvé chez personne, même la femme la plus séduisante, rien qui se rapprochât de ce regard, de cette voix. [...] J'avais une douleur, j'allais à lui ; j'avais une joie, j'allais à lui ; et, joie et douleur, il en prenait la moitié. »

A Notre-Dame, la cérémonie est d'une solennité et d'une longueur écrasantes. Perdu dans la foule, Dumas ne peut même pas, à la fin de l'office, s'approcher du catafalque. Il part pour Dreux, en voiture, avec trois amis de collège du prince : Ferdinand Leroi, Guilhem et Bocher. En arrivant le soir à Dreux, il est si fatigué par « neuf nuits sans sommeil » que, ayant trouvé où se loger, il s'écroule sur un matelas et s'endort d'une masse. Il est réveillé dès l'aube par les roulements de tambour de la Garde nationale, qui annoncent le début des honneurs funèbres. Bondissant sur ses pieds, il s'habille et sort dans la rue. Les obsèques ont commencé. L'urne contenant le cœur du duc d'Orléans précède le corps, enfermé dans le cercueil. Une foule immense et silencieuse piétine derrière le char. Alexandre craint de n'être pas admis dans la petite chapelle familiale. Il réussit toutefois à s'y glisser et aperçoit, de loin, le roi Louis-Philippe qui mord son mouchoir pour étouffer ses sanglots. Après le *De profundis*, on procède à la descente de la bière dans le caveau. A cet instant, une coïncidence étrange frappe l'esprit de Dumas qui en demeure étourdi. C'est également un 4 août, il y a quatre ans, jour pour jour, qu'il a enterré sa mère à Villers-Cotterêts. Il n'ose en faire la remarque à Sa Majesté au moment du défilé des condoléances. Abîmé dans le deuil, Louis-Philippe n'a même pas un mot de remerciement pour cet ami de son fils, qui a fait cinq cents lieues en chaise de poste afin de s'incliner devant la dépouille de celui dont la France entière pleure la disparition.

Quand tout est terminé, Alexandre n'a plus la moindre envie de prolonger son séjour à Paris. Quel que soit son désarroi, il doit retourner en Italie, écouter les derniers bavardages de sa femme, se pencher sur de nouvelles pages blanches. En franchissant la frontière, il a l'impression de laisser derrière son dos un monceau de ruines. Mais, au fait, qui a-t-il perdu dans cette tragique aventure : son meilleur ami ou lui-même ?

VIII

Succès dans le roman, échec dans le mariage

La meilleure façon de vaincre l'obsession du deuil, c'est encore, pour Alexandre, le travail à outrance. De retour à Florence, il se soûle d'écriture. La méthode de collaboration, instituée à Paris, se poursuit par lettres. Pour le seconder, il fait appel à son vieil ami Adolphe de Leuven et à l'infatigable Brunswick : cela donne *Le Mariage au tambour*, une pièce qui, de son avis même, ne vaut pas tripette. Puis, toujours avec Leuven et Brunswick, une nouvelle comédie est mise en chantier : *Les Demoiselles de Saint-Cyr*. L'idée est simplette : une jeune pensionnaire de Saint-Cyr est enlevée par un gentilhomme, mais le roi exige que le séducteur épouse sa victime. Il n'en faut pas plus pour que celui-ci la prenne en aversion. Au dernier acte, tout s'arrange et l'amour triomphe. Parallèlement à cette bluette, Dumas entreprend avec Auguste Maquet un roman historique, *Sylvandire*, qui se déroule à la fin du règne de Louis XIV. Puis, changeant de registre et pillant allègrement une étude très sérieuse du docteur hygiéniste Parent-Duchâtelet sur la prostitution à Paris, il rédige *Filles, lorettes et courtisanes*, brillant inventaire d'une faune encore mal explorée : celle des vendeuses d'amour. Avec *Georges*, un autre roman, il aborde l'épineux problème racial. C'est

Mallefille qui, quelque dix ans auparavant, lui avait refilé le scénario de cette histoire ayant pour cadre l'île Maurice et pour protagonistes des mulâtres. Mallefille avait écrit les cent premières pages du récit, mais se déclarait incapable d'aller au-delà : « C'est à vous, qui êtes mulâtre, de refaire cet autre *Antony*, avait-il dit à Alexandre. Moi, je le manquerais. » Il était prêt à vendre son manuscrit, tel quel, pour cinq cents francs. Alexandre n'avait pas lésiné. Généreux, il avait même doublé la mise. A présent, il songe qu'il a sans doute eu la main heureuse. Entièrement récrit par lui, *Georges* paraît en librairie en avril 1843. Mais ni le public, ni les critiques ne sont intéressés par cet affrontement entre Blancs, mulâtres et Noirs, sous le ciel torride de l'océan Indien. Décidément, ce n'est pas ce genre d'exotisme que les lecteurs attendent du prestidigitateur qui a déjà tiré tant de merveilles de son sac à malice. Que faut-il donc leur proposer pour les séduire ? Dumas se creuse en vain la cervelle. Entièrement absorbée par ses amours avec le jeune prince de Villafranca, Ida ne peut lui être d'aucun secours dans sa quête d'un thème neuf. Comme il faut parer au plus pressé, Alexandre revient à Paris pour lire lui-même *Les Demoiselles de Saint-Cyr* devant le Comité du Théâtre-Français. Enfin une bonne nouvelle : le 20 avril 1843, la pièce est reçue à l'unanimité et la distribution en est arrêtée malgré quelques grincements de dents de la part de Mlle Doze, qui ne peut pardonner à Alexandre d'avoir donné le rôle clef à sa rivale, Anaïs, « la Serpent ». Agacé par ces ragots de coulisses, il repart pour l'Italie, laissant à Leuven le soin de suivre les répétitions en son absence.

A peine arrivé à Florence, il reçoit la visite d'un détestable revenant : le petit parasite Jules Lecomte, lequel l'a jadis attaqué dans la presse pour se venger de l'humiliation qu'il lui avait infligée en le congédiant tel un valet indélicat. Ayant oublié ces incidents, le personnage, toujours aussi effronté, insiste pour que Dumas le reprenne comme secrétaire. Etonné de cette outrecuidance, Alexandre le met à la porte et raconte à qui veut l'entendre les motifs de son refus. L'affaire fait grand bruit. Convoqué, le 11 mai 1843, à l'ambassade de France, Dumas ne peut que confirmer ses accusations contre l'aigrefin. Jules Lecomte est immédiatement invité à quitter Florence. Or, le soir même, vers sept heures, se promenant aux Cascines, le lieu des rendez-vous de l'élégance dans la ville, Alexandre voit arriver sur lui Jules Lecomte, livide de fureur et brandissant une canne. L'individu est accompagné du prince russe Doundoukoff-Korsakoff, qui doit, dit Jules Lecomte, lui servir de témoin dans le duel. D'ailleurs, sans attendre une explication d'honneur par les armes, il lève son gourdin pour en frapper Alexandre. Mais celui-ci pare le coup avec son bras gauche et riposte en abattant sa propre canne sur le visage de son adversaire. Le sang gicle de la joue violemment entaillée. Jules Lecomte, à demi assommé, vacille. Très calme, Alexandre pose une main sur l'épaule de Doundoukoff-Korsakoff et lui dit : « Mon prince, vous avez accompagné monsieur, donc vous êtes son second. Je ne me bats pas avec monsieur qui est un escroc ; mais je me battrai contre vous. » Le prince accepte le défi ; toutefois, après s'être renseigné à l'ambassade de France sur le passé de Jules Lecomte, il présente ses excuses à Dumas et l'intrigant, désavoué, ridiculisé, n'a plus qu'à disparaître.

Quelque temps encore, Alexandre s'attarde à Florence pour retaper un manuscrit de Paul Meurice célébrant les aventures de Benvenuto Cellini à la cour de François Ier. Un bon roman, très commercial, intitulé *Ascanio*. Mais, en relisant le texte légèrement rectifié par lui, Dumas n'a toujours pas l'impression d'avoir enfanté le chef-d'œuvre que la postérité exige de sa plume. Peut-être vaudrait-il mieux tout tirer de sa tête plutôt que d'accommoder la prose des autres ? Seulement voilà, en travaillant sur un terrain déjà labouré par des subalternes, on gagne tellement de temps ! Comment y renoncer quand on est un écrivain pour qui chaque minute compte ? De nouveau, il se dit qu'on ne peut triompher à Paris tout en résidant à Florence. Ida, elle, resterait bien quelques mois encore dans cette ville où elle a trouvé un amant à son goût. Mais Alexandre bouillonne d'impatience. On se résout à un compromis. Il part seul, laissant sa femme savourer les délices de quelques dernières nuits avec Villafranca. Elle a d'ailleurs promis de rejoindre très vite son mari en France. Au vrai, il aimerait mieux qu'elle se fixât pour toujours en Italie. Cependant il ne peut se résigner encore à une franche rupture. Sa situation sociale lui impose, croit-il, un devoir de prudence. Que diraient ces messieurs de l'Académie française en apprenant qu'il est sur le point de répudier son épouse ? Il peut bien supporter quelque temps encore une femme acariâtre et infidèle, si ce sacrifice doit préserver ses chances d'être accueilli un jour sous la Coupole aux côtés d'un Vigny, d'un Lamartine, d'un Hugo. A propos de Hugo, ce cher Victor vient de prendre une tape sévère le 7 mars 1843, avec les *Burgraves*. N'est-ce pas le signe avant-coureur de l'inévitable déclin du romantisme au théâtre ? Ce même romantisme réussit mieux, semble-t-il, dans le roman. C'est donc là qu'il faut chercher à en exploiter les recettes. Donc, cap sur Paris et sur le récit historique !

Première grande étape sur le chemin du retour : Marseille. Dès son arrivée dans la ville, Alexandre rend visite à la bibliothèque municipale pour y rencontrer Joseph Méry, qui règne sur des kilomètres de rayons chargés de livres. Pendant que son ami est occupé ailleurs par ses obligations de conservateur en chef, il fouine parmi les rangées de bouquins et tombe, par hasard, sur les *Mémoires de Monsieur d'Artagnan, capitaine-lieutenant de la Première Compagnie des Mousquetaires du Roi*. Ce sont des souvenirs apocryphes dus à l'imagination de Gatien de Courtilz de Sandras. Alexandre feuillette le volume et, dès les premières pages, une illumination le visite. Il y a là assurément, pour qui sait lire entre les lignes, une riche nourriture romanesque. Peut-il emporter l'ouvrage ? Méry ne s'y oppose pas. D'une main fébrile, Alexandre remplit la fiche de prêt. Puis il s'en va, son butin sous le bras. Il oubliera toujours de restituer le livre.

Le soir même, Méry et lui dînent au Prado, à l'invitation du comte Walewski. La table est présidée par la maîtresse du comte, la grande actrice Rachel, sociétaire du Théâtre-Français. Assis en face de cette femme à la beauté si grave et si mystérieuse, Alexandre obéit à son réflexe habituel : séduire. Sous le regard amusé de la comédienne, il fait feu des quatre fers, lance quelques bons mots, raconte des souvenirs mélancoliques ou cocasses. Méry, qui l'observe du coin de l'œil, suit les progrès de l'ensorcellement. Après le souper, le quatuor va se promener sur la plage. Alexandre offre le bras à Rachel et continue à lui parler avec un brio, qui, visiblement, la surprend et la trouble. Soudain, elle avise sur le sable un petit fragment de marbre, le ramasse, le tend à Alexandre et murmure : « En souvenir de notre douce soirée. » Il n'en faut pas plus pour que la tête d'Alexandre s'embrase. Sur le point de quitter Marseille, il ne songe plus qu'à parachever la conquête de cette créature adorable.

De Paris, où il débarque éperdu d'amour, il lui adresse des lettres passionnées. Mais elle ne répond pas. Il insiste : « Je vous aime, Rachel, je vous aime beaucoup, et cela est si vrai qu'en vous écrivant je me répète ces mots à moi-même et tout haut pour me les entendre dire. » Comment expliquer ce manque de réaction chez une femme qui naguère lui paraissait être à sa merci ? Est-elle fâchée qu'il lui écrive ? A-t-elle appris entre-temps quelque chose de déplaisant sur son compte ? Pour vaincre ses réticences, il glisse, entre les feuillets de sa dernière épître, des fleurs séchées. Une attention à laquelle, selon lui, la majorité des personnes du sexe sont sensibles ! Réponse abrupte de Rachel : « J'avais espéré que mon silence suffirait à vous prouver que vous m'aviez mal jugée ; il en est autrement ; je suis donc forcée de vous prier de cesser une correspondance dont je suis et dois être blessée. Vous me dites, monsieur, que vous n'oseriez pas me répéter de près ce que vous m'écrivez ; je n'ai qu'un regret, c'est celui de ne pas vous inspirer de loin autant de déférence que de près. » Alexandre n'a pas l'habitude d'être ainsi rabroué par celle qu'il honore de son choix : « Puisque vous le voulez absolument, réplique-t-il, restons où nous en sommes, ce sera toujours une partie de chemin de faite pour l'avenir. » Et il signe : « Votre admirateur et surtout votre ami. » Or, cette fois, il a affaire à forte partie. Rachel lui retourne sa lettre avec ces quelques mots de conclusion : « Je vous renvoie les deux lignes que vous n'avez pas craint de m'adresser ; quand une femme est décidée à n'invoquer le secours de personne, elle n'a pas d'autre moyen de répondre à une offense ; et, si je me suis trompée sur votre intention, si vous avez laissé tomber par mégarde de votre plume ces deux lignes au milieu de vos innombrables occupations, vous serez charmé de les ravoir. »

La pilule est amère. Alexandre l'avale sans sourciller. Au vrai, il a déjà oublié sa brusque passion pour Rachel et ne s'intéresse qu'aux qualités spirituelles et physiques de la jeune Anaïs, « la Serpent », à qui il a confié le premier rôle dans *Les Demoiselles de Saint-Cyr*. C'est avec elle que, le 24 juillet 1843, il a soufflé les quarante et une bougies de son gâteau d'anniversaire. Le lendemain a lieu au Théâtre-Français la première des *Demoiselles*. Salle comble, malgré la lourde chaleur qui règne sur Paris. Conventionnelle et pétillante, la pièce amuse le public. La critique, en revanche, grogne contre un auteur trop prolifique à son gré. Les censeurs habituels dénoncent l'affligeante vacuité de ce divertissement. Jules Janin, le plus écouté de tous, parle d'une « comédie insipide et avortée » et prophétise : « Pour peu que cette misère continue, il faudra fermer le Théâtre-Français ». Bien qu'ayant le cuir tanné par l'expérience, Alexandre se rebiffe et écrit, le 30 juillet, dans *La Presse* : « Quoi ! Monsieur Janin, vous massacrez ma comédie comme vous avez massacré ma tragédie ! Vous qui causiez pendant le spectacle avec des confrères, dans les couloirs ! Etonnez-vous de n'avoir rien compris ! » A son tour, Jules Janin prend la mouche : critiquer un critique, quel crime de lèse-majesté pour un écrivain ! D'ailleurs, Dumas est-il le véritable auteur de la pièce qu'il ose défendre ? Tout le monde sait qu'elle a « trente-six pères », tous anonymes. Alexandre tressaille sous l'outrage ; pour répondre à ce genre d'insinuation, la plume ne suffit pas : il faut l'épée ou le pistolet. Il envoie ses témoins à l'insulteur. Mais Jules Janin, s'il est intrépide devant une page blanche, baisse culotte dès qu'on l'appelle sur le pré. Aussi prompt à se rétracter qu'à démolir, il présente ses excuses à Alexandre, l'assure de son estime, de son amitié, et promet d'être plus mesuré à l'avenir dans ses jugements. Au reste, bien qu'on soit en plein été, *Les Demoiselles de Saint-Cyr* font recette : trente-six représentations dans l'année !

Encouragé par le succès, Alexandre emménage dans son nouvel appartement, au 45 rue du Mont-Blanc [1], embauche comme secrétaire un sympathique bon à rien, son neveu Alfred Letellier [2] et, après avoir rangé livres et manuscrits, se prépare à se colleter avec Paris, ses salons, ses journaux et ses femmes. Tout se complique avec l'arrivée inopinée d'Ida. Elle a brusquement décidé de quitter l'Italie pour retrouver sa place légitime auprès de son mari, le grand écrivain français. Or ce n'est pas un seul Alexandre qui l'attend à la maison, mais deux : le père et le fils. Et le fils, qui s'est, dans l'intervalle, réconcilié avec le père, peut de moins en moins supporter sa belle-mère. La vue de cette femme corpulente, bruyante, remuante et futile lui tape sur les nerfs. Il voudrait fuir les lieux qu'elle empoisonne de sa présence, voyager à l'étranger. En fait, Alexandre 1 est si heureux d'avoir retrouvé Alexandre 2 qu'il lui

1. Future rue de la Chaussée-d'Antin.
2. Le fils de sa sœur, Marie Alexandrine Aimée.

prêche la patience. Dès maintenant, il serait prêt, dit-il, à lui sacrifier Ida. Mais, dans ce genre de manœuvres psychologiques, il faut du temps et de la diplomatie. Il l'explique dans une lettre à son fils : « Je te réponds par écrit, comme tu me le demandes, et longuement. Tu sais que Mme Dumas n'est Mme Dumas que de nom, tandis que tu es véritablement mon fils, et non seulement mon fils, mais à peu près le seul bonheur et la seule distraction que j'aie. [...] Ta position à Paris est niaise et humiliante, dis-tu. En quoi, je te le demande ? Tu es le seul ami que j'aie. On nous voit tellement toujours ensemble qu'on en est venu à ne pas séparer nos deux noms. Si un avenir quelconque t'attend, c'est à Paris qu'est cet avenir. » Et, revenant à l'inévitable rupture entre lui et Ida, il précise : « La séparation entre moi et Mme Dumas ne peut être qu'une séparation morale ; des débats conjugaux occuperaient désagréablement pour moi le public et sont par conséquent impossibles. » Plus loin, il fait miroiter aux yeux de son jeune correspondant un avenir éclairé par l'amitié entre deux hommes de lettres, le père et le fils, le mentor et l'élève, l'autodidacte omniscient et le débutant avide de courir sur ses traces. Ida subodore le complot qui se trame derrière ses épaules et prévoit le pire. Mais l'orage n'éclate toujours pas.

Dans cette atmosphère tendue, Dumas prépare sa « rentrée d'automne ». A *Ascanio*, qui paraît dans *Le Siècle*, succèdent *Le Château d'Eppstein*, *Amaury*, *Gabriel Lambert*, rien que des romans, le premier historique, le deuxième fantastique, le troisième sentimental, le quatrième modérément réaliste. En passant d'un genre à l'autre, Dumas tâte le meilleur terrain pour y planter sa tente. Chaque matin, après le petit déjeuner, il étale sur sa table de grandes feuilles de papier uni, bleu pâle, choisit une plume d'oie, la trempe dans l'encre, numérote les pages et écrit avec une rapidité incroyable, comme si quelqu'un, derrière son dos, lui dictait le texte. Ces phrases, qui s'enchaînent si bien, sont de lui, et cependant il est souvent redevable à un comparse de l'idée qui les inspire. Comme toujours, il privilégie le travail d'équipe. Qu'on lui apporte de l'extérieur le thème central, les détails topographiques et historiques, une chronologie succincte, et il se chargera de nouer le tout en un bouquet aux couleurs inimitables. Qui oserait reprocher aux grands peintres de la Renaissance italienne d'avoir confié à des élèves le soin de traiter certaines parties de leurs tableaux ? Si le Titien, si Raphaël, si Michel-Ange ont pu mettre à contribution leurs compagnons d'atelier pour les aider dans leurs superbes entreprises, lui, Dumas, devrait-il se priver du secours de quelques écrivains besogneux pour débrouiller un sujet ou piocher dans des documents qu'il n'a pas le temps de consulter lui-même ? Comparant ses rapports avec Auguste Maquet à ceux de Raphaël avec Jules Romain, son disciple, il écrira : « Une fois l'œuvre terminée, le pinceau du maître n'avait qu'à repasser sur celui de l'élève pour compléter l'idée. » En somme, si le talent suffit à guider les efforts des tâcherons préludant au travail de la création, le génie éclate dès que « le finisseur » met la main à la pâte. C'est lui et lui seul qui imposera le sceau de l'originalité à la pièce ou au roman avant de livrer l'objet au jugement du public. Quant au procédé de Dumas pour réussir son pari, il est simple : « commencer par l'intérêt au lieu de commencer par l'ennui ; commencer par l'action au lieu de commencer par la préparation ; parler des personnages après les avoir fait paraître, au lieu de les faire paraître après avoir parlé d'eux [1]. » Cela revient à jeter le lecteur dans le bain sans préliminaires psychologiques et à l'initier ensuite, dans le cours du récit, au caractère et au passé des protagonistes. Autre obligation de l'auteur, selon la théorie de Dumas, veiller à un minimum d'exactitude dans l'évocation des lieux et des mœurs du siècle choisi pour le déroulement de

1. Alexandre Dumas : *Histoire de mes bêtes*, chap. I.

l'intrigue. « Il faut que le langage, le costume, l'allure même de mes personnages soient en harmonie avec les idées qu'on s'est faites de l'époque que j'essaie de peindre, professe-t-il. [...] Je deviens chroniqueur, annaliste, historien ; j'apprends à mes contemporains les évènements des jours écoulés, les impressions que ces événements ont produites sur les personnages qui ont vécu réellement ou que j'ai créés avec ma fantaisie [1]. » Et, pour conclure : « Nous avons eu un double but : instruire et amuser. Et nous disons instruire d'abord ; car l'amusement, chez nous, n'a été qu'un masque de l'instruction [...] Nous avons la prétention d'avoir, sur ces cinq siècles et demi, appris à la France autant d'histoire qu'aucun historien [2]. » La discipline pédagogique dont Dumas se réclame ne l'empêche pas de prendre parti avec passion pour ou contre ses personnages. Il admire les uns et déteste les autres. Et cette partialité, loin de nuire au récit, lui donne du rythme et de la vigueur. Entraîné par la fougue de l'écrivain, le lecteur vibre, tour à tour, de sympathie ou de désir de vengeance. En fait, ce qui distingue Dumas de l'historien qu'il prétend être, c'est la liberté même qu'il adopte vis-à-vis de l'histoire. Il l'aime trop pour accepter qu'elle soit figée. Il la refait à sa façon, tout en respectant les grandes lignes tracées par les érudits professionnels. Mentir en s'appuyant sur la vérité, n'est-ce pas le comble de l'art pour un romancier ? A mesure qu'il multiplie les feuilletons, il se persuade davantage que c'est là le mode d'expression qui convient le mieux à ses capacités. L'échec de sa dernière pièce, *Le Laird de Dumbicky*, à l'Odéon, le 30 décembre 1843, achève de lui démontrer qu'il devrait exploiter ses dons de conteur plutôt que de dialoguiste. Le tout est de savoir si une publication dans un journal, puis en volume, peut rapporter autant qu'une série de représentations sur

1. Alexandre Dumas : *Les Mille et Un Fantômes*.
2. *Id.* : *Les Compagnons de Jéhu*, chap. XXXVI.

une scène convenable. D'après les calculs de Dumas, il est souvent plus intéressant d'être imprimé que d'être joué. C'est à ce stade de ses réflexions que le projet d'un roman tiré des *Mémoires de M. d'Artagnan* lui revient à l'esprit. Il en parle à Auguste Maquet. Et, à partir de ce moment, la machine à fabriquer du rêve se met en marche, comme par miracle. Autour de d'Artagnan, l'intrépide Gascon, le dévoué serviteur de la reine Anne d'Autriche, d'autres figures surgissent et s'animent : Athos, Porthos, Aramis. Une équipe de choc, unie par un même idéal de joyeuse chevalerie. Dumas, qui a toujours eu le culte de l'amitié, illustre ici, à travers cent péripéties, le mythe de la fraternité virile. Il croit bâcler un roman comme tant d'autres, mais les héros lui échappent, vivent par eux-mêmes, en dehors semble-t-il de sa volonté, et se chargent d'une telle vérité, avec leur visage, leur caractère, leurs propos, que les voici soudain devenus des types irremplaçables, dont les hôtes des salons comme ceux des garnis attendent avec impatience les nouveaux exploits. Il faut faire vite pour contenter la clientèle. *Le Siècle*, qui a commencé la publication du feuilleton le 14 mars 1844, réclame, jour après jour, la livraison de la suite. Dumas court la poste pour satisfaire ses lecteurs et pousse Maquet à travailler sans relâche. Des billets quotidiens témoignent de sa hâte : « A vous et piochez, car je suis sans besogne depuis deux heures. Que j'en aie pour onze heures ce soir. » Ou bien : « C'est curieux, je vous avais écrit ce matin pour que vous introduisiez le bourreau dans la scène, puis j'ai jeté la lettre au feu en pensant que je l'introduirais moi-même. Or, le premier mot que je lis me prouve que nous nous sommes rencontrés. A vous, et piochez, car je suis sans besogne depuis deux heures. » Ou encore : « Je crois qu'il y a une belle scène à faire [...]. Une causerie à dîner ne ferait pas de mal. Voulez-vous venir dîner avec moi ? » Ou enfin : « Nous avons, dans notre prochain chapitre, à apprendre par Aramis, qui a promis à d'Artagnan de s'en informer, dans quel couvent est Madame Bonacieux et de quelle protection la reine l'entoure. » En quelques semaines, grâce aux *Trois Mousquetaires*, les ventes du *Siècle* s'envolent, les abonnements affluent. Les quatre braves, sacrés champions de l'honneur d'une femme, recrutent des amis dans toute la France.

Dumas jubile et, avant même d'en avoir fini avec *Les Trois Mousquetaires*, se lance dans la rédaction du *Comte de Monte-Cristo*, acheté, chat en poche, par *Le Journal des Débats*. L'histoire de ce jeune marin innocent, condamné à la suite d'une infâme machination et qui, après quatorze ans passés en prison, s'en évade, prend possession d'un mystérieux trésor et se livre à une vengeance implacable mais justifiée, électrise le public autant que les prouesses de d'Artagnan et de ses trois compagnons. L'année suivante, ce seront *La Reine Margot*, *La Dame de Monsoreau*, sans compter deux romans « contemporains » : *Les Frères corses* et *Gabriel Lambert*. Chaque succès en prépare un nouveau. Si certains aristarques font la moue, le gros des lecteurs porte Dumas aux nues. Qu'est-ce donc qui ravit les amateurs de feuilletons dans cette production torrentielle ? Avant tout, l'entrain de l'auteur, parfaitement à l'aise au milieu d'un décor pseudo-historique. On devine qu'il s'amuse autant à conter qu'on s'amuse à le lire. Il communique ses propres frissons de joie, d'indignation ou de crainte à ceux qui sont prêts à le croire sur parole. Il les convie au bonheur d'être aussi naïfs que lui. Et, lorsqu'ils restent bouche bée devant les énormités qu'il leur débite, lorsqu'ils ne savent plus démêler le vrai du faux, lorsqu'ils ont perdu tout esprit critique, ils deviennent, à leur insu, les complices de l'œuvre qui les a si bien envoûtés. En vérité, les admirateurs de Dumas ne font que le remercier de leur avoir rendu, à travers ses récits fabuleux, les émerveillements de leur enfance.

Il est à noter cependant que cette étrange faculté de s'adonner aux songes éveillés, aux jeux de l'écriture, aux fantasmes historiques n'exclut, chez lui, ni le goût du travail régulier, ni le sens des affaires, ni le souci d'une conduite honorable en société. Il est même surprenant que, vu l'importance de la besogne qu'il abat chaque jour, il trouve encore le temps de s'occuper de ses déboires familiaux. De discussion en discussion, il a fini par persuader Ida d'aller habiter ailleurs, sans quitter Paris. Quant à lui, pour préserver sa tranquillité d'écrivain toujours sur la brèche, il a loué une grande villa, le pavillon Henri-IV, à Saint-Germain-en-Laye. Séduit par le calme et le silence de la campagne, il décide même d'acheter un terrain d'environ trois hectares à Port-Marly. Il compte y bâtir un château digne de lui et de son œuvre. Mais ce n'est encore qu'un projet. Pour l'instant, il a d'autres dispositions à prendre, d'autres dépenses à prévoir. D'abord, il lui paraît urgent de régler les modalités de sa vie loin d'Ida. Le divorce, légalisé jadis par Napoléon, ayant été supprimé en 1816, la seule solution possible pour dissoudre un ménage, c'est la séparation de corps. Ida n'y est d'ailleurs plus opposée. Sa longue liaison puis son mariage avec Alexandre l'ont convaincue que ce dernier était d'un commerce insupportable pour une femme comme elle, passionnée de frivolités et assoiffée d'égards. Elle voudrait être la reine du couple, alors que l'admiration dont il jouit auprès du public la confine, elle, dans la pénombre. Aux côtés de ce mâle avantageux, si sûr de lui, si plastronnant, si infidèle, elle regrette l'amant noble et discret qu'elle a laissé en Italie. Or, le prince de Villafranca ne demande qu'à renouer avec elle. Certes, il est lui-même marié, et sa femme, née Lo Frasa Abate, vient de lui donner un fils. Mais la mère et le bébé vivent à Palerme, alors que lui se promène entre Rome et Florence. Sa situation d'époux et de père ne le gêne nullement pour espérer une prompte reprise de ses rapports avec Mme Dumas. Ida le sait, pèse le pour et le contre et décide qu'elle n'a pas le droit de le faire languir plus longtemps. D'ailleurs, Alexandre la trompe de nouveau sans le moindre scrupule. Comme d'habitude, il est allé chercher chaussure à son pied dans le monde du théâtre. Il se délasse maintenant avec une actrice du Palais-Royal, Céleste Scrivaneck. Au mois d'août, il part avec elle pour Trouville. Dans la diligence du retour, il tombe sur Jules Janin qui dépeindra ainsi la dernière conquête de l'écrivain : « Une horrible fille, moitié Prusse et moitié Hollande, qui parlait un véritable charabia. »

Alexandre a pris les bains de Trouville et y a beaucoup travaillé sous le regard énamouré de Céleste. Il annonce à Jules Janin qu'il rapporte de son séjour au bord de la mer « pour huit ou dix mille francs de romans ». Peu après, mis en appétit par cette escapade érotico-littéraire, il repart pour un autre voyage avec la même Céleste, déguisée en jeune homme afin sans doute de pimenter l'aventure. Cette fois, le couple est escorté du fils Dumas. Alexandre 1 éprouve un plaisir de vieux coq à étaler sa bonne fortune devant Alexandre 2. Face à ce témoin privilégié, il ne sait s'il doit être plus fier de sa chance d'auteur ou de sa réussite d'amant. A son âge, pense-t-il, les deux succès se valent. Le trio parcourt la Belgique et visite les bords du Rhin. Restée à Paris, cocufiée aux yeux du monde entier, Ida est de plus en plus résolue à accepter une rupture correctement monnayée. Au retour du voyage, le fils de Dumas peut écrire, tout joyeux, à Joseph Méry : « Grande nouvelle, cher et bon ami. La débâcle est dans la maison Dumas. L'époux et l'épouse sont prêts à se séparer comme Abraham et Agar, pour autre chose que la stérilité – et je crois que bientôt vous allez voir passer, à Marseille, une femme grasse se rendant en Italie pour y vivre toujours ! Cela marche assez bien ! »

Enfin, le 15 octobre 1844, Alexandre Dumas remet à son avoué, Me Gandaz, une note stipulant les conditions de la séparation à l'amiable : « M. Dumas, selon les conventions déjà signées entre sa femme et lui, donnera à partir de [date laissée en blanc] à Mme Dumas la somme de

1 000 francs par mois. En outre, il paiera la voiture. Si Mme Dumas part pour l'Italie et laisse sa chambre et son cabinet de toilette, etc. – c'est-à-dire les meubles qui lui sont personnels, M. Dumas lui donnera, pour l'indemniser de cet abandon, 3 000 francs au moment de partir. De plus, il ajoutera une somme de 500 francs pendant les douze premiers mois, de telle façon qu'il aura payé 9 000 francs en échange des meubles. Il est bien entendu que, moyennant cette somme de 12 000 francs par an, à laquelle bénévolement M. Dumas ajoute celle de 3 000 francs pour la voiture, Mme Dumas se charge de l'éducation et de l'entretien de Mlle Marie Dumas. »

L'importance des avantages pécuniaires consentis à la femme témoigne de l'âpreté des discussions entre les époux et de la hâte qu'éprouve Alexandre de se débarrasser d'Ida. Il est prêt à lâcher beaucoup de lest pour s'envoler, libre et disponible, vers de nouveaux horizons. D'ailleurs, depuis qu'il s'est cantonné dans le roman, les affaires marchent bien, l'argent rentre. Mais, talonné par les exigences des journaux dévoreurs de feuilletons, il ne doit pas un instant ralentir son effort. Maquet a à peine le temps de souffler entre deux chapitres. Dumas le harcèle de billets comminatoires : « Ne craignez rien, il n'y a pas de longueurs. Faites dans tous ses détails la scène [...] vite, vite, cher ami, envoyez-moi tout cela, il faut, ce mois-ci, faire des choses impossibles [1]. »

C'est en avril 1845 qu'Ida quitte Paris, emmenant la petite Marie-Alexandrine. La fillette est tout excitée de partir, à quatorze ans, pour le pays du soleil et des mandolines. Après avoir beaucoup espéré le coup de balai qui chasserait sa belle-mère, le jeune Alexandre crie victoire et se rapproche de son père. Et Dumas, cambrant la taille, respire à pleins poumons comme s'il venait de déposer au

1. Cité par Claude Schopp : *Alexandre Dumas*.

bord de la route le fardeau qui lui écrasait les épaules. Il se sent même tout à coup tellement gaillard qu'il se demande s'il n'a pas rajeuni en prenant de l'âge.

TROISIÈME PARTIE

I

L'apogée

Après une courte période d'adaptation, le couple du père et du fils Dumas a trouvé un rythme de marche qui leur convient à tous deux. L'amour de la littérature, du luxe et de la femme les unit assez étroitement pour qu'ils s'en déclarent enchantés l'un et l'autre. Alexandre 2 admire Alexandre 1 comme écrivain et comme homme, et Alexandre 1 encourage Alexandre 2 à l'imiter en tout. Elue très provisoirement maîtresse de maison, Céleste Scrivaneck leur sert de gouvernante et de lingère, ourlant une cravate par-ci, élargissant une ceinture de pantalon par-là. Elle va, à l'occasion, jusqu'à écrire quelques lignes sous la dictée du maître, après l'avoir diverti de ses caresses.

La présence de cette aide-copiste féminine n'est pas de trop dans l'usine à romans, sise à présent dans une grande villa, rue Médicis, en lisière du parc de Saint-Germain-en-Laye. En 1845, à *La Reine Margot* succède le merveilleux, caracolant et nostalgique *Vingt ans après*, où les héros vieillis des *Trois Mousquetaires* mettent leur bravoure et leur ruse au service de Mazarin ; puis vient *Le Chevalier de Maison-Rouge* aux multiples rebondissements ; enfin *La Dame de Monsoreau* (suite de *La Reine Margot*) évoque les intrigues du duc d'Anjou pour ravir la couronne à

Henri III, lequel est défendu par la cohorte empressée de ses mignons et par son insolent et désopilant bouffon Chicot. Pour ces trois derniers romans, c'est encore le sage et obscur Auguste Maquet qui rassemble la documentation, suggère des épisodes, tandis qu'Alexandre lie la sauce, ajoute les épices, les aromates, et donne au plat une saveur inoubliable. Décidément, de tous les collaborateurs de Dumas, c'est Maquet qu'il juge le plus efficace, le plus loyal, malgré ses airs compassés. Il a même refusé naguère d'embaucher un nouveau « nègre », Jean-Baptiste Jacquot, dit Eugène de Mirecourt, qui lui proposait son aide avec une insistance suspecte. Son flair le trompe rarement. Voici que Mirecourt, vexé d'avoir été éconduit par lui, s'adresse à la Société des gens de lettres et dénonce l'attitude d'un écrivain arrivé dont « les procédés ne laissent plus aux autres auteurs la possibilité de gagner leur vie ». Sa protestation ne recevant aucune suite, il écrit à Emile de Girardin, directeur de *La Presse*, pour lui demander de bannir de son journal un prétendu grand homme qui se livre au « mercantilisme littéraire », et d'accueillir à sa place de jeunes talents qui rêvent de s'épanouir. Mais Girardin répond que, sensible au vœu de ses lecteurs qui sont très contents de lire du Dumas, il n'a pas la moindre raison de leur refuser ce plaisir. Du reste, le recours à des chercheurs de documents, à des fournisseurs de scénarios est une pratique courante à l'époque ; de Balzac à George Sand, de Sainte-Beuve à Hugo, quel écrivain en renom pourrait jurer de ne rien devoir à un devancier méconnu ?

Cependant, Mirecourt ne se tient pas pour battu. Ayant consulté les registres de la Société des auteurs dramatiques, il recense les collaborateurs qui ont touché des droits sans avoir été cités sur l'affiche et lance un opuscule au titre meurtrier : *Fabrique de romans : Maison Dumas et Cie.* Dans ce pamphlet, il affirme que Dumas est un commerçant, dirigeant une vaste entreprise de mystification et faisant écrire par des plumitifs faméliques les textes qu'il signe ensuite de son nom et dont il empoche seul les bénéfices et la gloire. Pour chaque roman, pour chaque pièce, il désigne le véritable créateur, masqué par l'énorme faux-semblant du maître. Adolphe de Leuven, Anicet Bourgeois, Gaillardet, Gérard de Nerval, Théophile Gautier, Mallefille, Paul Meurice et surtout Auguste Maquet sont ainsi tirés de l'ombre. A ces accusations précises, Mirecourt ajoute la moquerie et l'insulte, allant jusqu'à déclarer : « Grattez l'œuvre de M. Dumas, vous trouverez le sauvage. [...] Il déjeune en tirant de la cendre du foyer des pommes de terre brûlantes qu'il dévore sans ôter la pelure. » La charge est si violente que même les ennemis de Dumas en sont gênés. Balzac, qui cependant déteste et méprise ce confrère batteur de grosse caisse, écrit : « On m'a donné le pamphlet de *La Maison Dumas et Cie*. C'est ignoblement bête, mais c'est tristement vrai. »

Blessé dans son honneur d'écrivain, Alexandre se tourne, dès le 17 février 1845, vers le Comité de la Société des gens de lettres et sollicite le jugement de ses pairs. « Y a-t-il abus dans la réunion de deux personnes, s'associant pour produire, réunion établie en vertu de conventions particulières et qui ont agréé et agréent encore aux deux associés ? écrit-il. Maintenant, cette question posée, l'association a-t-elle nui à quelqu'un ou à quelque chose ? » Et, pour prouver sa bonne foi, il donne la liste des ouvrages nés de sa collaboration avec Auguste Maquet : quarante-deux, au bas mot ! Il n'en rougit pas. Il est même fier de cette bonne entente entre lui et son compagnon de chaîne. Ils en ont agréablement vécu tous deux et ils ont l'intention de continuer. Va-t-on leur reprocher cette sympathie féconde ? Après avoir dressé les comptes de l'un et de l'autre, il conclut triomphalement : « Ceci est un exemple de ce que peuvent produire deux hommes qui, soit isolément, soit en collaboration, ont pris l'habitude de travailler douze à quatorze heures par jour. » Le Comité de la Société des gens de lettres, ainsi renseigné, blâme Mirecourt d'avoir diffamé Dumas « dans son origine, dans sa personne, dans son caractère, dans sa vie privée ». Non content de cette réhabilitation confraternelle, Alexandre a assigné Mirecourt au pénal devant les tribunaux. La brochure calomnieuse est saisie et, le 15 mars 1845, le coupable est condamné à quinze jours de prison et à l'insertion du jugement dans les journaux.

Plus que cette victoire officielle sur la médisance, ce qui réjouit Alexandre, c'est la lettre qu'il reçoit de Maquet au lendemain de l'affaire : « Cher Ami, notre collaboration s'est toujours passée de chiffres et de contrats. Une bonne amitié, une parole loyale nous suffisaient si bien que nous avons écrit un demi-million de lignes sur les affaires d'autrui, sans jamais penser à écrire un mot des nôtres. Mais un jour vous avez rompu ce silence : c'était pour nous laver des calomnies basses et ineptes ; c'était pour me faire le plus grand honneur que je puisse espérer ; c'était pour déclarer que j'avais écrit avec vous plusieurs ouvrages ; votre plume, cher ami, en a trop dit : libre à vous de me faire illustre, non de me renter deux fois. Ne m'avez-vous pas déjà désintéressé quant aux livres que nous avons faits ensemble ? Si je n'ai pas de contrat de vous, vous n'avez pas de reçu de moi ; or, supposez que je meure, cher ami, un farouche héritier ne peut-il venir, votre déclaration à la main, réclamer de vous ce que vous m'aviez donné ? L'encre, voyez-vous, veut de l'encre, vous me forcez à noircir du papier. Je déclare renoncer, à partir de ce jour, à tous droits de propriété sur les ouvrages suivants que nous avons écrits ensemble. » Ayant énuméré les romans et les pièces dus à sa collaboration avec Dumas, Auguste Maquet conclut : « Gardez cette lettre si vous pouvez, cher ami, pour la montrer à l'héritier farouche, et dites bien que, de mon vivant, je me tenais fort heureux et fort honoré d'être le collaborateur et l'ami du plus brillant des romanciers français. Qu'il fasse comme moi ! »

Enfin, complétant la revanche de Dumas contre ses détracteurs, un courageux article de Delphine de Girardin dénonce, dans *La Presse*, le dédain de la critique et de l'Académie française envers deux grands écrivains qui ont le tort d'avoir trop de lecteurs : « MM. de Balzac et Alexandre Dumas écrivant quinze à dix-huit volumes par an, on ne peut pas leur pardonner ça. – Mais ces romans sont excellents. – Ce n'est pas une excuse, ils sont trop nombreux. – Mais ils ont un succès fou. – C'est un tort de plus ; qu'ils en écrivent un seul, tout petit, médiocre, que personne ne le lise, et on verra. Un trop fort bagage est un empêchement à l'Académie, la consigne est la même qu'au jardin des Tuileries : on ne laisse point passer ceux qui ont de trop gros paquets. »

Dumas n'est pas fâché d'être associé à Balzac dans cette défense de la fécondité et de l'originalité littéraires. Ce que Delphine de Girardin écrit là avec verve, il l'a dit cent fois lui-même à ceux qui préfèrent le goutte-à-goutte d'un robinet d'eau tiède au débit généreux d'un torrent. Son fils l'encourage à cultiver le goût de l'abondance en toute chose : en écriture, en affaires et en amour. Lui-même a maintenant deux maîtresses : une courtisane, Marie Duplessis, qui, écrira-t-il, « était grande et mince, noire de cheveux, rose et blanche de visage. Elle avait la tête petite, de longs yeux d'émail comme une Japonaise, mais vifs et fiers, les lèvres du rouge de cerise, les plus belles dents du monde ; on eût dit une figurine de Saxe [1]. » Frêle, l'air virginal et le décolleté prometteur, Marie Duplessis porte, en toute occasion, une parure de camélias. On la dit phtisique. Dumas fils en est follement amoureux. Mais il est aussi l'amant d'une actrice du Vaudeville, Anaïs Liévenne, qu'il entretient, dit-on, « à deux mille francs par mois ». Sans doute est-ce papa qui paie, trop heureux que son fils lui ressemble. Anaïs, entre autres qualités, possède celle d'aimer recevoir les gens célèbres, les artistes, les journalis-

1. Dumas fils : Préface de *La Dame aux Camélias*.

tes, les écrivains. Mais elle ne se préoccupe guère de choisir ses invités suivant leurs affinités secrètes. Pour un souper organisé chez les Frères Provençaux, auquel assistent Alexandre Dumas et son fils, elle a cru bon de convier aussi Alexandre Dujarrier, gérant de *La Presse*, et Rosemond de Beauvallon, rédacteur du *Globe*. Or, ces deux publicistes se détestent depuis que l'immense succès de *La Reine Margot* dans *La Presse* a fait dégringoler les ventes du *Globe*, son rival. Assis l'un en face de l'autre, les deux hommes échangent des propos aigres-doux. L'intervention des autres soupeurs ne suffit pas à détendre l'atmosphère. Sur une parole plus blessante que les précédentes, Dujarrier provoque Beauvallon en duel.

A la date prévue, 11 mars 1845, Beauvallon, qui est un spécialiste des explications par les armes, tue Dujarrier. Mais les témoins lui reprochent d'avoir failli au code de l'honneur en essayant les pistolets avant la rencontre. On accuse même la direction du *Globe* d'avoir chargé Beauvallon, réputé pour son habileté au tir, de supprimer le gérant d'un journal concurrent. Certains crient à l'assassinat. L'affaire est portée devant les tribunaux. Beauvallon est acquitté, mais, après pourvoi, la Cour de cassation le renvoie, l'année suivante, devant les assises de Rouen. Dumas et son fils sont cités comme témoins. Ils se rendent à la convocation en calèche découverte. Leurs maîtresses respectives les accompagnent : une nouvelle actrice, Atala Beauchêne (remplaçante actuelle de Céleste Scrivaneck) pour le père, Anaïs Liévenne pour le fils. Lors de l'arrivée des deux couples devant le palais de justice de Rouen, la foule des badauds reconnaît l'auteur des *Trois Mousquetaires* et l'applaudit. Ravi, il salue comme au théâtre. Dans le prétoire, le spectacle continue : Alexandre s'en donne à cœur joie, devant le magistrat qui l'interroge. « Profession ? lui demande le président ? – Je dirais auteur dramatique, si je n'étais dans la patrie de Corneille ! » réplique-t-il. Le président sourit et observe avec une froide ironie : « Oh ! il y a des degrés ! » Le procès s'achève par la condamnation de Beauvallon à huit ans de réclusion.

L'attitude des deux Dumas au cours du procès a certes diverti les amateurs d'incidents d'audience, mais la plupart des personnes présentes ont été choquées par leur désinvolture. Les journaux locaux, comme les feuilles parisiennes, ont jugé ridicule cette parade de saltimbanques alors qu'on jugeait un homme coupable d'en avoir tué un autre, de sang-froid et par traîtrise. Nestor Roqueplan, qui passe pour être un ami de Dumas, écrit à son frère Camille : « Dumas dans cette affaire, où il a voulu se poser en expert du point d'honneur, en raffiné, en juré spadassin, a rendu impossible à jamais, par l'abus qu'il en a fait, le qualificatif de gentilhomme. [...] Pendant tout le procès de Rouen, ils ont fait le pot-bouille ensemble, le père et le fils Dumas et leurs femelles. »

Ces remous d'opinion ne troublent guère Alexandre. Revenu à Saint-Germain-en-Laye, installé dans la villa de la rue Médicis, il surveille les travaux du château qu'il se fait construire non loin de là, à Marly, et s'occupe, avec Maquet, à adapter son roman *Vingt ans après* en une pièce intitulée *Les Mousquetaires*. Son ambition récurrente est de disposer d'un théâtre, dont il serait le seul patron et le principal fournisseur. Il avait « obtenu » la Renaissance, en 1836, grâce à l'inoubliable Ferdinand, mais alors il devait compter sur un associé de taille, Victor Hugo, et un directeur, Anténor Joly, ce qui le gênait aux entournures. Du reste, la Renaissance n'avait pas tardé à sombrer sous son poids après quelques échecs imprévisibles. Ne pourrait-il, aujourd'hui, se targuer de sa notoriété pour exiger une salle bien à lui, un public bien à lui ? Il ne lui manque qu'un protecteur en haut lieu. Cela doit se trouver en cherchant bien dans l'entourage du roi. Pour l'heure, Dumas confie *Les Mousquetaires* à l'Ambigu-Comique. Une salle de second ordre, mais il s'en contentera en espérant mieux pour sa prochaine expérience dramatique. Ayant appris que le cinquième fils de Louis-Philippe, le duc de Montpensier – vingt et un ans – est grand amateur de ses romans, il lui envoie des billets pour la première de sa pièce, le 27 octobre.

Ce soir-là, le succès des *Mousquetaires* est total : bien qu'un peu indisposé par la scène de la décollation du roi Charles Ier qui lui rappelle la mort sur l'échafaud de son propre grand-père Philippe Egalité, le jeune duc se déclare enchanté du spectacle. Entraîné par lui, le public applaudit avec frénésie cette nouvelle performance de son auteur fétiche. Alexandre est si content qu'il décide de partager ce triomphe avec son collaborateur préféré. Sans même en avertir l'intéressé, il demande à Mélingue, qui joue le rôle de d'Artagnan, d'annoncer, après les derniers rappels, que le drame est dû à « MM. Dumas et Maquet ». Il est récompensé de cette bonne action par le duc de Montpensier qui, l'ayant reçu huit jours plus tard à Vincennes, lui promet d'intervenir auprès de son père pour que celui-ci autorise la fondation d'un théâtre digne des *Mousquetaires* et dirigé par l'auteur en personne. Le duc tient parole et Alexandre, tout ému, croit avoir retrouvé en ce jeune homme généreux la rayonnante bonté de son frère aîné, Ferdinand. Le nouveau théâtre pourrait s'intituler Théâtre-Montpensier, en hommage à celui qui en a été le premier défenseur. Louis-Philippe accepte le projet mais tique sur l'appellation : comme on ne sait jamais si une salle de spectacle ne fera pas faillite, il refuse que le glorieux nom de Montpensier couvre une entreprise aussi hasardeuse. On se rabat donc sur la désignation plus anodine de Théâtre-Historique. Le privilège ainsi décroché est transféré par Alexandre à un homme de paille, Hippolyte Hostein, vieil habitué de la gestion des affaires théâtrales. Celui-ci forme une société, sous la gérance de Védel, ex-directeur de la Comédie-Française. Un mois plus tard, la société achète, pour six cent mille francs, l'ancien hôtel Foullon et l'estaminet de l'Epi-Scié, boulevard du Temple. Les travaux, conduits par les architectes de Dreux et Séchan, commencent immédiatement. Cinq étages, deux mille places, une scène assez vaste pour y faire évoluer une armée de figurants. Sur la façade, les effigies en bas-relief des plus grands génies de la littérature dramatique. « Voilà notre prospectus de granit ! » annonce Alexandre avec son habituelle fierté. Toujours sceptique, Nestor Roqueplan ironise : « Dumas prétend qu'il a déjà commandé les décors de sept pièces en cinq actes qu'il a écrites, il y a quinze jours, en soupant avec sa maîtresse... La gaieté, l'insouciance, l'illusion, l'esprit de décousu, la déraison de ce garçon, sa santé, sa fécondité sont choses phénoménales [1]. » Ainsi, même ceux qui le jugent à moitié fou doivent s'incliner devant sa vitalité et son invention. Comme il ne peut attendre des mois et des mois que le Théâtre-Historique enfin débarrassé de ses échafaudages soit prêt à recevoir ses œuvres, il loue le théâtre de Saint-Germain-en-Laye pour y faire représenter des comédies de son cru. L'essentiel, à ses yeux, est que le public ne l'oublie jamais, que son nom sonne toujours aux oreilles des Français, qu'on cause de lui le plus souvent possible dans les salons, dans les cafés, dans les salles de rédaction. Pour empêcher une éventuelle désaffection des lecteurs, il publie *Le Bâtard de Mauléon* et se dépêche de rédiger les aventures inquiétantes, sur fond de magnétisme et de magie, de *Joseph Balsamo*.

Or, voici qu'il entend parler d'une étrange initiative du gouvernement. La conquête de l'Algérie étant pratiquement terminée, malgré quelques soubresauts des bandes d'Abd el-Kader, le roi estime qu'il serait bon d'envoyer sur place des colons chargés de familiariser les peuplades sauvages avec la civilisation européenne et de faire fructifier les richesses naturelles du pays. En dépit des avantages offerts aux expatriés, rares sont les Français qui songent à profiter de l'aubaine. Le ministre de l'Instruction publique,

1. Cité par Daniel Zimmermann : *Alexandre Dumas*.

Narcisse Achille de Salvandy, s'en inquiète et s'avise brusquement qu'Alexandre Dumas, avec sa faconde bien connue, pourrait l'aider à recruter des volontaires. Il suffirait d'envoyer l'écrivain sur place et de le convaincre d'en rapporter quelques « impressions de voyage » assez alléchantes pour entraîner des centaines de lecteurs dans l'aventure. Le ministre invite donc Alexandre à dîner et lui propose, tout à trac, d'assister au mariage du duc de Montpensier en Espagne avec l'infante Luisa Fernanda, puis de se rendre en Algérie pour une visite du pays dont un compte-rendu pittoresque serait publié par les journaux. Dumas n'a jamais su résister à la tentation des voyages. Malgré le Théâtre-Historique qui se construit pierre à pierre et *Joseph Balsamo* qui n'est encore pas achevé, il accepte. A une condition toutefois, et elle est de taille : que l'on mette à sa disposition un navire de la flotte royale. Un homme de son importance, proclame-t-il, ne saurait naviguer sur un rafiot de commerce. Il y va du prestige de la France qu'il aura la charge de représenter. D'abord éberlué par les prétentions de son hôte, Salvandy consent à discuter la chose au cours d'un Conseil des ministres. En fin de compte, l'exigence de cet hurluberlu de Dumas est agréée. Non seulement on lui prêtera un bateau, mais on subventionnera son expédition. Que ne ferait-on pas pour intéresser les Français aux territoires d'outre-mer !

Agacé par cette nouvelle faveur accordée à son confrère, déjà trop dorloté par le public, Victor Hugo notera dans *Choses vues* : « Le ministère de l'Instruction publique a donné quinze cents francs pris sur les *Encouragements et secours aux gens de lettres*, plus quinze cents francs pris sur les *Missions littéraires*. Le ministère de l'Intérieur a donné trois mille francs, pris sur les fonds particuliers. M. de Montpensier a donné douze mille francs. Total : dix-huit mille francs. En recevant cette somme, Dumas a dit : "Bon, cela paiera toujours mes guides !" » Les journaux, persifleurs selon leur habitude, publient que l'auteur, cousu d'or, des *Mousquetaires* se rend aux frais du gouvernement pour être l'« historiographe » du mariage du duc de Montpensier. Or, dans l'esprit d'Alexandre, son passage en Espagne ne sera qu'un épisode mineur. Ce qui compte, pour lui, c'est la suite, la découverte de l'Algérie, la glorification de l'œuvre colonisatrice de la France. Devant un tel but, les questions de gros sous sont accessoires. Au besoin, Alexandre accepterait d'en être de sa poche. D'ailleurs, il n'a pas l'intention de voyager seul. Son fils, Auguste Maquet et le peintre Louis Boulanger l'accompagneront. Mais il lui faut un domestique. De couleur si possible. Le traiteur Chevet lui recommande un Noir parlant cinq langues dont l'arabe. Cette perle sombre répond, en Somalie, au nom poétique d'Eau-de-Benjoin, et s'appelle plus simplement Paul à Paris. Il est d'un physique agréable, ne semble pas bête, mais manifeste un goût prononcé pour le rhum. D'après les calculs d'Alexandre, les dix-huit mille francs alloués par le gouvernement ne pourront suffire à payer une expédition de quatre personnes à travers des contrées inhospitalières. Moins ladre que l'Etat qui prétend l'employer, il vend pour quarante mille francs d'actions des chemins de fer afin de n'être pas obligé de mendier en cours de route.

Le 3 octobre 1846, à dix-huit heures, le petit groupe quitte Paris par le train. Puis on s'engouffre dans une diligence jusqu'à Bordeaux, où Alexandre loue une voiture pour aller plus vite. Le 9 au matin, il arrive à Madrid. Juste à temps pour assister, le 10, au mariage du duc de Montpensier et de l'infante Luisa Fernanda. Aussitôt après, les deux Dumas sont entraînés dans un tourbillon de spectacles, de feux d'artifice, de bals, de fêtes folkloriques et de courses de taureaux. La visite à l'Escurial, le dîner au palais parmi une assemblée d'évêques, de chambellans et de grands d'Espagne, impressionnent moins Alexandre que les combats dans l'arène entre les matadors porteurs de mort et les bêtes dont le sang s'écoule sur le sable. Il lui semble que cette sauvagerie répond à sa propre nature éprise de risques et de gloire. Il est ici dans son vrai climat, à la fois primitif et théâtral. Du reste, tous les Espagnols parlant le français l'admirent. Sans doute ont-ils flairé en lui un homme de leur race. D'instinct ils l'appellent *Amo*, ce qui signifie « maître, directeur, propriétaire ». Lui, qui était déjà chevalier de l'ordre d'Isabelle la Catholique, se voit brusquement décoré de l'ordre de Charles III. Croulant sous les honneurs, il poursuit le voyage, avec son fils et ses amis, vers le sud. Entre-temps, deux Français se sont joints à l'équipe : le peintre-caricaturiste Eugène Giraud et Desbarolles, « l'homme à la carabine », un farfelu qui ne peut pas voir un rat dans la rue sans épauler. Tolède, Grenade, Cordoue accueillent successivement les touristes qui s'émerveillent devant les monuments et les paysages, mais pestent contre la cuisine. A Séville, lors d'un bal, Dumas est subjugué par les évolutions des danseuses, dont le corps ondule si voluptueusement qu'elles ont l'air de créer avec les hanches, avec les seins, avec la croupe, avec le ventre la musique d'amour qui les accompagne. Quelle leçon pour les femmes françaises, victimes d'une fausse pudeur ! Elles ne savent pas flamber, comme celles d'ici, selon les exigences du sang. Dommage qu'il faille déjà repartir !

Dans le port de Cadix, la corvette le *Véloce*, promise par Salvandy, attend les membres de l'expédition qui se hissent à bord avec leurs bagages. Le 20 novembre, le navire appareille. Après un mois et demi de divertissements en tous genres, Alexandre a conscience que sa vraie mission commence enfin : il va découvrir l'Afrique, saluer l'héroïsme des soldats français et exciter ses compatriotes à venir chercher fortune sur ce sol encore vierge. Mais son fils manque à l'appel : il est resté à Cordoue, retenu par des amours de rencontre. Tant pis ! On se passera de lui pendant quelques jours. Le 21 novembre, les voyageurs débarquent à Tanger et, immédiatement, participent à une chasse au sanglier, en compagnie d'un Anglais et d'un Français, chanceliers de leurs consulats respectifs. Les domestiques qui composent la caravane sont arabes ou noirs, alors que les loueurs de chevaux sont juifs. Ces derniers sont maltraités par les rabatteurs maures, qui frappent les buissons pour en débusquer le sanglier en criant : « Sors donc, espèce de Juif ! » Cette exclamation que Paul, le serviteur itinérant, traduit de l'arabe en français révolte Alexandre. Tout en se jugeant supérieur, comme mulâtre, aux Noirs bon teint, Dumas estime que les Juifs ont droit au respect, car ils ont conquis leur situation et leur fortune « par un combat de dix-huit siècles ». Cette pensée rejoint chez lui la sensation quasi viscérale qu'au Maroc les autochtones nourrissent une haine implacable contre l'étranger envahisseur. Vite, on réembarque sur le *Véloce* pour rejoindre Gibraltar, où le jeune Dumas attend qu'on le récupère après sa brève escapade amoureuse. Il a rapporté de cette expérience cordouane le souvenir d'une idylle exotique et un long poème. Son père lit l'épître en vers et, bien qu'elle soit médiocre, décide de la publier. Ce sera le premier pas de son fils dans la voie où lui-même s'illustre un peu plus chaque jour. Nouveau détour pour embrasser, à Djema-r'Azouat, les prisonniers français libérés contre rançon, par Abd el-Kader, après la bataille de Sidi-Brahim. Alexandre recueille pieusement le récit des souffrances qu'ont endurées les captifs et de la vengeance qu'ils ont exercée par la suite sur leurs tortionnaires. Après un banquet présidé par Mac-Mahon, on embarque de nouveau sur le *Véloce*. Le 30 novembre, c'est Alger, avec ses constructions françaises qui, déjà, « gâtent fort l'aspect oriental de la ville ». Bugeaud vient d'en partir pour Oran en voyage d'inspection avec quelques députés. En l'absence du maréchal, le contre-amiral Rigodit accepte que le *Véloce* conduise Dumas et son escorte en Tunisie. A Tunis, le bey étant absent, c'est le bey du camp, Sidi

Mohammed, qui reçoit Alexandre et lui remet l'ordre du Nisham. Une décoration de plus pour la poitrine de l'illustre écrivain. Il voudrait en avoir autant qu'il y a de pièces et de romans dans la liste de ses œuvres. A Carthage, il visite le « tombeau de Saint Louis », dont la pierre a été sculptée dans le style du pays par un artiste tunisien, Younis. Justement, cet homme, d'une habileté extraordinaire, travaille actuellement sur le futur tombeau du bey du camp, Sidi Mohammed. Alexandre va le voir à l'œuvre et, devant le tarabiscotage savant du monument funéraire, explose d'admiration. Séance tenante, il décide de faire venir Younis en France pour construire, dans son château de Port-Marly, une chambre mauresque. Younis serait d'accord, mais il doit d'abord terminer la décoration de la sépulture du bey du camp. Or, Dumas ne sait pas attendre. Il explique son intention à Sidi Mohammed, qui d'abord se fait tirer l'oreille : il ne voudrait pas se séparer, fût-ce pour quelques jours, d'un artiste qui est censé contribuer à sa gloire posthume. Pour le décider, Alexandre s'exclame : « Oui, Altesse, mais tu vas comprendre. Tu lui fais faire ton tombeau, moi je veux lui faire faire une chambre. Ma chambre doit être habitée de mon vivant, ton tombeau ne sera habité par toi qu'après ta mort, tu es naturellement le moins pressé, c'est donc à toi de me céder ton tour. » A demi convaincu, le bey du camp finit par se résigner et Younis obtient son passeport. Le *Véloce* reprend la mer. Cette fois, Alexandre est bien résolu à se consacrer corps et âme à sa mission d'information et de propagande patriotiques. A Bône, à Constantine, il fait une ample moisson de récits guerriers, d'anecdotes atroces sur les représailles auxquelles on se livre dans les deux camps et d'impressions amusantes sur les mœurs des habitants. Pour payer son tribut à la couleur locale, il achète, à Stora, un redoutable vautour, Jugurtha, destiné à la ménagerie de son château. De retour à Alger, il y est accueilli, avec une hautaine malice, par le maréchal Bugeaud, qui est revenu lui-même dans l'intervalle : « Ah ! ah ! c'est vous monsieur le preneur de vaisseaux ! » Visiblement, Bugeaud est furieux de constater qu'un civil se permet de voyager aux frais de l'Etat sur une unité de la marine royale. Mais, pense Dumas, ce n'est pas un quelconque maréchal qui peut en imposer à un écrivain de son envergure. « Monsieur le maréchal, réplique-t-il, j'ai calculé avec le capitaine que j'avais coûté, depuis mon départ, onze mille francs en charbon et en nourriture au gouvernement. Walter Scott, dans son voyage en Italie, a coûté cent trente mille francs à l'Amirauté anglaise, c'est cent dix-neuf mille francs que le gouvernement français me doit encore ! » Bien que sceptique sur le raisonnement de cet écrivain qui s'imagine qu'une plume pèse plus lourd qu'un sabre dans les balances de l'Etat, Bugeaud retient Alexandre à dîner et le fait inviter à plusieurs fêtes locales pour le familiariser avec les mœurs d'un immense pays en voie de pacification.

L'admiration de Dumas au cours de ses découvertes ne l'empêche pas de déceler beaucoup d'injustice dans l'asservissement des Algériens par la France conquérante. « Nous les avons repoussés dans la montagne, écrira-t-il, nous leur avons pris leurs propriétés et nous leur avons donné notre alliance en échange. C'est fort honorable sans doute pour eux : mais au point de vue d'hommes qui se regardent comme propriétaires naturels de la terre, ce n'est peut-être pas suffisant. » Le gouvernement français, qui a envoyé l'écrivain en Algérie pour célébrer l'héroïsme de ses troupes et l'efficacité paternelle de son administration, se contentera-t-il de ces appréciations nuancées, voire critiques ? Dumas ne se préoccupe pas de pareilles contingences. Il est à lui seul, estime-t-il, aussi compétent pour juger de la situation sur le terrain que tous les ministres réunis.

Petite déception : pour le retour de Dumas en France, Bugeaud lui refuse le *Véloce*. Il doit embarquer, à ses frais, sur un bateau des Messageries : l'*Orénoque*. Toute l'équipe, augmentée de Younis, de son jeune fils Mohamed et du vautour Jugurtha, monte à bord. On arrive à Toulon le 4 janvier 1847, après avoir fêté la nouvelle année en mer. C'est avec un sentiment d'angoisse et de mélancolie qu'Alexandre envisage ses retrouvailles avec le pays natal, alors qu'il traîne encore derrière lui les mirages de l'Afrique. « Tout au contraire de ce que je devrais éprouver, écrira-t-il, mon cœur se serre toujours quand, après un voyage lointain, je remets le pied en France. C'est qu'en France m'attendent les petits ennemis et les longues haines. Tandis qu'au contraire dès qu'il a passé la frontière de la France, le poète n'est plus qu'un mort vivant qui assiste aux jugements de l'avenir. La France, ce sont les contemporains, c'est-à-dire l'envie. L'étranger, c'est la postérité, c'est-à-dire la justice. »

Or, ce sont précisément des démêlés avec « la justice » qu'il doit affronter dès qu'il a déposé ses bagages dans la villa de Saint-Germain-en-Laye. Son absence prolongée l'a empêché de livrer en temps voulu les feuilletons commandés par certains journaux. Girardin pour *La Presse* et Véron pour *Le Constitutionnel* l'attaquent parce qu'il n'a pas honoré strictement ses contrats. En les sevrant de sa copie, il les a lésés dans leurs intérêts pécuniaires et les a discrédités auprès de leurs lecteurs. Une réparation s'impose. Le 30 janvier, Dumas décide de présenter lui-même sa défense devant les juges. C'est un événement ! Le public se presse aux abords du tribunal. A midi et demi, les portes s'ouvrent et un flot de curieux se rue dans la salle d'audience. Dumas paraît enfin. Il a une allure superbe, avec sa crinière léonine et son regard d'empereur romain, mais il a beaucoup engraissé. Dommage ! estiment les dames. Tourné vers tous ces gens accourus pour l'entendre, il a un geste large de la main. Un homme de son talent n'a nul besoin d'un avocat ! Qui parlerait de lui mieux que lui-même ? Les débats commencent et, dès l'abord, il se justifie d'une voix claironnante. Certes, il n'a pas tenu tous ses engagements, mais il a des excuses : « J'avais fait cent cinquante mille lignes en dix-huit mois. J'étais cruellement fatigué. Ma santé se trouvait altérée. Le docteur déclara que j'étais affligé d'une névrose. Il me conseilla la distraction des voyages. [...] C'est donc un cas de force majeure qui a interrompu l'exécution du contrat. » Le procureur du roi se montre indulgent : « Il sera facile à M. Dumas de se libérer, il n'a qu'à reprendre la plume. » Le 19 février, le jugement du tribunal condamne Dumas à fournir, dans un délai de huit mois et demi, huit volumes à Girardin et, dans un délai de six mois, six volumes à Véron. Les deux plaignants se partageront en outre six mille francs de dommages et intérêts. Assommé par la perspective de ce travail de forçat, Alexandre fait ses comptes et, très vite, se rassure : la gageure n'est pas impossible. Le programme sera tenu : *La Presse* recevra ses « impressions de voyage », *De Paris à Cadix*, *Le Constitutionnel* aura un beau roman : *Les Quarante-Cinq*, à se mettre sous la dent, et *Le Siècle*, qui pourtant n'est pas en cause, bénéficiera d'un feuilleton de qualité : *Le Vicomte de Bragelonne*.

Or, tout en rédigeant ces pensums, Alexandre doit s'occuper de l'ouverture du Théâtre-Historique, prévue pour le 20 février 1847, avec à l'affiche *La Reine Margot*. Peut-être a-t-il eu tort de confier, dans cette pièce, le rôle de la vieille Catherine de Médicis à une comédienne de dix-neuf ans, Béatrix Person ? Mais celle-ci a promis de se grimer et de s'enlaidir en conséquence. Et elle est si charmante quand elle joue les aïeules avec son visage d'enfant ! Alexandre le lui fait savoir de toutes les manières. Tandis qu'il s'amuse aux jeux de l'amour avec elle dans son pied-à-terre parisien, Céleste Scrivaneck tient toujours le ménage dans la villa de la rue Médicis, à Saint-Germain-en-Laye, et espère régner bientôt en maîtresse de maison dans le château de Monte-Cristo qui se construit à Marly. Pendant ce temps, les répétitions de *La Reine Margot* se poursuivent jusqu'à l'épuisement des acteurs, car la pièce est d'une longueur inhabituelle. Pourvu que le public accepte un spectacle aussi éprouvant !

Le 11 février, alors que Dumas s'affaire aux ultimes retouches de mise en scène, quelqu'un se précipite vers lui et l'interrompt en brandissant une morasse du *Moniteur* et en criant : « Lisez ! Lisez ! » Interloqué, Alexandre s'empare de la feuille fraîchement imprimée et lit qu'au cours d'une séance houleuse à la Chambre le gouvernement a été interpellé à son sujet par le député de Castellane. « J'ai appris, a déclaré ce dernier, qu'un entrepreneur de feuilletons avait été chargé d'une mission pour aller explorer l'Algérie. Un bateau de la marine royale aurait été envoyé de Cadix pour prendre livraison de ce monsieur. Ne m'est-il pas permis de dire que le respect du pavillon a été offensé ? Je rappellerai que ce navire avait été précédemment aménagé pour recevoir le roi. » Le ministre de la Marine tente de se justifier en indiquant que l'intéressé était chargé d'une « mission particulière ». Cette précision déchaîne une tempête de protestations et de rires dans l'hémicycle. Les députés Malleville et Lacrosse mènent le chahut. Castellane hurle : « Est-il vrai qu'un ministre a dit : "Dumas révélera l'Algérie à messieurs les députés qui ne la connaissent pas ?" » Salvandy avoue crânement avoir tenu ce propos. Au milieu du tumulte, le nom de Dumas est férocement conspué. Alexandre ne peut l'admettre et fait aussitôt porter sa réponse aux journaux qui ont rendu compte de l'événement : « L'homme qui montait le *Véloce* est un homme qui n'a jamais dit que ce qui est ; d'ailleurs, il n'avait besoin de rien dire puisque le fait était consigné sur son passeport et que ce passeport, émané du ministère des Affaires étrangères et signé Guizot, était entre les mains du capitaine. Maintenant, cette mission extraordinaire, dans quelles conditions l'accomplissait-il ? En quittant pour cette raison les affaires les plus importantes, en perdant trois mois et demi de son temps et en ajoutant vingt mille francs de son argent aux dix mille que lui avait alloués M. le ministre de l'Instruction publique. Quant au *Véloce* que je m'étais approprié, dit-on, *par surprise*, il m'a été parfaitement envoyé à Cadix par M. le maréchal Bugeaud. Il avait ordre de me prendre, moi et les personnes qui m'accompagnaient, *soit à Cadix même, soit en tout autre point de la côte où je pourrais me trouver et où il devait aller me chercher*. En arrivant à Alger, et en l'absence de M. le maréchal Bugeaud, le *Véloce* fut remis à ma disposition pour dix-huit jours. J'avais toute liberté d'aller où je voulais avec le *Véloce*. L'ordre n'était pas une erreur, l'ordre n'était pas un malentendu, l'ordre était donné par M. le contre-amiral Rigodit. » Mais Dumas ne peut se contenter de répondre à ses insulteurs dans les colonnes des journaux. Il lui faut une explication par les armes. Malleville, qui l'a publiquement outragé, reçoit de lui une lettre cinglante : « La députation a ses privilèges, la tribune a ses droits ; à tout privilège et à tout droit, il y a des limites. Ces limites, vous les avez dépassées à mon égard. J'ai l'honneur de vous demander réparation. » Et il écrit à Victor Hugo pour le prier d'être son témoin. L'indignation du père ayant gagné le fils, le jeune Dumas provoque Lacrosse. Pour n'être pas en reste, Auguste Maquet adresse un cartel à Castellane. Trois duels pour une même cause, qui dit mieux ? Hélas ! la notion de l'honneur se perd en France ! Les trois députés répliquent avec morgue qu'ils ne se battront pas parce qu'il leur répugne de faire de la réclame à M. Dumas et qu'ils sont d'ailleurs couverts par « l'inviolabilité de la tribune ». Déçu par cette triple dérobade, Alexandre l'est encore plus par l'attitude des journalistes, qui, tout en publiant sa lettre ouverte, se gardent bien de lui donner raison. Une fois de plus, seule l'intrépide Delphine de Girardin vole au secours du grand homme crucifié par des nabots. « Dans ses erreurs, M. Dumas a plus d'une bonne et belle excuse, écrit-elle dans *La Presse*. Il a d'abord la fougue de son imagination, la fièvre de son sang naguère africain ; et puis, il a une excuse que tout le monde n'a pas, il a le vertige de sa gloire... Comment vous conduiriez-vous, vous autres, gens prétendus raisonnables, si l'on venait tout à coup vous offrir trois francs la ligne de vos pattes de mouche ennuyeuses ? Oh ! que vous seriez insolents ! Quels airs superbes vous prendriez ! Soyez donc plus indulgents pour des transports d'orgueil. Mais, si nous trouvons des excuses aux étourderies de M. Dumas, nous n'en trouvons pas à l'attaque faite contre lui à la Chambre des députés par M. de Castellane. Comment un jeune député, qui passe pour avoir de l'esprit, peut-il attaquer un écrivain d'un talent incontestable ?... Depuis quand fait-on un crime au talent de sa facilité, si cette facilité ne nuit en rien à la perfection de l'œuvre ? [...] Cette rapidité de composition ressemble à la rapidité de locomotion des chemins de fer. Toutes deux ont les mêmes principes, les mêmes causes : une extrême facilité, obtenue par d'immenses difficultés vaincues. [...] Chaque volume écrit par lui représente des travaux immenses, des études infinies, une instruction universelle. [...] Joignez à cela un esprit étincelant, une gaieté, une verve intarissables, et vous comprendrez à merveille comment, avec de semblables ressources, un homme peut obtenir dans son travail une incroyable rapidité, sans jamais sacrifier l'habileté de sa construction, sans jamais nuire à la qualité et à la solidité de son œuvre. Et c'est un pareil homme qu'on ose appeler un *monsieur* (en évitant de prononcer son nom) ! Mais un *monsieur*, c'est un inconnu, un homme qui n'a jamais écrit un bon livre, qui n'a jamais fait une belle action ni un beau discours, un homme que la France ignore, dont l'Europe n'a jamais entendu parler. Certes, M. Dumas est beaucoup moins marquis que M. de Castellane, mais M. de Castellane est beaucoup plus un [simple] monsieur qu'Alexandre Dumas. »

Alexandre ne regrette plus les duels avortés. Avec l'article de Delphine de Girardin, ses détracteurs en ont pris pour leur grade. Tout ce bruit soulevé par sa personne crée un regain d'intérêt autour du Théâtre-Historique. Dès le soir du 19 février, veille de l'inauguration, une file d'attente s'allonge devant le guichet. Heureusement, l'hiver est doux, la foule se montre patiente. Cet afflux de clients attire des vendeurs de bouillon, qui vont de l'un à l'autre en offrant leur brouet à bas prix ; puis surgissent les marchands de petits pains encore tièdes et les porteurs de bottes de paille à l'intention de ceux qui voudraient disposer d'une litière pour la nuit, sur le trottoir. A l'aube, les cafés d'alentour délèguent des serveurs munis de bidons de café au lait bien chaud. En dégustant le breuvage matinal, on écoute un chanteur des rues qui célèbre l'événement par des couplets improvisés. On rit, on bavarde dans la rangée en attendant l'heure. A l'ouverture des portes, c'est la bousculade. Mais, si les places bon marché sont prises d'assaut, il y a quelques fauteuils vides dans les loges. Les gens du monde ont été rebutés par la durée annoncée du spectacle. Le rideau, qui se lève à six heures du soir, ne retombera définitivement qu'à trois heures du matin. Pendant neuf heures d'affilée, le public, le ventre creux, n'aura pour nourriture que les péripéties d'un drame où la trahison, les crimes et les amours se succèdent à un rythme d'enfer. On a aimé le feuilleton, on aime encore plus la pièce. Le jeune duc de Montpensier et son épouse espagnole, assis dans leur loge, donnent le signal des applaudissements. Ils sont suivis par une salle en délire. Les gens sont affamés et heureux. Ils dévoreraient Dumas tout cru si on le leur servait sur un plateau. Dehors, le chanteur des rues glapit :

On dit qu'au Théâtre Dumas
On pourra prendre ses ébats
Vive l'auteur des Mousquetaires *!*
Veux-tu t' taire ! Veux-tu t' taire !
Bavard, veux-tu t' taire !

Alexandre demande le chiffre de la recette. Elle est plus que correcte. Gloire et argent vont pour lui de pair. S'il devait choisir entre les deux, il serait écartelé. En prévision de lendemains fructueux, il définit, dans un contrat avec Hostein, ses droits sur toutes les pièces, signées ou non par lui, qui seront créées au Théâtre-Historique. D'après ses calculs, cette combinaison financière lui rapportera cent cinquante mille francs par an. Et elle s'accompagnera d'un regain de sa renommé auprès du public, des confrères et des journalistes. Avide d'hommages, il ne manque pas une occasion de mesurer sa popularité. Ainsi, en se rendant aux obsèques de Mlle Mars, décédée le 20 mars 1847, est-il agréablement surpris par le mouvement de curiosité qui salue son apparition dans la foule. Les têtes se tournent vers lui, son nom court de bouche en bouche, pour un peu on l'applaudirait. Victor Hugo, que personne ne semble reconnaître dans l'assistance, remâche son dépit. Il est académicien, pair de France, et c'est ce parvenu de la littérature que ses contemporains lui préfèrent. Leur inconscience n'a d'égale que la vantardise truculente de celui qui, depuis si longtemps, les mène par le bout du nez. Hugo notera rageusement dans *Choses vues* : « Il faut à ce peuple de la gloire. Quand il n'a pas de Marengo ni d'Austerlitz, il veut et il aime les Dumas et les Lamartine. »

Alexandre, quant à lui, n'a jamais l'impression d'être monté trop haut ; il ne souhaite aucune halte, aucun repos, dans la course aux succès de toutes sortes. C'est avec une impatience d'enfant gâté qu'il attend le moment où, le château de Monte-Cristo enfin terminé, il pourra y pendre la crémaillère. Hâtant les derniers travaux, il décide de choisir le 27 juillet 1847, trois jours après son quarante-cinquième anniversaire, pour présenter à ses amis le décor fabuleux où il va désormais construire sa vie et son œuvre. L'édifice central, flanqué de deux tourelles et surmonté d'une forêt de girouettes, est librement inspiré du style Renaissance. Sur la façade, dans des médaillons de pierre, s'inscrivent les effigies de quelques génies littéraires de tous les pays et de tous les temps. D'Homère à Virgile, de Shakespeare à Racine, de Dante à Molière, de Byron à Hugo, ils sont plus d'une douzaine à veiller sur la retraite de leur confrère. Au-dessus de la porte d'entrée figurent les armes de Dumas et sa devise : « J'aime qui m'aime ». A l'intérieur, sur trois étages de cinq pièces chacun, règne un bric-à-brac extravagant où les meubles précieux voisinent avec des yatagans, des espadons, des reliques médiévales et des toiles de maître. De pièce en pièce, on traverse toutes les époques et tous les pays dans une surenchère d'ostentation et de mauvais goût. Perdu dans ce grand désordre, le visiteur ne sait au juste s'il s'est aventuré dans un musée ou dans le magasin aux accessoires d'un théâtre. Pour abriter son travail, Alexandre s'est fait bâtir, à deux cents mètres du château, un pavillon gothique, avec un donjon et des douves pleines d'eau, qu'on franchit sur un petit pont-levis. Gravés en rouge dans la paroi, les titres des œuvres de Dumas le rassurent sur son importance et encouragent son inspiration. Au plafond brille un semis d'étoiles sur fond d'azur. Une panoplie guerrière surmonte la cheminée aux riches sculptures. Quand l'écrivain est fatigué, il monte, par un escalier en spirale, au premier étage où une cellule, meublée d'un lit de fer, lui permet de prendre quelque repos. Une plate-forme lui sert de poste d'observation. De son perchoir, il contemple le parc à l'anglaise et salue les invités qui s'y promènent, pendant qu'il trime pour gagner de quoi les traiter dignement. Léon Gozlan est émerveillé par ce tape-à-l'œil pseudo-historique. « Je n'ai rien à comparer à ce précieux bijou, écrira-t-il, si ce n'est le château de la reine Blanche, dans la forêt de Chantilly, et la maison de Jean Goujon... Il n'appartient à aucune époque précise, ni à l'art grec, ni à l'art moyen. On y voit un travail de moulures comme on n'en voit qu'aux plafonds mauresques de l'Alhambra ; c'est un enchaînement de traits en creux, dont l'ensemble produit l'effet et le mirage de la guipure. Je fus frappé d'admiration. Trianon n'a pas un seul plafond comparable à celui que le Tunisien [Younis] a brodé pour Monte-Cristo [1]. » Et Balzac, grand expert en aberrations architecturales, confiera de son côté à Mme Hanska : « Ah ! Monte-Cristo est une des plus délicieuses folies qu'on ait faites. C'est la plus royale bonbonnière qui existe. Dumas y a dépensé plus de quatre cent mille francs et il en faut encore cent mille pour la terminer [...]. Si vous aviez pu voir cela, vous en seriez folle [...]. C'est enfin la folie du temps de Louis XV, mais exécutée en style Louis XIII et avec des ornements Renaissance [2] ! »

Pour l'inauguration de cet étrange chef-d'œuvre, Alexandre a invité six cents amis à dîner. Le repas est fourni par un restaurant fameux de Saint-Germain-en-Laye, le Henri IV. Les tables sont disséminées sur la pelouse. Des bâtonnets de parfum brûlent dans des cassolettes. Dumas, la bedaine barrée d'une lourde chaîne en or, l'habit scintillant de croix et de plaques, circule entre les convives. De temps à autre, il serre la main d'un ami, échange trois mots avec un autre, baise galamment les doigts d'une dame. Tout le monde l'aime, il aime tout le monde, il n'a jamais été plus heureux. Et cette félicité exceptionnelle, il ne la doit qu'à la plume et au papier !

On se sépare à l'aube. Dès que les invités sont partis, Alexandre se remet à sa besogne de galérien comblé. La vie s'organise au château de Monte-Cristo selon un rythme immuable. Le matin, après avoir avalé son thé, Dumas, vêtu d'un simple pantalon de coutil et d'une chemise, s'installe devant son manuscrit. Lui, si svelte jadis, a pris de la bedaine. Son ventre s'écrase contre le rebord de la table. Quand un visiteur se présente, il lui tend sa main gauche sans cesser d'écrire. Si l'importun lui adresse la parole, il

1. Cf. Léon Gozlan : « Le Château de Monte-Cristo », article publié dans l'*Almanach comique*, 1848.
2. Lettre du 2 août 1848.

pose à regret sa plume, bavarde nonchalamment avec lui, puis, l'ayant éconduit, retourne à son texte. Les phrases s'enchaînent aisément. Même quand il paraît intéressé par les propos d'un quidam, il ne cesse de penser au travail en cours. A onze heures, on lui apporte un déjeuner frugal, servi sur un guéridon. Il se restaure rapidement, boit de l'eau de Seltz et se replonge dans le chapitre qu'il a interrompu. Pendant ce temps, ses invités, qu'il a à peine eu le temps de saluer, font bombance dans la salle à manger d'apparat. Le cuisinier a reçu l'ordre de les traiter royalement. Mais parfois Alexandre, lui-même passionné de cuisine, décide de leur préparer un plat de sa façon. Il en garde jalousement plusieurs recettes dans sa mémoire et rien ne le réjouit davantage que la vue des convives dégustant quelque spécialité dont il a le secret. Leur appétit le flatte autant que l'attention des spectateurs pendant une de ses pièces. Tout pour lui est théâtre ou roman. Même la vie. D'abord la vie. La littérature, la bonne chère, les affaires, les femmes, c'est si amusant de toucher à tout et de gagner sur tous les tableaux !

II

De la révolution à la faillite

Malgré la démesure du spectacle, *La Reine Margot* a rassemblé tant de spectateurs qu'elle a tenu jusqu'à la fin du mois de mai 1847. Pour lui succéder, Alexandre a monté, sans conviction, un drame en vers, *L'Ecole des familles*, d'un obscur homonyme, Adolphe Dumas. Celui-ci a eu la maladresse de lui dire pendant une répétition : « Il y aura deux Dumas dans l'histoire littéraire, comme il y a eu deux Corneille. » Alexandre a fait mine de ne pas l'entendre, mais, au moment où Adolphe allait prendre congé, il a murmuré en souriant : « Au revoir, Thomas ! » La pièce d'Adolphe Dumas ayant sombré dans une indifférence méritée, Alexandre se persuade que, décidément, lui seul peut remplir une salle. Toujours avec la complicité d'Auguste Maquet, il crée, le 3 août 1847, au Théâtre-Historique, *Le Chevalier de Maison-Rouge*, une grande machine évoquant les violences de la Révolution française et comportant douze tableaux, trente comédiens, une nuée de figurants et des décors saisissants de vérité. Adaptée du roman qui porte le même nom, l'œuvre, touffue et grandiloquente, est animée de bout en bout par un grand souffle patriotique. Les auteurs ont écrit les paroles d'un hymne, *Le Chant des Girondins*, qui enthousiasme le public :

Nous, amis, qui loin des batailles
Succombons dans l'obscurité,
Vouons du moins nos funérailles
A la France, à sa liberté !
Mourir pour la patrie,
C'est le sort le plus beau, le plus digne d'envie !

Il y a, dans ce vibrant hommage au courage populaire, de quoi réjouir tous ceux qui, en France, sont révoltés par les magouilles des grands serviteurs de l'Etat et par l'obstination du roi à s'enfermer dans un autoritarisme rigide. Louis-Philippe vient de repousser une réforme, pourtant anodine, qui consistait à abaisser le cens électoral et à donner le droit de vote aux « capacités », c'est-à-dire aux citoyens qui, par leur instruction, leur métier, leur talent, leur réputation sont tout désignés pour participer aux élections législatives. Ce refus méprisant provoque dans le pays une campagne de « banquets réformistes », dont les participants ne se font pas faute de critiquer le régime et d'appeler le monarque à prendre conscience des vraies aspirations de ses sujets. Bien sûr, Alexandre est de tout cœur avec eux. Mais il se sent bizarrement trop alourdi par l'âge, par l'expérience, par les préoccupations quotidiennes, par le talent peut-être, pour se joindre à leur mouvement. Il préfère ignorer, pour l'instant du moins, ces convulsions politiques, attendre qu'elles s'apaisent d'elles-mêmes et se tourner vers d'autres problèmes plus vastes, plus mystérieux, et, en quelque sorte, intemporels. Ainsi, alors que la France bouillonne de protestations diverses, organise-t-il à Monte-Cristo des séances de spiritisme. Il a été fortement marqué, ces dernières années, par une série de décès : la mort de sa mère, du duc d'Orléans, de Charles Nodier, de Frédéric Soulié enfin, son ancien collaborateur, qui vient de disparaître à quarante-sept ans. Ces deuils accumulés l'incitent à revenir sur son passé. Depuis quelques mois, il a commencé à rédiger ses *Mémoires*. Ce bilan des joies, des chagrins et des illusions de toute une vie lui serre le cœur. Qui dit souvenirs dit regrets ! Pour se mettre en règle avec sa conscience, il a recueilli à la maison sa fille, Marie, élevée jusqu'à ce jour loin de lui par sa fausse mère Ida. Marie a seize ans, un visage ingrat et un caractère difficile. Elle souffre d'avoir été arrachée sans ménagement à une femme qui, durant toute son enfance, a symbolisé pour elle la tendresse, la sagesse et le recours. Elle en veut à son père de l'avoir reprise, s'irrite de ses manières fanfaronnes et déteste les intruses dont il lui impose la présence. « La vie que je mène ici n'est pas tolérable, écrivait-elle déjà à Ida le 28 août 1847. Joins-y la douleur que j'éprouve constamment d'être séparée de la personne que j'aime le plus au monde. Je dois encore éprouver le chagrin que me causent les exigences de papa, qui a l'intention de me faire vivre avec lui. Ah ! très chère ! Dans sa position !... Il m'est impossible d'y consentir ; j'ai été blessée au cœur lorsque j'ai vu qu'il n'avait pas honte de me mettre la main dans celle d'une femme de mauvaise vie. Il n'a pas rougi de me mettre en contact avec une personne que son amour paternel aurait dû faire sortir de Monte-Cristo lorsque j'y suis entrée, et dont je n'aurais jamais dû entendre parler. » Vaines révoltes de l'enfance : Alexandre, impavide, continue de garder Marie, tout indignée qu'elle est, sous sa protection, et de prendre du bon temps en aidant sa « petite chatte » Béatrix Person à apprendre un nouveau rôle. Père et amant, il est sûr d'exceller dans les deux disciplines. Peu à peu, pense-t-il, sa fille acceptera le mode de vie de Monte-Cristo et oubliera ses rancœurs et ses jalousies devant l'affection qu'il ne cesse de lui témoigner.

L'intérêt qu'il porte à ces légères complications familiales ne suffit pas à le détourner d'autres problèmes, plus importants pour sa carrière. Ses amis réformistes, qu'il a quelque peu négligés ces mois-ci, le pressent de manifester son attachement à leur cause. Or, il doit trop à la maison d'Orléans, au souvenir du cher Ferdinand et à la bienveillance du duc de Montpensier pour renier aujourd'hui un régime qui l'a soutenu hier. Faut-il, au nom de l'honneur, rester fidèle à ceux qui l'ont aidé dans le passé, ou bien, au nom des convictions politiques, balayer tout scrupule pour ne songer qu'à l'avenir de la France ? L'ingratitude envers des princes est-elle plus grave que la trahison d'un idéal dont dépend le sort de la nation ?

Ce dilemme prend toute son acuité quand Alexandre est invité, le 27 novembre 1847, à un banquet, à Saint-Germain-en-Laye, sous la présidence d'Odilon Barrot. S'il y va, il sera obligé de prendre la parole pour défendre la nécessité des réformes, de porter des toasts hostiles à la famille royale, de signer peut-être des pétitions compromettantes. S'il n'y va pas, il encourra l'indignation de tous ses amis républicains et de tous ceux qui voient en lui un champion de la liberté. Après une courte hésitation, il choisit d'invoquer une indisposition diplomatique pour justifier son absence au banquet et écrit à Odilon Barrot : « Je suis au lit, affreusement malade d'une grippe qui me tient la tête et la poitrine ; exprimez mes regrets à nos réformistes, dites en mon nom que je suis de cœur au milieu de vous. Je devais porter un toast à la presse, c'est-à-dire aux écrivains qui combattaient en 1830 et qui combattent encore en 1847 pour le principe populaire et réformiste. Je le porte ici. Faites-vous-en l'écho. »

Cette lettre ayant été reproduite, le 2 décembre 1847, dans les *Débats*, Alexandre garde la chambre durant quelques jours pour garantir la vraisemblance de son excuse, puis, jugeant le délai suffisant, il reparaît dans le monde et s'occupe ostensiblement de monter sa nouvelle pièce, intitulée *Monte-Cristo* – un nom qui porte bonheur ! – au Théâtre-Historique. La première a lieu les 2 et 3 février 1848, car le drame, cette fois encore, a des dimensions telles que sa représentation occupe deux soirées. Par malchance, le public, sans doute alarmé par la prévision de troubles graves dans la rue, ne réagit guère à la fantastique succession de catastrophes et de triomphes qui secouent le héros de la pièce. Dumas lui-même est inquiet : pour l'avenir du spectacle d'abord, pour celui de la France ensuite. Toujours prudent, il évite de paraître au banquet prévu pour le 22 février 1848 et ne participe pas aux rassemblements populaires qui s'ensuivent. Il conseille même à Hostein de fermer le théâtre ce jour-là. Réfugié dans son pied-à-terre parisien, il s'impose de continuer sa besogne de feuilletoniste pendant que d'autres gesticulent et s'égosillent pour protester contre les injustices du pouvoir. « Avez-vous pu travailler au milieu de tout ce tumulte ? écrit-il à Maquet. Ce serait bien important que vous puissiez m'envoyer deux cents de vos pages d'ici à vendredi soir. »

Le lendemain, 23 février, les insurgés contrôlent déjà quelques points stratégiques dans la capitale et des détachements de la Garde nationale fraternisent avec eux aux cris de « Vive la réforme ! A bas Guizot ! ». Si des tuniques militaires se mêlent aux vestons et aux blouses, c'est que l'affaire tourne mal. Affolé par l'ampleur du mouvement, Louis-Philippe sacrifie Guizot et le remplace par Molé. Ce n'est pas assez ! Les ouvriers et quelques intellectuels continuent à réclamer la République. En s'aventurant dans la rue, Alexandre entend son *Chant des Girondins* entonné par des manifestants, en alternance avec *La Marseillaise*. Le voici émule de Rouget de Lisle ! Il est à la fois gonflé d'orgueil et un peu inquiet. La troupe régulière arrive en renfort pour rétablir l'ordre. De révolution en révolution, c'est le même scénario : barricades, cris de haine, drapeaux rouges, discours enflammés, hymnes patriotiques et coups de feu en série. Les cadavres sont hissés sur une charrette. Une procession funèbre s'ébranle, à la lueur des torches, pour aller on ne sait où. Alexandre rentre chez lui, endosse son uniforme de colonel de la Garde nationale, redescend pour se mêler à la foule, puis, estimant qu'avec ou sans lui les jours du pouvoir sont comptés, retourne dans sa chambre et y attend la suite des événements en observateur distant et sceptique.

Le 24 février, les barricades sont toujours aux mains des rebelles. Des colonnes d'ouvriers vociférants se dirigent vers les Tuileries. Deux régiments de ligne, au lieu de les arrêter, sympathisent avec eux. Conscient de la catastrophe qui se prépare, Louis-Philippe abdique en faveur de son petit-fils de dix ans, le comte de Paris, puis s'enfuit vers Saint-Cloud. La duchesse d'Orléans se rend à la Chambre des députés avec ses enfants et ses deux beaux-frères, pour faire entériner sa régence. Alexandre espère en secret qu'elle y parviendra. Mais une foule en armes envahit la salle des séances. Des forcenés, aux visages grimaçants de colère, exigent la République. Terrorisés, les députés capitulent. C'est le triomphe de la rue sur le palais. La duchesse et les jeunes princes s'éloignent sous les huées. Un gouvernement provisoire de sept membres, présidé par Dupont de l'Eure, assume la direction du pays. Abasourdi par cette brusque rupture avec le passé, Alexandre se demande s'il saura s'accommoder d'un ordre nouveau qu'il a pourtant réclamé de tous ses vœux. Peut-être la République a-t-elle été instaurée trop vite, sous la pression de gens irréfléchis, de rêveurs obnubilés par les utopies égalitaires ? « Je revenais seul, triste et soucieux, républicain plus que jamais, mais trouvant la République mal faite, mal mûrie, mal proclamée, écrira-t-il dans ses *Mémoires* ; je revenais, le cœur oppressé de ce spectacle d'une femme brutalement repoussée, de deux enfants séparés de leur mère, de deux princes fuyant. » En quittant la Chambre des députés, il se glisse dans le palais des Tuileries à demi dévasté, à demi pillé par la plèbe revancharde. Une visite mélancolique dans l'ancien bureau de Ferdinand d'Orléans, une autre dans celui de Louis-Philippe, dont le sol est jonché de papiers qui, tous, portent la signature, aujourd'hui inutile, de Sa Majesté. Il ne faut plus chercher le pouvoir entre ces murs naguère sacrés, mais à l'Hôtel de Ville où siègent Raspail, Louis Blanc et l'inusable Lamartine.

Au fait, n'est-ce pas la littérature incarnée par ce dernier, qui est sur le point de prendre en main la politique ? Le moment n'est-il pas venu pour les écrivains de guider le peuple après l'avoir instruit et diverti ? N'est-ce pas son heure à lui, Dumas, qui a sonné en même temps que celle de l'auteur des *Méditations* ? Soudain, il se sent moralement tenu de revendiquer sa part dans la reconstruction de la patrie. Dès le 29 février 1848, il publie, dans *La Presse*, une profession de foi qui l'engage tout entier du côté des réformistes. Certes, il continuera à confectionner feuilletons et drames pour le plaisir de ses contemporains, mais il agira aussi dans le cadre légal, pour leur assurer le bonheur qu'ils sont en droit d'espérer. S'adressant à Emile de Girardin, il proclame : « A vous [c'est-à-dire à *La Presse*] et au *Constitutionnel*, mes romans, mes livres, ma vie littéraire enfin. Mais à la France ma parole, mes opinions, ma vie politique. A partir d'aujourd'hui, il y a deux hommes dans l'écrivain : le publiciste doit compléter le poète. [...] Oui, ce que nous voyons est beau ; ce que nous voyons est grand. Car nous voyons une République et jusqu'à aujourd'hui nous n'avions vu que des révolutions. Que Dieu nous garde donc, nous, ses fils aînés, nous les sauveurs du monde ! » Ce noble élan de libéralisme ne l'empêche pas d'avoir un serrement au cœur en traversant, le 6 mars 1848, la cour du Louvre et en constatant que la statue de Ferdinand d'Orléans a été enlevée de son socle. Courageusement, il signale cette erreur politique dans *La Presse* : « La République de 1848 est assez forte, croyez-moi, pour consacrer cette sublime anomalie d'un prince restant debout sur son piédestal, en face d'une royauté tombant du haut de son trône. » La formule est belle : en quelques mots Alexandre concilie le respect qu'il a pour la famille d'Orléans avec son espoir devant les premiers pas de la

République. A présent, son objectif est clair : entraîner les électeurs comme il a entraîné les lecteurs. A cet effet, il fonde un journal, *Le Mois*, qui sera « le résumé mensuel, historique et politique de tous les événements, jour par jour, heure par heure », et qu'il rédigera seul. Ses convictions sont celles d'un républicain modéré, ami de la justice et ennemi du désordre. C'est avec ce programme nuancé qu'il décide de se présenter aux élections à l'Assemblée constituante, prévues pour le 23 avril. Pour terrain de sa campagne, il choisit le département de la Seine. Dans une adresse destinée aux travailleurs de toutes catégories, il les avertit qu'il est un des leurs puisqu'il a à son actif « six ans d'éducation, quatre ans de notariat et sept années de bureaucratie ». Il ajoute qu'il a trimé, la plume à la main, « vingt ans, à raison de dix heures par jour, soit soixante-treize mille heures », que pendant ces vingt ans il a composé « quatre cents volumes et trente-cinq drames » et que, d'après ses calculs, ces livres et ces drames ont fourni, pendant lesdits vingt ans, le salaire à deux mille cent soixante personnes, « sans compter les contrefacteurs belges et les traducteurs étrangers ». Il est donc juste et nécessaire, poursuit-il, que tous les travailleurs, « qu'ils soient manuels ou intellectuels », votent pour lui. Mais il n'oublie pas non plus les défenseurs de la foi, curés ou simples fidèles, à qui il jure de défendre l'Eglise devant la future Assemblée : « Je vous salue avec l'amour d'un frère et l'humilité d'un chrétien. » Et, comme il faut un geste spectaculaire pour illustrer aux yeux du peuple l'idéal d'un cœur pur, il plante un arbre de la Liberté devant le Théâtre-Historique. Face à un groupe de badauds qui assistent à l'événement, il s'écrie, pathétique : « Citoyens, vous avez planté le symbole, il vous reste maintenant à consolider la chose. N'oubliez pas que les libertés sont comme les arbres : c'est par les racines qu'elles reprennent ! »

Cependant, il constate vite que son éloquence n'éveille guère d'échos dans le département de la Seine. Pratique, il se rabat sur celui de la Seine-et-Oise. Là, après avoir planté un second arbre de la Liberté, il multiplie proclamations et meetings sans ménager son temps ni sa salive. Au cours d'une de ces réunions, un quidam l'interpelle et lui reproche de se présenter à la députation alors qu'il n'est qu'un « bâtard de maison ». Alexandre lui cloue le bec par une injure « en trois lettres », hausse les épaules et poursuit son exposé sur le travail, qui représente « la destination de l'homme », le paresseux n'étant qu'un « mauvais citoyen ». Malgré sa belle prestance, sa voix de stentor et ses arguments à l'emporte-pièce, les auditeurs ne cachent pas leur méfiance devant ce soi-disant champion des classes laborieuses qui n'a jamais tenu le manche d'un marteau ni conduit une charrue. Le résultat des élections du 23 avril 1848 est écrasant : c'est à peine si Alexandre peut rassembler 226 voix sur 3 869 votants dans le seul canton de Saint-Germain. La France veut bien de Dumas comme écrivain, mais pas comme député.

Néanmoins, à l'occasion d'élections complémentaires, il entame, au mois de juin, une nouvelle campagne électorale, cette fois dans l'Yonne. Son principal concurrent dans cette circonscription est le prince Louis Napoléon en personne. Celui-ci a pour suprême atout un nom célèbre dans l'Histoire ; Alexandre, lui, ne peut compter que sur un nom connu dans la Littérature. La lutte est inégale. Dès les premières réunions électorales, Dumas se sent de trop, en tant que Parisien et en tant qu'écrivain, dans cette province agricole. « Que venais-je faire dans le département de l'Yonne ? écrira-t-il. Etais-je bourguignon ? Etais-je marchand de vins ? Avais-je des vignes ? Avais-je étudié la question vinicole ? Etais-je membre de la société œnophile ? » Un paysan l'apostrophe jovialement : « Hé ! le nègre ! » Alexandre riposte par une gifle magistrale et le contradicteur n'ose plus continuer. Pourtant, quand il reprend son exposé, du haut de la tribune, un auditeur lui demande avec insolence de rendre compte de sa « liaison » avec le duc d'Orléans. Cette mise en demeure ne le trouble pas. Il a sa conscience pour lui et répond si bien au provocateur que même les opposants l'applaudissent. Maigre satisfaction. Quand on dépouille les bulletins de vote, il doit se contenter de 3 458 voix. Le prince Louis Napoléon, qui en totalise 14 989, est élu.

Ce deuxième camouflet devrait détourner à jamais Alexandre de la politique. Mais la nation est tellement divisée, l'avenir tellement incertain, qu'il ne peut se résoudre à fermer les yeux sur les hommes et les événements qui agitent le pays. Après l'échec du coup d'Etat du 15 mai, fomenté par Raspail, Barbès et Blanqui, il donne raison à ceux qui ont exigé l'arrestation des meneurs. De même qu'il faisait confiance au roi pour assurer l'ordre dans une France perturbée, de même il estime que le gouvernement provisoire, tout en protégeant les libertés essentielles, a le devoir d'empêcher les excès du socialisme.

Hélas ! le mois suivant, force lui est de constater que l'agitation persiste et même s'intensifie. La fermeture des ateliers nationaux, qui constituaient un refuge commode pour les ouvriers sans travail, provoque de nouvelles émeutes. Le mécontentement fait tache d'huile. Le général Cavaignac organise alors froidement la répression. Pendant trois jours, du 24 au 26 juin, dans les rues de Paris, la bataille fait rage. Les morts se comptent par centaines, les hôpitaux manquent de lits pour recevoir les blessés, quatre mille insurgés sont jetés en prison, tandis qu'un nombre égal est envoyé, sans jugement, à Cayenne et sur les hauts plateaux d'Algérie. Tout en condamnant la folie de ceux qui ont bravé l'autorité en des heures où l'union nationale eût été nécessaire, Alexandre se refuse à voir signer avec le sang du peuple de Paris la première page de la Deuxième République. Pour assurer le triomphe de la vraie démocratie, il décide de se détourner de Cavaignac et de sa clique de bourreaux, et d'apporter son soutien à Louis Napoléon, lequel du moins n'a pas démérité de la patrie. Dès novembre 1848, il proclame dans *La Fraternité* : « Deux partis sont en présence : le parti du *National*, représenté par M. Cavaignac. Le parti de la France, représenté par Louis Napoléon. Il va sans dire que je suis du parti de Louis Napoléon. » Il a été encore plus net, naguère, devant les électeurs de l'Yonne : « Le socialisme s'agite. [...] La République rouge rêve un autre Quinze Mai, espère une autre insurrection de Juin. [...] Il faut combattre à la fois l'ennemi au-dedans, l'ennemi au-dehors. [...] Mes ennemis politiques sont MM. Ledru-Rollin, Lagrange, Lamennais, Pierre Leroux, Etienne Arago [celui-là même qui, quelques années plus tôt, était son modèle], Flocon, et tous ceux que l'on appelle les Montagnards. [...] Mes amis politiques [...] sont MM. Thiers, Odilon Barrot, Victor Hugo, Emile de Girardin, Dupin, Bauchard, Napoléon Bonaparte. Ce sont les hommes que les anarchistes appellent la Réaction. Ce sont les hommes que j'appelle l'Ordre. »

L'« ordre », le mot revient sans cesse sous la plume et dans la bouche de cet homme dont la vie intime n'est que désordre. En vérité, il sait trop que son bonheur, sa prospérité d'écrivain dépendent d'une certaine stabilité politique pour souhaiter de profonds séismes dans le pays. Si les commerçants perdent de l'argent, si la Bourse fléchit, si les bourgeois tremblent dans leur culotte, si les pauvres s'estiment trop pauvres, et les riches trop mal protégés, si la rue menace, personne n'a plus envie d'acheter des livres ni d'aller au théâtre. L'inquiétude du lendemain exclut les plaisirs du moment. Or, malgré la proclamation de la République, les affaires sont de plus en plus aléatoires, la rente vacille, les bons du Trésor piquent du nez. Seul Louis Napoléon, avec son grand nom et ses idées généreuses, peut redonner à la France le goût du travail, de l'épargne et des plaisirs. Alexandre, qui lui a rendu visite naguère dans sa prison de Ham, a rapporté le meilleur souvenir de leur conversation. Aujourd'hui, c'est sur lui qu'il concentre toute son espérance. Quand, après le vote de la Constitution, le 4 novembre 1848, Louis Napoléon pose sa candidature à la présidence, Dumas se range à ses côtés. Le 10 décembre, son « favori », ayant obtenu soixante-dix pour cent des voix, est élu haut la main. Même les travailleurs les plus rouges ont voté pour lui. Enfin réconciliés, ouvriers et bourgeois se retrouvent sous la même bannière. Dumas s'en félicite comme d'une victoire personnelle. Il était temps ! Encore quelques mois et le Théâtre-Historique eût déposé son bilan. Dans un ultime sursaut d'énergie, Alexandre avait monté, en octobre 1848, un drame antique, *Catilina*, inspiré par la conspiration contre la République à Rome. Mais, en dépit des qualités de la pièce, les spectateurs n'avaient guère apprécié ces échos de la politique au temps de Cicéron, alors que, devant leur porte, se jouait le sort de la France au temps de Louis Napoléon.

Maintenant, les recettes arrivent à peine à couvrir les frais et Hostein songe à abandonner la partie. Devant cette désertion en plein combat, Dumas puise dans ses propres réserves. L'argent que lui rapportent ses feuilletons, de *Joseph Balsamo* au *Collier de la reine*, est aussitôt englouti dans le gouffre des dettes. De tous côtés, les créanciers pointent leurs museaux de rats. Acculé à la ruine, Alexandre vend ses chevaux, se débarrasse de sa ménagerie, cède son vautour Jugurtha au propriétaire du pavillon Henri-IV et va même jusqu'à hypothéquer Monte-Cristo. Cela ne suffit pas ! A bout d'expédients, il crée, en janvier 1849, au Théâtre-Historique, *La Jeunesse des Trois Mousquetaires*. Un bon titre, de bons dialogues, une bonne distribution ; le public paraît content. Mais, malgré ce succès honorable, la débâcle se confirme de jour en jour. Après avoir nourri Dumas, le Théâtre-Historique le ruine. La mort dans l'âme, il vend les meubles de son château à un homme de paille, nommé Antoine Joseph Doyen. Puis, le 22 mars 1849, c'est le château tout entier qui est adjugé, à l'audience des criées du tribunal de Versailles, au même prête-nom, pour la somme dérisoire de trente mille francs. Un joli tour de passe-passe. Certes, Dumas pourra résider encore entre les murs qu'il a construits, mais ce subterfuge risque de se retourner, tôt ou tard, contre celui qui en a eu l'idée. Averti du désastre financier de son rival, Balzac a écrit à Mme Hanska : « Je vois dans les journaux que, dimanche, on vend tout le mobilier de Dumas à Monte-Cristo et la maison est déjà vendue ou va l'être. Cette nouvelle m'a fait frémir et j'ai résolu de travailler, nuit et jour, pour ne pas avoir le même sort. »

De surcroît, voici que l'insatiable Ida se réveille. Non contente d'avoir été séparée à l'amiable de son mari depuis cinq ans, elle vient d'obtenir des tribunaux une séparation de biens, aux torts d'Alexandre. Il est condamné à lui rembourser une dot évaluée – on ne sait trop sur quelles bases ! – à cent vingt mille francs, plus vingt-sept mille francs d'intérêts. Immédiatement, il fait appel. Alors Ida institue sa mère, Anne Ferrand, mandataire générale et spéciale pour engager les poursuites nécessaires. Le 5 août 1848, la cour d'appel confirme le jugement du tribunal civil. Dumas n'a plus qu'à payer. Par bonheur, grâce à la combinaison que Doyen et lui ont mise au point, il est officiellement insolvable. On reparlera de l'acquittement des dettes quand un peu plus d'eau aura coulé sous les ponts. Pour l'instant, Alexandre, qui avait pris des habitudes de nabab, continue de vivre – mais plus modestement – tantôt à Monte-Cristo, dont le propriétaire est légalement Doyen, tantôt à Paris, dans son pied-à-terre, 3 rue de Trévise. Il traîne toujours derrière lui sa fille, Marie, qui s'obstine à lui reprocher sa liaison indigne avec Béatrix Person. Quant à son fils, plus chanceux que lui, il vient de remporter un vif succès avec un roman, *La Dame aux Camélias*, récit transposé de son aventure avec Marie Duplessis, cette courtisane phtisique qu'il avait quittée depuis peu et qui était morte sans qu'il l'eût revue. Dumas père est à la fois très fier des débuts de son fils dans l'arène littéraire et un peu agacé par les compliments excessifs que le nouveau venu recueille auprès des lectrices. Toute louange à autrui l'indispose inconsciemment comme une trahison envers lui-même. Cependant, l'amour paternel ne tarde pas à l'emporter, dans son cœur, sur la jalousie confraternelle. Il a même l'impression que personne ne le comprend et ne l'aime mieux que ce garçon de vingt-cinq ans qui tient de lui le talent, les idées et la soif de vivre. Même leurs opinions politiques sont similaires. Tous deux sont pour la République dans la conduite des affaires de la France, avec, au fond de l'âme, de vagues nostalgies monarchistes. Tous deux recherchent le succès auprès de la foule et dans les salons. Tous deux sont sensibles au charme du beau sexe et se vantent volontiers de leurs conquêtes. Le 9 mai 1849, ils partent ensemble pour Amsterdam, afin d'assister au couronnement du roi Guillaume III de Hollande. Le nouveau souverain les reçoit à deux reprises. Aimable, la barbe blonde et les yeux bleus, il a l'air tolérant, modeste et songeur. En le voyant, Alexandre repense, malgré lui, aux princes qui ont charmé ses dernières années, en France. Va-t-il les regretter ? Il n'en a pas le droit, lui, un républicain de la première heure ! Touché de son hommage, Guillaume III lui fait remettre la croix de l'ordre du Lion néerlandais. Et dire, se lamente Dumas, que, dans son propre pays, personne ne s'avise plus de le décorer ! Au lieu de lui rendre justice, on le défère à la justice ! Pendant qu'il se prélasse, en Hollande, dans quelque antichambre du palais royal, à Paris, on vote pour l'élection de la nouvelle Chambre des députés. Comme prévu, la majorité revient au parti de l'Ordre, mais les socialistes affirment leur présence et leur poids avec cent quatre-vingts sièges. Dumas s'en étonne sans oser le déplorer. La frontière est si fluctuante entre son libéralisme raisonnable et le réformisme outrancier de ses amis !

A son retour en France, il est repris par l'obligation de produire de la copie à un rythme accéléré. Sont-ce ses dettes qui le poussent à accumuler les manuscrits, ou le besoin de se prouver à lui-même qu'il est encore capable de grandes créations ? Misant derechef sur le théâtre, il adapte *Le Chevalier d'Harmental*, collabore avec Grangé et Montépin au *Connétable de Bourbon*, tire un drame en cinq actes d'une petite comédie de Louis Lefèvre, *Le Comte Hermann*, renoue avec Maquet pour écrire *La Guerre des Femmes*, travaille, sous le nom de Paul Lacroix, au *Testament de César*. Cette dernière pièce est acceptée à la Comédie-Française. Il n'en espérait pas tant !

Le 20 mai 1849, pendant une répétition du *Testament*, un appariteur du théâtre vient à lui et lui glisse à l'oreille : « Mme Dorval vous envoie chercher ; elle se meurt ; et elle ne veut pas mourir sans vous revoir. » Alexandre est bouleversé : depuis longtemps, il a perdu de vue la délicieuse créatrice du rôle d'Adèle dans *Antony*. Il sait cependant qu'elle a rompu avec Vigny, qu'elle est inconsolable de la perte de son petit-fils, Georges, qu'elle ne joue plus guère, que Hostein lui a refusé un rôle dans *La Marâtre* de Balzac et qu'elle se consume au milieu de la misère, de la solitude et de l'ingratitude générale. Mais il ignorait qu'elle fût malade. Interrompant la répétition, il se précipite vers la rue de Varenne. Quand il pénètre dans la chambre de Marie Dorval, un pauvre sourire éclaire le visage de cette femme qui fut sa sémillante maîtresse et qui n'est plus qu'une momie desséchée, au regard éteint. Elle tend les bras vers le cher Alexandre, encore si vaillant, si vivant, et murmure : « Ah ! c'est toi ! Je savais que tu viendrais ! » Il l'embrasse et enfouit sa tête dans les draps pour cacher ses larmes. La fille de Marie Dorval, Caroline, et son gendre, René Luguet, se retirent sur la pointe des pieds pour les laisser seuls. « Tu ne vas pas mourir ! » gémit Alexandre. Elle lui pose la main sur les cheveux. A ce contact, il revoit, en une seconde, les plaisirs déchirants d'autrefois. Tandis qu'il lutte contre l'afflux de souvenirs, elle balbutie : « Eh ! mon Alexandre, tu sais bien que, depuis la mort de mon petit Georges, je n'attendais qu'un prétexte. Le prétexte est venu et, comme tu le vois, je ne l'ai pas laissé échapper ! » Alors qu'elle insiste pour qu'il constate, en la regardant de près, à quel point elle a vieilli, il proteste faiblement : « Je ne te trouve pas si changée que tu le dis ! » Elle refuse ce mensonge charitable et revient à sa grande idée : la peur de finir, faute de moyens, dans la fosse commune. Elle veut être enterrée à côté de son petit-fils. Mais où trouver l'argent nécessaire aux obsèques ? Bourrelé de chagrin, Alexandre promet, d'un signe de tête, qu'il se chargera des frais. Il se penche sur Marie et elle pose sur son front ses lèvres déjà froides. Avec elle, c'est la mort qui lui donne un baiser de gratitude. Luguet et sa femme rentrent dans la chambre. Une dernière fois, Marie les remercie d'avoir pris soin d'elle, alors que tout le monde l'abandonnait. Puis elle ferme les yeux et c'est la fin.

Alexandre court au bureau des pompes funèbres. Il faut six cents francs pour acheter une concession provisoire. Cette somme, qui lui eût paru infime du temps de sa splendeur, saura-t-il se la procurer aujourd'hui ? En retournant ses poches, en fouillant ses tiroirs, il réunit deux cents francs. A sa demande, M. de Falloux, ministre de l'Instruction publique, lui remet, à titre privé, cent francs. Victor Hugo, toujours aussi parcimonieux, ne peut rien donner par lui-même, mais intervient auprès du ministre de l'Intérieur et obtient un secours de deux cents francs « au nom de la culture ». Il manque cent francs pour faire le compte. Alexandre va chercher sa décoration tunisienne du Nisham, la porte chez un prêteur sur gages et revient avec les derniers cent francs nécessaires. Marie Dorval aura, comme elle le souhaitait, un enterrement correct. Dans le cimetière, devant la tombe fraîchement ouverte, les amis de la défunte prient Dumas de prononcer quelques mots. Mais le chagrin lui coupe la respiration. Les yeux embués de larmes, il se contente de cueillir une fleur sur une couronne et de la porter à ses lèvres. Plus tard, il écrira que Marie Dorval a été la femme qu'il a « le mieux aimée [1] ».

De quelque côté qu'il se tourne à présent, Dumas croit apercevoir le visage de la mort. Dans cet univers qui se défait par lambeaux sous son nez, il a l'impression que plus rien n'est solide, que plus rien n'est durable. Même la politique sent le roussi. Après avoir encensé Louis Napoléon, il constate à regret les premières erreurs du pouvoir et écrit dans *Le Mois* : « Tout en se ralliant au principe et à l'homme, il faut empêcher le principe de dérailler et l'homme de faillir. » Malgré ce jugement sévère, Louis Napoléon honore de sa présence, le 22 novembre 1849, au Théâtre-Historique, la première du *Comte Hermann*, le nouveau drame de Dumas. Mais, fidèle au souvenir de ses amitiés anciennes, Dumas a laissé ostensiblement vide et éclairée la loge habituelle du duc de Montpensier et s'est abstenu d'aller saluer le prince-président à son arrivée dans la salle. La pièce est chaleureusement applaudie. Sera-ce suffisant pour remonter la pente ? Dumas en doute. A bout de souffle, il ne compte plus pour sauver le Théâtre-Historique que sur la publication de ses impressions de voyage en Hollande, en Italie, et de ses récits, tantôt véridiques, tantôt imaginaires, intitulés *Mille et Un Fantômes*. Une lueur d'espoir le visite encore lorsque Arsène Houssaye, le nouvel administrateur du Théâtre-Français, lui fait une proposition étrange : pour une présentation originale de *L'Amour médecin* de Molière, écrire trois légers « entractes », qui se joueraient entre les trois actes de la comédie et en seraient comme l'amusante « respiration ». Dumas accepte et trousse, en un rien de temps, ce supplément au divertissement moliéresque.

Le 15 janvier 1850, Louis Napoléon assiste à la première. Les spectateurs, debout, acclament le prince-président. Ils ne font pas de même pour les « impromptus »

1. Alexandre Dumas : *La Dernière Année de Marie Dorval.*

d'Alexandre. Le public, dérouté par cet assemblage hétéroclite de textes classiques et de plaisanteries modernes, réagit à contretemps. Il confond Molière et Dumas, et finit par applaudir Dumas et chahuter Molière. Le prince-président est mécontent de sa soirée ; Alexandre davantage encore que lui. Quelques jours plus tard, nouvelle tuile : faute de lecteurs, *Le Mois* cesse de paraître. Et le Théâtre-Historique ne se porte guère mieux. Des directeurs fantômes se succèdent à sa tête, en remplacement de Hostein qui a déjà retiré ses billes : tour à tour, un escroc, Max de Revel, puis un charmant naïf, le comte d'Olon, qui dilapide dans l'affaire les quelques louis de son héritage, puis le comédien Doligny, lequel promet de rembourser à d'Olon les sommes que le malheureux a investies dans l'entreprise, tous ces hommes de bonne volonté se cotisent pour permettre à Dumas de franchir le cap. Mais l'été arrive sans qu'aucune pièce à succès vienne remplir la caisse de l'auteur. Les comédiens non payés renâclent. Le 16 octobre ils refusent de jouer et menacent d'attaquer d'Olon et Doligny devant le tribunal de commerce de la Seine.

Malgré l'orage qui se rapproche, Dumas garde le front haut. Il a tant de sujets en tête, tant de projets dans ses cartons ! Le tout est de viser juste, pour piquer la curiosité du public défaillant. Cinq pièces sont créées en six mois dans son théâtre, en cette funeste année 1850. En outre, il publie deux romans historiques, *Colombo* et *La Tulipe noire* dans *Le Siècle*, deux romans contemporains, *Le Trou de l'enfer* et *Dieu dispose* dans *L'Evénement*, le journal de Hugo.

Dumas lui livre d'autant plus volontiers sa prose que Hugo, élu entre-temps député, partage ses idées politiques et s'est élevé contre une « loi scélérate » tendant à priver du droit de vote les contribuables aux revenus modestes. Alexandre lui écrit, de confrère à confrère, pour approuver sa prise de position. Il en profite pour prédire la chute de tout gouvernement qui oserait se passer de l'approbation populaire. « Aujourd'hui nous sommes en plein océan. L'erreur du pouvoir est de se croire une île lorsqu'il n'est qu'un vaisseau. L'océan viendra mourir contre lui, croit-il. Non, l'océan le soulèvera ; non, l'océan le brisera ; non, l'océan l'engloutira [1]. »

Au début de l'été, Dumas s'attaque, avec Auguste Maquet, à la rédaction d'un nouveau roman de son cycle révolutionnaire : *Ange Pitou*. C'est à ce moment que les députés, à la demande de Louis Napoléon et sous la pression de la majorité de droite, adoptent une loi de contrainte destinée à juguler la presse : interdiction du colportage, de l'affichage et de la vente à la criée de gazettes ; rétablissement du droit de timbre ; augmentation du cautionnement. Menacés d'un surcroît de taxes et de contrôles, les directeurs de journaux se voient obligés de réduire leurs frais. Emile de Girardin lui-même, malgré le succès de *La Presse*, se résigne à l'économie. Les feuilletons romanesques, lourdement imposés, lui coûtent trop cher. « Je désire qu'*Ange Pitou* n'ait plus qu'un demi-volume au lieu de six volumes, que dix chapitres au lieu de cent, écrit-il à Dumas. Arrangez-vous comme vous voudrez, et coupez, si vous ne voulez pas que je coupe. » Immédiatement, Alexandre répercute la consigne à Maquet et conclut : « Je finirai seul *Ange Pitou* qui, avec les réductions, ne nous présente pas le moindre avantage de travailler à deux. » Une fois de plus, les considérations d'intérêt l'emportent chez lui sur le souci de la perfection artistique. Une œuvre mal payée ne mérite pas les mêmes soins que celle qui rapporte gros. Cependant Maquet proteste et réclame la totalité du salaire qui lui est encore dû, lequel se monterait, selon lui, à cent mille francs. Et il reproche à Alexandre de dénigrer à tout propos les services que lui rend son fidèle collaborateur. Si Alexandre tient à l'argent, lui tient à l'estime. « J'ai pour lui [Dumas], malgré tout, de l'amitié et

---

1. Cité par Daniel Zimmermann : *Alexandre Dumas, le Grand*.

je ne me refuserai jamais à le lui prouver, écrit Maquet à Paul Lacroix. Qu'il établisse nos relations désormais d'une façon claire, positive, inaltérable, qu'il limite mes revenus, mais qu'il les apure. Qu'il n'oublie pas la part réelle de réputation. J'y tiens plus qu'à toute autre chose. » Paul Lacroix accepte de plaider la cause de Maquet auprès de Dumas, et Dumas, confus de cette querelle de gros sous autour d'une longue amitié, propose un arrangement plus avantageux pour son collaborateur. Mais ce compromis restera lettre morte. En vérité, ni l'un ni l'autre n'ont plus envie de travailler ensemble.

Le 21 août, Dumas s'impose d'assister à l'enterrement de Balzac. « Pourtant, ce n'était ni un ami ni un frère, écrira-t-il. C'était plutôt un rival, presque un ennemi. » Et c'est vrai, tout au long de sa carrière, Dumas a souffert d'être moins apprécié des prétendus « connaisseurs » que l'auteur de *La Comédie humaine*. Bien sûr, Balzac aussi comptait de nombreux détracteurs parmi les journalistes, mais, dans l'ensemble, malgré les coups d'épingle et les ricanements, il jouissait auprès d'eux d'une certaine considération. Sans doute a-t-il eu ce privilège parce qu'il se posait en « penseur » dans ses livres, alors que lui, Dumas, s'était toujours contenté d'être un « amuseur ». En entendant le discours pompeux de Hugo devant le cercueil du grand homme, il se demande si, pour être digne de tant d'éloges, il ne faut pas être un peu ennuyeux. Peut-être, en littérature, seules les longues descriptions et les digressions alambiquées ont-elles quelque chance de plaire aux esprits raffinés ? Cette observation amère ne l'empêchera pas dc proclamer que l'œuvre du disparu serait une de celles qu'il emporterait s'il devait partir pour un voyage autour du monde. En fait, ce qui l'accable après cet enterrement solennel, c'est l'idée que tant de pages écrites, tant d'épreuves corrigées ligne à ligne, tant de rêves jetés en pâture à la foule s'achèvent par quelques discours de circonstance et par quelques pelletées de terre. Qui, demain, se souciera de Balzac ? Qui, demain, se souciera de Dumas ? songe-t-il avec mélancolie.

Comme si ce deuil ne suffisait pas à aggraver en lui la fascination du néant, voici qu'il apprend la mort de Louis-Philippe, réfugié en Angleterre. Il n'éprouvait guère de sympathie pour ce roi à la fois autoritaire et ondoyant. Mais, comme pour Balzac, il se croit obligé d'être présent aux obsèques. Ce qui le pousse à rendre un dernier hommage à celui que ses ennemis appelaient « le roi-poire », c'est le souvenir du cher Ferdinand d'Orléans et la gratitude envers le duc de Montpensier. Il va saluer le père par tendresse pour les fils. Plantant là les travaux en cours, il prend le train pour Calais. Le lendemain, à dix heures du matin, il est à Londres. Sa visite à Claremont, résidence de la famille royale en exil, le déçoit. On le laisse signer le registre de condoléances, mais aucun personnage officiel ne daigne le recevoir. Les enfants du disparu ne peuvent pardonner à Dumas d'être redevenu républicain après avoir célébré les vertus de la monarchie constitutionnelle. Le soutien qu'il a apporté à Louis Napoléon ne fait que noircir son cas. Pour se consoler de cet accueil glacial, il va méditer sur la tombe de Byron et rend visite à Lady Holland, qu'il a connue à Paris et qui est une descendante de Marie Stuart. Il la trouve dans son parc, en train de lire *Le Vicomte de Bragelonne*. Petite revanche sur l'incompréhension habituelle des grands de ce monde !

Alexandre s'en contente et retourne à Paris pour voler au secours du Théâtre-Historique en perdition. Une nouvelle pièce, *Le Capitaine Lajonquière*, qu'il a adaptée en hâte de sa *Fille du Régent*, sera-t-elle de taille à conjurer le désastre ? Il destinait le premier rôle à Béatrix Person, qui partage depuis bientôt quatre ans sa vie cahoteuse. Mais la jeune femme est en tournée au Havre. Par qui la remplacer ? Mlle George recommande à l'auteur une de ses élèves, la fragile, blonde et gracieuse Isabelle Constant. Isabelle n'a que quinze ans et demi. Elle a tout à apprendre : les jeux de la scène et ceux de l'amour. Dumas décide d'assumer cette double initiation. D'autant que la petite n'est nullement réticente. Alexandre s'émerveille d'être aimé et même désiré, à quarante-huit ans, par une enfant dont il pourrait être le père. Ce parfum d'inceste lui tourne la tête. Il ne contemple pas Isabelle, il s'attable devant elle, il ne la déguste pas, il la dévore. Bien entendu, il l'a immédiatement engagée dans sa troupe. Au plus fort de son sentiment pour elle, il se rappelle qu'il a promis à Béatrix Person de la rejoindre au Havre. Ce voyage lui paraît désormais impossible. Il s'excuse, tant bien que mal, auprès de la délaissée. « Ma bonne chatte, lui écrit-il, je n'ai point assez d'argent pour partir à une heure. Je n'en aurai que ce soir et partirai à onze. [...] J'espère que tu sais ton rôle. » Double mensonge : premièrement, il n'a pas du tout l'intention de partir ; deuxièmement, ce rôle, il l'a déjà donné à Isabelle et elle le répète sous sa direction. On se débrouillera, à cet égard, avec Béatrix, le moment venu. En attendant, il faut profiter de l'absence de la « bonne chatte » retenue en province et savourer à loisir la fraîcheur de l'autre.

Le fils Dumas sourit avec indulgence de cette folie tardive de son géniteur ; en revanche, sa demi-sœur, Marie, qui déjà souffrait de la présence à la maison d'une Béatrix Person de vingt-deux ans, s'indigne d'avoir à côtoyer la nouvelle maîtresse de son père, à peine sortie de l'enfance. Afin d'éviter des disputes aux conséquences pénibles, Alexandre loue pour Isabelle un petit appartement confortable au 96 rue Beaumarchais, le fait capitonner « comme un nid de chardonneret, avec de la ouate et du coton », garnit les fenêtres de fleurs et prend deux chambres pour lui-même sur le palier. Toujours préoccupé par la santé de sa jeune maîtresse, qui est de complexion fragile, il convoque son médecin personnel et le charge de la requinquer. Celui-ci ordonne à Isabelle de prendre chaque matin une cuillerée d'huile de foie de morue et un demi-verre de lait d'ânesse. Mais d'abord, il conseille à Alexandre d'espacer les manifestations de sa passion pour elle. « Ménagez-la, mon ami. C'est une fleur que peuvent également tuer le chaud, la gelée et le soleil, et surtout l'amour. » Alexandre se le tient pour dit. D'ailleurs, la chasteté qu'il s'impose lui fait découvrir les rares plaisirs de l'attente. A présent, il craint de blesser par trop de hâte l'objet de son adoration. Il lui raconte sa propre enfance ; il lui fait la lecture ; il la respire ; il a une fille de plus à ses côtés, laquelle, parfois, redevient une femme. Il l'appelle tendrement « Zizza ». Il a l'impression tantôt de rajeunir à son contact et tantôt d'être trop vieux pour jouir pleinement de sa chance.

Quand Béatrix Person revient à Paris, elle constate avec fureur que sa place à la maison a été prise et son rôle au théâtre volé par une fausse ingénue. En vain Alexandre lui propose-t-il un dédommagement pécuniaire ou un contrat en Russie, qu'il se charge de lui obtenir grâce à ses relations. « Vous êtes libre de faire ce que vous voudrez, lui écrit-il. Seulement vous comprenez qu'il nous serait désagréable de nous voir aux répétitions. Renvoyez votre rôle, et vos appointements vous seront payés que vous jouiez ou que vous ne jouiez pas. » Mais Béatrix Person a de la suite dans les idées. Trompée, humiliée, elle assigne Dumas devant le tribunal de commerce, à travers son homme de paille Doligny, pour rupture de contrat. Et elle gagne son procès. Excités par son exemple, les comédiens, toujours non réglés, s'adressent à leur tour au tribunal de commerce pour que d'Olon et Doligny soient déclarés en faillite. Derrière ces deux fantoches, ils n'ignorent pas que c'est Dumas, le vrai responsable, dont ils préparent la déchéance. Le jugement, prononcé le 20 décembre 1850, donne raison aux plaignants. Si d'Olon, ayant perdu tout l'argent qu'il avait engouffré dans l'affaire, est mis hors de cause, Doligny et Alexandre, authentiques gérants et administrateurs du Théâtre-Historique, sont solidairement déclarés en faillite. Un juge-commissaire et un syndic de faillite sont nommés, le jugement infamant est publié dans la *Gazette des Tribunaux* et les créanciers se précipitent à la curée. Dumas fait appel pour retarder, autant que possible, la déconfiture totale. Puisant un regain de courage dans le désespoir, il retourne au travail, revoit Maquet, écrit avec lui deux drames, *Le Comte de Morcerf* et *Villefort*, tirés de *Monte-Cristo*, une fantasmagorie, *Le Vampire*, inspirée de l'œuvre non signée de Charles Nodier, un roman, *Olympe de Clèves*, qui évoque les mœurs du théâtre au XVIIIe siècle, une série de scènes historiques, et se replonge, seul cette fois, dans la rédaction de ses *Mémoires*. La joie qu'il éprouve à rappeler son passé, tout de jeunesse, d'espoir et de réussite, se teinte d'une grave mélancolie devant le constat de ses déboires actuels. Que de plaisirs enfuis, de visages perdus, d'œuvres entassées, dont nul, sans doute, ne se souciera demain ! Pendant qu'il travaille dans sa chambre de la rue Beaumarchais, il entend Isabelle qui tousse discrètement de l'autre côté du « carré ». Elle est faible de la poitrine. Et cette particularité ajoute à son charme. Docile, elle attend qu'il ait fini d'écrire et qu'il vienne la rejoindre pour une petite heure de bavardage et de câlineries. Il songe que son fils a connu, lui aussi, cet attendrissement protecteur devant une femme désirable, minée par la maladie. Mais Alexandre 2 s'est vite remis de son chagrin après la disparition de son ancienne maîtresse. Voici maintenant qu'il est amoureux d'une grande dame russe, la comtesse Lydie Nesselrode, dite « la Dame aux Perles ». Est-ce une promotion sociale pour celui qui fut l'amant de « la Dame aux Camélias » ? Lydie est belle, capricieuse, tyrannique. Elle exhibe des parures de perles, de saphirs, de rubis, selon la couleur de sa robe. Son mari, le comte Dimitri Nesselrode, est le fils du tout-puissant ministre des Affaires étrangères de Russie. En mars 1851, averti des infidélités de sa femme à Paris, il lui ordonne de rentrer immédiatement à Moscou. Le jeune Alexandre voudrait l'accompagner, mais il n'a pas d'argent. Pour inciter son père à lui venir en aide, il l'invite à rencontrer sa bien-aimée à qui, dit-il, personne ne résiste. Elle les reçoit tous deux « dans une de ces élégantes maisons parisiennes qu'on loue toutes garnies à des étrangers ». Couchée sur une causeuse de damas jaune paille, elle porte un très léger peignoir de mousseline brodée, aux troublantes transparences. La souplesse voluptueuse de ses mouvements prouve que sa taille est libre de tout corset. Sa chevelure noire dénouée lui tombe jusqu'aux genoux. Son seul regard est une promesse. Aussitôt séduit, le père comprend le fils et décide de financer cette merveilleuse expédition d'amour au-delà des frontières. Ayant raclé ses fonds de tiroirs il réunit de quoi permettre au gaillard de tenir son rang auprès de l'épouse volage et souhaite bonne chance aux tourtereaux. Mais le voyage se révèle plus coûteux que prévu. D'autant que, « la Dame aux Perles » n'étant guère pressée de retrouver Moscou et son mari, le couple s'attarde en cours de route. Dumas s'évertue à approvisionner son rejeton, d'étape en étape, dans la chiche mesure de ses moyens. « Samedi seulement j'ai eu de ma poche – celles des libraires, des journalistes et des amis sont restées fermées à la main de Viellot [le nouveau secrétaire de Dumas] – cent cinquante francs », lui écrit-il le 6 avril 1851. Et il lui recommande la prudence durant son séjour en territoire russe où – c'est bien connu ! – tout étranger est suspect et même indésirable. « Tu fais bien de rester là-bas, les choses menées au point où elles sont, il faut les pousser à bout ; prends garde seulement à la police russe, brutale en diable, – et qui, malgré la protection de nos trois Polonaises [des amies de Lydie], peut-être même à cause de cette protection, pourrait te ramener vivement à la frontière. »

Dumas a raison d'appréhender l'épilogue de l'aventure russe dans laquelle son fils s'est imprudemment engagé. Estimant que la conduite scandaleuse du petit Français avec une sujette du tsar a assez duré, le comte Nesselrode fait refouler l'impudent à la frontière polonaise, tandis que Lydie doit poursuivre sa route seule, vers le lointain domicile conjugal. Brutalement privé de sa compagne, le jeune Alexandre occupe ses loisirs à flâner dans cette partie de l'Europe à l'avenir encore incertain. En arrivant en Silésie, à Myslowice, il découvre, chez un riche commerçant de la ville, une liasse de lettres de George Sand adressées à Chopin, à l'époque brûlante de leurs amours. Ces lettres, la sœur de Chopin les a reçues à la mort du compositeur et, sur le point de rentrer en Russie, les a confiées à un ami afin qu'elles ne tombent pas aux mains de la police russe. Le dépositaire de ce trésor le laisse inventorier par le fils Dumas qui, tout ému de la révélation, en avertit son père, et celui-ci s'empresse de signaler le fait à George Sand. Inquiète, elle demande à récupérer cette correspondance trop intime pour être livrée à la curiosité du public. D'avance, elle se déclare reconnaissante envers l'auteur des *Trois Mousquetaires* si son fils remplit cette mission de confiance avec autant d'habileté que ses héros se dévouant au service d'Anne d'Autriche. Dumas père promet : « Alexandre [Dumas fils] restera encore quinze jours à Myslowice, écrit-il à George Sand, et j'ai tout espoir qu'il vous rapportera ces précieux morceaux de votre cœur. »

Dès le retour du voyageur, les lettres de Sand à Chopin sont restituées à leur expéditrice. Elle les relira, les brûlera peu après, mais gardera une profonde gratitude au confrère qui lui a permis de rentrer en leur possession. Dumas se demande ce que vont devenir ses propres lettres d'amour dispersées entre tant de femmes dont il se souvient à peine. De toutes celles qu'il a désirées, possédées, seule la petite Isabelle Constant demeure dans sa vie. Malgré sa complexion fragile, elle peut encore jouer le rôle de France dans *La Barrière de Clichy*, au Théâtre-National, et celui, très modeste, de la fée Mélusine dans *Le Vampire* à l'Ambigu-Comique. On doit s'en contenter, car le Théâtre-Historique, lui, est au bord du naufrage. Le 19 novembre 1851, le procès en appel s'ouvre devant la deuxième chambre. L'avocat de Dumas invoque le fait que son client, qui fournissait le théâtre en pièces admirables, n'avait aucune responsabilité administrative dans la conduite de l'entreprise. Il insiste sur l'insouciance, la prodigalité, l'ouverture de cœur de cet homme qu'on voudrait accabler alors qu'on devrait lui tresser des couronnes. Il produit une lettre, signée de vingt-quatre comédiens qui se disent outrés de voir un écrivain de génie assimilé à un vulgaire organisateur de représentations commerciales. Malgré cet appel à la clémence, les conclusions de l'avocat général sont impitoyables : « M. Alexandre Dumas n'a pas pu se résigner à voir couler une entreprise dans laquelle il avait fondé toutes ses espérances de succès et de fortune. Il a épuisé ses efforts et ses ressources à faire vivre ce théâtre, et c'est ainsi que, sans en avoir la conscience peut-être, l'auteur s'est fait spéculateur, entrepreneur de spectacles publics, assumant ainsi la qualité de commerçant, dont il doit aujourd'hui subir les conséquences. »

Le jugement est remis à huitaine. Alexandre ne croit plus au miracle. Si la faillite est prononcée, il risque la prison pour dettes. Pourra-t-il s'en relever ? Dans la nuit du 1er décembre 1851, il y a une grande réception à l'Elysée. Dumas n'y a pas été convié. Pourquoi l'aurait-il été alors qu'il s'est permis naguère de critiquer Louis Napoléon et qu'il est sur le point d'être frappé d'une condamnation infamante ? Il regrette le bon temps où il avait des amis proches du pouvoir. Subitement, sa solitude, sa vulnérabilité l'effraient. Cependant, la nuit même, alors que le prince-président parade dans les salons brillamment éclairés du palais, ses partisans s'affairent pour placarder dans les rues l'annonce de la dissolution de l'Assemblée législative et du Conseil d'Etat. Le lendemain, 2 décembre, les Parisiens se réveillent dans la stupeur. Ils se frottent les yeux à la lecture des journaux. Sont-ils encore en République ? Des députés de l'opposition se voient arrêter à leur domicile. La Chambre des députés est investie, tandis que des affiches, fraîchement collées, avisent les Français de la prochaine organisation d'un plébiscite afin de maintenir Louis Napoléon à la présidence, malgré l'expiration de son mandat. Une poignée de républicains, entraînés par Hugo, Alphonse Baudin et Jules Favre, tentent de soulever la population. Peu à peu, la révolte s'organise. Elle ne durera guère. Les habitants de la capitale sont las de s'insurger à tout bout de champ. La légende napoléonienne vient au secours de celui qui n'a pourtant que peu de sang impérial dans les veines. Il faut un maître à la France. Celui-ci a de qui tenir ! Les barricades manquent de défenseurs. Sur l'une d'elles, le député Baudin, fier d'être un représentant du peuple au traitement de misère, est tué en criant : « Vous allez voir, citoyens, comme on meurt pour vingt-cinq francs ! » Personne n'a envie de l'imiter. Les dernières charges de la troupe sur les grands boulevards sont meurtrières. Comme d'habitude, aux massacres succèdent les arrestations et les déportations par milliers. Alexandre, qui s'est tenu à l'écart du mouvement, tout en l'approuvant par principe, écrit en hâte, le 3 décembre 1851, à l'acteur Bocage : « Aujourd'hui, à six heures, vingt-cinq mille francs ont été promis à celui qui arrêterait ou tuerait Victor Hugo. Vous savez où il est : que sous aucun prétexte il ne sorte. »

Dans la nuit du 4 au 5 décembre, la résistance est anéantie. Louis Napoléon triomphe. Victor Hugo s'est enfui vers Bruxelles sous un faux nom. Inquiet pour lui-même, Dumas décide de le suivre. Moins pour obéir à des raisons politiques que pour éviter la contrainte par corps, conséquence probable du verdict qui l'attend.

Le 10 décembre, à la nuit tombante, sous la pluie glaciale qui arrose Paris, il se rend à l'embarcadère de la gare du Nord. Alexandre 2 réconforte à voix basse Alexandre 1 : après tout, cet exil ne sera sans doute que provisoire ; avec le temps, on imaginera un arrangement pour désintéresser les créanciers. A onze heures, lorsque le train s'ébranle, Dumas a retrouvé un semblant d'optimisme.

Comme toujours, il fait front avec une flamme de jeunesse dans le regard. Son fils le plaint et l'admire.

Le lendemain, 11 décembre 1851, le jugement que tous deux redoutaient tombe comme un couperet : la faillite ! Mais est-ce la faillite de Dumas qui vient d'être prononcée ou celle de la France ? Alexandre se le demande gravement et compte déjà sur les Belges pour le consoler des Français.

III

Loin de Paris

En arrivant à Bruxelles, les deux Alexandre descendent à l'hôtel de l'Europe, à l'angle de la place Royale. Mais déjà le jeune Dumas songe à repartir : on l'attend au Théâtre du Vaudeville pour mettre en répétition le drame qu'il a tiré de son roman *La Dame aux Camélias*. Ainsi, dès les premiers pas, se dessine un contraste entre ce père qui se réfugie en Belgique pour y ruminer son dépit et ce fils qui se hâte de rentrer à Paris pour y courir sa chance. Le père feint de partager les espoirs du fils et de croire que le succès de la pièce amplifiera celui du livre. Mais cette pièce, il l'a lue et elle l'a déçu, et même ennuyé. Larmoyante, morale, gonflée de sentiments bourgeois, elle est si loin de ses propres œuvres, brillantes et tempétueuses, qu'il n'éprouve aucune sympathie pour ce genre de littérature. D'ailleurs, la plupart des théâtres auxquels Alexandre 2 a proposé son manuscrit l'ont refusé et Hugues Désiré Bouffé, le nouveau directeur du Vaudeville, ne l'a accepté qu'avec circonspection. Cependant, Alexandre 1 a du cœur : il souhaite sincèrement que son garçon connaisse, à vingt-sept ans, un triomphe comparable à ceux qu'il a remportés lui-même à son âge.

Contrairement à ce qu'il craignait, le départ de son rejeton ne le laisse pas seul à Bruxelles. La ville regorge de proscrits français qui se rencontrent dans les cafés et dans les salons pour échanger leurs informations et s'exciter à la haine d'un régime qui les a contraints à fuir la France. Bien que son exil ait des causes plus judiciaires que politiques, Dumas se sent leur frère dans le patriotisme et l'indignation. Cet élan de protestation se renforce quand arrivent de Paris les résultats du plébiscite qui, les 20 et 21 décembre 1851, a ratifié massivement le coup d'Etat du prince-président. Il est clair que Louis Napoléon se prépare à faire tomber la première partie de son nom pour devenir Napoléon tout court, avec le numéro III. Cette menace d'un retour à l'Empire sous la houlette d'un aventurier exaspère les réfugiés de Bruxelles et Dumas avec eux. Pourtant, à la différence de ces opposants farouches, il évite de se compromettre par des propos injurieux contre le pouvoir, car l'écho ne manquerait pas d'en parvenir à Paris, ce qui rendrait impossible un éventuel retour au bercail.

Après avoir passé un mois à l'hôtel, il emménage dans une belle maison à deux étages, au 75 boulevard de Waterloo. L'ayant meublée avec son goût habituel du luxe et du confort (les commerçants bruxellois lui ont fait crédit sur sa réputation de grand écrivain international), il s'organise, engage un domestique belge, Joseph, et un secrétaire français, Noël Parfait, ancien député contraint, comme tant d'autres, à s'expatrier avec femme et enfants pour échapper à la vindicte du « dictateur ». Ce nouvel homme de confiance, toujours de noir vêtu, tel un clergyman, se révèle vite admirable de sagesse, d'honnêteté, de dévouement et d'humour. Dès son entrée en fonction, il rétablit l'ordre dans les finances extravagantes de son employeur. Epaulé par ce « commissaire aux comptes », Alexandre se remet à croire au prochain renflouement de ses affaires. Dans cette perspective, il ouvre sa maison à tous les amis français qui nourrissent quelque admiration à son égard. Leur nombre croît à vue d'œil : Victor Hugo, Hetzel, Cherville, Emile Deschanel, Etienne Arago, entre autres, se réunissent chez lui presque chaque soir. Pendant qu'ils s'attardent dans son salon en d'interminables bavardages, lui, réfugié dans son bureau, travaille. « Seulement, écrit-il, deux ou trois fois dans la soirée, je descendais de mon second et venais jeter un mot au milieu de la conversation générale, comme un voyageur qui, arrivé au bord d'une rivière, jette une branche au courant. » Puis il remonte dans son antre et retourne à son manuscrit avec l'impression d'être encore en France. Au vrai, qu'il soit à Bruxelles, à Paris ou à Monte-Cristo, sa patrie, c'est la page blanche.

Bientôt, non content d'organiser d'amicales palabres, il ouvre chez lui une sorte de cantine où ses compatriotes pourront venir se restaurer, moyennant un franc cinquante par repas. Mais ces munificences n'ont qu'un temps. De nouveau, l'argent manque. Noël Parfait prêche l'économie. Dumas cherche un sujet facile à exploiter. Le libraire bruxellois Charles Henri lui ayant signalé une jolie nouvelle champêtre de l'écrivain flamand Hendrik Conscience, *Le Conscrit*, il se la fait traduire, obtient l'autorisation de l'auteur et, à partir du texte original, mitonne un roman à la sauce Dumas, dont il situe l'action à Villers-Cotterêts et qu'il intitule *Conscience l'innocent*, en hommage à l'inventeur de l'histoire. Le rythme de sa production ne fléchit pas : un volume tous les dix jours. Il envoie sa copie à Paris, où elle est aussitôt publiée en feuilleton dans *Le Pays*. Mais c'est du tout-venant, du remplissage. Il attend toujours l'occasion de faire un « retour en force » qui lui rendra gloire et fortune.

Son fils, lui, a plus de chance avec le public. *La Dame aux Camélias*, représentée le 2 février 1852, a été accueillie par un tonnerre de bravos. Spectateurs et journalistes encensent le jeune auteur qui vient de se hisser, d'un seul coup, au niveau de son père. Cette consécration inattendue réjouit certes « le grand Alexandre », mais, en même temps, elle le blesse comme une petite injustice, comme une trahison de ses habituels admirateurs. Il lui semble confusément que son fils lui vole à la fois son bonheur et son pain. Les congratulations qu'il lui adresse à la suite de cet exploit sont laconiques : « Enchanté. Reçois toutes mes embrassades ! » Et, aussitôt après, il se plaint à lui de sa gêne actuelle et le charge de faire le tour des journaux qui lui doivent encore quelques sous : « Arrive avec le plus d'argent que tu pourras, car il y a marée basse. » Peu à peu, il prend conscience de l'extraordinaire bouleversement qui s'est opéré dans leurs relations. Avant *La Dame aux Camélias*, c'était Alexandre 1 qui était le guide, le conseiller, le protecteur d'Alexandre 2 ; depuis, les rôles sont inversés, Alexandre 2 n'a plus besoin d'Alexandre 1, il est devenu un écrivain à part entière, le rival d'Alexandre 1, son égal peut-être. En tout cas, il réussit, alors que son père s'enfonce dans les besognes alimentaires et le dépaysement. Le nouveau venu a pour lui l'auréole de la jeunesse. Il est à la mode. Il monte. N'ira-t-il pas jusqu'à faire oublier qu'il n'est que le deuxième du nom ?

Vite, écrire, écrire n'importe quoi, pour démontrer à la face du monde que c'est lui, Dumas père, et non son descendant qui mérite tous les hommages. Une vraie gloire ne se divise pas dans la famille. Elle doit aller à une seule tête, la sienne. Mais il faut aussi songer à de vils intérêts pécuniaires. C'est bien beau, la renommée, à condition de ne pas négliger le profit ! Paul Meurice a tiré un drame, *Benvenuto Cellini*, de l'ancien roman qu'ils avaient écrit ensemble sous le titre d'*Ascanio*. La pièce doit être représentée le 1er avril 1852 à la Porte-Saint-Martin. Il y a une sérieuse promesse de gain de ce côté-là. Dumas obtient un sauf-conduit du tribunal de commerce et se rend à Paris pour assister à la première. Sa petite Isabelle Constant est charmante dans le rôle de Colombe et Béatrix Person, qu'il aurait voulu exclure de la distribution pour que ses deux maîtresses ne se rencontrassent point sur scène, remporte un vif succès en incarnant la duchesse d'Etampes. Malgré un accueil chaleureux, la pièce ne rapporte pas le pactole espéré. Afin de n'avoir pas à partager le montant de ses droits avec les créanciers de la faillite, Alexandre se les est fait régler de la main à la main. Il n'y a pas de petits profits quand on tire le diable par la queue.

Cet apport d'argent tombe à pic, car la fille de Dumas, la remuante Marie, vient de quitter Paris pour s'installer définitivement auprès de lui, dans la maison du boulevard de Waterloo. Il en est à la fois très heureux et un peu contrarié. Avant l'arrivée de la jeune fille, il s'arrangeait pour recevoir tour à tour, lors de leur passage à Bruxelles, la douce Isabelle Constant et Marguerite Guidi, cette riche et séduisante quadragénaire qui était devenue depuis peu sa maîtresse. Il devait aussi réserver quelques heures de loisirs à « la belle pâtissière » du boulevard de Waterloo, « aux yeux de gazelle effarouchée ». Non content de lui faire l'amour, il la soumettait à des séances d'hypnotisme, car elle éprouvait du plaisir à être « magnétisée ». Ces trois femmes qui viennent, successivement, honorer la couche du maître sont obligées maintenant de subir les mines offusquées et les remarques acides de Marie. Raidie dans une pudeur intransigeante, elle condamne la conduite de son père tout en refusant de quitter les lieux. Ses scènes de jalousie et ses rappels à l'ordre agacent Dumas. Il tonne contre cette pucelle de vingt et un ans qui se permet de lui prêcher la morale. Et, aussitôt après, flatté d'être traité par elle comme par une petite épouse qu'il aurait trahie, il lui pardonne ses excès de langage et l'assure de son affection : « Je t'aime tant, mon enfant chérie, que ton visage est ma gaieté ou ma tristesse, lui dit-il. Aie donc le courage de ne pas me faire de peine pendant les trois ou quatre jours qu'elle [Isabelle Constant] va venir. » Marie promet de ravaler ses aigreurs, mais, dès qu'Isabelle pointe son nez boulevard de Waterloo, l'animosité de la jeune fille se réveille, et ce sont de nouveaux accrochages, de nouveaux cris et de nouvelles larmes. D'ailleurs, la moindre apparition d'une jupe dans l'entourage de son père la met en état d'alerte. On va le lui prendre, on va le lui salir !... C'est lorsqu'elle se retrouve seule à seul avec lui qu'elle savoure pleinement la chance d'être sa fille. Elle l'aide à décorer son intérieur Mais quelles que soient ses suggestions, il tient à imposer en toute chose son cachet personnel. Partout triomphe le style extravagant de l'ancien Monte-Cristo. Dans le salon règne un assemblage de divans algériens, de prie-Dieu, de potiches géantes et d'armes médiévales. Aux murs s'alignent des écussons à l'effigie des grands écrivains du siècle : Victor Hugo y voisine avec Chateaubriand et Lamartine ; par un inexplicable accès de modestie, le maître de maison ne s'est pas fait représenter à leurs côtés ; au plafond, un ciel d'azur, parsemé d'étoiles d'or, invite aux rêveries ; il y a du marbre à profusion dans la salle de bains ; en revanche, dans la mansarde, le cabinet de travail de l'écrivain est d'une sobriété militaire. A côté se trouve le réduit où son secrétaire, l'infatigable Noël Parfait, recopie les manuscrits, classe la correspondance et tient les comptes avec une scrupuleuse minutie.

L'admiration de Marie pour le dernier roman de son père, *Conscience l'innocent*, est si vive qu'elle va répétant : « Cher père, tu ne fais pas assez de livres comme *Conscience* ! » Cette remarque paraît tellement judicieuse à Dumas qu'il songe à donner un pendant à cette œuvre, qui illustre le triomphe du Bien sur le Mal, en évoquant, cette fois, le trajet du Mal à travers les siècles, sur les pas du Juif errant. Avant même d'avoir esquissé le plan de cette vaste épopée, il écrit à Anténor Joly, rédacteur de la partie littéraire du *Pays* : « Que diriez-vous d'un immense roman en huit volumes du *Pays* qui commencerait à Jésus-Christ et qui finirait avec le dernier homme de la création ? [...] Cela vous paraît fou, mais demandez à Alexandre [le fils Dumas] qui connaît l'ouvrage d'un bout à l'autre ce qu'il en pense. » L'idée fondamentale de cette fresque est de montrer, sous le regard d'un témoin immortel, le Juif errant Isaac Laquedem, le cheminement de l'humanité, à travers des écarts sanglants, vers le progrès matériel et moral voulu par la Providence. Une théorie qui devrait plaire à Hugo. Mais Alexandre n'a guère le temps de lui en parler. Après un bref exil en Belgique, l'illustre proscrit a décidé de changer d'horizon et de se réfugier en Angleterre.

Quelques amis, dont Alexandre, accompagnent le voyageur jusqu'à Anvers. Au cours d'un banquet d'adieux à Hugo, Dumas est déclaré président de la petite assemblée des fidèles. Emile Deschanel porte un toast en son honneur : « Je vous propose de boire à celui de tous nos écrivains qui a su le mieux monnayer l'esprit français et lui donner l'empreinte dont il a besoin pour circuler dans tout l'univers... » Malgré ce qu'il y a de choquant dans l'allusion à l'esprit français « monnayé » par l'auteur des *Trois Mousquetaires*, Alexandre est ému de l'hommage que lui rendent ses compatriotes exilés en l'assimilant à leur idole, Hugo. La troupe mélancolique des laudateurs escorte le partant jusqu'à l'embarcadère. Il pleut à verse. Hugo serre Dumas contre sa poitrine et monte dans le canot du steamer venu pour rassembler les passagers. Le *Ravensbourne* est mouillé à distance. Une fois rendu à bord du navire, Hugo s'accoude au bastingage et agite la main en signe d'au revoir vers le groupe d'amis restés à terre. En souvenir de sa dernière entrevue avec Dumas, il écrira dans *Les Contemplations* :

Toi, debout sur le quai, moi, debout sur le pont,
Vibrant comme deux luths dont la voix se répond,
Aussi longtemps qu'on put se voir nous regardâmes
L'un vers l'autre faisant comme un échange d'âmes.

Et il saluera le courage laborieux de son confrère qui, après l'avoir embrassé le jour de son départ pour un nouvel exil, a su retourner à son « œuvre éclatante, innombrable, multiple, éblouissante, où le jour luit ». Cette œuvre n'est autre que l'aventure du Juif errant, Isaac Laquedem, dont Dumas attend merveille. Pour écrire ce « roman monstre », il grappille dans des dizaines de volumes de théologie et d'histoire, scrute à la loupe les Evangiles et la mythologie gréco-latine, épluche les traités de Luther et les différents commentaires de l'enseignement rabbinique. Son pouvoir d'assimilation est tel qu'en quelques mois il acquiert la science d'un spécialiste des questions religieuses. Dans sa soif de connaissance, il n'hésite pas à descendre aux plus étranges détails de son sujet. Le 24 novembre 1852, il écrit à Caignart de Saulcy, le conservateur du musée d'Artillerie : « J'ai besoin que tu me dises si tu es bien sûr que le Christ parlait arabe. J'ai besoin que tu me dises si quelque chose reste comme forme écrite du signe que Dieu imprima sur le front de Caïn et l'Ange sur le front du Juif errant – n'est-ce pas le Tau ? Je commence mon *Juif* demain matin. Il faut donc que tu me répondes poste pour poste. » Plus il avance dans sa documentation, plus il lui paraît indispensable de montrer la double nature du Christ : à la fois humain dans sa chair et divin dans son âme. C'est en rapprochant le Seigneur des faiblesses de ses créatures qu'on exalte le mieux son pouvoir sur elles, pense-t-il. Et il mande à Moïse Millaud, propriétaire du *Pays*, qui vient de racheter *Le Constitutionnel* et espère relancer ce journal grâce au feuilleton de Dumas : « *Isaac Laquedem*, c'est l'œuvre de ma vie [...] Maintenant, ce que je désirerais de vous, c'est que vous expliquassiez à vos lecteurs que je leur donne un livre qui n'a son précédent dans aucune littérature ; un livre qui a besoin, comme tous les livres renfermant une grande pensée, d'être lu entièrement avant d'être jugé. [...] Ce que je puis affirmer, c'est que, pendant cette gestation de vingt ans dans mon cerveau, il est tellement venu à maturité que je n'ai plus qu'à cueillir le fruit de l'arbre de mon imagination. Vous n'attendrez donc pas : je ne compose plus, je me dicte. » Son ambition est telle qu'il considère désormais cette entreprise colossale comme la justification de toute son œuvre passée et à venir. Balzac a cru s'accomplir quand il a découvert l'astuce de donner un titre d'ensemble : *La Comédie humaine*, aux nombreux romans disparates qu'il avait publiés jusque-là ; lui, il couronnera la suite de ses évocations historiques de la France et du monde par un *Isaac Laquedem* qui les dominera, les éclairera et en définira la philosophie. Quand on parlera de lui, à l'avenir, on ne dira plus l'auteur des *Trois Mousquetaires*, mais l'auteur d'*Isaac Laquedem*. Il en est si intimement persuadé qu'il est stupéfait d'apprendre les hésitations du *Constitutionnel* à imprimer le texte dans son intégralité.

L'Empire a été proclamé le 2 décembre 1852. Huit jours après, *Le Constitutionnel* a commencé la publication d'*Isaac Laquedem*. Mais, dès la mi-janvier, la rédaction du journal se dit obligée d'alléger certains passages ayant trait à Jésus-Christ, pour éviter de heurter la clientèle catholique. Et, en effet, malgré de prudentes coupures, des lecteurs se plaignent et une campagne de presse se déchaîne contre l'écrivain, parce qu'il a osé, prétend-on, s'attaquer au culte lumineux du Sauveur en le présentant simplement comme un homme aux dons exceptionnels. « Ce qui afflige dans l'infâme profanation que M. Dumas se croit permise, lit-on dans *L'Univers*, c'est moins le scandale, l'impiété et le sacrilège qu'elle renferme que la stupidité de l'auteur, la satisfaction idiote qu'il manifeste et la candeur avec laquelle il souille l'éternelle et adorable vérité ! » D'autres journaux font chorus. Abasourdi par la violence de l'attaque, Alexandre se précipite à Paris et implore Joseph Napoléon Bonaparte, bien connu pour son esprit libéral, de plaider sa cause auprès de son cousin, l'empereur, ou du moins auprès des « autorités ». Mais malgré l'intervention obligeante de Joseph Napoléon, le ministre de la Police, Maupas, demeure réticent. « Je t'écris du ministère de la Police où se débat la question du *Juif errant*, écrit Alexandre à sa fille. Napoléon [Joseph Napoléon Bonaparte] a été charmant ; il est venu partout avec moi et il est là dans ce moment-ci. » Dumas espère encore que, grâce à l'appui de son haut protecteur, les ciseaux de la censure épargneront sa prose. C'est compter sans l'obstination maniaque de Maupas. Au lieu de calmer le zèle des « examinateurs », il les incite à la sévérité. En sortant de leurs mains, le roman est défiguré, mutilé. Quinze feuilletons ont été supprimés par eux sous des prétextes divers. Dumas s'efforce de rafistoler ce qui reste de sa gigantesque légende. Puis il se dit que le jeu n'en vaut peut-être pas la chandelle. Abattu, écœuré, il abandonne l'œuvre dont il se promettait un regain de gloire et de profit. Ce qui le chagrine le plus dans cette tragique noyade, c'est que les lecteurs du *Constitutionnel* ne protestent pas contre l'interruption de leur feuilleton. Au vrai, ce n'est pas le pouvoir politique qui a condamné *Isaac Laquedem*, mais le public tout entier. Habitué à ce que Dumas les divertisse en les instruisant, les bourgeois ont bâillé devant cette grave méditation sur l'évolution des hommes et des croyances. Ils ont eu l'impression qu'on les trompait sur la valeur de la marchandise ou que leur fournisseur habituel avait perdu la main.

Cette dernière supposition ôte à Dumas tout courage pour continuer une course dans laquelle il ne tient plus la tête du peloton. A dater de ce jour, il ne cherchera pas à se renouveler mais à survivre en adaptant sous son nom des ouvrages que d'autres auront imaginés pour lui. Laissant à son fils les efforts et les joies d'une gloire qu'il faut reconquérir à chaque instant, il se contentera de gérer son déclin. Son ancien secrétaire du Théâtre-Historique, Simon Hirschler, s'est chargé de suivre ses affaires à Paris, tandis que lui-même a regagné Bruxelles où il a sa maison, sa fille et beaucoup d'amis. En fait, d'ailleurs, il vit à cheval sur les deux capitales. Pour un oui pour un non, il prend le train, se replonge dans l'agitation et la rumeur des Parisiens qui, tout en grognant un peu, s'accommodent du régime actuel, puis retourne en Belgique et y retrouve les éternelles récriminations des proscrits. Entre-temps, la procédure judiciaire qui doit permettre de régler ses rapports avec ses créanciers a suivi son cours. Le 18 avril 1853, elle est close par un procès d'admission des créances. Un concordat fort honorable établit que quarante-cinq pour cent des droits d'auteur de Dumas serviront à rembourser ses dettes, cinquante-cinq pour cent lui restant acquis. Dans ces conditions, un retour définitif à Paris lui semble possible. Après avoir donné un somptueux banquet aux exilés républicains et aux amis belges, il laisse Marie et Noël Parfait à Bruxelles, dans la belle maison du boulevard de Waterloo, louée jusqu'en 1855, prend ses cliques et ses claques et se prépare gaiement à une nouvelle naissance parisienne.

Pour renouer, dans la mesure du possible, avec les faveurs de ses compatriotes, il publie coup sur coup une excellente *Comtesse de Charny*, un *Pasteur d'Ashbourne* qui passe inaperçu, et une *Catherine Blum* dont l'intrigue policière ne manque pas d'habileté mais laisse les lecteurs sur leur faim. Déçu par ses demi-échecs dans le roman et encouragé par les succès de son fils sur la scène, il veut, à son tour, tenter sa chance au théâtre. Grâce à la bienveillance d'Arsène Houssaye, il a pu signer avec lui un contrat pour une comédie en cinq actes à livrer dans la seconde quinzaine de juillet. Cette pièce, intitulée *Louis XIV et sa cour*, doit dans son esprit évoquer les amours du jeune roi et de Marie de Mancini à la veille du mariage de Sa Majesté avec Marie-Thérèse d'Espagne. Mais ce n'est encore qu'un projet. Il s'agit de lui donner forme. Et vite ! Alexandre s'acquitte de cette tâche en courant de Paris à Bruxelles et de Bruxelles à Paris. Ce va-et-vient ferroviaire le promène de sa chère petite Isabelle, fiévreuse et amoureuse, à sa chère petite Marie dont la tendresse n'a d'égale que la jalousie. Il prend sa fille à témoin de la pitié que lui inspire sa maîtresse : « J'ai été hier soir chez Isabelle, lui écrit-il. Je la savais malade. Je l'ai trouvée très mal. C'est une rechute dont elle guérira encore cette fois-ci, mais la troisième ne fera pas grâce. Je l'ai trouvée avec quinze sangsues au côté, et un médecin qui aimait mieux lui brûler les plaies avec la pierre infernale que de lui arrêter le sang avec l'eau de Boquery. On venait de lui mettre un vésicatoire dans le dos. Elle n'a pas cessé de tourner et de se plaindre. Hélas ! elle est si jeune, pauvre enfant, qu'elle aura bien de la peine à mourir. Ce matin, elle était épuisée comme tous les malades de cette malheureuse maladie, – elle a parlé d'une robe blanche qu'elle se ferait faire au printemps. » Du chevet d'Isabelle, à Paris, il se transporte au chevet d'une autre femme dont il est l'amant : Mme Guidi, qui elle aussi est souffrante. Certes elle va un peu mieux. « Mais tu sais ce qu'est son mieux : une maladie chronique avec des intermittences », dit-il à Marie. Heureusement, il peut compter sur une troisième maîtresse parisienne : Anna Bauër, qui, elle, par chance, est en bonne santé. Elle lui a même donné un fils, Henry, en 1851 [1]. Il n'a pas reconnu l'enfant, mais il continue d'honorer la couche de la mère. Au vrai, il n'a jamais su rompre franchement avec une femme. Et même il ne déteste pas le « réchauffé ». Après une plongée dans Bruxelles, le temps d'embrasser paternellement Marie, de la rassurer sur ses frasques et d'examiner ses comptes avec le pointilleux Noël Parfait, le voici prêt à affronter de nouveau Paris et la Comédie-Française. Il a terminé sa pièce dédiée aux amours juvéniles du futur Roi-Soleil. Isabelle Zizza l'accueille avec transport. Elle a repris des couleurs. Elle répond même à ses caresses. Il s'en félicite

1. Henry Bauër se signalera, dans son âge mûr, comme un socialiste et un communard. Déporté en Nouvelle-Calédonie, puis amnistié en 1880, critique et homme de théâtre, il aura un fils, Gérard Bauër, publiciste de talent et futur membre de l'académie Goncourt.

comme d'un bon présage pour l'examen de *Louis XIV et sa cour* par le Comité de lecture du Français. Une simple formalité. « Lecture splendide ! » annonce Alexandre à sa fille. La pièce est reçue à l'unanimité. Mais, dès le début des répétitions, l'atmosphère des coulisses est empoisonnée par des jalousies d'acteurs. Certains d'entre eux se vengent de n'avoir pas obtenu le rôle qu'ils convoitaient en allant murmurer, dans l'entourage du ministre d'Etat Achille Fould, que Dumas s'est permis de tourner en dérision dans sa pièce le récent mariage de Napoléon III avec Eugénie de Montijo, comtesse de Teba. Et en effet, dans les deux cas, il s'agit de noces intervenant pour des considérations politiques sur les ruines d'un amour sincère. Méfiant, Achille Fould se fait communiquer le manuscrit et, l'ayant parcouru, estime qu'il y a bien, là-dedans, des relents de soufre. Alertés par lui, les censeurs s'emparent, le 8 octobre 1853, de l'objet litigieux et en passent le contenu au crible. La menace se précisant, Dumas prend la défense de sa pièce auprès de la principale intéressée. De Bruxelles, où il est retourné pour un bref séjour, il écrit directement, le 11 octobre, à l'impératrice Eugénie : « On m'assure [...] que mon intention, en écrivant cette œuvre, a été blessante pour Votre Majesté. S'il y avait dans mon esprit l'ombre d'une pareille intention, je me regarderais comme indigne de tenir une plume. Le respect et l'admiration que j'avais eus, depuis mon voyage en Espagne, pour la comtesse de Teba étaient si grands et si sincères que la position à laquelle l'a conduite la Providence n'a rien pu, si élevée qu'elle soit, ajouter à ces sentiments. [...] Je ne demande pas que la pièce soit jouée, je demande que Votre Majesté soit convaincue que je suis incapable d'une mauvaise action. »

En dépit de cette protestation d'innocence, le manuscrit est confisqué et la pièce interdite. Dumas se précipite à Paris, multiplie les démarches. En vain. Refusant de s'avouer vaincu, il choisit la ruse et propose à Houssaye de lui fournir une nouvelle pièce, *La Jeunesse de Louis XV*, qu'il se fait fort d'écrire en huit jours, qui sera très différente de *Louis XIV et sa cour*, et dans laquelle – détail important ! – il s'arrangera pour utiliser les décors de la précédente. L'offre est acceptée, mais avec scepticisme. Dumas relève le gant, travaille sans relâche et achève sa pièce avant la date prévue. Cinq actes en quatre jours et demi ! La performance est d'autant plus surprenante que, dans cette deuxième évocation d'une jeunesse royale, il ne s'est pas contenté de remplacer Louis XIV par Louis XV, il a changé l'intrigue, les répliques, tout. Cette fois, il s'est intéressé au problème d'un souverain à peine adolescent s'efforçant de vaincre la résistance de son épouse Marie Leszczynska, dont l'excessive pudeur le prive d'un plaisir auquel les sacrements de l'Eglise lui donnent le droit et même le devoir d'accéder. De l'avis unanime, ce divertissement aimable ne devrait soulever aucune objection de la part des autorités. Mais l'empereur est si sourcilleux qu'il verrait de la malveillance dans le vol d'une mouche. Insensible à l'acceptation sans retouche de la pièce, le 17 novembre, par le Comité de lecture de la Comédie-Française, il recommande aux censeurs une vigilance particulière dans l'examen du texte. On ne fait jamais appel en vain à la sévérité de ces gardiens officiels de la morale. Après discussion, ils reprochent à l'œuvrette de Dumas son inconvenance, son cynisme et l'injure infligée à l'Eglise en mêlant le personnage du cardinal Fleury à une intrigue libertine. *La Jeunesse de Louis XV*, comme celle de *Louis XIV* est interdite. Dans un ultime sursaut d'énergie, Alexandre songe à se lancer dans la peinture d'une troisième « Jeunesse », celle de Lauzun. Il en parle à Houssaye. Mais l'administrateur du Français lui déconseille de s'acharner à porter sur scène les péripéties des amours historiques. Dumas n'insiste pas. Ces échecs successifs le persuadent qu'il est devenu la bête noire du pouvoir impérial. Un nouvel incident le confirme dans cette idée. Ses

Mémoires qui, jusque-là, ont paru régulièrement dans *La Presse*, sont depuis peu soumis à des coupes claires par la censure. Emile de Girardin vient même de recevoir un avertissement officieux, qu'il juge inquiétant pour l'avenir du journal. Dans la crainte de déplaire au palais, il suspend la publication des souvenirs – pourtant inoffensifs – de son principal collaborateur.

Cette dernière avanie, loin d'abattre Dumas, lui donne le courage de se ranger ouvertement parmi les adversaires du régime. Sans égaler Hugo dans l'invective contre « Napoléon le Petit », il ne manque pas une occasion de dénoncer les faiblesses, les roueries et la fausse gloire de l'usurpateur. Il ose même insinuer que l'empereur n'est pas du sang des Bonaparte, mais serait le produit bâtard d'une liaison de la reine Hortense avec un amiral hollandais. Et, pour disposer d'une tribune d'où il pourrait s'exprimer à sa guise, il décide de créer un journal quotidien, *Le Mousquetaire*, strictement littéraire, mais farouchement indépendant. Il y publiera, dit-il, ses *Mémoires*, dont *La Presse* ne veut plus, il y répondra à ses détracteurs, il y fera « la critique des critiques ». Bref, comme l'indique son titre, *Le Mousquetaire* sera un redresseur de torts, le porte-parole des amis de la vérité. Dumas a installé les bureaux du journal dans la cour carrée du restaurant *La Maison d'Or*, au n° 1 de la rue Laffitte. Des pièces exiguës, encombrées de paperasses, et, au troisième étage, un appartement qu'il a loué pour lui-même, à peine meublé, à peine aéré, dans lequel il écrit, des heures durant, sans lever la tête. Il fournit à lui seul les neuf dixièmes de la prose qui s'imprime dans *Le Mousquetaire*. Le premier numéro sort des presses le 20 novembre 1853. Tirage : dix mille exemplaires. Prix de l'abonnement annuel : trente-six francs pour Paris. Mais les amateurs sont rares. A Bruxelles, où il continue de veiller sur la « maison Dumas », son secrétaire, Noël Parfait, est consterné par la nouvelle folie du maître. Il écrit à son frère Charles pour déplorer « l'apparition de cette feuille qui n'épouvante personne, dont personne même ne paraît s'occuper et qui ne restera, si elle reste, que comme le plus incroyable monument de l'égotisme et de la personnalité ». Et il continue en ces termes : « Cela n'est même pas curieux : cela fait hausser les épaules, voilà tout. Les *Mémoires* qui en forment la partie principale, et dont la politique est désormais exclue, puisque le journal est purement littéraire, ne sont plus qu'un indigeste recueil de vieilles anecdotes de coulisses et de citations faites sans ordre, sans plan, sans but, à tort et à travers. En vérité, ceux qui, comme moi, aiment sincèrement Dumas ne peuvent qu'être profondément affligés de le voir ainsi galvauder son talent et compromettre sa réputation littéraire. » Certes, Michelet complimente Dumas pour son « indomptable talent et son héroïque persévérance ». Lamartine proclame : « Vous êtes surhumain. Mon avis, c'est un point d'exclamation ! On avait cherché le mouvement perpétuel ; vous avez fait mieux ; vous avez trouvé l'étonnement perpétuel. [...] Vivez, écrivez, je suis là pour vous lire. » Victor Hugo renchérit : « Je lis votre journal. Vous nous rendez Voltaire, suprême consolation pour la France humiliée et muette. » Cette bénédiction du grand exilé porte la fierté d'Alexandre au paroxysme. Il voudrait reproduire ces lignes flamboyantes dans *Le Mousquetaire*, mais il craint d'exciter dangereusement l'hostilité de l'empereur à son égard en les rendant publiques. Or, tout en vomissant le régime, il ne tient nullement à fuir ce pays où s'exerce une « tyrannie somme toute supportable ». Il se contente de citer autour de lui les vers superbes des *Châtiments*. Ce qu'il dit tout bas à Paris, Hugo le dit tout haut à Jersey. Ils se sont, en quelque sorte, partagé la tâche. Mais s'il a renoncé à évoquer l'opinion de Hugo sur *Le Mousquetaire*, il s'empresse d'insérer *in extenso* dans le journal les lettres dithyrambiques de Michelet et de Lamartine. Qui oserait critiquer une feuille dont la qualité est certifiée par deux des plus grands esprits de France ?

Or, il n'y a rien de tel que l'amitié pour brouiller le jugement d'un confrère. Incontestablement, *Le Mousquetaire* n'est, de bout en bout, qu'un hommage rendu par l'auteur lui-même, à ses souvenirs, à ses opinions, à ses espérances et à ses regrets. Tout lui est prétexte à un retour sur son propre passé ou sur son propre caractère. Quand il parle du talent de George Sand, c'est pour définir son talent personnel par rapport à celui de son amie : « George Sand est un romancier philosophe et rêveur. Je suis un romancier humaniste et vulgarisateur. [...] Chez moi, c'est l'action qui crée, en quelque sorte, les personnages. Chez elle, ce sont les personnages qui créent l'action. [...] Les siens rêvent, pensent, philosophent ; les miens agissent. Je suis le mouvement et la vie ; elle est le calme et la pensée. » Tout compte fait, ce parallèle est assez juste. Mais le public s'intéresse-t-il à ces subtilités littéraires ? Noël Parfait en doute. Et il n'a pas tort.

Pour l'aider dans sa tâche de rédacteur omniprésent, Dumas a réuni autour de lui quelques écrivains estimables, parmi lesquels se détachent Octave Feuillet, Henri Rochefort, Théodore de Banville, Roger Beauvoir, Alfred Asselin, Maurice Sand, la comtesse Dash. Un certain Max de Goritz, d'origine hongroise, traduit pour lui des pièces et des nouvelles d'auteurs allemands, en espérant que le maître consentira à les adapter, un jour ou l'autre, et à en partager avec lui les bénéfices. Le caissier du journal est Michel, l'ancien jardinier du château de Monte-Cristo, choisi pour ce poste de haute responsabilité parce qu'il ne sait ni lire ni écrire. C'est là, estime Alexandre, un suprême raffinement de l'esprit. En effet, existe-t-il une meilleure preuve de largeur de vues pour un intellectuel que de mettre toute sa confiance dans un illettré ? Par tempérament autant que par tradition familiale, Dumas aime les contrastes. Ainsi son exécration pour Napoléon III ne l'empêche pas de rechercher la sympathie de Louis Joseph Napoléon et de la princesse Mathilde. De plus, ce n'est pas parce qu'il a détesté Balzac tout au long de sa vie qu'il s'interdit d'admirer ce dernier depuis qu'il est mort. Il lance même une souscription pour offrir un tombeau digne de lui à l'auteur de la *Comédie humaine*. Mais cette initiative déplaît à Eve, la veuve de Balzac, qui soupçonne Dumas d'utiliser le nom de son mari pour sa propre réclame. Elle l'assigne devant le tribunal de première instance. Chacune des deux parties veut être seule à servir la gloire posthume de Balzac. La décision du juge ménage leurs susceptibilités concurrentes. La veuve garde le privilège de réparer et d'entretenir le tombeau, mais Dumas obtient le droit d'ouvrir une souscription pour élever un monument au grand homme. Bientôt, d'ailleurs, il renonce à ce projet et oublie ses promesses. Il a trop à faire avec les vivants pour s'occuper des morts. Convoqué à la préfecture de Police, il doit témoigner au sujet de Max de Goritz, son traducteur occasionnel, qui est, apprend-il, un escroc et un assassin, recherché par les autorités de plusieurs pays. Dumas, quant à lui, n'a vu dans le bonhomme qu'un misérable transfuge, prêt à toutes les besognes et à toutes les humiliations pour gagner sa pitance. Il l'a pris en pitié, alors que ce factotum devait barboter dans la caisse. Son aveuglement l'étonne et l'amuse. Mis au courant de l'affaire de Goritz, Noël Parfait écrit, le 10 avril 1854, à son frère Charles : « Et voilà de quels hommes est entouré ce pauvre grand niais de tant d'esprit ! »

Le « pauvre grand niais » ne regrette nullement la disparition de Max de Goritz, qui est sorti de sa vie, les menottes aux poignets, entre deux gendarmes. En revanche, il ne sait comment se débarrasser d'une certaine Clémence Badère, qui, depuis peu, assiège le journal. Elle espère y placer ses élucubrations, dont, par une bizarre maniaquerie, les héroïnes sont toutes des fleurs. Aux *Douleurs d'une Violette* répondent *Les Malheurs d'une Rose*, et *La Mort d'un Papillon* voisine avec *Le Camélia et le Volubilis*. La dame a quarante ans, un visage romain et une opulente poitrine. Si on devait la comparer, elle aussi, à une plante il faudrait choisir l'hortensia. Persuadée qu'elle a du génie, elle multiplie les visites aux bureaux du *Mousquetaire*, exaspère les rédacteurs, les met en demeure de lire sa prose, et, en fin de compte, exige de voir Dumas en personne. Il se fait apporter le manuscrit litigieux, le feuillette, le juge exécrable et reçoit la tempétueuse Clémence Badère pour la décourager. Mais, avant même qu'il ait ouvert la bouche, elle lui crie son admiration pour l'écrivain dont, bien entendu, elle a lu tous les livres et pour l'homme dont la virile prestance mérite l'agenouillement. Son exaltation paraît si spontanée et si sincère qu'Alexandre hésite à lui asséner un refus. Dans un accès d'indulgence, il lui promet de « réfléchir » et, dès qu'elle est partie, décide de récrire *Le Camélia et le Volubilis* à sa manière, sans même l'en aviser. Ce sera, pense-t-il, une heureuse surprise pour la débutante. La nouvelle version paraît dans *Le Mousquetaire*, sous la signature de Clémence Badère et avec pour titre : *Aventures d'un Volubilis*. La dame devrait s'en réjouir ; or elle hurle au sacrilège, au massacre, et envoie un huissier à Dumas pour réclamer, au nom de la sacro-sainte propriété littéraire, la publication du texte original. Agacé par ces chamailleries, il cède, mais accompagne l'insertion du « vrai » *Volubilis* dans son journal de commentaires ironiques sur la prétention d'un auteur qui, incapable d'écrire un français correct, s'oppose néanmoins à ce qu'on corrige ses fautes. Nouvelle vague d'indignation chez la volcanique Clémence. Cette fois, elle entend porter l'affaire devant les tribunaux. Mais tous les avocats qu'elle consulte se dérobent. Selon eux, si elle s'obstine, elle perdra son procès et se couvrira de ridicule. Pourtant, elle veut une revanche éclatante. Renonçant à la justice, elle choisit le pamphlet. L'opuscule vengeur, intitulé *Le Soleil Alexandre Dumas*, est entièrement rédigé par elle-même et imprimé à compte d'auteur. Pêle-mêle, elle reproche à Alexandre sa couleur de peau, son triple menton, ses « soixante » collaborateurs et sa fatuité d'écrivain célèbre et de tout-puissant directeur de journal : « Est-il heureux, ce monsieur Dumas, d'avoir son *Mousquetaire* ! Il se caresse, il se dorlote dans ses colonnes, il se félicite, il se mire et s'admire dans sa propriété. » Toutefois, elle reconnaît qu'il est bel homme et qu'il a la plume facile. Elle lui offre même, en conclusion, son amitié : « Sur ce, mon beau littérateur à volumes par centaines, mon beau Soleil à rayons par mille millions de douzaines, je retire mes griffes et vous présente mes hommages jusqu'au plaisir et à l'honneur de vous regriffer. »

Clémence Badère ne « regriffera » pas Dumas, mais, grâce à la publicité qu'elle s'est faite sur son dos, obtiendra que ses œuvrettes soient éditées ailleurs. Heureux d'être délivré de cette virago horticole, Alexandre peut enfin se consacrer à l'aménagement de la maison qu'il vient de louer à Paris, 77 rue d'Amsterdam, pour trois mille six cents francs par an. Ayant fait dépaver la cour, il y plante des arbres, du gazon et la transforme en jardin d'agrément. L'intérieur est également bouleversé selon ses directives. Décorées avec goût, trois pièces communicantes forment ce qu'il nomme son « hermitage ». Une serre chauffée conduit à la chambre à coucher et au cabinet de toilette. Cette fois, Alexandre a l'impression d'avoir trouvé son véritable domicile, celui qu'il ne quittera plus que les pieds devant ! Marie se plaignant d'être abandonnée à Bruxelles, il se rappelle soudain qu'il a une fille et la fait venir auprès de lui. Mais pourra-t-elle s'habituer à l'existence dissolue de son père ? Il en doute et craint que cette cohabitation, décidée dans la joie, ne s'achève dans les larmes.

La vie parisienne est pleine d'imprévus. Alors qu'Alexandre est tout entier plongé dans ses affaires de famille, il apprend un matin du mois de janvier 1855, par une lettre d'Arsène Houssaye, que Gérard de Nerval vient de mettre fin à ses jours. L'étrange garçon s'est pendu, la nuit dernière, non loin de la place du Châtelet, rue de la Vieille-Lanterne. Depuis longtemps, le dérèglement mental du merveilleux poète des *Chimères* inquiétait ses amis. Dumas le voyait arriver, de temps à autre, dans les bureaux du journal, l'air désemparé, hagard et « comme ivre de haschich ». Gérard était d'ailleurs sorti depuis peu de la clinique psychiatrique du docteur Blanche. Que n'y était-il resté jusqu'à une complète guérison ! Alexandre loue une voiture et se fait conduire sur les lieux du drame. Il y retrouve Arsène Houssaye, aussi ému que lui. Pétrifiés d'horreur, ils observent la façade lépreuse de la maison du suicide. Une balustrade surplombe l'escalier. Sur la rampe, un corbeau apprivoisé croasse. Voici la fenêtre fatale, garnie de barreaux. A un croisillon pend « un lacet blanc comme ceux dont on fait les cordons de tablier ». Ce lacet, ce corbeau, ce silence, – Alexandre divague au milieu d'un cauchemar. Il accompagne Houssaye à la morgue. Le cadavre de Gérard gît devant eux, le torse nu, les côtes saillantes, le visage livide et grimaçant, le cou marqué d'un sillon violâtre. Sur la table voisine repose le corps d'une jeune fille inconnue qu'on a repêché dans la Seine : sans doute la victime d'un désespoir d'amour. « Si à minuit les morts se parlent entre eux, ces deux cadavres, la nuit suivante, durent se raconter de tristes choses », note Dumas. Et il ajoute : « J'avais été un des derniers à voir Gérard de Nerval. Je l'aimais comme on aime un enfant. » Rentré chez lui, il écrit à Victor Hugo pour lui annoncer que les obsèques auront lieu le mardi 30 janvier. Si Hugo avait été à Paris, il eût assurément souhaité tenir un des coins du drap funèbre. Aussi Dumas l'informe-t-il que, en son absence, nul ne le représentera, que sa place restera vacante à côté du char et qu'on se contentera de trois ou cinq porteurs au lieu de quatre ou de six comme le veut l'usage.

Lors des obsèques, célébrées à Notre-Dame, Alexandre rencontre une jeune femme, avec laquelle il entretient depuis peu une agréable correspondance et qui se pique d'écrire des poésies. Emma Mannoury-Lacour avoue trente-deux ans, habite Caen avec son mari, mais semble très libre de ses mouvements et de ses préférences. Sa grâce naturelle, sa blondeur, ses yeux bleus et son air de gaieté mélancolique séduisent Alexandre, malgré le chagrin qu'il éprouve depuis la disparition de Gérard de Nerval. On la dit tuberculeuse, ce qui expliquerait son maintien réservé et sa respiration saccadée. Dumas ne songe qu'à elle durant toute la cérémonie. A la sortie de la cathédrale, leurs regards se croisent. Lit-il dans les yeux d'Emma l'admiration qu'il lui inspire et le bonheur qu'elle promet à celui qui saura l'aimer ? Ils se revoient. Elle lui raconte les tristesses de sa vie. Mariée à deux reprises, elle a été à deux reprises déçue. Son époux actuel ne la satisfait en aucune manière. C'est à peine s'il la touche. Elle est comme vierge, malgré tous les efforts du maladroit pour la révéler. Ses seules consolations, elle les trouve dans la poésie. Alexandre se charge de lui en donner d'autres. Dans ses bras, elle avoue que, pour la première fois, elle connaît le plaisir des corps. Cela le ravit et ne le surprend pas. Fougueuse et hardie dans ses transports, Emma est juste assez jalouse pour qu'il en tire de l'orgueil sans en être importuné. Afin de calmer ses soupçons, il lui jure, comme aux autres, qu'elle est son unique passion. Il lui parle d'Isabelle comme d'une enfant dont il s'occupe par charité. Il l'implore même de manifester de la tendresse envers cette petite malheureuse, qui n'a que lui pour la protéger contre les méchants. « Je veux que tu aimes cet enfant, écrira-t-il à Emma. C'est avec toi le seul être qui m'aime au monde, seulement elle m'aime comme une fille et toi, Dieu soit béni ! tu m'aimes de tous les amours. » Pourtant, ce qu'il redoute le plus dans cette aventure avec l'ardente Mme Mannoury-Lacour, c'est la réaction de sa vraie fille, Marie, qui a si mal supporté les autres maîtresses de son père. Ne va-t-elle pas exploser quand elle fera la connaissance de celle-ci ? Or, par miracle, l'apparition d'Emma dans les appartements de la rue d'Amsterdam, au lieu d'indigner Marie, la subjugue. La nouvelle venue est si élégante, si charmante, si discrète, elle témoigne tellement de sympathie à la fille de la maison, et s'intéresse de si près à ses essais de peinture, que toutes deux deviennent bientôt des amies. Alexandre est ravi de leur bonne entente et les encourage à se voir plus souvent, même hors de sa présence. A peine Emma est-elle repartie pour Caen qu'il se dépêche de la rejoindre. A son arrivée, elle éclate de joie et lui saute au cou, sans se soucier de son mari, Anatole Mannoury-Lacour, qui les observe avec résignation. Il ne les gênera pas davantage dans la suite de leur union adultère. Emma emmène son glorieux amant au village de Thury-Harcourt, où elle possède le petit château de Monts. Chaque promenade dans le parc est une incitation à de nouvelles caresses, chaque soirée au coin du feu est un prélude aux fièvres de la nuit. Au printemps 1855, Marie elle-même est invitée à Monts. Elle qui a fulminé jadis contre les débordements sensuels de son père joue à présent, derrière lui, le rôle d'une habile appareilleuse. Son amitié pour le couple est telle qu'à la fin d'avril, en apprenant qu'Emma est enceinte, elle s'en réjouit comme d'un cadeau du ciel. Or, Alexandre n'est nullement heureux d'endosser, à cinquante-trois ans, une paternité supplémentaire. Il suggère à demi-mot l'avortement. Cette solution extrême heurte les sentiments religieux de Marie. Alexandre tente de la raisonner dans une longue lettre en opposant son point de vue « social et surtout humain » aux « miévreux prétextes de la sensiblerie ». « Chacun est d'abord responsable de ses fautes, lui écrit-il, et même de ses infirmités, et n'a aucun droit de les faire supporter aux autres. Si un accident ou un défaut de conformation a rendu tel ou tel homme impuissant [allusion à la déficience d'Anatole Mannoury-Lacour], c'est à lui de porter toutes les conséquences de ce défaut de conformation et de faire face à tous les événements qui peuvent en ressortir. Si une femme s'est rendue coupable d'une faute, si elle a oublié ce qu'elle regardait comme un devoir, c'est à elle de racheter sa faiblesse par la force comme on rachète le crime par le repentir ; mais la femme dans sa faute, pas plus que l'homme dans son impuissance, n'a le droit de faire porter par un tiers le poids de sa faute personnelle ou de son propre malheur. Avant que l'enfant ne fût fait, j'ai présenté ces objections. Elles ont été pesées et résolues par ces mots : *Pour mon enfant, j'aurai la force de tout dire et de tout mener à bien.* » Ainsi, de l'aveu même d'Emma, elle a désiré un bébé d'Alexandre, quitte à le faire reconnaître par Anatole ou à se séparer de son mari après lui avoir révélé son infidélité. Mais Dumas songe à la santé précaire d'Emma et au triste sort de l'enfant, si sa mère venait à disparaître et que le malheureux fût encore dans la fleur de l'âge. Tant de catastrophes, facilement prévisibles, ne devraient-elles pas inciter les amants à sacrifier le fruit de leurs amours ? Au lieu de convaincre Marie, ces froides considérations la poussent au bord d'un délire hystérique. Dans un accès de fureur, elle saccage l'appartement de son père et jusqu'au petit atelier où elle aimait à se réfugier avec ses pinceaux et ses tubes de couleur, pour se donner l'illusion du talent. Incapable de tolérer plus longtemps les sautes d'humeur de sa fille, Alexandre se sépare d'elle et lui conseille fermement d'aller habiter ailleurs. Noël Parfait rend compte à son frère Charles de cet orage familial dans la maison de la rue d'Amsterdam : « Elle lui a fait des tours atroces, inouïs, et comme à plaisir car rien ne les expliquait, son père ayant toujours été avec elle d'une bonté sans égale, qu'on pourrait même taxer de faiblesse. Et Dieu sait combien elle le grugeait depuis que je n'étais pas là pour la retenir un peu ! »

Mais subitement, tout s'arrange : à l'automne, Emma fait une fausse couche, et voici qu'Isabelle Constant, à son tour, est enceinte ! Alexandre est débordé par les soucis gynécologiques de ses maîtresses. Il est décidément plus facile de séduire que d'assumer les suites de la séduction. Isabelle accouche en avril 1856. L'enfant meurt peu après dans son berceau. Devant ce petit corps froid, la jeune mère n'a même plus la force de pleurer. Les yeux secs, les mains jointes, elle n'est que silence, désespoir et refus. Accouru à son chevet, Dumas se sent à la fois coupable et exaucé. Il songe avec un serrement de cœur qu'il n'a conçu, ces derniers temps, que des rejetons non viables. Est-ce une fatalité ? En sera-t-il de même pour ses livres que pour ses enfants ? Tandis qu'il s'interroge sur son avenir auprès d'Isabelle muette de douleur, Paul Meurice lui apporte un exemplaire fraîchement imprimé des *Contemplations*. « Je le pris des mains de Paul Meurice, écrira Dumas à Hugo, je courus à elle [Isabelle], je me mis à genoux en lui disant : "Mère, je vous apporte la seule consolation des mères qui ont perdu leur enfant ; je vous apporte les larmes. J'ouvris au hasard, je devrais dire à la Providence. Je tombai sur *Le Revenant* et je lus. Au dixième vers, elle pleurait." »

Les femmes qui, jusqu'ici, ont été pour Alexandre les symboles du plaisir de vivre, ne sont-elles pas aussi des porteuses de mort ? Pour oublier cette nouvelle hantise, il tente de s'intéresser à des créatures moins compliquées, et notamment à une Marie de Fernand qui écrit et publie sous le pseudonyme masculin de Victor Perceval. Elle lui a fourni des textes traduits par elle de l'anglais et il l'en a remerciée en lui faisant un enfant, Alexandrine. Il est si sensible au choix de ce prénom transparent pour la petite fille qu'il octroie une pension mensuelle de deux cents francs à la mère. Mais cette liaison, très popote, demeure inconnue de l'irascible Marie. Après sa « rupture » avec son père, elle a quitté la rue d'Amsterdam et s'est réfugiée dans un modeste logis, au numéro 16 de la rue de Berri. Bien que n'habitant plus sous le même toit, tous deux continuent à se voir et à s'aimer, à travers les querelles, les larmes, les explications et les réconciliations. Au milieu de ces tempêtes, Dumas travaille avec l'acharnement d'un ouvrier rivé à son établi. Sa production n'a pas baissé en quantité. Même si la qualité n'est plus tout à fait celle de ses grandes œuvres passées, la « ponte » est honorable. *Les Mohicans de Paris*, concoctés avec la collaboration de Paul Bocage, poursuivent leurs péripéties abracadabrantes sans parvenir toutefois à remporter le même succès que *Les Mystères de Paris* d'Eugène Sue, dont ils sont la réplique ; une comédie en un acte, *Romulus*, tirée d'un roman de l'écrivain allemand August Lafontaine, est jouée à la sauvette au Théâtre-Français ; *Le Marbrier*, d'après Kotzebue, dans une traduction ancienne de Max de Goritz, tombe à plat au Vaudeville ; et *La Conscience*, inspirée d'une trilogie d'August Iffland, et transposée par le même Max de Goritz, ne semble pas destinée à une carrière plus brillante ni plus lucrative à l'Odéon. Cependant, le soir du 4 novembre 1855, quelques étudiants désœuvrés et désargentés, réunis à la porte du théâtre, saluent par des ovations l'auteur de *La Conscience* qui vient assister à la première de sa pièce. Ravi d'un accueil aussi chaleureux de la part de la génération montante, Alexandre fait entrer gratuitement dans la salle ces jeunes spectateurs qui ne demandent qu'à applaudir. La même année, il donnera encore une *Madame du Deffand* et *La Dame de volupté*, accommodées par lui avec les débris de deux textes de la comtesse Dash. Emporté par un irrésistible élan, il publiera également de nombreux récits autobiographiques et une *Histoire de mes bêtes*, dans laquelle il dépeint son comportement à la fois brutal et affectueux avec les animaux – chiens, chats, singes ou, pourquoi pas ? vautour. Enfin, il clôt la rédaction de ses énormes *Mémoires* sur la description du bal costumé de 1833, mais promet à ses lecteurs de reprendre cette confession, un jour prochain, sous une autre forme.

Ils n'attendront pas longtemps : dès le lancement, par Pascal Duprat (un ancien exilé volontaire en Belgique), d'un nouveau journal, *La Libre Recherche*, Dumas y publie *Le Royaume de mes souvenirs*, sorte de lettre ouverte au directeur, dans laquelle il déclare se mettre à nu, avec ses sentiments et ses idées. Comme le pouvoir continue de le tenir en lisière, il prend plaisir à le narguer en célébrant l'amitié qui le liait, au-delà des frontières, à ceux qui avaient dû fuir la France pour échapper aux représailles politiques. En hommage à Hugo et à tous ses confrères exilés, il ose écrire : « Mon corps est à Paris, mais mon cœur est à Bruxelles et à Jersey. » Cette phrase impie lui vaut d'être convoqué par le procureur impérial. Il espère un procès à l'occasion duquel il pourra crier son indignation contre les abus de l'autorité et son dévouement à la cause de ceux qui sont traités comme des traîtres à la patrie alors qu'ils en sont les plus nobles représentants. Or, à son grand regret, il n'est ni jeté en prison, ni poursuivi devant les tribunaux. On se contente d'une remontrance verbale. L'effet publicitaire est manqué. Tant pis ! La censure autorise même la création, le 5 janvier 1856, à la Porte-Saint-Martin, de sa nouvelle tragédie *L'Orestie*, rédigée en vers. Il y célèbre les grands courants d'opinion à l'époque romaine et rafraîchit au passage le thème d'Oreste meurtrier de sa mère. La pièce est d'ailleurs dédiée au peuple. L'esprit généreux qui l'anime fait oublier au public les maladresses du poète. A la fin du spectacle, les acteurs traînent Alexandre sur le devant de la scène pour saluer les spectateurs qui battent des mains et scandent son nom. Quelques jours plus tard, Victor Hugo, plus emphatique que jamais, lui écrit : « Je vous applaudis du fond de mon vacarme de vents et de flots. Vous faites du bruit et j'en entends. Je m'interromps souvent dans ma rêverie pour crier : bravo, océan, et bravo, Dumas. »

L'« océan Dumas » se rengorge, mais bientôt l'inquiétude le reprend. Il a l'impression que sa tête est vide, telle une calebasse récurée à fond. Les idées le fuient. Il doit exploiter celles des autres. Certes, il l'a fait, plus ou moins, tout au long de sa vie. Mais, à présent, il n'a même plus assez d'invention pour rajouter du sel au brouet. Le travail de compilation remplace le travail de création. Il ne collabore plus, il démarque.

Lui seul le sait. Et quelques journalistes, bien sûr, qui ricanent cyniquement. Sa principale ambition dorénavant est de gagner de l'argent en vendant son nom comme une étiquette. Le résultat est une avalanche de titres insipides, et ce sont : *Le Lièvre de mon grand-père*, *Les Mémoires d'un jeune cadet*, *Le Pèlerinage de Hadji Abd el-Hamid Bey*... Ses nouveaux marchands d'idées, parmi lesquels le fécond Cherville qu'il a connu à Bruxelles, ont moins de talent qu'Auguste Maquet, et la production du maître s'en ressent. Alexandre cherche une compensation aux tristesses du déclin en intentant un procès au journal *Le Siècle* et aux éditeurs Michel Lévy frères. Il leur réclame le paiement de droits considérables sur des tirages dont il n'a pas été informé. A Eugène Delacroix, qui est devenu son ami, il confie que, s'il obtient gain de cause, son avenir sera largement assuré : « Quelque chose comme huit cent mille francs pour commencer, sans compter le reste », affirme-t-il, radieux. Passant du tribunal de commerce au tribunal correctionnel, il attaque ses adversaires en contrefaçon, en usurpation de propriété, et finit par convaincre les juges du bien-fondé de ses plaintes. Alors commence une longue et méticuleuse bataille d'experts. En verra-t-il la fin ?

Pendant qu'il se dépense en travaux de basse copie et en manœuvres chicanières, le monde bouge. La France et l'Angleterre sont en guerre contre la Russie. Une expédition en Crimée a été couronnée par la prise de Sébastopol. Victor Hugo, déclaré indésirable à Jersey par le gouvernement anglais, s'est installé à Guernesey dans une maison qui domine la mer. Le tsar Nicolas Ier est mort et Alexandre II lui a succédé sur le trône. La paix a été signée. Mais ces péripéties sont si lointaines et ont si peu de répercussions sur la vie quotidienne des Français que Dumas n'en est guère affecté. Un autre événement, qui le touche de près celui-là, requiert toute son attention et nourrit toutes ses angoisses. Après avoir longtemps critiqué et bravé son père, Marie est revenue au bercail. Mais c'est pour lui annoncer qu'elle veut se marier. Alexandre connaît bien le prétendant, Pierre Auguste Olinde Pétel, un garçon de vingt ans, vaguement poète, dont il a publié quelques vers dans *Le Mousquetaire*. Est-ce un bon parti ? Olinde Pétel est le fils d'un médecin de Châteauroux. Il n'a pas de fortune personnelle. Et Marie ne peut compter que sur celle, hypothétique, de son père vieillissant. Tant mieux ! L'amour suppléera à la pénurie. Quiconque a le cœur plein se moque d'avoir les poches vides. Et puis il sera là, lui, l'écrivain indestructible et intarissable, pour aider le couple lors de ses premiers pas. Résolu à l'optimisme, Dumas s'occupe d'abord de choisir les témoins. Comme d'habitude, il vise haut : « Ma fille se marie le 28 courant, annonce-t-il à Hugo. Elle vous écrit, mon cher Victor, pour que vous soyez, par procuration, son témoin avec Lamartine. Nous nous voyons souvent et jamais nous ne nous voyons sans parler de vous. Au reste, vous êtes un des besoins de mon cœur, mon cher Victor, et je parle de vous, moi, votre vieil ami, comme un jeune amant parle de sa maîtresse. [...] Marie attend de vous une lettre dans laquelle vous lui direz que, par l'entremise de Boulanger, vous consentez à être son témoin, ce sera son titre de noblesse. » A la demande d'Alexandre, un contrat de mariage est établi, le 4 mai 1856, par Me Emile Fould, notaire. Bien entendu, le chiffre annoncé pour la dot n'est que du trompe-l'œil. Olinde Pétel n'en verra pas le premier sou. Mais les faire-part, eux, correspondent à la réalité. Ils sont expédiés aux quatre coins de Paris : « Monsieur Alexandre Dumas Davy de la Pailleterie a l'honneur de vous faire part du mariage de Mademoiselle Marie Dumas Davy de la Pailleterie, sa fille, avec Monsieur Olinde Pétel, propriétaire, et vous prie d'assister à la bénédiction nuptiale qui leur sera donnée le mardi 6 mai 1856, à midi précis, en l'église Saint-Philippe-du-Roule. »

Aussitôt après la cérémonie, les nouveaux mariés partent

pour l'Italie en voyage de noces. Ils ont l'air éblouis par leur chance et confiants en l'avenir. Hélas ! l'idylle sera de courte durée. Olinde Pétel a l'esprit dérangé. Ses extravagances, ses caprices, ses colères sans motif annoncent des lendemains difficiles. Pourtant, Dumas se raccroche à l'illusion d'un bonheur conjugal comme il n'en a pas connu lui-même. Resté seul, il lui semble soudain avoir vieilli de dix ans en un jour. Jadis, sa fille l'encombrait, à présent, elle lui manque. Quant à son fils, il ne le voit plus guère. Depuis les succès du jeune Alexandre avec *La Dame aux Camélias* et, plus récemment, avec *Le Demi-Monde*, il a changé de conduite et même de caractère. Grisé par les louanges de la presse, il est devenu un écrivain moralisateur et pontifiant, soucieux de plaire au régime, réprouvant tout écart dans les rapports familiaux et proclamant son attachement à sa pauvre vieille mère, si méritante, Laure Labay. Cette attitude ultra-conventionnelle ne l'empêche pas d'être l'amant attitré d'une princesse russe, Nadejda Narychkine, qui vient d'ailleurs d'avoir un enfant de lui. Alexandre ne condamne pas ce fils de trente-deux ans qui, pour affirmer son originalité, son identité, a pris le contrepied de toutes les idées de son père. Mais sa solitude, rue d'Amsterdam, lui pèse chaque jour davantage. Il ne lui reste plus, pour se réchauffer le cœur, que la petite Isabelle qui, rongée par la tuberculose, n'en a sans doute pas pour longtemps à vivre, et qu'Emma qui se désole, loin de lui, à Monts, et lui dédie des poèmes mouillés de larmes. Même les combats quotidiens pour la survie du *Mousquetaire* ont fini de l'intéresser. Il abandonne la direction de cette infortunée gazette à Xavier de Montépin. La plupart des collaborateurs du journal ont déjà démissionné et le nombre des abonnés est voisin de zéro. Qui lit encore *Le Mousquetaire* ? Qui lit encore Dumas ?

Pour répondre à cette question torturante, Alexandre jette un regard sur la liste de ses œuvres. Une cataracte de titres : quelques-uns célèbres, la plupart oubliés. Malgré l'apparente diversité des romans et des pièces, il veut y découvrir une ligne générale, une inspiration d'ensemble. L'exemple de Balzac, assis sur son socle de volumes, le hante. Pour redorer l'image qu'il voudrait imposer aux générations futures, il décide que lui aussi a eu, en écrivant, un immense dessein, que sa démarche, à lui aussi, a été concertée et que « tout se tient » dans sa production. A son avis, si Balzac a été le peintre de la société à une époque déterminée, lui, en revanche, a promené son regard avec la même acuité d'un siècle à l'autre. Balzac a fait une coupe horizontale dans l'épaisseur de l'humanité de son temps, lui une coupe verticale en traversant les années et les régimes. Balzac a appris aux Français à ouvrir les yeux sur eux-mêmes, lui leur a ouvert les yeux sur leur passé. Balzac a été l'homme des histoires, lui l'homme de l'Histoire. « Balzac a fait une grande et belle œuvre à cent faces, intitulée *La Comédie humaine*, écrira-t-il. Notre œuvre à nous, commencée en même temps que la sienne, mais que nous ne qualifions pas, bien entendu, peut s'intituler *Le Drame de la France* [1]. » Bref, selon lui, les deux entreprises se valent. Il souhaiterait en convaincre les lecteurs, les critiques et s'en convaincre lui-même. La tâche est d'autant plus ardue que, depuis peu, tout texte qui tombe de sa plume est une resucée. A court d'idées, il feuillette machinalement les projets que lui apportent ses collaborateurs. Un moment, il songe à écrire un roman historique, *René d'Argonne*, qui relaterait les aventures d'un volontaire de 1792 ct commencerait le jour de l'arrestation du roi Louis XVI, à Varennes. Il décide même d'aller sur place pour donner plus de vérité au récit. Mais ni la visite des lieux, ni l'enquête auprès des habitants ne lui procurent l'étincelle désirée. De retour à Paris, il se sent plus à sec que jamais. Ce qu'il lui faut, pense-t-il, c'est un séjour à la campagne pour s'aérer le cerveau avant de se mettre au

1. Alexandre Dumas : *Les Compagnons de Jéhu*.

travail. Il rend visite à son fils, qui file le parfait amour avec sa grande dame russe à Sainte-Assise, près de Melun. Au cours d'une conversation à bâtons rompus, il fait allusion à une histoire de conspiration royaliste que Nodier lui avait racontée autrefois, celle des « Compagnons de Jéhu », dont les meneurs avaient été exécutés à Bourg-en-Bresse. En écoutant son père, le jeune Alexandre dresse l'oreille : la révolte des victimes d'hier, après le 9 Thermidor, la Terreur blanche, les exploits suicidaires, n'est-ce pas un meilleur sujet que celui de *René d'Argonne* ? Il le dit à son père. Et c'est le déclic. Immédiatement convaincu, Dumas ne jure plus que par ces *Compagnons de Jéhu*, qui, affirme-t-il, vaudront *Les Trois Mousquetaires*. Mais il faut battre le fer pendant qu'il est chaud. Il part pour Bourg-en-Bresse, inspecte le terrain, hume l'air du pays, se fait communiquer les pièces du procès, et rentre à Paris enrichi d'une moisson de renseignements dont aucun ne sera perdu. La rédaction est aisée. Par une heureuse coïncidence, *Les Compagnons de Jéhu* voient le jour au moment où s'ouvre le procès intenté à Flaubert pour sa *Madame Bovary*, jugée immorale. Or, la condamnation du romancier, loin de déprécier celui-ci devant ses lecteurs, ne sert qu'à augmenter son prestige et à élargir sa clientèle. Il était simplement connu ; le voici célèbre ! Dumas s'en réjouit et se demande s'il ne devrait pas, lui aussi, provoquer quelque scandaleuse affaire devant les tribunaux pour retrouver la faveur du public. Tout ce qui ridiculise l'autorité impériale lui semble bénéfique pour son propre combat. Avec les mois qui passent, il se découvre de plus en plus proche de Hugo, face à une clique de privilégiés confits dans l'égoïsme et l'hypocrisie. Sans oser rejoindre le premier des protestataires sur son rocher, il songe que bien des gens, ici, seraient heureux de voir les deux plus grands écrivains fraternellement unis, pour quelques jours, dans le refus de la dictature. Quel défi au pouvoir si on organisait cette rencontre entre deux monstres sacrés en Angleterre ! L'occasion du voyage est vite trouvée : il y aura bientôt des élections en Grande-Bretagne. *La Presse* cherche un journaliste de renom pour rendre compte de l'événement à ses lecteurs. Sans sourciller, Dumas propose ses services à la rédaction. Son offre est acceptée. Le 27 mars 1857, il part pour Londres. Sur le pont du bateau, dont les roues à aubes déchirent les vagues, il savoure un double sentiment de revanche et de délivrance.

Certes il n'envisage pas, comme Hugo, de se couper d'une patrie dont il réprouve la politique, mais il constate qu'il respire beaucoup mieux depuis que, ayant laissé derrière lui ses ennemis du gouvernement, des journaux et des salons, il vogue vers l'amitié ! Tout compte fait, pense-t-il, s'il quitte provisoirement les Français, c'est pour retrouver la France éternelle.

IV

L'intermède russe

Bien qu'impatient de rejoindre Victor Hugo à Guernesey et de parler avec lui des événements de France, Alexandre se sent obligé, en tant que correspondant du journal *La Presse*, de s'occuper d'abord de politique anglaise. En effet, ayant été mis en minorité, Lord Palmerston a dissous la Chambre et convoqué à nouveau les électeurs. Malgré la réputation de flegme des Anglais, le pays est en émoi. Dès son arrivée à Londres, Dumas s'immerge dans le bain houleux des réunions publiques. Les premiers résultats du scrutin le réjouissent, car ils témoignent, selon lui, d'une grande liberté de conscience chez les citoyens britanniques. Il n'en veut pour preuve que l'élection de Lionel Rothschild dans la Cité, en dépit de son appartenance à la religion juive qui lui interdirait de prêter serment sur la Bible. Jour après jour, Alexandre adresse consciencieusement ses comptes-rendus à la direction de son quotidien. Une majorité libérale ayant répondu à l'appel de Palmerston, il prévoit que celui-ci sera vite débordé par les éléments les plus actifs de son clan et qu'il devra « prendre le galop sur le chemin du progrès ». « Je ne sais si mes lettres ont du succès à Paris, écrit-il à Emile de Girardin. Mais elles en ont un énorme à Londres, soit dit en passant.

Tous les journaux les répètent et les cabinets de lecture ont tous sur leurs portes : *On lit les lettres d'Alexandre Dumas.* [...] Le *Times* [...] m'a fait l'honneur de sa première page. »

Enfin, le 4 avril 1857, Alexandre trouve le moyen d'échapper à ses obligations journalistiques et prend le bateau pour Guernesey. Victor Hugo l'y attend, debout sur la jetée, les cheveux et la barbe au vent, les bras ouverts. Il y a cinq ans, ils se sont quittés dans un autre port, à Anvers. Depuis, bien que séparés par la mer et la brume, ils ont beaucoup pensé l'un à l'autre. L'absence, qui aurait dû les éloigner, les a unis dans une sorte de fraternité mi-littéraire mi-politique. Hugo emmène Dumas dans son repaire de pirate fastueux, Hauteville-House, à la pointe d'un rocher. La maison est encore en travaux, mais le visiteur s'extasie à l'idée de ce qu'elle sera quand le maître aura mis la dernière main à sa décoration. Telle quelle, elle ne ressemble à rien de ce qu'Alexandre a vu jusqu'à présent. On se croirait dans l'église d'un athée, avec des autels transformés en lits, des meubles médiévaux aux innombrables tiroirs secrets, des corridors n'aboutissant nulle part et des fenêtres ouvrant sur le grand large. Tout ici est lourd, fantastique, absurde et dérangeant. Dumas calcule que ce bric-à-brac a dû coûter une fortune et regrette encore plus d'avoir vendu le château de Monte-Cristo, conçu jadis dans le même style. Oui, décidément, Hugo et lui ont en commun le sens de la grandeur et le goût du baroque. Le mois dernier, Dumas a donné à son hôte une preuve éclatante de fidélité, en prenant fait et cause pour lui contre une actrice, Augustine Brohan, qui, sous le pseudonyme de Suzanne, avait bassement critiqué, dans *Le Figaro*, l'auteur des *Contemplations*. Ladite Augustine Brohan étant une comédienne du Français, Alexandre a écrit à Empis, directeur de ce théâtre, une lettre que *Le Figaro* a, sur sa demande, aussitôt rendue publique : « J'ai pour M. Victor Hugo une telle amitié et une telle admiration que je désire que la personne qui l'attaque au fond de son exil ne joue plus dans mes pièces. Je vous serai en conséquence obligé de retirer du répertoire *Mademoiselle de Belle-Isle* et *Les Demoiselles de Saint-Cyr*, si vous n'aimez mieux distribuer à qui vous voulez les deux rôles qu'y joue Mlle Brohan. » Averti de cette cinglante riposte à une intrigante, Hugo en a immédiatement remercié son défenseur : « Les grands cœurs sont comme les grands astres. Ils ont leur lumière et leur chaleur en eux ; vous n'avez pas besoin de louanges, vous n'avez même pas besoin de remerciements ; mais j'ai besoin de vous dire, moi, que je vous aime tous les jours davantage, non seulement parce que vous êtes un des éblouissements de mon siècle, mais aussi parce que vous êtes une de ses consolations. »

Sans doute, lors de leurs retrouvailles, les deux hommes évoquent-ils cet incident qui leur a permis de mesurer leur mutuelle estime. Sans doute commentent-ils leurs travaux, leurs projets. Sans doute déplorent-ils la passivité de leurs compatriotes qui n'osent secouer le joug de Napoléon le Petit. Peut-être même font-ils allusion à leur vie privée ? Hugo ne saurait taire sa liaison avec Juliette Drouet, qui l'a suivi à Guernesey et habite une villa voisine, ni Dumas les difficultés qu'il connaît avec ses nombreuses maîtresses, ses rapports ambigus avec son fils, ses inquiétudes sur l'avenir conjugal de sa fille Marie... Mais existe-t-il de bons mariages ? Assis face à face dans le salon de Hauteville-House, les deux quinquagénaires songent à leurs manuscrits en cours, à leurs expériences sentimentales cahoteuses, et se disent qu'il doit être impossible de réussir à la fois son œuvre et sa vie. Ils ont tant de confidences à se faire, tant d'idées à échanger qu'ils resteraient des semaines à bavarder ensemble. Mais la mission de Dumas ne souffre pas de retard. Il est tenu, coûte que coûte, de retourner à sa besogne d'informateur. Le 6 avril, après deux jours d'intimité exaltante avec Hugo, c'est la séparation.

Cependant, revenu à Londres dans les meilleures dispositions, il constate qu'Emile de Girardin ne lui réclame plus de nouveaux échos d'Angleterre. Ouf ! le voici libre de regagner Paris. Une aventure pleine de promesses l'y attend : le lancement d'un hebdomadaire, *Le Monte-Cristo*, destiné à remplacer le défunt *Mousquetaire*. Le premier numéro paraît le 23 avril 1857. On tire à dix mille exemplaires. Consacrée aux romans, à l'Histoire, aux récits de voyage, aux souvenirs et aux réflexions personnelles, la feuille est entièrement rédigée par Alexandre Dumas. Parfois aussi, il se livre à des considérations critiques sur l'art de ses confrères. Ainsi analyse-t-il *Madame Bovary*, « un livre de haute valeur », qu'il situe dans la lignée de Balzac. Il note que, si Flaubert manque d'imagination dans l'agencement de l'intrigue, il en déploie beaucoup dans le choix des mots et dans la mise en valeur des détails. Cette particularité rend le style de Flaubert supérieur à celui de Balzac, mais, remarque Dumas, à cause même de cette perfection formelle « le lecteur éprouve, en avançant dans ce livre, la fatigue qu'éprouverait un voyageur qui aurait entrepris une longue marche avec un bâton trop lourd ; le bâton, au lieu de lui être un point d'appui devient une fatigue, si bien que, de temps en temps, il est obligé de s'asseoir au bord du chemin ou de poser son bâton à terre [1] ». Tout en reconnaissant les exceptionnels mérites de *Madame Bovary*, Alexandre avoue avoir subi une telle lassitude au fil des pages qu'il a mis « huit à dix jours » pour en venir à bout. Ce reproche fait incidemment au roman de Flaubert est une justification déguisée de sa propre façon d'écrire. En parlant, avec une feinte impartialité, de son confrère, il sous-entend : « Mon lecteur à moi est tellement pris par le récit qu'il ne lui viendrait pas à l'idée de le quitter avant d'en connaître le dénouement. » Au vrai, il a besoin de cette excuse pour pouvoir se ranger aux côtés des plus grands. Il mise sur l'avis du public plutôt que sur celui des critiques professionnels. Il préfère la faveur du

1. Cité par Daniel Zimmermann : *Alexandre Dumas, le Grand*.

grand nombre à celle des coupeurs de cheveux en quatre. Au lieu de rougir d'être un écrivain populaire, il s'en glorifie et le proclame. Et c'est ce que certains ne lui pardonnent pas. Insensible aux sarcasmes, il publie, dans son *Monte-Cristo*, la suite des *Mohicans de Paris*, quelques chapitres de *Harold ou le Dernier Roi des Saxons*, démarquage d'une traduction de Victor Perceval, et agrémente ce texte de souvenirs londoniens et de notes sur ses recherches autour des *Compagnons de Jéhu*... Tout lui est bon pour remplir les colonnes de son journal. Et le plus étonnant, c'est que son travail de rédacteur unique d'un hebdomadaire ne l'empêche pas de multiplier les sorties mondaines, les rencontres et les voyages. Le voici de nouveau en Angleterre, assistant au Derby d'Epsom, rêvant au musée Tussaud devant une réplique de la guillotine qui a tranché la tête de Louis XVI, ravalant sa honte en croisant les prostituées françaises de Cremorne Road ou s'émerveillant de constater les progrès de l'art et de la science à l'exposition de Manchester ; le voici à Auxerre, suivant « la retraite illuminée » d'un cortège aux déguisements excentriques ; le voici à Pierrefonds, où Ruggieri tire, à sa demande, un superbe feu d'artifice dans les ruines du château ; le voici à la chasse, avec des amis, mais il doit presque aussitôt renoncer à ce plaisir car il a de la difficulté à plier le genou. Quelques jours plus tard, il est de nouveau ingambe. Allons, ce n'est pas encore la vieillesse !

Un matin du mois de septembre, alors qu'il travaille à un texte pour *Le Monte-Cristo*, son domestique, Théodore, introduit dans son cabinet une jeune femme dont la seule vue suspend sa plume. Vingt-trois ans, grande, svelte, le teint d'une blancheur appétissante, les yeux bleus et profonds, les cheveux châtains, des dents petites et blanches qui ne demandent qu'à mordre, Lilla von Bulowski est hongroise de nationalité et comédienne de profession. Pour éviter toute entreprise équivoque, elle prévient d'emblée Alexandre que son mari et son enfant sont les deux passions de sa vie. Si elle les a quittés pour venir seule à Paris, c'est parce qu'elle éprouve le besoin, en tant qu'actrice, de rencontrer quelques grands esprits européens. Elle a d'ailleurs joué les pièces d'Alexandre Dumas en Hongrie et aussi les pièces de son fils, « qui a de qui tenir ». Dumas écoute la litanie des louanges et ronronne intérieurement. Cette étrangère lui paraît soudain aussi intelligente que jolie. Puisqu'elle souhaite voir Paris, il lui offre de la guider dans sa visite. Elle accepte avec un empressement qui le fait bien augurer de la suite. Durant un mois, délaissant sa besogne quotidienne, il la promène dans les musées, l'accompagne au théâtre, l'exhibe à ses côtés dans les salons. Cependant, quelle que soit l'occasion, elle demeure aussi réservée que souriante. A croire qu'elle n'a jamais connu l'amour et qu'elle ne tient pas à le connaître. Serait-elle sans cœur et sans sexe ? Après avoir ainsi lanterné et charmé Alexandre, elle lui annonce tout à trac qu'elle doit partir pour Mannheim, où la grande tragédienne allemande Sophie Schröder a accepté de lui donner des leçons de « perfectionnement artistique ». En cours de route, elle compte s'arrêter à Bruxelles où elle a affaire, à Spa, à Cologne, à Mayence... Dumas adore les voyages presque autant que les femmes. Justement, il a projeté de se rendre à Bruxelles où son collaborateur Cherville a besoin de lui pour étudier différents projets de livres. Il propose à Lilla de l'accompagner « un bout de chemin ». Qui sait si, en voyage, elle ne se montrera pas mieux disposée ?

Ils partent par le train de nuit. Dans le wagon qui les emporte, Lilla se blottit contre l'épaule d'Alexandre. Il croit le moment venu. Eh bien, non ! A peine lui a-t-elle effleuré la bouche de son haleine qu'elle détourne la tête et s'assoupit. « Je n'ai jamais éprouvé une plus singulière sensation que celle qui s'empara de moi lorsque les cheveux de cette charmante créature s'appuyèrent sur mes joues, lorsque son souffle passa sur mon visage, écrira-t-il. Sa physionomie avait pris une expression enfantine, virginale, tranquille que je n'avais jamais vue à une femme dormant sur ma poitrine. » Bercé par le mouvement des roues, il observe, dans la pénombre, le sommeil de celle qu'il eût aimé réveiller sous ses baisers.

A Bruxelles, il expédie en quelques heures son travail auprès de Cherville et va écouter avec Lilla la célèbre pianiste Marie Pleyel, qui joue pour eux seuls, avec tant de virtuosité que cette musique aérienne les envoûte l'un et l'autre et les ébranle nerveusement. Dans le train que le couple reprend pour se rendre à Spa, l'agitation de Lilla l'empêche de dormir. Alexandre tente en vain de l'hypnotiser pour la ramener au calme. A Spa, ils descendent à l'hôtel mais, la nuit venue, Lilla souffre à nouveau d'insomnie. Elle appelle Alexandre dans sa chambre. Il accourt et s'efforce, cette fois encore, de la magnétiser. Au bout d'un long moment, elle ferme les paupières, mais se plaint à présent d'un sourd élancement dans la poitrine. Comme il lui demande d'indiquer l'endroit douloureux, elle lui prend la main et l'applique à hauteur de ses seins en poussant un profond soupir. Il sent la chaleur de cette chair à travers la chemise. Peu à peu, le contact savamment prolongé apaise la patiente, tandis qu'Alexandre, le cerveau en alerte, espère une autre conclusion. Alors qu'il est sur le point de ne pouvoir se contrôler, Lilla, définitivement soulagée, l'invite à la laisser seule. Il se retire tout penaud dans sa chambre.

Et le voyage reprend. Ils descendent le Rhin, de Cologne à Mayence. A chaque étape, s'il n'obtient pas davantage de sa compagne, Alexandre apprécie mieux l'ampleur de sa popularité. Des inconnus se pressent autour de lui pour quémander des autographes. A Coblence, une jolie Viennoise se lie d'amitié autant avec lui qu'avec Lilla. Les deux jeunes femmes partagent la même chambre, à l'hôtel. Une nuit, elles appellent Alexandre pour qu'il leur raconte une histoire. Alléché par cette conjoncture scabreuse, il leur conseille de coucher toutes deux dans le même lit pour mieux l'entendre. Sans hésiter, la Viennoise se glisse sous les draps de la Hongroise. Tendu de désir, Alexandre débite à leur intention un de ses lointains souvenirs d'amour. Elles l'écoutent, serrées l'une contre l'autre, enlacées, lascives, vaguement lesbiennes sans doute, assurément moqueuses. Quand il a fini, elles le renvoient à sa solitude. « C'était la première fois, écrira Dumas, que se présentait à moi cette étrange situation : de l'intimité sans la possession et de la familiarité sans amour. »

Or, il n'est pas homme à se contenter longtemps de ce jeu décevant. Prenant congé de la jolie Viennoise, Alexandre et Lilla poursuivent leur chemin de faux amants, de faux amis, à travers une Allemagne indifférente à leur aventure. Le terme de l'expédition approche. A Mannheim, Alexandre conduit la jeune femme à la très vieille et très fameuse Mme Schröder, laquelle, l'ayant entendue, accepte de lui livrer les ultimes secrets de son art. En rentrant à l'hôtel après l'audition, Lilla est ivre de bonheur. Alexandre, en revanche, se demande ce qu'il est venu faire dans cette ville allemande en compagnie d'une femme plus heureuse de recevoir des leçons de tragédie d'une actrice à la retraite que des leçons d'amour d'un homme en pleine possession de ses moyens et dévoré du désir de coucher avec elle. Le lendemain, il se sépare de Lilla, sans rancune et sans regret, pour rentrer en France.

A Paris, il veut rattraper le temps perdu et se jette sur les romans dont Cherville lui a fourni la matière : *Le Meneur de loups*, *Black*, *Les Louves de Machecoul*... Il tarabuste son collaborateur, trop lent à lui mâcher la besogne : « Du courage, piochez ferme [...] Aussitôt *Le Chevalier* [*Black*] fini, – aux *Louves*, aux *Louves*, aux *Louves* !... » Cherville est plus paresseux que ne l'était Maquet. Alexandre doit lui arracher sa production page après page. Le bougre se doute pourtant bien que quelques lignes de sa plume suffisent au patron pour en tirer un chapitre étonnant de brio et de vigueur ! « Vous savez qu'en passant par mes mains le monument se double, se triple, se quadruple, lui rappelle le maître. Aussitôt cent pages de vous terminées, mettez à la poste. Je tâcherai de vous envoyer cinq cents autres francs à la fin du mois. » Que Cherville soit ponctuel dans ses livraisons et Alexandre le sera dans ses paiements. Donnant donnant. Cherville obéit. Il fournit la trame, Dumas brode. Mais parfois Alexandre tire tout, ou presque, de sa tête. C'est de la sorte que, dans *Ainsi soit-il*, dont le titre définitif sera *Madame de Chamblay*, il transpose les souvenirs de sa liaison avec Emma Mannoury-Lacour. Il la sait gravement malade, s'attend d'un jour à l'autre à apprendre sa mort, et le roman qu'il consacre à sa mémoire est tout empreint de cette lugubre prescience.

Au vrai, il lui suffit de se tourner vers son passé pour voir surgir une collection de fantômes : après Gérard de Nerval, cela a été le tour d'Augustin Thierry, de Delphine de Girardin, d'Alfred de Musset, de Béranger, d'Eugène Sue... La faux ne cesse de s'abattre en sifflant sur les lettres françaises. Alexandre salue tantôt l'un, tantôt l'autre de ces illustres disparus dans *Monte-Cristo*. Et lui ? Serait-il indestructible ? Jamais il ne s'est aussi bien porté. Jamais il n'a eu aussi soif de vivre. Et jamais il n'a autant pensé à la mort. Au début de l'année 1858, c'est la grande Rachel qui s'éteint, emportée par la tuberculose. Le 11 janvier, Alexandre se joint au cortège funèbre de l'actrice, empoigne l'un des glands d'argent du drap noir qui recouvre le cercueil et songe, en réglant son pas sur celui des chevaux du corbillard, à l'époque lointaine où il a été si malheureux parce que la femme qu'on enterre aujourd'hui lui refusait ses faveurs.

Trois jours plus tard, le 14 janvier, c'est l'absurde attentat d'Orsini. Quatre morts et cent quarante-huit blessés. Mais Napoléon III s'en tire sans une égratignure. Le pouvoir profite de l'occasion pour promulguer une loi de sûreté générale, laquelle permet de déporter sans jugement les individus suspects de complot contre le régime. Les arrestations arbitraires reprennent. Cependant, la masse de la nation veut ignorer ces légères entorses à la liberté d'opinion. Le 16 janvier, soit quarante-huit heures après l'explosion de la bombe d'Orsini, le Gymnase représente *Le Fils naturel*, drame sentimental en cinq actes d'Alexandre Dumas le jeune. Installé, comme il se doit, dans la loge d'honneur, le père de l'auteur écoute, avec un mélange de fierté et d'agacement, les ovations qui saluent l'œuvre du « petit ». Certains triomphes sonnent comme un glas. Alexandre applaudit, lui aussi, sourit, serre des mains, remercie pour des compliments qui s'adressent à un autre et souffre de ce quiproquo ridicule. Le succès de son fils réveille en lui le désir de revenir au théâtre pour connaître, à son tour, l'ivresse des bravos. Mais depuis quelque temps, il manque tragiquement d'idées. Par chance, il possède l'art d'accommoder les restes. Comme deux comédiens du Grand-Théâtre de Marseille, Jenneval et Clarisse Miroy, lui font savoir qu'ils souhaiteraient créer une pièce de lui, il leur offre une transposition de *Jane Eyre*, le roman de Charlotte Brontë, que Victor Perceval a jadis adapté pour la scène et qu'Alexandre s'est contenté de corriger et d'épousseter. Manuscrit en poche, il se rend à Marseille pour défendre « son » œuvre. La lecture de la pièce devant les acteurs, quelques journalistes locaux et quelques membres du conseil municipal est concluante. Tout le monde prédit un triomphe. Mais une comédienne, mécontente parce qu'elle a été écartée de la distribution, fait observer que ce drame a déjà été joué à Bruxelles, sous la signature de deux jeunes auteurs belges. Sans doute s'agissait-il d'une autre adaptation du même roman, mais peu importe ! Alexandre n'en est pas à une pièce près. Pour éviter toute réclamation ultérieure, il propose de lire aux acteurs, le jeudi suivant, une nouvelle œuvre de lui, *Les Gardes forestiers*, dont il a le sujet en tête et qu'il est sûr de pouvoir écrire à son aise dans l'intervalle. Un de ses amis marseillais, Berteau, lui prête sa maison de campagne afin qu'il puisse se consacrer en toute tranquillité à cette tâche de titan. En fait, pour tenir son pari, Alexandre se borne à transposer au théâtre son roman policier : *Catherine Blum*. Le canevas existe; les répliques fusent; quatre jours plus tard, la pièce est prête. Lue en comité, acceptée avec émotion, mise en répétition dans la hâte, elle est représentée, deux semaines plus tard, devant un public bon enfant, tout heureux d'applaudir le grand auteur parisien descendu spécialement dans le Midi. On gratifie Dumas, sur scène, d'une couronne d'or; l'orchestre du théâtre donne une aubade sous ses fenêtres, il paraît au balcon, tel un prince, remercie ses interprètes et ses admirateurs, harangue la foule et va souper en joyeuse compagnie dans un des meilleurs restaurants de la ville. Il en ressort à quatre heures du matin, frais comme un gardon. Edmond About, qui fut de la partie, racontera qu'en rentrant chez lui, Dumas, infatigable, refusa de se coucher et s'installa à son bureau pour fournir sa copie au *Monte-Cristo*.

La santé et l'entrain de Dumas font la stupéfaction de son entourage. Il ne sait ni poser sa plume ni renoncer à sa manie ambulatoire. Déjà, il songe à reprendre son idée d'une expédition circulaire en Méditerranée, avec visite de l'Asie Mineure, de la Syrie, de la Palestine, de l'Egypte... Mais un autre projet se met en travers de celui-ci. La terre est si vaste et les races qui la peuplent sont si variées, estime Dumas, que la moindre occasion de voir du pays est un cadeau. D'ailleurs, selon lui, tout ce qui est inattendu dans la vie doit être interprété comme une manifestation de la Providence et donc comme une chance à saisir, sous peine d'offenser Dieu. Alexandre vient de faire la connaissance d'un jeune couple d'aristocrates russes, le comte et la comtesse Koucheleff-Bezborodko, qui voyagent à travers l'Europe pour leur plaisir. Ils sont escortés d'une nombreuse troupe de serviteurs, d'amis et de parasites, parmi lesquels on compte un médecin particulier, un maestro, un poète de cour et même un authentique spirite. Celui-ci,

Daniel Douglas Home, est sur le point d'épouser la sœur de la comtesse, et, s'étant pris d'une brusque affection pour Dumas, souhaiterait l'avoir comme témoin à son mariage. Cette petite tribu cosmopolite réside à l'hôtel des Trois-Empereurs, place du Palais-Royal, et va de réception en réception, de festin en festin. Alexandre est bientôt de toutes les réunions. Sa faconde amuse tellement les touristes russes que la comtesse, qui ne doute de rien, lui propose tout de go : « Venez à Saint-Pétersbourg avec nous. » Le départ est prévu pour dans cinq jours. Estomaqué et tenté à la fois, Alexandre balbutie qu'il ne saurait préparer un si long voyage en si peu de temps et que, du reste, s'il devait se rendre en Russie, il ne se contenterait pas de séjourner à Saint-Pétersbourg, mais voudrait voir aussi Moscou, Nijni-Novgorod, Kazan, Astrakhan, Sébastopol... « A merveille ! s'écrie la comtesse, j'ai un domaine à Koralowo, près de Moscou, le comte a une terre à Nijni, des steppes à Kazan, des pêcheries sur la mer Caspienne, une maison de campagne à Pschatka ! »... Saisi de vertige devant cette énumération fastueuse, Alexandre hésite encore. N'est-ce pas le marquis de Carabas qui l'invite à visiter ses propriétés aussi nombreuses qu'imaginaires ? Le souffle coupé, il se réfugie sur le balcon qui surplombe la place du Palais-Royal et respire l'air de Paris pour reprendre contact avec la réalité. Son projet de voyage autour de la Méditerranée lui paraît soudain secondaire, médiocre. De toute façon, il pourrait l'entreprendre à son retour de Russie. Et les souvenirs qu'il rapporterait de l'empire du tsar serviraient de prétexte à d'excellentes chroniques pour *Le Monte-Cristo*. En deux minutes, sa décision est prise. « Eh bien ! je pars avec vous ! » annonce-t-il. A ces mots, le comte et la comtesse s'illuminent et Home embrasse avec fougue celui qui sera témoin à son mariage.

Dès le lendemain, Alexandre s'occupe de régler ses affaires, de boucler ses malles et d'avertir son fils, toujours amoureux de la belle Nadejda Narychkine, que lui aussi, maintenant, va avoir des rapports étroits avec la Russie. Comme il n'a jamais su voyager sans un agréable compagnon de route, il invite Jean-Pierre Moynet, le décorateur de l'Opéra-Comique, à le suivre dans son expédition. Une ultime préoccupation : le sort de la douce Isabelle Constant en son absence. Elle est si inexpérimentée, si vulnérable ! Un souffle suffirait à l'abattre. Alexandre charge un de ses amis, l'ébéniste Van Loo, de veiller sur elle : « Je laisse cette lettre en cas de besoin pour vous, écrit-il à Van Loo. Ce sera au cas où il m'arriverait un accident qui m'empêcherait de lui envoyer ce dont elle a besoin. Je lui ouvre sur vous un crédit jusqu'à concurrence de deux cents francs. » Ce n'est guère généreux, mais, dans l'état de ses finances, il ne peut faire davantage.

On prend le train à la mi-juin 1858. Le 18, les voyageurs sont à Berlin, le 19, à Stettin, où ils embarquent sur le *Vladimir*, à destination de Cronstadt. Puis, après transbordement, c'est l'arrivée à Saint-Pétersbourg. Le 24 juin Alexandre s'installe dans la somptueuse villa des Koucheleff-Bezborodko. Quatre-vingts domestiques, un parc de trois lieues de tour, deux mille serfs répartis entre plusieurs villages, un kiosque à musique, un théâtre privé, une profusion de statues et de tableaux. Comme l'ancien château de Monte-Cristo semble petit en comparaison de ce palais des Mille et Une Nuits ! En visitant la capitale, Alexandre découvre une cité toute en trompe l'œil, mi-terrestre, mi-aquatique, avec ses édifices orgueilleux, ses rues droites, ses canaux aux parapets de granit, ses nuits aux transparences boréales qui interdisent le sommeil et invitent aux plus folles rêveries. Il hante les salons littéraires et aristocratiques, fait la connaissance du romancier Grigorovitch, du poète Nekrassov, dont il n'a jamais entendu parler auparavant et qui sont ici presque aussi célèbres que lui-même. Surtout il retrouve une charmante compatriote, l'ancienne comédienne Jenny Falcon, qu'il a beaucoup fréquentée à Paris et dont la sœur, la grande cantatrice

Cornalie Falcon, est devenue aphone. Après des débuts prometteurs au théâtre du Gymnase, Jenny a été engagée au théâtre français de Saint-Pétersbourg. Elle y a fait une carrière honorable. Un grand ami de Dumas, le comte Dimitri Narychkine, étant tombé amoureux d'elle, en a fait sa maîtresse attitrée, l'a couverte de bijoux, l'a installée dans ses meubles et l'a contrainte à quitter la scène. Elle se console de cette oisiveté dorée en donnant les plus jolis bals de Saint-Pétersbourg et en exhibant dans les rues les plus beaux trotteurs de la région. Le temps d'assister au mariage du magnétiseur Daniel Douglas Home, de faire un saut en Finlande, de se promener sur le lac Ladoga gelé, de visiter quelques monuments, quelques églises et, à l'instigation de Dimitri Narychkine et de Jenny, Alexandre se précipite à Moscou. Pendant deux mois, il se prélasse dans leur somptueuse maison de campagne de Petrovski Park, sillonne avec eux les rues de la vieille cité des tsars, se perd dans les salles du Kremlin, hume l'odeur des marchés en plein air, interroge les habitants, essaie de comprendre les traditions et l'histoire de cet empire qui paraît ignorer et le temps et l'espace. Comblé de prévenances par ses hôtes, il se sent riche par procuration. Ici l'argent ne compte pas, la fantaisie est reine, mais tout être humain est plus ou moins l'esclave du maître de céans. « Il [Dimitri Narychkine] a des terres partout, des maisons partout, écrit Dumas. Il ne sait le compte ni de ses villages ni de ses serfs. Cela regarde son intendant. On peut, sans faire de tort ni à l'un ni à l'autre, admettre que son intendant lui vole cent mille francs par an. Sa maison est le tabernacle de l'insouciance, l'apothéose du désordre. » Tout en subissant la fascination de cette munificence, Alexandre constate qu'il s'agit là d'une façade, à l'abri de laquelle s'étalent la misère et l'ignorance d'un pays arriéré. Certes, il est fortement question, depuis quelques mois, d'un oukase qui abolirait le servage. Pourtant, nombre d'obstacles en retardent encore la proclamation. La noble idée du tsar Alexandre II laisse les paysans sceptiques et inquiète les propriétaires fonciers. Est-il possible de libérer ainsi, du jour au lendemain, des millions d'individus qui, depuis plusieurs générations, ont connu l'obéissance aveugle des bêtes de somme, mais aussi l'avantage d'être déchargés de tout souci du lendemain ? Ce qui frappe également Alexandre, c'est le bariolage ethnique de cette nation qui se prétend unie. Il n'y a pas une Russie, mais douze, mais vingt Russies différentes par leurs mœurs, leurs habitudes, leur religion, leur passé, leur langue. Seule l'autorité despotique du pouvoir central maintient un semblant de cohésion entre ces peuples disparates. Avec une étonnante clairvoyance, Dumas prophétise : « La Russie se brisera, non pas comme l'Empire romain en deux parties, mais en quatre morceaux. [...] L'empereur régnant au moment où arrivera ce grand cataclysme conservera Saint-Pétersbourg et Moscou, c'est-à-dire le vrai trône de la Russie ; un chef, soutenu par la France et populaire à Varsovie, sera élu roi de Pologne ; un lieutenant infidèle fera révolter son armée et, profitant de son influence militaire, se couronnera roi de Tiflis ; enfin quelque proscrit, homme de génie, établira une république fédérative entre Koursk et Tobolsk. Il est impossible qu'un empire qui couvre aujourd'hui la septième partie du globe reste dans la même main. Trop dure, la main sera brisée ; trop faible, elle sera ouverte, et, dans l'un et l'autre cas, forcée de lâcher ce qu'elle tiendra. » Cette prévision s'appuie sur cent anecdotes, dont Dumas nourrit les messages qu'il adresse régulièrement aux lecteurs du *Monte-Cristo*. Au hasard de la plume, il raconte des périodes entières de l'histoire de Russie, ou sa rencontre avec des personnages secondaires, des particularités de la vie quotidienne du peuple ou des conversations avec tel ou tel gros bonnet du régime. Avec l'insistance d'un insecte butineur, il passe d'un sujet à l'autre, dénonce ici les effets pernicieux du servage, là l'inconfort du transport dans ces bizarres chariots appelés *tarantass*, là encore l'usage immodéré du *bakchich* parmi les fonctionnaires. Mais il célèbre également l'hospitalité russe, la passion de l'élite pour la poésie, les prouesses des cavaliers kirghiz montant à cru des chevaux sauvages. Quel que soit son propos, la verve et l'entrain en sont les qualités majeures. On ne sait ce qui est vrai ou faux dans ses croquis de voyage, mais on suit le narrateur jusqu'au bout pour le simple plaisir du dépaysement. D'ailleurs, il ne se borne pas à ces peintures pittoresques. N'est-il pas un ambassadeur de la littérature française ? Conscient de ce rôle d'intercesseur entre deux mondes qui se connaissent mal, il tente, dans ses articles, d'initier ses compatriotes aux grandes œuvres russes. Il évoque pour eux les figures émouvantes de Pouchkine, de Lermontov, de Nekrassov, à travers les traductions approximatives que l'interprète Kalino, attaché à ses pas, lui propose de leurs poèmes ; il cite Gogol, Grigorovitch, Tourgueniev... Bref, il fait de son mieux, lui qui ignore presque tout de la littérature de ce pays merveilleux et barbare, pour mettre la Russie à la portée des esprits occidentaux. Toutefois, son estime pour les voisins du Nord ne l'empêche pas de les juger avec l'indulgence dédaigneuse d'un frère aîné : « Les Russes, peuple né d'hier, écrit-il, n'ont encore ni littérature, ni musique, ni peinture, ni sculpture nationales ; seulement, ils ont des poètes, des musiciens, des peintres et des sculpteurs, mais pas en assez grand nombre pour former une école. » A-t-il oublié *Eugène Onéguine*, *Les Ames mortes*, *Un héros de notre temps* ? Ne sait-il pas, par exemple, que Tourgueniev a naguère ému la famille impériale par ses *Récits d'un chasseur*, réquisitoire tendre et implacable à la fois contre le servage, que récemment encore, le roman *Une nichée de gentilshommes* du même Tourgueniev a bouleversé le public au point que toutes les jeunes filles russes ont voulu ressembler à l'héroïne, n'a-t-il pas entendu parler d'un débutant, nommé Tolstoï, qui vient d'obtenir un immense succès avec sa trilogie *Enfance, Adolescence, Jeunesse*, et d'un autre, un certain Dostoïevski, auteur des *Pauvres Gens*, qui purge en Sibérie le crime d'avoir, par légèreté, comploté contre feu le tsar Nicolas Ier ? On ne peut tout apprendre d'un pays quand on le traverse en coup de vent. Lorsque Alexandre compare l'engouement des voyageurs français pour la Russie à celui des voyageurs russes pour la France, il se dit que les Russes sont d'abord attirés par la culture française, alors que les Français le sont d'abord par l'âme russe, empreinte de naïveté, de générosité et d'insouciance. D'ailleurs, pendant cette première partie de son enquête, il a vu la Russie à travers les yeux de Jenny. Toutes les excursions qu'il a entreprises avec elle et son amant, Dimitri Narychkine, ont eu pour lui le double charme de la découverte d'un beau pays et du rapprochement avec une jolie femme. De jour en jour, il la trouve plus séduisante et ne se fait pas faute de le lui dire. A-t-elle cédé à ses avances ? Sans doute lui doit-elle quelques instants d'abandon, car, bien des années plus tard, au bord de la vieillesse, interrogée sur ses relations avec Dumas, elle avouera, en baissant le regard : « J'ai péché. » Après un pèlerinage patriotique au champ de bataille de Borodino, que les Français s'obstinent à appeler la bataille de la Moskova, une dernière visite au Kremlin, une autre, avec Jenny, au couvent de la Troïtsa, un bref séjour encore avec elle à Elpativo et à Kaliazine, où ils déjeunent avec des officiers de la garde, Alexandre se résout mélancoliquement à quitter « l'incomparable charmeuse » et s'embarque, en compagnie de Moynet et de Kalino, sur un bateau qui descend la Volga.

Au quatrième jour d'une navigation monotone entre des rives plates, Alexandre observe que soudain le paysage s'anime. Une grande rumeur se lève à l'horizon, « pareille au grondement qui précède les tremblements de terre », dira-t-il. Et il poursuit : « C'était le murmure de deux cent mille voix. Puis, à l'un des détours de la Volga, nous vîmes tout à coup le fleuve disparaître sous une forêt de mâts pavoisés. C'étaient tous les bâtiments qui, descendant ou remontant le fleuve, avaient apporté des marchandises à la foire. » En débarquant à Nijni-Novgorod, Dumas se rend chez son « correspondant », M. Grass, pour lequel il a des lettres de recommandation. Sans le laisser souffler, celui-ci l'emmène faire un tour dans les bazars surpeuplés et bruyants, étalés sur quatre villes et où se côtoient des Russes, des Tatars, des Persans, des Arméniens, des Chinois, qui tous semblent ici chez eux. Une de ces localités marchandes est réservée au trafic des courtisanes, une autre au commerce du thé, d'autres encore à la vente des tapis ou des pierreries. Le moindre objet est, en ces lieux, prétexte à marchandages et à palabres. « Le premier effet d'une pareille cohue, le résultat d'un semblable tumulte, écrit Dumas, est un étourdissement dont on ne se remet pas le premier jour ; tous ces hommes allant et venant pour leurs affaires, croisés par des colporteurs tatars vendant, avec une infatigable persistance, des haillons, des guenilles, des bagatelles de toute espèce, semblaient autant d'échappés d'une maison de fous, au milieu desquels seuls les marchands turcs semblaient, par l'immobilité, la gaieté et le silence, protester de leur raison. » Selon le conseil de Grass, Alexandre rend visite au gouverneur, le général Mouravieff. Celui-ci le convie à prendre le thé parmi de nombreux notables. A peine le visiteur s'est-il assis dans le cercle des invités qu'un laquais annonce « le comte et la comtesse Annenkoff ». Dumas tressaille. Ce nom réveille en lui un lointain souvenir : ne sont-ce pas là les deux personnages – un conjuré « décembriste » et une jeune Française – dont il a conté l'histoire dans un de ses romans ? Le général le prend par la main, le conduit vers les nouveaux venus et dit, en guise de présentation : « Voici le héros et l'héroïne de votre *Maître d'armes*. » Alexandre pousse un cri de surprise et embrasse les deux fantômes souriants. Ils ont été graciés par le tsar Alexandre II, après avoir passé trente-trois ans en Sibérie !

Il faudrait des mois pour pénétrer les mystères de Nijni-Novgorod, mais Alexandre ne peut se permettre ce genre de flânerie. Au bout de trois jours, il quitte la capitale du négoce et du mélange des races pour continuer sa lente descente de la Volga : Kazan, Saratov, Tsaritsyne, Astrakhan au bord de la mer Caspienne... Est-on encore en Russie ? La mosaïque des peuples et des religions en ferait douter. Quel rapport entre les gens de Moscou et ceux d'Astrakhan ? Par chance, les voyageurs arrivent à temps dans cette province méridionale pour assister à une gigantesque pêche à l'esturgeon. « Il y a deux choses pour lesquelles le Russe le plus avare est toujours prêt à faire des folies, constate Dumas : le caviar et les bohémiennes. » Alexandre apprécie fort la saveur du caviar mais n'est guère sensible au charme des bohémiennes, « ces créatures, dit-il, qui engloutissent les fortunes des fils de famille russes ».

Le voyage continue par la route. Il y a deux méthodes, note Alexandre, pour secouer l'apathie des cochers russes : se faire passer pour un général, même français, et, si nécessaire, frapper à coups de fouet ou de poing le dos du phaéton. A la fin d'octobre, Dumas est reçu à une cérémonie bouddhique, chez le prince kalmouk Toumaine. Evoquant le tapage barbare qui lui emporte les oreilles, Dumas écrit : « Au milieu de toutes les clochettes qui grelottaient, de toutes les cymbales qui frémissaient, de tous les tam-tams qui vibraient, de tous les tambours qui battaient, de toutes les conques qui glapissaient, de tous les tubes qui mugissaient, on eût juré assister à quelque sabbat dirigé par Méphistophélès en personne. » Selon la coutume locale, on doit, en signe d'amitié, se frotter nez contre nez entre hommes. Alexandre sacrifie à l'usage et indique, en passant, qu'il y fait preuve d'une certaine adresse car « le nez des Kalmouks n'est pas, comme on sait, la partie saillante de leur visage [et], il n'est pas commode d'aller le dénicher entre les deux proéminences osseuses qui le protègent comme deux ouvrages avancés. » Il voudrait bien se livrer aux mêmes attouchements sur le petit nez de l'épouse du prince Toumaine, mais de telles privautés sont interdites par le protocole. Il s'en console en admirant les prouesses équestres des Kalmouks, les courses effrénées de chameaux, les souples évolutions des faucons dressés pourchassant une douzaine de cygnes dans le ciel, et le ballet hiératique des guerriers exécutant leurs danses nationales. Le prince présente à ses hôtes français ses dix mille chevaux sauvages et les régale du plat préféré des Kalmouks : de la viande de cheval crue, assaisonnée d'oignon, de poivre et de sel. Alexandre ne déteste pas ce mets aux senteurs robustes, mais fait la grimace quand il s'agit d'avaler de l'eau-de-vie de lait de jument. Au moment du dessert, trois cents cavaliers réunis dans la cour du palais boivent à la santé du Français en poussant des hourras retentissants. Pour répondre à leurs ovations, le prince Toumaine fait apporter à Alexandre, dont le verre a été jugé trop petit pour un si grand personnage, une corne de bison montée en argent et ordonne d'y vider une bouteille de champagne. Plus tard, le prince propose à son invité de le défier à la lutte. Le gagnant recevra une de ces magnifiques cartouchières dont s'orne le costume caucasien. Alexandre accepte le combat. Les deux hommes se mettent torse nu, au milieu d'un cercle de spectateurs respectueux. « Le prince avait plus que moi l'habitude de cet exercice, rapporte Dumas, mais j'étais évidemment plus fort que lui. [...] Au bout de cinq minutes, il tomba; je tombai sur lui. Ses épaules touchèrent la terre : il s'avoua vaincu. » Après cette empoignade amicale, les adversaires se frottent le nez et vont se plonger dans les eaux de la Volga, partiellement prise sous la glace. « Ceux qui me connaissent, indique Dumas à ses lecteurs, savent combien je suis insensible aux intempéries des saisons. »

Le 7 novembre, à Kislar, son interprète, Kalino, le quitte et Dumas, franchissant le Terek, pénètre sur le territoire du

Caucase. Nouveau changement de civilisation et de caractère. Les dîners géorgiens ne sont que de vastes et viriles beuveries. C'est à qui supportera le mieux l'alcool. On s'affronte entre voisins de table. Mais un autre danger menace les habitants de cette contrée imparfaitement conquise. Une guérilla sans merci oppose les Cosaques serviteurs de l'empire aux Tchétchènes qui refusent l'hégémonie russe. Sur la route de Tchervelone, l'escorte de Dumas est attaquée par un groupe de montagnards. Un Cosaque est abattu par un Tchétchène, qui lui coupe la tête et la brandit, face aux maudits envahisseurs orthodoxes. Aussitôt, un autre Cosaque s'élance pour venger son camarade décapité. Cette fois, c'est le Tchétchène qui est tué; le vainqueur, ayant tranché le cou du vaincu, montre le trophée sanglant à ses compagnons d'armes qui l'applaudissent. Tout en soulignant la cruauté de ces échauffourées quotidiennes, dont nul ne parle dans les journaux, Alexandre rend hommage à la bravoure des Cosaques comme à celle de leurs adversaires. Il éprouve même de la tendresse pour cette « colonie », qui a su garder son originalité, sa fierté et son insouciance dans l'ombre pesante de la métropole. A la Russie « sombre souveraine que sa grandeur ne peut égayer », il oppose la Géorgie, « joyeuse esclave que sa servitude ne peut assombrir ». Du reste, à son avis, les Géorgiennes sont parmi les plus jolies femmes du monde et les Géorgiens des modèles de beauté virile. A Derbent, le prince Bagration lui fait les honneurs de la ville et une délégation de Persans le félicite pour ses talents de conteur. Mais ont-ils seulement lu une ligne de lui ? A Tiflis, il célèbre gravement la nouvelle année 1859, rend visite au prince Bariatinski, gouverneur de la ville, et participe, selon l'usage, à plusieurs banquets. Entre deux réceptions, entre deux excursions, il trouve le moyen de grappiller quelques heures pour continuer à rédiger ses notes de voyage. Aux impressions de Russie succéderont ses impressions du Caucase. Ce travail saccadé, haletant ne l'empêche pas de songer parfois aux êtres chers qu'il a laissés en France. Alors, déposant pour un temps ses fonctions de « reporter », il s'abandonne aux délices paresseuses du *spleen*. Il écrit à Emma : « A part toi, nul ne m'aime au monde, nul ne pense à moi, nul ne s'inquiète de moi. Je me sens seul et bien oublié de tout le monde, de sorte que je jouis, ou à peu près, du bonheur d'être mort sans avoir le désagrément d'être enterré. » Il est vrai qu'aussitôt il ajoute : « Je suis rajeuni de dix ans comme force, et je dirai même comme visage. [...] La bonne chose que cette liberté de faire ce que l'on veut, de se mettre ce que l'on veut, d'aller où l'on veut ! » Quand est-il sincère : quand il se plaint de sa solitude ou quand il se réjouit de sa verdeur à cinquante-six ans ? A son fils, il parle un langage plus direct : « Bon an, bonne santé, tous les vœux les plus tendres et les plus paternels de mon cœur, tout à toi, je t'aime. [...] Je pars lundi pour le mont Ararat. Tâche de voir Dennery [un de ses collaborateurs], dis-lui que je rapporte un roman circassien duquel, je crois, il y a un beau drame à faire. Ce serait assez nouveau, il me semble, un héros tatar et une héroïne tcherkesse, mis en scène par un homme qui a baisé des Tcherkesses et fait le coup de feu avec des Tatars. » Ainsi, même quand il est ensorcelé par la beauté sauvage d'un pays, il songe au profit qu'il en tirera dans ses travaux futurs. Qu'il chasse le gros gibier, pérore à perdre haleine dans un banquet, essuie des coups de feu dans une embuscade ou fasse la cour à une femme kalmouke, il n'oublie jamais qu'il est d'abord un écrivain et que tout ce qu'il vit au gré des circonstances doit servir à la confection d'un livre.

Au début de février, après avoir erré sur les routes enneigées du Caucase, Alexandre et Moynet arrivent à Poti, sur la mer Noire, et s'installent à l'hôtel Jacob, dans l'attente du prochain bateau. Pour tuer le temps, Alexandre chasse, pêche, prend des notes. Parmi le personnel de l'établissement, il a remarqué un jeune Géorgien à l'air robuste et déluré, Vassili. Il lui propose de le suivre en France. L'autre ouvre de grands yeux, puis accepte avec la reconnaissance d'un chien perdu qu'on adopte dans un chenil. Il a l'obéissance et le dévouement dans la peau. Le lendemain, maître et valet montent sur un bateau russe, le *Grand-Duc Constantin*. A Trébizonde, transfert des passagers sur un paquebot français, le *Sully*. Après une escale de six jours à Constantinople, ils gagnent l'île de Syra, dans l'archipel des Cyclades et Dumas descend à terre pour commander à un constructeur grec qu'on lui a indiqué un yacht, baptisé d'avance le *Monte-Cristo* – un nom fétiche ! –, avec lequel il compte effectuer le fameux périple méditerranéen dont il rêve depuis longtemps. Ayant signé un contrat en règle avec le chantier naval de M. Nicolas Paghida pour un prix de dix-sept mille francs, payables en traites, sur Paris, il rejoint Athènes. Là, il embarque sur le *Gange*, des Messageries impériales, en partance pour Marseille.

Ainsi, à peine a-t-il terminé un voyage qu'il songe au suivant. Mais, quelle que soit la destination envisagée, il lui faut écrire pour payer les frais de l'expédition et assurer la subsistance des femmes qu'il a laissées derrière lui. Il ne s'en plaint pas. Peut-être même est-ce en revivant, la plume à la main, ses pérégrinations exotiques qu'il en goûte le mieux la saveur. Quand il dresse l'inventaire de sa visite en Russie, il ne peut s'empêcher de penser à Balzac, qui l'a précédé dans cette contrée étrange et a tenté, lui aussi, de la définir. Il aurait aimé échanger ses impressions toutes fraîches avec celles de son confrère. Sans doute sur bien des points auraient-ils été en désaccord. Les échos qu'Alexandre a eus du dernier séjour de l'auteur de *La Comédie humaine* dans la patrie de celle qui allait devenir sa femme laissent supposer que l'amour lui a quelque peu masqué la vérité. Balzac a célébré la Russie, son tsar, son régime, ses mœurs avec l'aveuglement d'un soupirant de Mme Hanska. Il n'a pas été horrifié par l'insoutenable lourdeur du pouvoir autocratique ni par le scandale anachronique du servage. Tout lui a paru beau, là-bas, parce que sa chère Eve était belle. En revanche, Dumas, plus lucide, a su peser le pour et le contre au long de son enquête sur le terrain. Il revient avec le souvenir d'un pays immense, aux ressources inépuisables, riche de talents et d'espoirs, mais en retard de deux siècles sur la civilisation occidentale. Ce qui domine en lui, au terme de cette investigation touristique, c'est la pensée d'avoir fait le tour d'une société où règnent l'inégalité des chances, l'arbitraire administratif et financier, le gâchis des richesses et l'innocence rayonnante des habitants. Cependant, tout en critiquant cette nation primitive et chaleureuse, il se sent plus proche des quelques Russes qu'il a rencontrés que de la plupart de ses compatriotes. Voguant vers la France, il regrette confusément d'avoir à quitter la bonhomie et la naïveté des gens du Nord pour affronter l'esprit caustique des Parisiens. Cela est si vrai qu'à bord du *Gange* il a voulu garder le costume circassien dont il a fait l'emplette au pays des Tcherkesses.

Le 9 mars 1859, il débarque à Marseille, vêtu d'une tunique aux cartouchières apparentes, coiffé du traditionnel bonnet d'astrakan des Cosaques et le sabre au côté. Cette tenue guerrière lui sied si bien qu'il déplore d'avoir à s'habiller en pékin pour regagner Paris. Mais, s'il ne le faisait pas, les journalistes l'accuseraient encore de chercher à épater son public par un accoutrement carnavalesque. Ah ! cette peur du ridicule, quel dommage qu'il faille en tenir compte par égard pour les esprits mesquins qui confondent originalité et provocation !

Pour fêter le retour de Dumas, ses amis parisiens lui offrent un banquet au restaurant de la Madeleine. Méry y déclame un poème détestable en l'honneur du « Grand Voyageur ». Les verres se lèvent, les mains applaudissent, les bouches s'arrêtent de manger pour crier bravo. Mais que pensent-ils de lui, tous ces gens qui le congratulent ?

Alexandre boit du champagne, sourit, remercie, raconte quelques anecdotes... Allons, pense-t-il, après tout, on n'est pas si mal en France !

Mais voici qu'il apprend, par une lettre d'Alphonse Karr, qu'Ida est morte du cancer, le 11 mars 1859 – le surlendemain du jour où il débarquait à Marseille. Elle s'est éteinte à Gênes, dans les bras de son amant, le prince de Villafranca, qui en est, dit-on, inconsolable. Alexandre, lui, accepte la nouvelle avec indifférence. Depuis longtemps, Ida n'est plus à ses yeux qu'un souvenir déplaisant, associé à des idées de tracasseries juridiques et financières. Dès qu'il entend prononcer son nom, il se met sur ses gardes, prévoyant quelque nouveau chantage. Loin de l'affliger, la disparition de celle qui fut sa maîtresse pendant sept ans et sa femme légitime pendant quatre ans le soulage. Il répond froidement à Alphonse Karr : « Mon bon ami, j'étais près de ma fille [Marie] à Châteauroux quand ta lettre est arrivée. Je l'ai trouvée à mon retour. Merci. [...] Mme Dumas était venue à Paris, il y a un an, et s'est fait remettre sa dot [cent vingt mille francs]. J'ai le reçu. »

V

L'intermède italien

A Paris, si Alexandre peut encore rêver de lointains voyages, il doit d'abord réunir de quoi les payer. Son habituel fournisseur de copie, Cherville, est de moins en moins productif. Epuisé, vidé, le bonhomme lui envoie une matière première à peine digne d'être exploitée. Cela donne des romans médiocres, du tout-venant qui discrédite le nom de « la firme » Dumas : *Le Médecin de Java*, *Le Père la Ruine*, *Le Chasseur de sauvagine*, *Le Marquis d'Escoman*... L'auteur lui-même, une fois le livre rapetassé et imprimé, se souvient à peine de son contenu. Seul compte l'argent que l'opération lui rapporte, une fois réglé l'obscur travail de Cherville. Encore Dumas doit-il discuter sou à sou avec son collaborateur pour le partage des droits : « J'ai peur que vous ne fassiez erreur sur ce compte-ci comme vous avez fait sur l'autre, lui écrit-il. [...] Voici votre arrêté de compte de ce que vous avez reçu depuis ce jour-là. [...] Vous voyez que votre ancien compte est réglé, *plus* quatre-vingt-un francs. [...] Je vais m'arranger de manière à vous donner au moins trois mille francs sur *François Guichard* [*Le Père la Ruine*], placé ou non. » Noël Parfait surveille d'un œil froid cette bataille de chiffres. Il est le comptable attitré, le fondé de pouvoir de la maison de commerce Dumas, et défend bec et ongles les intérêts de son mandant. Alexandre s'adresse à lui pour qu'il active Cherville, trop lent à débiter du texte. Comme le malheureux pisseur d'encre ne peut manifestement suffire à la tâche, on s'adresse à d'autres pour que l'usine ne chôme pas. Bénédict Révoil traduit pour Dumas des récits de chasse de R. Gordon Cumming, *A lion hunter in South Africa*, qui devient, sous l'étiquette du maître, *La Vie au désert* ; du Couret lui cède la propriété de *L'Arabie Heureuse* ; le docteur Félix Maynard lui offre, moyennant rétribution, des notes pour la rédaction d'un *Voyage aux terres antipodiques* (*Les Baleiniers*) ; Victor Perceval (alias Marie de Fernand) lui donne l'adaptation de *Stories of detective* de C. Water, qui paraît en français sous le titre : *Mémoires d'un policeman* [1]. Ces multiples appropriations ne gênent nullement Dumas. Il a renoncé à toute ambition littéraire. Ce qui l'intéresse à présent, ce n'est plus la qualité de ce qu'il écrit, ni même l'admiration de ses lecteurs, mais l'argent que sa besogne lui rapporte. L'art passant au second plan, la finance domine. Les exigences de la vie au jour le jour priment le souci de la postérité. Celle-ci, pense-t-il, ne retiendra de lui que les œuvres marquantes, telles que *Les Trois Mousquetaires*, ou *Monte-Cristo* ou *La Reine Margot*. Ces sommets feront oublier le plat pays qui les entoure. Peut-on reprocher à un homme qui vit de sa plume les quelques bas ouvrages qu'il publie sous son nom pour ne pas mourir de faim et pour secourir ses proches ? Il a tant de femmes à sa charge, soit financièrement, soit moralement, soit les deux à la fois ! La petite Isabelle Constant, si seule, si fragile, ne saurait se passer ni de son affection quasi paternelle, ni de ses subsides ; la pauvre Emma Mannoury-Lacour crache le sang, loin de lui, espère ses lettres et impose à son époux le spectacle d'une créature qui se meurt dans ses bras et en aime un autre ; enfin Marie, sa propre fille, mal mariée, mal

1. Cf. Claude Schopp : *Alexandre Dumas*.

équilibrée, se morfond à Châteauroux aux côtés d'un Olinde à demi fou et tente de se consoler en peignant les anges qu'elle voit en rêve.

Alexandre comprend les idées fixes de Marie. Fait-il autre chose lui-même que chevaucher des chimères ? Il faut à chacun un ou deux buts dans la vie pour continuer son chemin sans flancher. Ces buts furent longtemps pour lui la gloire et l'amour. Aujourd'hui, ce sont l'argent et le voyage. Quand il lève le nez de son manuscrit, il croit apercevoir son yacht, le *Monte-Cristo*, fendant, toutes voiles dehors, les flots bleus de la Méditerranée. Le deux-mâts, enfin sorti du chantier naval de Syra, a pris la mer et vogue vers Marseille. A bord, un capitaine grec, Apostoli Podimatas, et cinq marins de même nationalité. En apprenant l'arrivée du clipper à destination, Alexandre tremble d'impatience comme un enfant le jour de son anniversaire, et se précipite à Marseille. Le cadeau qui l'y attend le comble de joie. Il s'extasie devant ce chef-d'œuvre d'élégance et de robustesse qui porte si bien le nom de *Monte-Cristo*, l'essaie, séance tenante, dans le port et autour du château d'If et se déclare satisfait du bateau et de l'équipage. On décide que le voilier transitera par le canal du Midi, doublera le cap Finisterre, remontera la Seine et s'arrêtera à Paris où Van Loo et d'autres artisans se chargeront d'en aménager l'intérieur. C'est donc à Paris qu'Alexandre guette l'apparition, entre les quais, de sa merveilleuse goélette. Mais patatras ! le 20 septembre, le capitaine Apostoli Podimatas constate que le *Monte-Cristo*, arrêté à l'écluse du pont d'Agde, a trop de tirant d'eau pour emprunter le canal du Midi. On aurait pu s'en aviser plus tôt ! peste Dumas. Force est de ramener le navire à Marseille, où les artistes parisiens enverront les panneaux de décoration pour être montés sur place. Entre-temps, deux des matelots, se trouvant inoccupés par suite des travaux, préfèrent retourner en Grèce. Ils exigent d'être défrayés et promettent de revenir en février, dès que le *Monte-Cristo* sera fin prêt. Alexandre pourrait certes accepter cette solution, car son procès contre les frères Lévy, éditeurs, vient de se terminer par un arrangement convenable : cent vingt mille francs pour l'auteur, dont trente mille immédiatement. Mais il ne veut pas se laisser rouler comme un novice. Retournant à Marseille, il inspecte le *Monte-Cristo* qui y est revenu lui aussi et qu'on achève de doubler en cuivre, écoute les doléances des deux marins désœuvrés, mais refuse de leur régler les indemnités qu'ils réclament. Or, l'affaire se complique du fait que le *Monte-Cristo*, construit à Syra, est sous pavillon grec. Le consul de Grèce, appuyant les prétentions de ses compatriotes, menace Dumas de faire saisir le yacht pour non-paiement du salaire de l'équipage. Riposte vigoureuse d'Alexandre : on naviguera sous un autre pavillon. Lequel ? Celui de Jérusalem, parbleu ! Renseignements pris, la patente en est délivrée par un comte italien résidant à Florence. Eh bien ! on ira la chercher là-bas. Alexandre se rend sur place, obtient facilement la nouvelle nationalisation du navire. Mais, lorsque au bout de quinze jours la patente arrive entre ses mains, il constate que, d'après les règlements, le capitaine d'un bateau naviguant sous le pavillon de Jérusalem doit être, comme de juste, de religion catholique. Or, Apostoli Podimatas est de religion orthodoxe. Exaspéré par ce contretemps de dernière minute, Alexandre se précipite à Rome pour solliciter l'intervention du duc de Gramont, ambassadeur de France. Celui-ci compatit à sa déconvenue, se dit incapable d'y remédier et lui propose d'acquérir son ancien yacht l'*Emma*, dont il sait que l'actuel propriétaire est prêt à se défaire pour un prix raisonnable. Dumas bondit sur l'occasion. Adieu le *Monte-Cristo*, vive l'*Emma* !

Avant de rentrer à Marseille pour conclure la transaction, il fait visiter Rome, Vérone et Venise à une jeune fille qui l'accompagne dans ce voyage où affaires et agrément se conjuguent : Emilie Cordier a vingt ans. Elle est menue, gracile, obéissante, innocente, vulnérable à souhait. Sa mère l'a retirée de l'atelier de lingerie où elle travaillait pour la placer aux Halles, chez un marchand de poisson, car, comme chacun sait, l'odeur de la marée est salutaire pour les personnes souffrant de la poitrine. Mais, auprès de M. Dumas, à qui on l'a présentée, et qui est introduit dans les milieux du théâtre, elle fera sûrement une meilleure carrière que dans la poissonnerie. Bref, on lui offre la pauvrette en pâture, pour qu'il l'éduque, la lance et lui assure un avenir agréable. Elle lève sur lui des regards de soumission extasiée et abandonne sa petite main dans la grande main de l'ogre-protecteur, afin qu'il la promène dans les rues, les musées et les salons. Il tente de lui expliquer les beautés de l'Italie, mais aussi le drame de cet infortuné pays artificiellement divisé, et qui voudrait retrouver son unité et sa grandeur. Cet espoir s'incarne en un homme : Giuseppe Garibaldi. Ce héros du patriotisme italien, Alexandre l'a vu à plusieurs reprises lors de son passage dans différentes villes de la péninsule. D'emblée, ils ont sympathisé dans l'amour de la liberté et le goût du combat. Aujourd'hui, rencontrant Dumas dans une villa de Milan, Garibaldi s'offre à lui dicter ses *Mémoires*. Il s'exécute, en effet, mais, dès le deuxième jour, cette obligation lui pèse, et il décide de confier à l'écrivain français ses notes autobiographiques pour qu'il les arrange à sa manière. Fier de cette marque de confiance, Alexandre s'incline devant l'illustre guerrier et lui promet de le servir par la plume comme il l'eût fait volontiers par l'épée. En témoignage de dévouement à la cause de l'indépendance italienne, il s'engage même à participer à l'armement des troupes de la révolte et signe un bon : « Je souscris pour douze carabines rayées. »

De retour en France avec la très docile Emilie à ses côtés, il s'arrête d'abord à Marseille, vend le *Monte-Cristo* à perte et règle l'achat de l'*Emma*, moyennant onze mille francs. Tout compte fait, il estime avoir gagné au change. L'*Emma* est une belle goélette, de soixante-dix-huit tonneaux, en acajou et érable. Pour la conduire, il choisit un capitaine bien français cette fois, un solide Breton, Beaugrand, au visage ouvert et à la stature imposante. Pendant qu'un architecte naval se charge de rendre l'*Emma* aussi confortable que séduisante, Alexandre fait un saut à Paris, règle quelques affaires tant sentimentales que pécuniaires, et prépare des recommandations pour son fils « en cas de malheur ». Cet acte, il le signera le 27 avril 1860 chez un ami, Me Charpillon, notaire à Saint-Bris (Yonne).

Ayant ainsi assuré l'avenir de ses proches, il retourne à Marseille, toujours flanqué d'Emilie, et s'installe à l'hôtel du Louvre. La population l'accueille avec ferveur, le maire le gratifie d'un discours dithyrambique et de nombreux cadeaux d'inconnus s'entassent dans les cabines de l'*Emma*. Malgré cette levée d'enthousiasme autour de sa personne, Alexandre est pressé de gagner le large. Enfin, les ouvriers quittent le navire. Dès que le temps le permettra, on hissera les voiles. Avant de prendre congé de la France, Alexandre a renoncé non seulement à son bateau, le *Monte-Cristo*, mais au journal du même nom dont il était si fier. Le dernier numéro de l'hebdomadaire présentera, le 10 mai, en gros caractères, cet avis du gérant aux lecteurs : « M. Alexandre Dumas ne nous ayant pas remis de copie pour compléter le numéro du *Monte-Cristo*, l'administration se voit forcée d'adresser aux abonnés le journal avec plusieurs pages blanches. » La veille de cette annonce, l'auteur défaillant est monté à bord de l'*Emma* avec quelques passagers, parmi lesquels le jeune peintre Edouard Lockroy, le photographe Legray, le docteur Aubanel, Paul Parfait, fils du cher Noël qui gère si bien les comptes de Dumas, et un étrange éphèbe, à l'allure efféminée, vêtu d'un uniforme d'aspirant de marine en velours violet à aiguillettes bleu et or. Il s'agit encore de la gracieuse Emilie Cordier, déguisée en garçon, et que tout le monde salue, avec une galante ironie, du titre d'amiral. Les premiers jours de la navigation sont un peu gâchés par le mal de mer. Alexandre prétend combattre cette indisposition par une copieuse bouillabaisse servie au fort de Brégançon. Au bout de cinq jours, les passagers font halte à Nice, ville qui, un mois auparavant, a voté dans la liesse son rattachement à la France. Un banquet, offert par Alphonse Karr, achève de persuader Dumas qu'il a des amis dans le monde entier. Pourtant, quel que soit son désir d'être agréable à tous ces inconnus qui se dépensent en toasts et en discours, il a hâte de les quitter pour rejoindre, en Italie, le vaillant Garibaldi, dont les « Chemises Rouges » viennent d'investir Palerme.

Le 16 mai, il débarque à Gênes. Il compte y passer une douzaine de jours pour mettre au net les *Mémoires de Garibaldi* et éclaircir ses propres idées sur la situation politique du pays. Quel salmigondis que cette Italie ! Seule une cervelle latine saurait s'y retrouver. Il y a un roi, Victor-Emmanuel II, à Turin, un autre, François II, à Naples, un pape à Rome, des Autrichiens vigilants aux frontières, et Napoléon III qui marchande son appui à droite et à gauche. Pour Alexandre comme pour Garibaldi, le principal ennemi, c'est le roi de Naples, François II, qui s'oppose à l'union de toutes les provinces sous un seul sceptre et une seule constitution. « Me voilà personnellement en guerre avec le roi de Naples, écrit-il à Emma Mannoury-Lacour. Au reste, sois tranquille, il est impossible d'avoir un meilleur bâtiment que l'*Emma*. Il est solide et excellent marcheur. [...] Tu as mes heures tristes et mes heures gaies, mon enfant chérie, puisque tu vis sans cesse au fond de ma pensée. Et que je ne vis pas une heure sans que mon cœur et mon esprit se tournent vers toi. » Emma ayant publié un second recueil de poèmes, *Asphodèles*, il insiste auprès de Saint-Félix, d'Alphonse Karr et de Deschanel pour qu'ils consacrent des articles élogieux aux derniers vers de celle qui, selon lui, est sur le point de fermer les yeux pour toujours. D'un côté les *Asphodèles* et les larmes d'Emma, de l'autre le canon qui tonne en Sicile. Il n'y a pas à hésiter. Le devoir d'honneur passe avant la charité amoureuse.

Le 31 mai, malgré la tempête, Alexandre ordonne de lever l'ancre. Après deux jours de relâche pour cause de mauvais temps dans une baie située au nord de la Sardaigne, on met le cap sur la Sicile. La mer s'est assagie, mais le roulis reste sensible. C'est le 10 juin, à l'aube, que l'*Emma* approche de Palerme : le drapeau rouge flotte sur la ville, alors que le drapeau napolitain couronne encore le fort. Garibaldi a conquis la cité et les derniers points de résistance ne tarderont pas à tomber. Alexandre se précipite à terre. Son regard découvre de tous côtés des restes de barricades, des façades à demi calcinées, des blessés qu'on emporte, des volontaires vêtus de chemises rouges hurlant leur joie et brandissant des fusils. En respirant cette odeur de poussière et de poudre, il se sent à la fois rajeuni et récompensé. Debout devant le portail de la cathédrale, Garibaldi, triomphant, le feutre en bataille et le poitrail serré dans une chemise rouge trempée de sueur, lui ouvre les bras : « Cher Dumas, vous me manquiez ! » Et il l'invite à partager son déjeuner, qui se compose d'« un morceau de veau rôti et d'un plat de choucroute ». La petite Emilie, si gracieuse dans son déguisement d'officier de marine, est conviée, elle aussi, à ce repas frugal. Un des convives, Giuseppe Bandi, fidèle compagnon de Garibaldi, se souvenant de la scène, écrira : « Alexandre Dumas était accompagné d'une grisette habillée en homme, et plus exactement en amiral. Cette grisette, toute petite, toute en mines et en moues, une vraie mijaurée, s'assit à la droite du général [Garibaldi] le plus naturellement du monde. Pour qui cet illustre écrivain nous prend-il ? dis-je à mes voisins. Il est vrai qu'on accorde certaines licences aux poètes, mais celle qu'il prend en plaçant cette minuscule fille du péché à côté du général ne serait accordée ni par les hommes ni par les dieux. [...] Il faut dire qu'il parlait comme il savait écrire et je l'écoutais bouche bée. »

Décidément, on lui pardonne tout à ce diable de Français, sa vantardise, son accoutrement, ses mauvaises manières, ses gros mensonges et ses petites liaisons, en considération de sa générosité et de son bagou. Il a grandi sans vieillir. Sa candeur est celle d'un enfant et ses appétits ceux d'un homme. Exister, pense-t-il, consiste non seulement à recevoir des cadeaux mais à se battre pour en obtenir. Garibaldi, qui l'apprécie à sa juste valeur, le loge avec sa jeune maîtresse dans un palais et invite le peuple à acclamer « l'allié de France », dès que celui-ci se montre au balcon. En le voyant, des femmes hurlent : « Vive l'Italie ! » On roule devant lui, sur le pavé, l'énorme tête d'une statue décapitée : celle du roi Ferdinand II de Bourbon, dont le général Dumas eut tant à souffrir dans les prisons calabraises. Aujourd'hui, en contemplant ce débris à ses pieds, le fils prend sa revanche sur les humiliations et les chagrins du père. Quand il rentre dans son appartement, encore assourdi par les ovations de la foule, Alexandre est à la fois fier d'avoir été vengé par l'Histoire et heureux de disposer d'une si belle enfant pour lui relater son histoire. Elle l'écoute toujours avec une admiration béate. Les années qui les séparent, loin de la refroidir, l'incitent à lui appartenir toujours davantage. Elle ne tarde pas, d'ailleurs, à lui apporter la preuve palpable de son attachement. En apprenant qu'elle est enceinte, il laisse éclater une gaieté de géniteur impénitent. Sa vieillesse est donc encore plus verte qu'il ne le supposait. Alors qu'il se demandait s'il pouvait encore créer, Emilie lui démontre, en souriant, qu'il peut procréer, ce qui est autrement flatteur. Impatient d'annoncer la nouvelle à ses amis, il écrit sur le mode ironique à Charles Robelin, qui fut jadis témoin de son mariage avec Ida : « Le cher petit enfant que tu as vu à la maison, garçon le jour, redevient femme la nuit. Dans un moment où il était femme, il lui est arrivé un accident qui, le mois suivant, s'est manifesté. M. Emile a disparu et Mlle Emilie est enceinte. »

Ce bébé qui s'annonce en plein voyage, en pleine guerre, s'il ravit Dumas, ne le détourne pas de ses grands projets italiens. Mais dès le début, il songe au meilleur moyen de concilier son dévouement à la cause des Chemises Rouges avec le souci d'assurer un minimum de confort à la future maman. Il écrit à Garibaldi en se proposant pour aller en France lui acheter les armes et les munitions dont ses hommes ont besoin. Bien sûr, il ne lui dit pas qu'il profitera de ce bref séjour au pays pour confier Emilie à ses parents qui prendront soin d'elle pendant les derniers mois de sa grossesse ! Ces questions d'intendance n'intéressent que lui. Malgré l'insistance de sa suggestion, la réponse se fait attendre. Cependant, au retour d'une excursion qu'il a faite à Malte, pour y déposer quelques-uns de ses passagers, Dumas trouve poste restante, à Catane, une lettre laconique et superbe du général : « Je vous attends pour votre chère personne et pour la belle proposition de fusils. » Sans perdre une heure, l'*Emma* fait voile pour traverser le détroit de Messine. Aux abords de Milazzo, Alexandre entend une violente canonnade. Debout sur le pont, il suit à la lorgnette les péripéties du combat que les garibaldiens livrent aux troupes royales. Enfin le vacarme s'apaise, le silence revient, et Alexandre comprend que les Napolitains, réfugiés dans le château, ont abandonné la ville aux Chemises Rouges. Insoucieux du danger, il se fait conduire à terre et parcourt les rues jonchées de cadavres. Il demande où se trouve le chef. On lui désigne un homme endormi devant le portail d'une église. Rompu de fatigue, Garibaldi, les paupières closes, la bouche entrouverte, cuve sa victoire. A côté de lui, par terre, son souper : un quignon de pain et une cruche d'eau. Alexandre n'ose le réveiller et se retire. Le lendemain, il le rejoint sur le *Turkery*. Cette fois, Garibaldi a l'œil vif et la voix assurée. Ayant embrassé son ami, il lui signe un crédit de cent mille francs pour acheter des armes en France et lui conseille de fonder un journal à son retour en Italie. Alexandre demande quel titre il devra donner à cette gazette italienne dirigée par un Français. Garibaldi reprend la plume avec laquelle il vient de mettre cent mille francs à la disposition de Dumas pour équiper les « patriotes », et écrit à la volée : « Le journal que mon ami Dumas veut instituer à Palerme aura le beau titre d'*Indipendente* (*L'Indépendant*) et le méritera d'autant mieux qu'il voudra commencer par ne pas m'épargner, si jamais je m'écarte de mon devoir d'enfant du peuple et de soldat humanitaire. »

Un si noble langage ne peut qu'encourager Alexandre à servir Garibaldi jusqu'à la limite de ses forces. Malheureusement, la municipalité de Palerme ne parvient à débloquer que soixante mille francs sur les cent mille envisagés. Dumas affirme qu'il s'en arrangera, quitte à avancer le reste de sa poche en attendant le règlement définitif. Le 29 juillet, il embarque avec Emilie sur le *Pausilippe*, bateau à vapeur de la compagnie impériale française. A peine débarqué à Marseille, il fait de tendres adieux à la jeune femme qui part pour Paris où elle compte accoucher, veillée par sa mère, et ne se préoccupe plus que de la mission dont l'a investi le champion de l'indépendance italienne. Il achète mille fusils rayés, cinq cent cinquante carabines et les munitions correspondantes pour quatre-vingt-onze mille francs. Ainsi qu'il l'a promis aux Palermitains, il règle sur ses propres deniers les trente et un mille francs de la différence. Mais, conformément aux ordres de Garibaldi, c'est bien quarante mille francs qui lui seront remboursés à la livraison de la marchandise, soit un honnête bénéfice de neuf mille francs. Le plus haut idéal, servi avec autant d'habileté que d'abnégation, peut se révéler rentable.

Au début du mois d'août, les armes sont chargées sur un bateau de liaison directe, le *Mercey*, tandis qu'Alexandre lui-même reprend le *Pausilippe*. Arrivé à Messine le 14 août, il remet le lot de fusils et de cartouches à un second de Garibaldi. Là-dessus, il apprend que le général a été rappelé à Turin par Victor-Emmanuel II et que le jeune roi, conseillé par son ministre Cavour, s'opposerait à une expédition des Chemises Rouges en Calabre. Ne s'agit-il pas d'un piège ? Alexandre est si inquiet du sort de son héros que, dès le 16 août, il fait appareiller l'*Emma* pour Salerne. Il emmène avec lui frère Jean, le chapelain de Garibaldi. Il est toujours utile d'avoir un prêtre dans sa manche quand on prévoit la bagarre. Escale à Salerne. Frère Jean descend à terre pour recueillir des nouvelles et revient radieux, en annonçant que le royaume de Naples est en pleine déconfiture et que, dans la ville, la joie populaire tourne au délire. Aussitôt, Alexandre fait extraire des soutes un assortiment de feux de Bengale et de chandelles romaines aux trois couleurs. De quoi illuminer tout le ciel de l'Italie. Des centaines de barques se détachent du rivage et se groupent autour de l'*Emma* pour jouir de l'apothéose. Aux pétards du feu d'artifice répondent les acclamations des spectateurs debout dans leurs canots. Dumas lui-même se croit devenu une fusée éclairante. Vite, rejoindre Garibaldi sur les lieux de l'assaut final ! Quittant Salerne, l'*Emma* se dirige vers le nord.

Le 20 août, arrivant à bord de son bateau dans la baie de Naples, Dumas apprend que Garibaldi, ayant déjà franchi le détroit de Messine, a débarqué à Reggio de Calabre. En prévision d'une réaction toujours possible des troupes royales, on fait veiller des hommes sur le pont, le fusil chargé. Chaque jour, des volontaires se présentent sur l'*Emma* pour aller grossir les rangs des insurgés. Conscient du danger qui le menace, François II a institué en hâte un régime constitutionnel et se dit prêt à quelques concessions pour éviter le pire. Le 23 août 1860, le ministre de l'Intérieur, Son Excellence Liborio Romano, monte à bord de l'*Emma* et tente d'amadouer le Français outrecuidant qu'il croit être un envoyé de Garibaldi. Le langage de Romano est subtil : il luttera pour la royauté constitutionnelle aussi longtemps qu'il le pourra, dit-il, mais, dès qu'il constatera l'inutilité de ses efforts, il se ralliera à Garibaldi et, s'il le faut, il appellera le peuple à se révolter contre un souverain dont personne ne veut plus. Afin de convaincre Dumas de ses bonnes intentions, il lui propose de le faire protéger par ses amis de la « Camorra ». Cette association de malfaiteurs napolitains est devenue, sous François II, une police occulte, laquelle, selon les cas, rançonne, terrorise ou défend les « citoyens honnêtes ». Dumas accepte le serment ambigu du ministre et s'engage à lui donner refuge sur l'*Emma* en cas de péril. Le lendemain, il reçoit un portrait de Romano, avec ces mots : « Ecrivez au-dessous de ce portrait : portrait d'un lâche, si je ne tiens pas mes promesses. »

Pour la première fois de sa vie, Alexandre se sent en contact direct avec l'Histoire. Et, chose étrange, cette possibilité de peser sur les événements qui ne lui a jamais été donnée en France, exception faite d'une participation épisodique aux troubles parisiens de 1830 et de 1848, c'est à l'étranger qu'il la trouve soudain. S'il n'a pas eu l'occasion de mettre la main à la pâte en Russie, dont la structure est trop solide pour être attaquée, la décomposition de l'Italie lui offre une occasion unique de jouer au réformateur. En agissant ainsi, ce n'est pas la liberté de sa patrie qu'il défendra, mais celle de tous les hommes ployés sous des régimes injustes. Il ne sera plus français, mais italien, autrichien, russe, selon les circonstances. Sa patrie n'aura pas de frontières. Dans son exaltation, il a écrit le mois précédent à Hugo : « Vous m'aimez trop pour ne pas savoir où je suis et ce que je fais. Je suis à Palerme, à Melaro, à Messine, – partout où se joue un acte du grand drame qui sera la chute du roi de Naples, du pape, de l'empereur d'Autriche. Je fonde un journal que vous recevrez. Ecrivez-moi une lettre sur les événements. Vous savez l'effet qu'a produit votre discours !!! »

Ainsi, à Hugo, qu'il considère comme la conscience républicaine de la France, il répond au nom de la conscience républicaine du monde. Si la sollicitude de Hugo s'arrête à Paris, la sienne couvre la planète. Il est le frère non seulement de ses compatriotes, mais du pêcheur de Naples, du moujik d'Ukraine, du nègre de Saint-Domingue. Dans ces conditions, ne mérite-t-il pas la même auréole de philanthropie que le grand solitaire de Guernesey ? En attendant la reconnaissance de son génie politique, il se contente d'observer à la lorgnette, du bord de son bateau, les allées et venues de quelques silhouettes autour du palais royal. Enfermé dans sa résidence, François II doit guetter avec angoisse l'ultime offensive des rebelles. En prévision de la chute du fantoche, Alexandre active le travail des quatorze tailleurs qui, installés sur le pont de l'*Emma*, cousent des chemises rouges pour les garibaldiens. Or, le roi ne se tient pas encore pour battu. Ayant été averti du double jeu de son ministre, Romano, il éclate d'indignation face à ses derniers conseillers et s'écrie : « M. Dumas a empêché le général Scotti de porter secours à mes soldats de la Basilicate ; M. Dumas a fait la révolution de Salerne ; M. Dumas est venu ensuite dans le port de Naples, d'où il lance des proclamations dans la ville, distribue des armes, donne des chemises rouges. Je demande que M. Dumas cesse d'être protégé par son pavillon et soit forcé de quitter la rade. »

Cette fois, la menace est si précise que, par crainte de voir son bateau canonné et pris à l'abordage, Alexandre fait lever l'ancre, le 2 septembre, et se dirige de nouveau sur Messine. Il y arrive le 8 et trouve la population déchaînée dans la joie des dernières nouvelles. Sans lui laisser le temps de respirer, on lui apprend la fuite de François II et l'entrée triomphale de Garibaldi dans Naples. Il faut donc immédiatement qu'il retourne là-bas. Docile, l'équipage exécute les manœuvres et l'*Emma*, virant de bord, s'élance vers le large. Mais les vents lui sont contraires. Sur l'ordre de Garibaldi, un bateau à vapeur est dépêché à la rencontre de la goélette et la remorque jusqu'au port. Les retrouvailles d'Alexandre avec le nouveau maître de la ville sont dignes d'une pièce de Dumas. « Ah! te voilà! s'écrie l'Indomptable en lui ouvrant les bras dans un geste théâtral. Dieu merci! Tu m'as fait assez attendre! » C'est la première fois que Garibaldi tutoic son ami français. Alexandre se jette contre sa poitrine en pleurant. Le plus beau jour de sa vie, dira-t-il. Il y en a eu tant! En vérité, l'accolade de Garibaldi a plus de prix à ses yeux que tous les applaudissements de tous les publics de France.

Le 14 septembre 1860, un décret nomme Alexandre Dumas directeur des musées et des fouilles de la région et lui fait attribuer un appartement de fonction dans le palais Chiatamone. Il n'ambitionnait que d'entrer dans l'histoire de la littérature, le voici qui entre dans l'Histoire du monde. Quelle promotion! Epanoui de bonheur, il écrit, dès le lendemain, à son ami Van Loo : « Un mot en courant. Je suis à Naples avec Garibaldi. J'habite un charmant petit palais, au bord de la mer. J'ai, et c'est pour cela que je vous regrette, toutes les chasses de François II à ma disposition. Mais j'ai eu jusqu'à présent la paresse de n'y pas tuer un faisan. Portez-vous bien, mon ami. Les journaux vous donneront de mes nouvelles politiques. »

VI

Derniers sourires d'Italie

La lune de miel de Dumas avec les Napolitains ne dure guère. Quelques jours à peine après son installation au palais Chiatamone, des rumeurs déplaisantes circulent à son sujet dans la ville. On estime outrageant pour la nation italienne qu'un étranger ait été chargé d'administrer les musées et de diriger les fouilles du pays, on l'accuse de massacrer pour son plaisir le gibier des anciennes chasses royales, de dilapider l'argent de la municipalité en orgies et même de s'emplir les poches au détriment des pauvres. Tout cela est faux, mais les échos de la cabale parviennent aux oreilles de Garibaldi, lequel est déjà loin et poursuit son action de conquête et d'épuration au nord de Naples. Privé de son protecteur, Alexandre souhaiterait du moins pouvoir lancer le journal révolutionnaire, *L'Indipendente*, comme convenu, et faire imprimer un ouvrage historique de son cru, *Naples et sa province*, par l'Imprimerie nationale. Il écrit à Garibaldi, toujours en campagne, et, ne recevant pas de réponse, renouvelle sa requête, le 7 octobre 1860 : « Quand je vous dis *vous m'oubliez*, je vous dis : *vous vous oubliez* vous-même. Pourquoi voudrais-je le pouvoir : c'est pour vous aider ! »

Or, tandis qu'Alexandre multiplie ses récriminations et

ses exhortations, le roi Victor-Emmanuel II, inquiet des idées subversives de Garibaldi, recherche l'appui de la France et obtient de Napoléon III l'envoi de son armée en Italie. Les Français occupent les Etats pontificaux et se déclarent prêts à rétablir l'ordre dans toute la péninsule. Bref, l'Italie n'a plus besoin de Garibaldi. On reconnaît ses mérites de patriote, mais on l'invite à se retirer de la scène politique. D'ailleurs, un plébiscite vient de ratifier le rattachement de l'Italie du Sud au royaume du Piémont. François II balayé, Garibaldi, à son tour, dépose les armes et souscrit à la nouvelle paix monarchique. Il accueille Victor-Emmanuel II et son ministre à Naples, le 7 novembre, mais refuse avec hauteur les honneurs officiels assortis de la pension qu'on lui propose et choisit l'exil dans son propre pays. Alexandre assiste, la rage au cœur, parmi la foule éplorée, au départ du héros, qui embarque, le 9 novembre, sur le *Washington*, à destination de l'île de Caprera.

A ce deuil d'une amitié s'ajoute bientôt, pour Dumas, le deuil d'un amour : Emma Mannoury-Lacour s'éteint, le 26 novembre 1860, à Caen. Il s'attendait depuis longtemps à cette fin, mais, l'ayant apprise, il se découvre soudain comme veuf de sa seule « vraie femme ». « Les trois quarts de mon cœur, sinon mon cœur tout entier moururent avec elle », dira-t-il. Heureusement, le chagrin de cette disparition est effacé, moins d'un mois plus tard, par l'annonce d'une naissance. Le 24 décembre 1860, Emilie a mis au monde une fillette, qui a été prénommée Micaëlla Clélie Josepha Elisabeth. C'est le jour de l'an 1861 que Dumas reçoit l'annonce de ce cadeau quelque peu superflu. Etrange situation de famille, songe-t-il. Son fils de trente-six ans vient lui-même d'avoir, avec la princesse Nadejda Narychkine, une fille naturelle, Marie Alexandrine Henriette, dite « Colette »; sa propre fille, âgée bientôt de trente ans, va de scène de ménage en scène de ménage avec son mari, crache le sang et se désespère d'être stérile; et lui, le père de ces deux grands enfants, devenu grand-père par la grâce de l'un d'eux, renoue gaillardement, pour son compte, avec les joies de la paternité. Comblé par la nature, il écrit, le 1er janvier 1861, à Emilie : « Tu sais, mon cher Bébé, que je préférais une fille. Je vais te dire pourquoi. J'aime mieux Alexandre que Marie. Je ne vois pas Marie une fois par an et je puis voir Alexandre tant que je voudrai. Tout l'amour que je pouvais avoir pour Marie se reportera donc sur ma chère petite Micaëlla, que je vois, couchée à côté de sa petite maman, et à qui je défends de se lever et de sortir avant que je n'arrive. Je vais tout arranger pour être à Paris vers le 12 [janvier]. Il me serait, malgré tout mon désir, impossible d'y être avant. [...] Depuis une heure, mon cœur s'est agrandi pour faire place à un nouvel amour. Si, les premiers mois, tu ne veux pas te séparer de notre enfant, nous louerons une petite maison à Ischia, dans le meilleur air et la plus jolie île de Naples, et alors j'irai passer, avec vous, deux ou trois jours de la semaine. Enfin, rapporte-t'en à moi d'aimer l'enfant et la mère. »

Ainsi, tout en promettant à la jeune femme d'aller l'embrasser à Paris, il ne songe pas à s'éloigner définitivement de Naples. C'est qu'en dépit du départ de Garibaldi il continue d'habiter le palais de Chiatamone, dont le luxe, le confort et la nombreuse domesticité flattent son goût de l'opulence. Le palais est situé au bord du golfe. Du haut des fenêtres, le regard d'Alexandre embrasse la mer pardessus une immense terrasse, avec des bosquets de chênes verts, des massifs de seringas et des allées de lauriers-roses aux couleurs changeantes. « Rien n'était ravissant pendant les heures du matin et du soir, écrira-t-il, comme de respirer la brise de la mer sur cette terrasse d'où l'on découvrait la plus belle vue qui soit au monde. » Le journal *L'Indipendente* a son siège dans le palais. Vaille que vaille, faisant parfois appel à ses propres réserves, Dumas poursuit la publication de cette feuille consacrée à la gloire de Garibaldi. Cependant, en écrivant ses articles sur l'unité de l'Italie, il a un peu l'impression d'être un don Quichotte moderne, attaquant des moulins à vent. Un jour vient où, fatigué de sa lutte solitaire et conscient de ses devoirs familiaux, il se résout à confier provisoirement la direction de la gazette à ses collaborateurs habituels, avec à leur tête son secrétaire, Adolphe Goujon. Les plus beaux rêves ont une fin, soupire-t-il. C'est sans enthousiasme qu'il boucle ses valises. En route pour Paris, il rencontre son fils Alexandre, qui se dirige, lui, vers Naples, pensant l'y retrouver. Dumas lui offre de loger, en son absence, dans l'appartement royal qu'il occupe de par ses fonctions et lui assure qu'il sera très vite de retour. Le voici enfin au chevet de la jeune accouchée radieuse et du bébé qu'elle lui a offert sur le tard. Attendri par la grâce fragile du nouveau-né, il jure à Emilie qu'il n'a jamais été aussi heureux et qu'il prendra soin d'elle et de l'enfant jusqu'à sa mort. Or ni elle ni lui ne songent encore à reconnaître Micaëlla. Rien ne presse, décident-ils, on verra dans quelques années. Après avoir pouponné et bêtifié plusieurs jours entre le lit de la mère et le berceau de la fille, Alexandre repart pour l'Italie où tant de gens ont besoin de lui !

Le 6 février, il prend le bateau à Marseille et, le lendemain, il retrouve à Naples son « grand garçon » qui l'attendait avec impatience. Quelle joie, pense-t-il, de pouvoir raconter son aventure italienne à un homme capable d'en apprécier le sel. Mais il ne tarde pas à constater que son fils est soucieux, grincheux, inquiet, peut-être même hypocondriaque. Des deux Alexandre, c'est le plus vieux qui doit remonter le moral du plus jeune. Pourtant tout semble lui réussir, à l'auteur de *La Dame aux Camélias*. Ne vient-il pas encore de remporter un triomphe au Gymnase où l'on joue son *Père prodigue* ? Ah ! si Dumas « l'ancien » pouvait en espérer autant avec ses dernières productions. Or, non seulement les journaux et les éditeurs parisiens ne lui proposent plus aucun contrat, mais *L'Indipendente* perd de l'argent. Obligé d'en arrêter la publication le 18 mai 1861, il songe un moment à devenir actionnaire d'une fabrique d'impression sur verre, puis il renonce à cette lubie hypothétique et, désœuvré, indécis, rumine les à-coups de la chance qui le fuit à un âge avancé après l'avoir brillamment favorisé dans sa jeunesse. Son désarroi l'incite à chercher le responsable de tant d'injustice. Au détour d'une conversation, son fils lui suggère de renouer avec son ancien « complice », Auguste Maquet. Mais Dumas renâcle à l'idée de ce rabibochage. Dès le départ d'« Alexandre le jeune » pour Paris, « Alexandre l'aîné » lui écrit afin de justifier sa persistante rancune envers un collaborateur dont il a eu à se plaindre : « Maquet est un homme avec lequel je ne peux plus avoir aucun rapport. Maquet qui, de confiance et devant me le remettre de la main à la main, touchait un tiers d'*Hamlet* auquel il n'a jamais participé et les deux tiers des *Mousquetaires* [il s'agit de reprises] a tout gardé. Maquet est pour moi un voleur. » Jadis, Alexandre n'eût attaché aucune importance à ce petit manque à gagner imputable à Maquet. Aujourd'hui, il s'en fait une montagne. Tout le blesse et l'indigne. Le monde lui semble peuplé de faux frères, de faux écrivains et de faux jetons. A cet égard, la France ne vaut pas mieux que l'Italie. Comme s'il n'avait pas assez de soucis avec les journaux, les éditeurs et les collaborateurs, voici que la famille s'en mêle. Marie l'appelle au secours. Son mari, un violent et un exhibitionniste, lui rend la vie impossible. A bout de résistance, elle veut se retirer dans un couvent et a entamé une procédure en séparation. L'affaire vient devant le tribunal de Châteauroux. Elle compte sur son père et son demi-frère pour la soutenir dans l'épreuve. Les deux Alexandre accourent. Mais, malgré leurs efforts et ceux de l'avocat, Emilie est déboutée. Elle reviendra à la charge l'année suivante.

Entre-temps, Dumas est déjà reparti pour l'Italie. Il ne peut plus se passer de Naples, tout en la détestant. Sourd aux clabauderies, il s'entête à croire que cette ville est le lieu idéal pour défendre la cause de l'unité italienne. Qu'il parle aux Italiens ou aux Français, son propos est le même. Ainsi, ayant cédé le titre de *Monte-Cristo* à un certain Calvet, qui est à présent le propriétaire-gérant du bihebdomadaire, il alimente cette publication en articles sur la situation napolitaine et y relate l'épopée garibaldienne des Mille sous le titre de *Une odyssée de 1860*. Sont-ce les accents belliqueux de son thuriféraire qui incitent Garibaldi à retourner au combat ? Dès le mois de juin 1862, il décide d'envahir le Trentin-Haut-Adige, puis, ayant échoué dans sa tentative, il débarque en Calabre avec ses volontaires. Les troupes de Victor-Emmanuel II arrêtent sans effort cette entreprise désespérée. Garibaldi est blessé et fait prisonnier à Aspromonte. La seule satisfaction qu'il tire de ce retour sur la scène politique et militaire, c'est le soutien moral que lui a apporté Dumas dans ses chroniques de *L'Indipendente* et du *Monte-Cristo*. Jusqu'à la chute du héros, Alexandre a chanté son courage et sa grandeur d'âme. Mais, tout en célébrant l'admirable vaincu, il dénonce la déchéance de Naples, où règnent la misère et le brigandage. Cette mise en accusation de la Camorra, redoutable entreprise de vol, de chantage et de meurtre que les autorités, de plus en plus corrompues, sont incapables de maîtriser, agace, à la longue, les Italiens. Ils n'admettent pas qu'un Français les critique et prétende assurer leur bonheur malgré eux. Des lettres de menace arrivent sur la table du « justicier » ; la presse locale commente avec aigreur l'outrecuidance de cet étranger donneur de leçons ; il se sent espionné par ses domestiques dont la plupart sont achetés par la Camorra ; enfin, sous prétexte de le protéger, la municipalité fait placer des sentinelles en armes devant le palais Chiatamone. Un jour, alors qu'il reçoit la visite de son compatriote Maxime Du Camp, de passage à Naples, des cris de haine éclatent sous ses fenêtres : « Dehors, Dumas ! Dumas à la mer ! » Il s'agissait, selon Maxime Du Camp, d'un ramassis de trois cents personnes, « précédées d'une grosse caisse, d'un chapeau chinois et d'un drapeau aux couleurs de l'Italie ». La police les disperse, mais avec une étrange sollicitude. Serait-elle favorable aux manifestants ? Du Camp est allé aux nouvelles. A son retour au palais, il trouve Dumas assis, le dos rond, la tête dans les mains. Il lui touche l'épaule. Alexandre lève sur lui des yeux baignés de larmes et murmure : « J'étais habitué à l'ingratitude de la France, je ne m'attendais pas à celle de l'Italie [1]. »

En dépit de cet avertissement, Dumas persiste dans son désir de se dévouer à la cause des peuples opprimés, quelles que soient leur situation géographique ou leurs racines culturelles. Alors que l'Italie semble vouloir le rejeter, il découvre les malheurs de l'Albanie, de la Thessalie, de l'Epire, de la Macédoine, écrasées sous la puissance turque. La junte gréco-albanaise, présidée par le prince Georges Castriota Scanderbeg, lui a écrit une lettre qu'il juge d'emblée admirable : « Monsieur, vous pouvez faire pour Athènes et Constantinople ce que vous avez accompli pour Palerme et Naples. Sentinelle avancée des nationalités renaissantes, vous redoublerez vos forces le jour qu'on engagera la lutte finale du christianisme contre le Coran. Monsieur, la réforme nationale, qui n'a pas à sa tête un génie comme le vôtre pour conduire l'idée des masses, ressemble à une locomotive lancée sans conducteur. » Comment résister à une invitation aussi noble et aussi pressante ? Repris par le besoin viscéral de se consacrer à une grande cause, Alexandre devine que, dans son cœur, les Albanais et les Grecs remplacent déjà les Italiens. Sans barguigner, il avertit la junte qu'il met à sa disposition sa goélette, l'*Emma*, et qu'il obtiendra des crédits auprès des armuriers parisiens qui le connaissent et lui font confiance. Le voici, du jour au lendemain, reparti pour une deuxième croisade. Les musulmans n'ont qu'à bien se tenir ! « On chassera d'abord les Turcs des quatre provinces esclaves,

1. Maxime Du Camp : *Souvenirs littéraires*.

écrivait-il, en octobre 1862, à Jenny Falcon, et ensuite on les poussera jusqu'à Constantinople, probablement dans le Bosphore. » Il est si sûr de mener à bien cette épopée de la croix contre le croissant qu'il promet à Emile de Girardin d'en assurer la chronique, au jour le jour, dans *La Presse.* Bien que l'idée de cette guerre sainte lui semble prématurée, Girardin accepte : soixante-quinze francs le « papier », quelle que soit sa longueur ! A partir du 4 janvier 1865, les articles rédigés à Naples se succèdent à un rythme soutenu, mais, les opérations militaires n'ayant pas encore commencé, ils ne traitent que de la misère, de la paresse et des vices des Napolitains. Pour prendre contact avec la junte gréco-albanaise, Alexandre envoie à Londres un jeune Sicilien, Prima. Celui-ci est chargé de débattre avec le prince Scanderbeg les conditions de l'aide à fournir aux rebelles. L'insurrection de l'Albanie est prévue pour l'été prochain. La junte aurait besoin, avant de déclencher l'opération, d'un apport de dix mille francs. En échange de cette participation financière, elle offre à Dumas le grade de général. Le souvenir de son père, si beau dans son uniforme, l'inciterait à accepter, mais il redoute les moqueries des journaux parisiens, toujours prêts à tourner en ridicule les initiatives qui ont du brio. Il n'en écrit pas moins à son fils : « Tu n'as pas envie de faire la campagne d'Albanie ? J'ai le poste de mon aide de camp à t'offrir. » Puis il se résigne à la sagesse et avertit la junte qu'il se contentera d'une fonction plus en rapport avec son âge, celle de surintendant des dépôts militaires de l'armée d'Orient. Bien entendu, il sera aussi l'historiographe de cette reconquête des terres chrétiennes sur les infidèles et il collectera tous les fonds nécessaires à la réussite de l'entreprise. En attendant, il charge son fils de se renseigner auprès des armuriers parisiens sur la possibilité d'un achat massif de matériel aux prix les plus bas.

Or, un matin, il est convoqué par la police napolitaine pour une communication urgente. On lui apprend que le pseudo-prince Scanderbeg, organisateur de l'insurrection albanaise, n'est qu'un repris de justice et un escroc. Son Altesse royale a disparu en emportant la caisse. Le rêve albanais s'écroule dans les brumes de Londres. Berné, mortifié, Alexandre ne sait s'il doit s'indigner de la filouterie du prince ou rire de sa propre jobardise. « Enfoncés jusqu'aux épaules ! Comme des sots ! » conclut-il. Au vrai, il a perdu sur tous les tableaux. Il a voulu hisser Garibaldi au pinacle et l'« Indomptable » est en prison ; il a voulu libérer l'Italie et c'est la Camorra qui triomphe partout, tandis que la royauté affiche ses faiblesses ; il a voulu chasser les Turcs d'Albanie et de Grèce, et c'est lui qui est sur le point d'être chassé de Naples.

Son seul réconfort dans cette série de désillusions, il le doit à une femme : Fanny Gordosa, une superbe soprano à la voix d'or et aux nerfs frémissants. Serait-il devenu mélomane ? Chaque fois qu'il l'écoute chanter sur scène, il espère l'entendre, une nuit, soupirer dans ses bras. Et le miracle arrive. A soixante et un ans, Alexandre se retrouve dans la peau d'un amant comblé. Si Fanny acceptait de l'accompagner à Paris, il n'hésiterait pas à quitter Naples, où, après l'avoir adulé, chacun le guigne et le vole. Elle ne dit pas non. Aussitôt il s'adresse à son fils et le prie de rafler en son nom le plus d'argent possible auprès des éditeurs et des journaux parisiens qui tous, à son avis, lui doivent quelque chose. De son côté, en prévision de ce changement d'existence, il travaille avec entrain à un long roman, *La San Felice*, qu'il compte vendre à Emile de Girardin. Pendant ce temps, son fils essaie en vain de négocier quelques adaptations pour la scène des romans de Dumas père : *Joseph Balsamo*, *Les Quarante-Cinq*, *Le Page du duc de Savoie*... Est-ce le jeune Alexandre qui ne sait pas s'y prendre ou les directeurs de théâtre qui ne font plus confiance à l'auteur des *Trois Mousquetaires* ? Déçu, Dumas estime que rien de concret ne sortira de ces pourparlers tant qu'il ne se sera pas dérangé pour régler lui-même ses affaires. Mais un intermède plutôt heureux le retient de mettre ce projet à exécution : Emilie débarque à Naples avec sa fille. Il les revoit l'une et l'autre avec attendrissement et les emmène faire un tour en Suisse. Pour ce voyage touristique, Emilie a revêtu – c'est devenu chez elle une innocente manie ! – un costume de jeune homme. Cela n'empêche pas la petite Micaëlla, âgée de deux ans, de l'appeler « maman ». Emilie, elle, dit volontiers « papa » à son imposant protecteur qui ne sait s'il doit en être ému ou froissé. En une semaine, la famille itinérante découvre le lac des Quatre-Cantons, Lucerne, le lac de Brienz, Interlaken, Berne, les chutes du Rhin, Schaffhouse... Dumas avale les beautés de la Suisse jusqu'à l'écœurement. Ce genre d'expéditions ne serait-il plus de son âge ? Au fond, Emilie l'agace un peu par ses mines énamourées et ses exclamations de fillette. Il l'a trop vue, il a besoin de changements, de surprises, d'éclats. L'exubérante Fanny Gordosa a déjà supplanté dans son esprit la trop mignonne maman de Micaëlla. En revenant de Naples avec Emilie et son marmot, il n'a qu'une hâte : les voir repartir. Dès qu'elles ont disparu de son horizon, il prépare son propre voyage à Paris en compagnie de celle qu'il considère déjà comme sa maîtresse dominante et définitive. Il est sûr qu'à son bras elle éblouira les salons par sa pétulance, son regard de feu et les inflexions de sa voix divine. Ils seront le couple le plus fêté de Paris. Leurs deux gloires n'en feront qu'une. C'est sans regret qu'il prend congé de ses collaborateurs de *L'Indipendente*, lesquels continueront le combat pour la vérité sous la direction d'Adolphe Goujon. Pour ce qui est de sa propre activité de journaliste, à Paris, il s'est entendu avec un nouvel organe de presse, fondé par Moïse Polydore Millaud : *Le Petit Journal*. La direction de cette gazette lui a assuré qu'il y serait comme chez lui et qu'on le paierait rubis sur l'ongle. Ayant ainsi assuré ses arrières, il embarque le 6 mars 1864, avec Fanny Gordosa, sur le *Pausilippe*.

Il espérait un « retour d'exil » en fanfare. Mais, lorsqu'il reparaît à Paris, ce n'est pas vers lui que vont les premiers applaudissements de ses concitoyens, c'est vers son fils. Le 12 avril 1864, il assiste, avec une fierté ombrageuse, au succès d'une comédie en cinq actes du « petit » : *L'Ami des femmes*. Assis au fond de sa loge avec la Gordosa superbement parée, il ronge son frein en souriant à la ronde. Certes, il y a place pour deux Dumas dans la faveur du public. Cependant, cette concurrence lui semble lassante à la longue. Quand donc les Français s'apercevront-ils qu'il est revenu au pays, qu'il a toujours le même talent et que sa robuste vieillesse mérite d'être honorée autant, sinon plus, que l'insolente jeunesse de l'autre Alexandre ?

VII

L'extinction des feux

Avant même de quitter l'Italie, Alexandre avait mis tout son espoir dans cet énorme roman, *La San Felice*, dont les premiers chapitres lui apparaissaient comme un brillant démenti à ceux qui annonçaient l'épuisement de son imagination créatrice. Dès janvier 1864, il avait écrit à son fils pour le préparer, avec fierté, à l'événement. Il avouait même dans sa lettre que, contrairement à son habitude, il avait relu et recopié son texte pour en corriger les fautes : « J'ai tout simplement entrepris là comme Atlas de porter un monde, mais Atlas avait une excuse : on lui avait mis ce monde-là sur le dos, et moi je me le suis mis à moi-même. Dis à Gautier que je fais pour lui et pour lui seul ce que je n'ai jamais fait pour personne : je me recopie pour qu'il soit content du style, de sorte qu'au lieu de gagner trois cents francs par jour, je n'en gagne que cent cinquante [...] Dis aussi à ses deux chers enfants que, si je fais du style pour leur père, je fais du pittoresque et de l'amour pour elles. »

Et certes, il y a « du pittoresque et de l'amour » dans ce merveilleux récit où s'entremêlent la passion de la douce San Felice et du révolutionnaire Palmieri, celle de la reine Marie-Caroline et d'Acton, celle d'Emma Lyonna et de l'amiral Nelson ; mais ce qui domine les bruits du cœur, c'est le bruit des armes. L'action se situe au moment de la conquête du royaume de Naples par les troupes de Bonaparte. Cette époque, ces lieux, Dumas les connaît bien ; et il en parle avec une chaleur envoûtante. A Paris, dès la publication du premier volume de *La San Felice*, ses amis se répandent en compliments hyperboliques et Alexandre exulte : « Il y a six ans que je n'ai rien fait pour les journaux ni pour le Théâtre-Français, écrit-il à Arsène Houssaye, et, pendant ces six ans, il ne s'est pas produit d'œuvres d'une si haute portée. Je crois celle-ci sérieuse : c'est l'évocation de toute une époque, depuis le roi jusqu'au bandit, depuis le cardinal jusqu'au simple moine. Et la France républicaine planera au-dessus de tout cela, calme, loyale, poétique, dans les deux individualités de Championnet et de Macdonald. Ne vous inquiétez point des chapitres qui vous paraîtraient épisodiques : dans un roman de trois millions de lettres, il faut permettre à l'auteur de poser carrément ses personnages. Il m'a fallu un chapitre pour Mannionne, deux chapitres pour Fra Pacifico, trois chapitres pour Fra Diavolo, mais le développement du caractère de mes personnages répondra à la largeur du piédestal. [...] Je voudrais bien faire des choses d'art. »

Les lettres louangeuses qu'il reçoit sur *La San Felice*, Alexandre ne manque pas de les montrer à Fanny Gordosa, dont il veut entretenir la flamme. Qu'est-ce donc qui le séduit dans cette femme hors du commun ? Ses proches la dépeignent comme une personne jolie, certes, mais noiraude et d'un caractère hérissé. Elle recherche autant les disputes que les réconciliations. Ses enlacements sont proches de l'hystérie. Sans doute Alexandre aime-t-il la dominer comme un bon cavalier aime à dompter un cheval sauvage. L'ex-mari de l'encombrante Fanny, un baron autrichien, n'a pu, dit-on, supporter longtemps son tempérament volcanique : pour calmer ses ardeurs, il lui enveloppait les reins avec des serviettes imbibées d'eau froide.

Alexandre, lui, s'accommode fort bien des exigences de la dame. Il s'est d'abord installé avec elle dans un appartement meublé au 112 rue de Richelieu, maison où se trouvent justement les bureaux des journaux du groupe, puis, au mois de mai 1864, le couple a emménagé dans la villa Catinat, au bord du lac d'Enghien. Aussitôt, ce modeste logis est devenu le temple de la musique. La Gordosa y invite pêle-mêle des maîtres de chant, des professeurs de piano, des accompagnateurs, des amateurs de bel canto et des pique-assiette de toutes sortes, qui se pâment en écoutant les vocalises de l'hôtesse. Certains restent à déjeuner, à dîner ; on ne sait jamais d'avance combien il y aura de convives à table ; les domestiques s'en plaignent ; la Gordosa, outrée de leur insolence, les renvoie l'un après l'autre ; et Dumas se met, en riant, aux fourneaux. Sa patience avec Fanny étonne ceux qui connaissent les brusqueries de son caractère. Lui aurait-elle limé les ongles et les dents ? Elle veille jalousement à interdire l'entrée de son domaine à toute femme qu'elle soupçonne d'avoir des vues sur son amant. Une ancienne amie d'Alexandre, Mathilde Shaw, ayant sonné à sa porte, est reçue par une soubrette visiblement embarrassée et s'apprête à lui indiquer les motifs de sa visite, lorsqu'une voix claironnante, au fort accent italien, glapit à la cantonade : « C'est *oune* femme ?... Dites-*loui* que *Mousieur Doumas* il est malade et qu'elle s'en aille ! » Puis, comme Mathilde Shaw demande de plus amples nouvelles du maître de maison, une furie brune, échevelée et le corps enveloppé d'un nuage de mousseline blanche, surgit dans l'antichambre et redouble de cris : « Je veux que vous laissiez *Mousieur Doumas* tranquille, parce que, le pauvre *houme*, il est malade et il n'a pas besoin de voir *oune* autre femme ! Mon nom est la Gordosa ! » Eberluée, Mathilde Shaw espère encore qu'Alexandre paraîtra à son tour et imposera silence à la virago. Mais il se garde bien d'intervenir et laisse Mathilde quitter les lieux, chassée comme une intruse.

Tolérant avec cette créature intolérante, il l'est beaucoup moins dans ses rapports avec son ancienne maîtresse Emilie. Dès qu'une femme a perdu pour lui tout attrait physique, il découvre en elle des défauts de caractère dont il aurait dû s'apercevoir au début de leur liaison. Il lui fait même grief de s'être si longtemps trompé sur elle. Constatant la légèreté d'Alexandre, Emilie le met au pied du mur. Elle n'accepte plus cet éternel papillonnage : s'il ne se décide pas à l'épouser, elle le quittera et emmènera sa fille. Or, Dumas s'est pris d'affection pour la petite Micaëlla, qui va sur ses quatre ans. Il veut bien se séparer de la mère, mais non de l'enfant et propose un arrangement : tant qu'Emilie résidera à Paris, « Bébé » passera six mois avec sa mère, six mois avec lui ; si Emilie quitte la France, il reprendra « Bébé », mais sa mère conservera le droit de la voir à tout moment. Il expose cette solution à M. Cordier, le père d'Emilie. « Je crois être raisonnable, lui écrit-il, en vous offrant ces conditions et en vous priant, en l'absence d'Emilie, d'en causer avec Madame Cordier [la mère d'Emilie]. Bébé m'aime beaucoup et ne doit pas souffrir des nécessités qui peuvent nous séparer, Emilie et moi. »

Mais Emilie ne veut rien entendre. Pour empêcher que Dumas ne lui enlève sa fille, elle la reconnaît légalement. Alexandre ayant abandonné la mère, affirme-t-elle, il n'a aucun droit sur l'enfant qu'il lui a fait peut-être en pensant à une autre. Génitrice farouche, elle se dresse contre le mâle qui prétend lui arracher son bien le plus cher. Et Dumas cède, par bonté, par lassitude. Il est vrai qu'il a, pour l'instant, d'autres chats à fouetter : contenter l'insatiable Gordosa, achever la rédaction de *La San Felice*, adapter pour la scène les volumineux *Mohicans de Paris*. Dès le mois de juillet 1864, les répétitions ont commencé. Mais la censure veille. La pièce est interdite pour cause « d'allusions trop libérales ». Dumas a déjà prévu la riposte : d'une part, il fait intervenir en sous-main ses amis et protecteurs Napoléon Joseph et la princesse Mathilde ;

d'autre part, il rend publique une lettre adressée par lui, le 10 août 1864, à Napoléon III.

« Sire, il y avait en 1830, et il y a encore aujourd'hui, trois hommes à la tête de la littérature française. Ces trois hommes sont : Victor Hugo, Lamartine et moi. Victor Hugo est proscrit, Lamartine est ruiné. On ne peut me proscrire comme Hugo : rien dans mes écrits, dans ma vie ou dans mes paroles ne donne prise à la proscription. Mais on peut me ruiner comme Lamartine et, en effet, on me ruine. Je ne sais quelle malveillance anime la censure contre moi. J'ai écrit et publié douze cents volumes. Ce n'est pas à moi de les apprécier au point de vue littéraire. Traduits dans toutes les langues, ils sont allés aussi loin que la vapeur a pu les porter. Quoique je sois le moins digne des trois, ils m'ont fait, dans les cinq parties du monde, le plus populaire des trois, peut-être parce que l'un est un penseur, l'autre un rêveur et que je ne suis, moi, qu'un vulgarisateur. De ces douze cents volumes, il n'en est pas un qu'on ne puisse laisser lire à un ouvrier du faubourg Saint-Antoine, le plus républicain, le plus pudique de nos faubourgs. Eh bien, Sire, aux yeux de la censure, je suis l'homme le plus immoral qui existe. »

Ayant dressé, à l'intention de Sa Majesté, la liste de ses œuvres – plus innocentes les unes que les autres mais qui toutes ont subi les foudres des juges officiels de la morale –, il conclut : « Aujourd'hui, la censure arrête *Les Mohicans de Paris* qui allaient être joués samedi prochain. Elle va probablement arrêter aussi, sous des prétextes plus ou moins spécieux, *Olympe de Clèves* et *Joseph Balsamo* que j'écris en ce moment. [...] J'en appelle donc, pour la première fois et probablement pour la dernière, au prince dont j'ai eu l'honneur de serrer la main à Arenenberg, à Ham et à l'Elysée, et qui, m'ayant trouvé comme prosélyte dévoué sur le chemin de l'exil et sur celui de la prison, ne m'a jamais trouvé comme solliciteur sur celui de l'Empire. »

La lettre, appuyée par les démarches de Napoléon

Joseph et de la princesse Mathilde, produit l'effet désiré. Moyennant quelques hâtives coupures, *Les Mohicans de Paris* voient les feux de la rampe et remportent un beau succès. Mais un jour, entrant à l'improviste dans une loge au théâtre, la Gordosa surprend Alexandre en train de lutiner une jeune comédienne roucoulante. La cantatrice éclate en vociférations, injurie les deux coupables, menace de tout casser, d'ameuter les machinistes, et même les spectateurs... Dumas se rajuste rapidement et s'écrie : « Emportez-moi cette folle ! Il paraît qu'elle est à jeun depuis hier et que voir les autres à table lui fait mal ! » Le soir, à la villa Catinat, la fureur de la Gordosa se rallume. Face à son amant qui tente en vain de la raisonner, elle renverse les chaises et casse la vaisselle. Comprenant enfin qu'il a affaire à une déséquilibrée, Alexandre, à bout d'arguments, saisit une carafe de cristal et la brise « fort près des épaules de la dame ». Ce geste violent la dégrise soudain. Sa colère se mue en une résignation haineuse. Elle s'évanouit, sanglote, mais accepte enfin de quitter la maison, non sans avoir d'abord vidé les tiroirs de tout l'argent qui s'y trouve. Quand elle a franchi le seuil, Dumas se dit qu'il s'en est tiré, somme toute, à moindres frais.

Pour se changer les idées, il va d'abord à Marseille où on doit monter *Les Mohicans*, et songe à partir pour les Etats-Unis, afin d'y prononcer des conférences sur Garibaldi. En fait de dépaysement, il se contentera de déménager et de s'installer au premier étage d'un immeuble, au 70 de la rue Saint-Lazare [1]. Marie, qui a quitté le couvent des sœurs de l'Assomption, revient vivre auprès de son père. Cette cohabitation le ravit, bien que le comportement de la jeune femme lui semble parfois étrange. Elle s'habille volontiers en druidesse, couronne son front de gui, porte une faucille à la ceinture et passe des heures, le visage extasié, à peindre des séraphins et des archanges. Manifestement, elle n'a pas

1. Emplacement actuel de l'église de la Trinité.

besoin d'un autre homme que son père auprès d'elle. Alexandre s'en étonne. Il lui paraît inconcevable qu'une femme de trente-trois ans n'ait aucun appétit sexuel, alors que lui, à soixante-deux, ne peut voir un joli minois sans rêver de culbutes amoureuses. Un des tableaux de Marie, *Les Litanies du Saint Nom de Jésus et de la Très Sainte Vierge, présentées par les Saints et les Saintes*, est exposé au Salon de 1864. A la demande d'Alexandre, plusieurs journaux de la capitale font l'éloge de cette immense toile, de quatre mètres de long, dans laquelle on reconnaît Dumas père et fils figurant en saints franciscains et Marie en ange gardien de Charlemagne. Sans doute Dumas père a-t-il éprouvé un léger choc en se découvrant, malgré sa paillardise, sous les traits d'un frère de la stricte observance.

Tout en encourageant sa fille à manier le pinceau, Alexandre ne peut la comparer à Eugène Delacroix, qui a toujours représenté pour lui le sommet de l'art. A la fin de l'année, lorsque l'imprésario Martinet lui propose de prononcer une conférence sur le peintre, mort l'année précédente, il accepte d'enthousiasme cette occasion de lui rendre un hommage public. L'aurait-il fait s'il avait eu connaissance du jugement sévère que le défunt portait sur lui dans son *Journal* non encore publié ? « Qu'est-ce que Dumas et presque tout ce qu'il écrit aujourd'hui, en comparaison d'un prodige tel que Voltaire, par exemple ? [...] La nécessité d'écrire à tant la page est la funeste cause qui minerait de plus robustes talents encore. Ils battent monnaie avec les volumes qu'ils entassent : le chef-d'œuvre est aujourd'hui impossible. » Ignorant l'opinion sévère de Delacroix à son égard, Dumas se présente, en habit noir et cravate blanche, dans la grande salle des Folies-Parisiennes où sont exposées les plus belles toiles du maître. Il est accueilli par une triple salve d'applaudissements. Les femmes surtout paraissent sensibles au charme de sa silhouette épaisse et de sa parole aisée. A la fin de son discours, des centaines de mains se tendent vers lui pour le remercier d'avoir si bien parlé d'un géant du pinceau, lui qui est un géant de la plume.

Ce succès populaire l'incite à renouveler l'expérience. Il avait négligé les conférences dans son jeune âge. Il va se rattraper maintenant. Mais, auparavant, il veut terminer *La San Felice*. Enfin, après s'être accordé un bref voyage d'excursion en Allemagne, il peut écrire, au bas de son manuscrit : « Aujourd'hui, 25 février 1865, à dix heures du soir, j'ai achevé le récit commencé le 24 juillet 1863, jour de mon anniversaire. » Après cet immense travail, il se découvre soudain vacant, disponible et inquiet de l'être. Ses personnages l'ont quitté sans crier gare, et il ne sait même plus s'il souhaite en accueillir d'autres. Pourtant, comme Jules Noriac, qui vient de fonder le quotidien *Les Nouvelles*, lui demande un inédit, il lui promet la livraison prochaine du *Comte de Moret*, dont l'action se situera entre l'époque des *Trois Mousquetaires* et celle de *Vingt ans après*. Le terrain lui est connu et sa plume court sur le papier. Mais, plus il avance dans son sujet, plus il se rend compte qu'il ne fait que démarquer, et même copier, les documents historiques du XVIIe siècle dont il s'est largement servi dans ses livres antérieurs. Il ne s'agit pas d'une création, tout au plus d'un pénible accommodage de restes. Des lecteurs déçus se plaignent à Noriac et celui-ci fait part de leur mécontentement à Dumas. Il s'en déclare douloureusement surpris et promet de corser désormais la sauce. Mais en est-il encore capable ? Les héros de son nouveau roman n'ont décidément rien dans le ventre. Il ne les retrouve qu'à contrecœur et les jetterait volontiers par-dessus bord. Afin de se convaincre qu'il est encore en possession de tous ses moyens, tant génésiques que littéraires – l'un n'allant pas sans l'autre, selon lui –, il fait appel à des prostituées qui lui rendent visite, de temps en temps, et s'emploient à le rassurer sur lui-même. Un jour, son amie Mathilde Shaw le trouve, vêtu d'un sous-vêtement de flanelle rouge, le corps tassé dans un fauteuil, avec, autour de lui, trois hétaïres dans des poses lascives. « Toutes trois, dédaigneuses des idées arriérées de notre civilisation, écrira-t-elle, étaient habillées comme notre mère Eve avant le péché originel ! » Certes, Dumas se permet quelques petites récréations érotiques. Mais le cœur n'y est plus. Bientôt, cette triste gymnastique amoureuse le déçoit autant que celle de l'écriture sur commande. Par chance, Moïse Polydore Millaud vient d'ouvrir, sous le nom de Grand-Théâtre parisien, une salle de spectacle destinée à la clientèle populaire. On y représentera *Les Gardes forestiers* qui avaient été joués en 1858 à Marseille. La distribution ne comprend que des artistes de second ordre, leurs répliques sont souvent assourdies par le bruit des trains qui manœuvrent sur la ligne toute proche du chemin de fer de Vincennes, mais le public est là, le 28 mai 1865, tendu, électrisé, impatient d'applaudir un chef-d'œuvre. Dumas a fait appel à tous ses amis, de Gautier à Janin, pour soutenir la pièce dans les journaux. Il redoute un échec sur cette scène minable et avec cette interprétation au rabais. Or, c'est un triomphe ! Les gardes forestiers seraient-ils destinés à une carrière honorable ou, en tout cas, rentable ? Non ! Darsonville, l'« homme de confiance » récemment nommé pour diriger le théâtre, dilapide l'argent de la recette, ne paie pas les acteurs et Dumas doit le mettre à la porte afin d'éviter la faillite. Dans l'espoir de dédommager les comédiens, il organise des tournées de sa pièce en province, à Rouen, à Soissons, à Villers-Cotterêts. Dans sa ville natale il est reçu en héros. Au milieu de cette frénésie provinciale, il cherche les visages des amis disparus entre-temps. « Pauvre Cotterêts, écrira-t-il le 31 août 1865 à son fils. Tous les gens de mon âge sont morts. Il a l'air d'une bouche qui a perdu les trois quarts de ses dents. » Une fois de plus, Dumas fait ses comptes. La tournée ne rapporte pas gros. Il faut chercher de l'argent ailleurs. Que son fils se débrouille, qu'il tire tous les cordons de sonnette. Avec deux cent mille francs « on en verrait la fin », lui affirme-t-il. Et il ajoute : « Occupe-toi de cela ; c'est la tranquillité du reste de ma vie. »

En novembre, accompagné de sa fille, il part pour une nouvelle série de conférences, cette fois en Autriche et en Hongrie. A Pest, l'accueil du public dépasse ses prévisions les plus optimistes. « A mon entrée, écrira-t-il, toute la salle se leva et, au milieu des applaudissements, cria trois fois le cri national. Si l'Académie de Paris a quelque relation avec sa sœur l'Académie de Pest, et qu'elle ait entendu les applaudissements, elle en rougira pour elle[1]. » Après la représentation du *Capitaine Paul* au théâtre de la Ville, un souper monstre, digne des Magyars du Moyen Age, réunit l'auteur, les artistes et les admirateurs. Salué par vingt-trois toasts successifs, Dumas, qui d'habitude préfère ne boire que de l'eau, avale chaque fois, sans sourciller, de pleins verres de vin de Hongrie.

En réintégrant Paris, au mois de janvier 1866, il compare mélancoliquement la très courtoise platitude française à la virile exubérance des pays de l'Est. Le 14 février, les frères Goncourt notent dans leur *Journal* : « Entre au milieu de notre conversation Dumas père cravaté de blanc, gileté de blanc, énorme, suant, soufflant, largement hilare. Il arrive d'Autriche, de Hongrie, de Bohême... Il parle de Pest, où on l'a joué en hongrois, de Vienne où l'Empereur lui a prêté une salle de son palais pour faire une conférence ; il parle de ses romans, de son théâtre, de ses pièces qu'on ne veut pas jouer à la Comédie-Française, de son *Chevalier de Maison-Rouge*, qui est interdit, puis d'un privilège de théâtre qu'il ne peut pas obtenir, puis encore d'un restaurant qu'il veut fonder aux Champs-Elysées. Un *moi* énorme, un *moi* à l'instar de l'homme, mais débordant de bonne enfance, mais pétillant d'esprit. »

Refusant de se restreindre, Alexandre emménage avec sa fille au 79 boulevard Malesherbes, à deux pas du parc

---

1. « A travers la Hongrie », *Les Nouvelles,* 14 février 1866.

Monceau. Toutefois, pour l'ameublement, il se contentera, dit-il, du minimum. Son principal souci est de disposer d'un lit « en bois de noyer noirci, comme l'ébène, le plus simple de forme possible, ayant l'air d'un canapé dont il pourrait tenir lieu dans la journée. Mon chiffre en lettres dorées et un blason dans chaque montant. » L'ébéniste Van Loo, qui a déjà décoré ses deux yachts, est chargé d'exécuter la commande. Tandis que Marie peint un *Salvator Mundi* destiné à l'exposition de 1867, avec des anges dans tous les coins, Dumas s'évertue à écrire, grâce à la collaboration d'Amédée de Jallais, un drame tiré de son roman *Gabriel Lambert*. Juste avant la première, au théâtre de l'Ambigu, il déclare à ses amis : « Je suis sûr de ma pièce ; ce soir, je me moque de la critique ! » Les journalistes ont-ils entendu son défi ? Ils n'admettent pas qu'on les traite par-dessus la jambe. Leur verdict est d'une férocité à couper le souffle. Ereinté par la presse, *Gabriel Lambert* doit quitter l'affiche après vingt-trois représentations. Egratigné, mais non blessé à mort, l'auteur rebondit en décidant de ranimer l'ancien Théâtre-Historique. Il écrit à ses « amis connus ou inconnus, de la France ou de l'étranger » pour solliciter leur aide. Les gazettes reproduisent largement cet appel aux amateurs de spectacles afin de sauver « le meilleur théâtre qui soit » – celui de Dumas, bien sûr ! Malgré ces battements de grosse caisse, les candidats souscripteurs hésitent. Ils se rappellent la faillite de la même entreprise quelque quatorze ans auparavant. Personne ou presque ne veut entendre parler d'une aléatoire résurrection. En désespoir de cause, Alexandre s'adresse à Napoléon III pour essayer d'obtenir une subvention de trente ou quarante mille francs qui suffirait, selon lui, à financer le projet : « Ce théâtre, Sire, écrit-il à l'empereur, c'est la littérature, je dirai plus, c'est l'opinion du peuple des faubourgs. Sire, veuillez tenter ce dernier essai pour rendre la vie à un trépassé dont la mort est fatale et la vie utile. Chargez-moi de lui dire au nom de César :

Lazare, lève-toi ! et il se lèvera, digne de la France et de Vous. » Cet appel pathétique reste sans écho. L'idée est abandonnée. Dumas pense avoir plus de chance en envisageant la création d'un journal, *Le Mousquetaire II*. En réalité, il s'agit des *Nouvelles*, la feuille de Jules Noriac, ainsi rebaptisée dans l'espoir de séduire le client. Malgré l'optimisme affiché par Alexandre, *Le Mousquetaire II* trébuche dès ses premiers pas. Six mois après sa création, il cesse de paraître, faute d'abonnés. Il y a plus grave : les *Nouveaux Mémoires*, dans *Le Soleil*, autre journal de Moïse Polydore Millaud, sont brusquement interrompus à la demande des lecteurs, qui ne trouvent aucun intérêt à ces rabâchages de souvenirs. Pendant la brève vie du *Mousquetaire II*, Dumas a eu le plaisir de recevoir dans son bureau de rédacteur en chef, et plus tard chez lui, une charmante dame de trente-six ans, Olympe Audouard. Comédienne amateur, romancière à l'occasion, séparée de son mari, qui officie au loin dans une étude de notaire, elle avoue avec une exquise impudeur sa préférence pour les messieurs d'un certain âge. Comme elle a l'esprit poétique, elle classe ses soupirants chenus en homme-papillon, homme-moustique, homme-alouette, homme-canard. Féministe enragée et amie des animaux, elle englobe dans son bestiaire tous les partenaires masculins qui croisent sa route. Dumas est de ceux-là. Mais leur liaison ne dure guère. Une autre femme remplace bientôt Olympe dans le lit d'Alexandre.

Adah Isaacs Menken est une belle brune aux yeux bleus. Juive d'origine portugaise, mais de nationalité américaine, elle a trente ans, est née en Louisiane, se prétend poétesse, conférencière, actrice, danseuse, modèle, journaliste, polyglotte et s'enorgueillit d'être une spécialiste de l'œuvre d'Edgar Poe, de Mark Twain et de Walt Whitman. Ayant tâté de tous les métiers, elle a épousé successivement un musicien, un boxeur, un imprésario, et, au moment de quitter l'Amérique, un certain Berkeley, chargé de légitimer l'enfant qu'elle a eu d'un autre. Résolue à conquérir l'Europe, elle a déjà séduit Londres dans un numéro de cirque inspiré du *Mazeppa* de Byron. Liée au dos d'un cheval, et vêtue d'un maillot collant de couleur chair qui la faisait paraître nue, elle gravissait au galop un praticable et s'arrêtait, superbe et impudique, devant le public médusé. Cette même performance, elle la renouvelle à Paris, sur la scène du théâtre de la Gaîté, au cours d'un spectacle intitulé *Les Pirates de la savane*. Alexandre, qui assiste à la représentation, en a le cœur saisi. Après le numéro, il court complimenter la jeune femme dans la coulisse. Elle lui saute au cou et l'embrasse à bouche que veux-tu. Admirant l'écrivain pour sa réputation, elle veut tester l'homme. Il ne demande pas mieux. On les voit ensemble dans les cafés, dans les salons, au théâtre. Comme Adah n'aime rien tant que la réclame, ils posent tous deux, tendrement enlacés, pour le photographe Liebert. Alexandre commence par se montrer devant l'objectif en habit, puis il tombe la veste, tandis qu'Adah, blottie sur ses genoux, montre son bras nu, exhibe ses jambes, appuie sa tête sur la large poitrine de son écrivain favori. Liebert, à qui Dumas doit de l'argent, met en vente des cartes postales d'après les clichés qu'il a pris du couple et les fait exposer dans de nombreuses vitrines parisiennes. Peu habitué à ce genre de provocations, le public s'indigne, ricane, accuse l'auteur des *Trois Mousquetaires* de se prostituer. Attristée par l'inconséquence paternelle, Marie court les magasins en suppliant qu'on retire de la devanture ces photographies outrageantes. En vain. De son côté, Dumas fils insiste auprès de son père, dont la bonne foi a été certainement surprise, pour qu'il intente un procès à Liebert. L'affaire se plaide devant la première chambre. Débouté le 3 mai, Alexandre fait appel et propose un compromis : il offre de racheter les clichés pour cent francs si leur vente est interdite. Un jugement du 24 mai lui donne satisfaction. Mais, entretemps, les petits journaux et les chansonniers se sont emparés de l'incident. Le jeune Paul Verlaine écrit :

L'oncle Tom avec Miss Ada,
C'est un spectacle dont on rêve.
Quel photographe fou souda
L'oncle Tom avec Miss Ada ?
Ada peut rester à dada,
Mais Tom chevauche-t-il sans trêve ?
L'oncle Tom avec Miss Ada,
C'est un spectacle dont on rêve.

Le Tintamarre, journal satirique, publie une ballade, aussitôt reproduite par *Le Figaro* :

Elle était une écuyère,
Il était un écrivain ;
A son zénith la première,
Le second à son déclin ;
Celle-là fraîche et légère
Comme un souffle du matin,
Celui-ci pesant et guère
Moins ventru qu'un muid de vin !

En apprenant la mésaventure burlesque de son grand confrère, George Sand, compatissante, écrit à Dumas fils : « Comme vous avez dû être embêté, vous, de ces histoires de photographies ! Enfin, c'est comme ça. L'âge amène les tristes conséquences de la vie de bohème. Quel dommage ! »

Dumas souffre moins que ses enfants et que ses vrais amis de cette déchéance. Il continue de fréquenter Adah comme si elle ne l'avait pas attiré dans un guet-apens. Tous deux participent aux soirées parisiennes et reçoivent ensemble dans l'appartement qu'elle a loué pour y abriter leur liaison, rue de la Chaussée-d'Antin. « S'il est vrai que j'ai du talent comme il est vrai que j'ai de l'amour, tous deux sont à toi », lui déclare-t-il. Malheureusement, elle est tenue par des contrats antérieurs et doit partir, dès juillet, pour une tournée en Autriche et en Angleterre. Il est d'ailleurs prévu qu'elle reviendra à Paris, le mois suivant, pour une reprise des *Pirates de la savane.* Elle tient parole, en effet, mais, à peine de retour en France, elle tombe malade. Atteinte d'une péritonite aiguë, elle traîne quelques jours et meurt, le 10 août 1868, à Bougival. Seuls ses grooms, sa femme de chambre, quelques camarades acteurs et le cheval qui figurait dans son numéro accompagnent le corps au cimetière du Père-Lachaise [1].

Durant ces derniers mois d'agitation futile et de passion sans lendemain, Dumas n'a cessé d'entendre des rumeurs de préparatifs militaires. Au début de l'année précédente, il a publié néanmoins, dans *Le Mousquetaire* et dans *La Situation*, deux romans : *Les Blancs et les Bleus* (avec comme sous-titre *Les Prussiens sur le Rhin*) et *La Terreur prussienne.* Dans le premier de ces récits, il évoque la vie fiévreuse en Alsace, pendant que les soldats français, commandés par Hoche et Pichegru, arrêtaient puis repoussaient l'envahisseur. Dans le second, il précise encore, à travers une affabulation émouvante, le péril qui menace la France avec un trop puissant voisin à ses frontières. Son personnage principal, Bénédict Turpin, est l'incarnation du « panache » français, opposé à la pesante vindicte germanique. Un « second d'Artagnan », en quelque sorte. Mais, malgré le talent de l'auteur, ce d'Artagnan-ci ne recueille pas auprès du public la même sympathie que le précédent. Dumas en est désolé, car, selon lui, ces deux nouveaux livres sont prémonitoires. Il voudrait ouvrir les yeux de ses compatriotes sur la nation disciplinée et belliqueuse qui s'apprête à les anéantir. La Prusse lui paraît d'autant plus redoutable aujourd'hui qu'elle a prouvé la valeur de son armée en écrasant les Autrichiens à Sadowa et en annexant le Hanovre. Désormais, elle forme un Etat d'un seul tenant,

1. Cf. Daniel Zimmermann : *Alexandre Dumas, le Grand.*

du Niémen à la Sarre, et, pense-t-il, ses ambitions territoriales ne s'arrêteront sûrement pas là. Seule la France serait capable de barrer la route à Bismarck. Mais, depuis l'échec des Français au Mexique et l'exécution de l'empereur fantoche Maximilien, Alexandre doute de plus en plus de la capacité de Napoléon III à diriger la politique étrangère du pays. Il vient de faire un bref séjour en Allemagne, afin de se documenter sur le sentiment de la population envers la France. Il en est revenu atterré : « Quiconque n'a pas voyagé en Prusse ne peut se faire une idée de la haine que les Prussiens professent à notre égard, écrit-il. C'est une espèce de monomanie qui trouble les esprits les plus limpides. On ne devient ministre populaire, à Berlin, qu'à la condition qu'on laisse entrevoir qu'un jour ou l'autre on déclarera la guerre à la France. On n'est orateur qu'à la condition que, chaque fois que l'on monte à la tribune, on décochera contre la France quelques-unes de ces fines épigrammes ou de ces spirituelles équivoques que manient si légèrement les Allemands du Nord. On n'est poète enfin qu'à la condition que l'on aura fait ou que l'on fera contre la France quelque iambe intitulé *Le Rhin*, *Leipzig* ou *Waterloo*. »

Ces lignes, d'une terrible lucidité, n'émeuvent guère les Parisiens, plus préoccupés de leurs petites affaires personnelles que de la grande affaire qui se prépare, peut-être, outre-Rhin. Pour mieux gagner leur attention, Dumas crée, en février 1868, un nouveau journal, en remplacement du *Mousquetaire II* défunt, *Le Dartagnan*, paraissant les mardis, jeudis et samedis. Prix de l'abonnement, quinze francs par an. Dans cette feuille au nom prestigieux, Alexandre se laisse aller à de longs bavardages sur les sujets les plus graves comme les plus badins. Les lecteurs ne le suivent pas. Au bout de cinq mois, *Le Dartagnan* cesse de paraître et Dumas lui donne comme successeur un hebdomadaire, *Le Théâtre-Journal*. Formule changée, mais sort identique : une chute silencieuse après quelques mois de publication. Et toujours ce manque d'argent qui empêche l'écrivain de rêver à sa guise. Malgré une reprise d'*Antony* et une autre de *Madame de Chamblay*, les fins de mois sont difficiles. Il faut payer les huissiers qui sonnent l'un après l'autre à la porte, emprunter pour éviter la saisie, sans savoir quand et comment on remboursera cette nouvelle dette, esquiver, parader, mentir... Alexandre vend quelques meubles, renvoie ses domestiques, sauf sa cuisinière et le fidèle Géorgien Vassili. Mais il ne peut toujours pas se passer de femmes. Elles sont le pain de sa vie. Celles qui lui rendent encore visite sont presque toutes des courtisanes désargentées et voleuses. Elles font main basse sur le peu d'argent qui traîne dans ses tiroirs. « Si encore elles me laissaient une pauvre pièce de vingt francs ! » s'exclame-t-il piteusement devant Mathilde Shaw. Quand il songe qu'il l'a connue tout enfant et qu'aujourd'hui elle le dorlote comme un grand-père incapable de se conduire, il ne sait s'il doit sourire ou s'attrister de cette inexorable évolution de leurs sentiments. Un jour, elle le découvre affalé sur son canapé et le regard élargi par l'angoisse. « Que tu arrives bien ! gémit-il. Je suis malade ; j'ai besoin de tisane et j'appelle en vain... Je crois qu'on m'a laissé tout seul... Et dire qu'il me faut aller en soirée !... Aie donc la bonté de regarder dans les tiroirs de ma commode et de me dire si tu y vois un peu de linge et une cravate blanche. » Mathilde Shaw obéit, mais ne trouve que deux chemises de nuit non repassées. A la demande de Dumas, elle court les boutiques du quartier en quête d'une chemise de soirée de grande taille. Toutes celles qu'on lui propose sont trop petites pour le géant auquel elles sont destinées. Elle finit par découvrir, *A la Chemise d'Hercule*, un plastron blanc décoré de diablotins rouges. Elle n'hésite pas : s'il existe à Paris un seul homme capable de porter un tel accessoire vestimentaire sans se couvrir de ridicule, c'est Dumas ! Elle achète l'objet et Alexandre s'en déclare ravi. En rentrant de la soirée mondaine, il dit en riant : « On a pris ça comme un souvenir de mon amitié pour Garibaldi ! »

Bientôt, il ne pourra plus sortir de chez lui pour se rendre aux réceptions et aux premières de théâtre. Il souffre d'une laryngite chronique et ses jambes engourdies se dérobent sous le poids énorme de son corps. Il a grossi, son ventre proéminent le gêne, ses mains tremblent si fort qu'il a du mal à tenir sa plume. Mais il ne renonce pas encore à travailler chaque jour. Simplement, il se contente de dicter. Son secrétaire, Victor Leclère, note au vol les répliques d'une pièce que le maître a tirée de son roman *Les Blancs et les Bleus*. On fera de même pour des projets de romans lancés à la va-vite : *Hector de Sainte-Hermine*, *Le Docteur mystérieux, La Fille du marquis*. Quand Dumas s'astreint à cette besogne, c'est moins par besoin de créer de nouveaux personnages, d'explorer de nouvelles passions, que pour gagner de l'argent en donnant à ses compatriotes un ultime témoignage de son habileté. Pendant longtemps, l'écriture a été son plaisir, aujourd'hui elle n'est plus qu'une obligation commerciale. Si encore l'enthousiasme du public saluait chacune de ses œuvres de vieillesse ! Mais Alexandre a l'impression de se battre les flancs, de forcer sa voix, sans que personne lui en sache gré. Les amateurs de littérature ont vu si souvent le nom de Dumas sur les couvertures des livres et sur les affiches des théâtres qu'ils se détournent de lui avec lassitude. On ne dit plus : « Enfin un nouveau Dumas ! » Mais, avec un rien d'agacement : « Encore un Dumas ! » Au vrai, on le connaît trop pour le lire, pour l'écouter. Au terme d'une longue carrière, il découvre la signification terrible de la formule : avoir fait son temps ! Les gens veulent du jamais vu, du jamais lu. Ils encensent des inconnus pour se donner l'illusion de les découvrir. Dumas fils a bénéficié de cette prime à la jeunesse. Si c'était le père qui avait écrit les mêmes pièces, leur succès eût été moindre. Peut-être qu'en publiant son prochain roman sous un pseudonyme, il retrouverait la faveur d'une foule à la recherche d'originalité. On achèterait des livres de Dumas parce qu'il les ferait passer pour ceux d'un autre. Non, un tel subterfuge serait dégradant ! Il songe à Lamartine qui vient de mourir dans la misère après s'être livré, lui aussi, dans son grand âge, à des travaux indignes de son génie. De plus en plus souvent, Alexandre interroge ses souvenirs pour tenter de se rassurer sur la valeur de son œuvre. Il se préoccupe du jugement que portera sur lui cette terrible postérité qui l'attend au tournant. Le 19 avril 1868, il adresse à Auguste Maquet une lettre qui ressemble à une mise au point testamentaire, après leur longue mésentente : « Ne parlons plus du passé. Le passé est celui de mes gens d'affaires. Heureusement, je suis sorti de leurs mains. A partir du mois de janvier dernier, que toute pièce qui portait nos deux noms nous rapporte des droits égaux. Je ne crois pas qu'il y ait autre chose à faire entre nous. Je m'en rapporte à votre parole. »

En juin, il se rend au Havre pour gagner quelques sous en donnant des conférences. Parallèlement à cette activité d'orateur qui l'amuse par sa nouveauté, il écrit des articles pour *Le Grand Journal* de Villemessant. Mais son dernier feuilleton, consacré aux serpents, n'est qu'une compilation éhontée des études de Buffon sur le sujet. Villemessant ne tarde pas à s'en apercevoir et interrompt brutalement la publication d'un texte dont la paternité lui semble douteuse. Alexandre se console de cette avanie en se promenant, la main dans la main, avec la petite Micaëlla qu'il a retrouvée pour quelque temps au Havre. Il visite aussi l'exposition de cette ville, assiste aux courses dominicales de taureaux, fait des excursions dans les environs, séjourne à Etretat, avec Courbet et Monet... Lors de son retour à Paris, vers la mi-septembre, il a la satisfaction d'apprendre qu'une de ses pièces, *La Conscience*, va être reprise au Châtelet et que *Madame de Chamblay* sera montée, à la fin d'octobre, à la Porte-Saint-Martin. Double succès. Au début de l'année suivante, le même Châtelet se prépare à représenter un drame en cinq actes et onze tableaux qu'il a tiré de *Les Blancs et les Bleus*. Pendant les répétitions, l'acteur Taillade, étant venu demander à l'auteur des éclaircissements sur le rôle de Saint-Just, s'aperçoit soudain que Dumas n'est plus à la conversation. Il s'est assoupi au milieu d'une phrase. Les yeux clos, la bouche entrouverte, il ronfle. Cependant, la mise au point de ce drame patriotique se poursuit sans anicroche. La première a lieu le 10 mars 1869. L'« Empire libéral » a fait preuve de bonne volonté en autorisant une pièce dans laquelle, pour la première fois depuis l'avènement de Napoléon III, les acteurs crient sur scène : « Vive la République ! » et chantent *La Marseillaise*. Cette audace tolérée enchante les spectateurs. Dumas se rengorge. Mais ses fréquentes somnolences, l'agitation sénile de ses doigts alertent son entourage. Comme ses enfants lui conseillent de se ménager, il écrit en mai 1869 à son fils : « C'est vrai, ma main tremble, mais ne t'inquiète pas de cet accident qui n'est que momentané. C'est au contraire le repos qui l'a rendue tremblante. Que veux-tu ? Elle est tellement habituée à travailler que, quand elle m'a vu lui faire l'injustice de dicter au lieu d'écrire moi-même, pour ne pas rester ainsi immobile elle s'est mise à trembler de colère. Aussitôt que je me mettrai à écrire sérieusement moi-même, elle reprendra sérieusement sa majestueuse allure. » Bien que Dumas feigne de traiter ses malaises en plaisanterie, son fils insiste pour qu'il consulte le docteur Piorry. Celui-ci recommande au malade l'air vivifiant de la mer. Alexandre passe l'été 1869 à Roscoff, avec sa cuisinière et son secrétaire. La région est pauvre. On mange mal. La cuisinière peste parce que la viande est détestable, les artichauts trop secs, les haricots pourris, le beurre rance. Excédée par une telle pénurie, elle rend son tablier. Marie, au loin, s'inquiète de savoir son père privé du service de cette spécialiste des petits plats mijotés. Il la rassure : « Ma minette chérie, lui écrit-il, rassure-toi un peu sur notre avenir, nous ne mourrons pas encore de faim, cette fois-ci. Les bonnes âmes de Roscoff se sont réunies et nous fournissent des vivres. » Il ne ment pas : apitoyés par ce vieil et célèbre écrivain qui n'a plus rien à manger, les voisins l'approvisionnent en poissons et en homards. Il fait honneur à la marée et décide d'écrire un *Grand Dictionnaire de la cuisine.* La description des plus savoureuses performances de la gastronomie l'excitera plus, pense-t-il, que celle des trente-six personnages historiques qu'il a déjà pressés comme des citrons.

Malgré ce projet réconfortant, le retour à Paris est sinistre. La santé d'Alexandre s'est encore dégradée et les dettes sont en crue. Le brave Vassili se précipite, de temps en temps, au mont-de-piété pour engager des couverts d'argent ou un bijou. Souvent aussi, Dumas l'envoie chez son fils, le riche et raisonnable auteur dramatique, pour quémander des subsides que l'autre n'accorde qu'avec mauvaise grâce. Tout en plaignant son père, Alexandre 2 ne saurait lui pardonner sa prodigalité et son imprévoyance. On peut être génial et savoir compter, que diable ! « Voyez moi ! Voyez Hugo ! » Replié sur lui-même, frappé d'inhibition et de doute, Alexandre 1 n'écrit plus, ne dicte plus, il se contente de relire ses livres de jadis. Un jour, Alexandre 2 le surprend, tournant les pages des *Trois Mousquetaires.*

« Alors ? demande le fils.

— C'est bien ! reconnaît le père.

— Et *Monte-Cristo* ?

— Ça ne vaut pas *Les Trois Mousquetaires.* »

Une autre fois, songeant à l'opinion de la postérité sur son œuvre, Dumas murmure devant le second Alexandre : « Il me semble que je suis au sommet d'un monument qui tremble comme si les fondations étaient assises sur le sable. » L'autre répond : « Sois en paix, le monument est bien bâti et la base est solide. » A demi convaincu, Dumas sourit, referme le livre, et retourne à sa rêverie d'auteur finissant plein de méfiance pour son passé, d'inquiétude pour son avenir.

Au début de 1870, un abcès à la bouche l'oblige à garder souvent le silence. Le docteur Déclat lui conseille d'aller au-devant du soleil pour reprendre des forces et retrouver le goût de vivre. Ayant rassemblé un peu d'argent, Alexandre part pour l'Espagne en compagnie d'Adolphe Goujon. En cours de route, il s'amuse à imaginer un récit érotique, *Le Roman de Violette* : un dernier hommage au sexe féminin qu'il a tant aimé et après lequel il soupire encore. Ce n'est pas le ciel lumineux du Midi qu'il lui faudrait pour le requinquer, pense-t-il, c'est une nouvelle maîtresse. Mais saurait-il encore la satisfaire ? Il préfère laisser la question en suspens, et le roman aussi. A Madrid, lors d'une représentation au Théâtre-Royal, il s'assoupit et perturbe le spectacle par ses ronflements. Ses voisins le réveillent ; il quitte la salle sous les rires.

C'est le 19 juillet 1870, à Biarritz, qu'il apprend avec stupeur, avec consternation, la déclaration de la guerre à la Prusse. Il rentre à Paris vers la mi-août et se demande comment il va pouvoir survivre dans un pays dont toute la jeunesse a été expédiée en holocauste sur les champs de bataille. Chaque jour lui apporte son lot de deuils et de hontes. Wissembourg, Frœschwiller, Rezonville, Saint-Privat, ces noms de bourgades paisibles n'évoquent plus aujourd'hui que de sanglantes défaites. Les Prussiens avancent de toutes parts. Où s'arrêteront-ils ? Marie est accourue de Trouville et se penche sur le lit où son père gît, sans voix et presque sans pensée. Le 2 septembre, Sedan capitule et Napoléon III est fait prisonnier. Deux jours plus tard, la République est proclamée. A l'annonce de cette nouvelle, Alexandre pleure sans prononcer un mot. Est-il heureux du triomphe des idées libérales ou malheureux du désastre de la France ? République, Empire ? Il finit par s'y perdre. Sa guerre à lui, il ne la mène pas contre la Prusse, mais contre la mort. Au fait, quelle est la maladie qui le menace ? Les médecins hésitent à se prononcer : diabète, hypertension, hyperthyroïdie, laryngite chronique ? La carcasse flanche de haut en bas. C'est miracle que le patient résiste encore. Les Prussiens sont sur le point d'investir Paris. Pour soustraire son père aux risques d'une occupation de la capitale, Marie le traîne vers un wagon de chemin de fer. L'un des derniers trains en partance emmène les deux voyageurs à Neuville-lès-Dieppe, au lieudit Puys, où Alexandre le jeune possède une villa. En débarquant sur le quai de la gare, Dumas, vacillant, hébété, dit à son fils : « Je viens mourir chez toi. » On lui a réservé la plus belle chambre, au rez-de-chaussée, dont les fenêtres donnent sur la mer. Les deux petites-filles, que son fils a eues avec Nadejda Narychkine, viennent parfois vers lui et l'égaient de leur babil ; Nadejda Narychkine elle-même, et sa première fille, Olga, entourent le malade de soins affectueux. Annouchka, la femme de chambre russe, ne sait que faire pour lui rendre son séjour agréable et reposant. Après avoir connu les affres de l'écrivain à court d'idées et à court d'argent, il s'étonne de jouir, sur le tard, d'un tel confort et d'une telle tendresse. D'après son estimation, il a gagné, durant sa vie, dix-huit millions de francs-or. Il les a dépensés en réceptions fastueuses, en voyages de grand seigneur, en achats de bateaux, de meubles et en cadeaux aux femmes. Et il se retrouve dans la peau d'un vagabond malade, à la charge de ses enfants. Un soir, songeant à toutes les richesses qu'il a accumulées et dilapidées, il murmure à son fils, en désignant deux louis d'or qui traînent sur sa table de chevet : « Tout le monde dit que j'étais un prodigue. Eh bien ! tu vois comme on se trompe ! Quand j'ai débarqué à Paris, j'avais deux louis dans ma poche... Regarde, je les ai encore ! » Une autre fois, son fils lui ayant confié que la soubrette russe, Annouchka, le trouve très beau, il soupire : « Pousse-la dans cette idée ! »

Mais, s'il prête une vague attention au mouvement de la maison, s'il accepte de jouer parfois aux dominos ou de se faire installer, par beau temps, dans un fauteuil sur la terrasse, il se désintéresse de ce qui se passe à Paris. Ses somnolences sont de plus en plus fréquentes et de plus en plus lourdes. Le lundi 28 novembre 1870, il refuse de quitter son lit. Dans la nuit du 4 au 5 décembre, une attaque d'apoplexie le terrasse. Marie appelle l'abbé Andrieu, curé de la paroisse Saint-Jacques de Dieppe. Le prêtre ne peut recueillir la confession du mourant, trop faible pour remuer les lèvres. C'est au-dessus d'un front inerte qu'il récite la prière des agonisants. A dix heures du soir, le 5 décembre 1870, Alexandre Dumas meurt dans les bras de sa fille, sans avoir repris connaissance. « Il était le génie de la vie, écrira George Sand ; il n'a pas senti la mort. » Le lendemain, alors que le cadavre repose sur sa couche, les yeux clos, les mains jointes, les Prussiens pénètrent dans Dieppe. Le bruit de leurs bottes ne trouble pas le repos de celui qui avait tant redouté la défaite de la France.

Dumas fils règle les funérailles de Dumas père. Le corps est inhumé provisoirement, le 8 décembre 1870, dans le cimetière qui entoure la petite église de Neuville-lès-Dieppe. Il y a là, en plus de la famille, une délégation du conseil municipal dieppois et quelques artistes. La neige tombe à gros flocons. Les discours sont d'une platitude conventionnelle. Débordés par les nouvelles militaires, les journaux ne commentent guère l'événement. Bien que grand homme de théâtre, Alexandre Dumas a raté sa sortie. Pourtant, en apprenant, à Marseille, où elle s'est réfugiée pendant les hostilités, la mort de son vieil amant, Emilie habille ostensiblement sa fille Micaëlla en noir.

Une fois la guerre finie et l'occupation terminée, Dumas fils fait transporter la dépouille de son père à Villers-Cotterêts, dans une tombe creusée à côté de celles du général Dumas et de Marie-Louise, ces parents qu'il a tant aimés. Des amis viennent rendre hommage au défunt : le baron Taylor, Edmond About, Meissonier, les sœurs Brohan, Maquet lui-même. Après les allocutions d'usage, le fils prononce quelques mots émus : « Mon père avait toujours désiré d'être enterré ici. Il y avait laissé des amitiés, des souvenirs, et ce sont ces souvenirs et ces amitiés qui m'ont accueilli hier soir, lorsque des bras dévoués se sont offerts pour suppléer les porteurs et conduire eux-mêmes à l'église le corps de leur grand ami... Je voulais que cette cérémonie fût moins un deuil qu'une fête, moins un ensevelissement qu'une résurrection. » La veille, il a reçu une lettre de Victor Hugo, rentré d'exil la tête haute, mais qui, retenu au chevet d'un enfant malade, n'a pu se rendre à la cérémonie. « Aucune popularité en ce siècle, lui écrit Hugo, n'a dépassé celle d'Alexandre Dumas, ses succès sont mieux que des succès, ce sont des triomphes, ils ont l'éclat de la fanfare. Le nom d'Alexandre Dumas est plus que français, il est européen ; il est plus qu'européen, il est universel. [...] Alexandre Dumas est un de ces hommes qu'on peut appeler les semeurs de civilisation ; il assainit et améliore les esprits par on ne sait quelle clarté gaie et forte ; il féconde les âmes, les cerveaux, les intelligences ; il crée la soif de lire, il creuse le génie humain et il l'ensemence. De tous ses ouvrages, si multiples, si variés, si savants, si charmants, si puissants, sort l'espèce de lumière propre à la France. »

Peu à peu, le pays digère sa défaite. On s'habitue à vivre en République, à parler de l'Alsace et de la Lorraine avec un désespoir rageur, à caresser l'idée d'une nécessaire revanche sur l'Allemagne. Les affaires reprennent, les familles pansent leurs plaies, les livres se vendent aussi bien que naguère, les théâtres font de bonnes recettes, l'ordre règne, l'argent circule. Mais quelque chose manque à ceux-là mêmes qui s'accommodent le mieux de la nouvelle donne politique et sociale. Sans le savoir, ils ont la nostalgie d'une témérité bon enfant, d'une virtuosité joyeuse, d'une truculence savante, qu'un colosse de la littérature leur avait appris à aimer à travers ses romans et ses pièces. Ils n'osent encore le dire tout haut, car la critique professionnelle les traiterait de naïfs et dénoncerait le style bâclé de leur auteur favori, la peinture simpliste de ses personnages et l'invraisemblance de ses intrigues, mais il leur semble qu'Alexandre Dumas échappe aux jugements habituels en la matière. Ils sentent confusément que ce créateur prolifique et tonitruant mérite une analyse différente de celle qui s'applique aux autres écrivains. Et cela, sans doute, parce que, en près de quarante ans de carrière, il a donné vie à quelques héros inoubliables et a transformé, sous les yeux de ses lecteurs, l'histoire de France en mythologie.

BIBLIOGRAPHIE

Bien entendu, il ne s'agit pas ici d'une énumération exhaustive des ouvrages consacrés à Alexandre Dumas, mais de l'indication sommaire de quelques livres que j'ai consultés.

BASSAN (Fernande) et CHEVALLEY (Sylvie) : *Alexandre Dumas père et la Comédie-Française*, Paris, Minard, 1972.

CHARPENTIER (John) : *Alexandre Dumas*, Paris, Tallandier, 1947.

CLOUARD (Henri) : *Alexandre Dumas*, Paris, Albin Michel, 1957.

DASH (Comtesse) : *Mémoires des autres*, Paris, Librairie illustrée, 1896-1897.

DECAUX (Alain) : Nombreux articles dans *Miroir de l'Histoire*, *Bulletin des Amis d'Alexandre Dumas*, *Historia*...

DELACROIX (Eugène) : *Journal*, Paris, Plon, 1980.

DU CAMP (Maxime) : *Souvenirs littéraires*, Paris, Hachette, 1883.

FERRY (Gabriel) : *Les Dernières Années d'Alexandre Dumas*, Paris, Calmann-Lévy, 1883.

FRÉMY (Dominique) et SCHOPP (Claude) : *Quid* de Dumas, dans *Mes Mémoires*, tome II, Paris, Robert Laffont, « Bouquins, » 1989.

GLIMEL (Charles) : *Alexandre Dumas et son œuvre*, Reims, Michaud, 1884.

GONCOURT (Edmond et Jules de) : *Journal*, Paris, Fasquelle-Flammarion, 1956.

HAMEL (Reginald) et METHE (Pierrette) : *Dictionnaire Dumas*, Montréal, Guérin, 1990.

LECOMTE (Henry) : *Alexandre Dumas, sa vie intime, ses œuvres*, Paris, Tallandier, 1904.

MAUROIS (André) : *Les Trois Dumas*, Paris, Hachette, 1957.

PIFTEAU (Benjamin) : *Alexandre Dumas en bras de chemise*, Vanera, 1884.

SCHOPP (Claude) : *Alexandre Dumas*, Paris, Mazarine, 1985.

— *Lettres d'Alexandre Dumas à Mélanie Waldor*, Paris, Presses universitaires de France, 1982.

— Nombreux articles dans le *Bulletin des Amis d'Alexandre Dumas,* dans le *Bulletin du bibliophile*, dans la *Revue d'histoire littéraire de la France*...

SHAW (Mathilde) : *Illustres et inconnus*..., Paris, Fasquelle, 1906.

ZIMMERMANN (Daniel) : *Alexandre Dumas, le Grand*, Paris, Julliard, 1993.

TABLE

TROISIÈME PARTIE

DU MÊME AUTEUR

Romans isolés

FAUX JOUR (Plon) – Prix populiste 1935
LE VIVIER (Plon)
GRANDEUR NATURE (Plon)
L'ARAIGNE (Plon) – Prix Goncourt 1938
LE MORT SAISIT LE VIF (Plon)
LE SIGNE DU TAUREAU (Plon)
LA TÊTE SUR LES ÉPAULES (Plon)
UNE EXTRÊME AMITIÉ (La Table Ronde)
LA NEIGE EN DEUIL (Flammarion)
LA PIERRE, LA FEUILLE ET LES CISEAUX (Flammarion)
ANNE PRÉDAILLE (Flammarion)
GRIMBOSQ (Flammarion)
LE FRONT DANS LES NUAGES (Flammarion)
LE PRISONNIER N° 1 (Flammarion)
LE PAIN DE L'ÉTRANGER (Flammarion)
LA DÉRISION (Flammarion)
MARIE KARPOVNA (Flammarion)
LE BRUIT SOLITAIRE DU CŒUR (Flammarion)
TOUTE MA VIE SERA MENSONGE (Flammarion)
LA GOUVERNANTE FRANÇAISE (Flammarion)
LA FEMME DE DAVID (Flammarion)
ALIOCHA (Flammarion)
YOURI (Flammarion)
LE CHANT DES INSENSÉS (Flammarion)
LE MARCHAND DE MASQUES (Flammarion)
LE DÉFI D'OLGA (Flammarion)
VOTRE TRÈS HUMBLE ET TRÈS OBÉISSANT SERVITEUR (Flammarion)
L'AFFAIRE CRÉMONNIÈRE (Flammarion)
LE FILS DU SATRAPE (Grasset)
NAMOUNA OU LA CHALEUR ANIMALE (Grasset)
LA BALLERINE DE SAINT-PÉTERSBOURG (Plon)
LA FILLE DE L'ÉCRIVAIN (Grasset)
L'ÉTAGE DES BOUFFONS (Grasset)

Cycles romanesques

LES SEMAILLES ET LES MOISSONS (Plon)
I – LES SEMAILLES ET LES MOISSONS
II – AMÉLIE
III – LA GRIVE
IV – TENDRE ET VIOLENTE ÉLISABETH
V – LA RENCONTRE

LES EYGLETIÈRE (Flammarion)
I – LES EYGLETIÈRE
II – LA FAIM DES LIONCEAUX
III – LA MALANDRE

LA LUMIÈRE DES JUSTES (Flammarion)
I – LES COMPAGNONS DU COQUELICOT
II – LA BARYNIA
III – LA GLOIRE DES VAINCUS
IV – LES DAMES DE SIBÉRIE
V – SOPHIE OU LA FIN DES COMBATS

LES HÉRITIERS DE L'AVENIR (Flammarion)
I – LE CAHIER
II – CENT UN COUPS DE CANON
III – L'ÉLÉPHANT BLANC

TANT QUE LA TERRE DURERA... (La Table Ronde)
I – TANT QUE LA TERRE DURERA...
II – LE SAC ET LA CENDRE
III – ÉTRANGERS SUR LA TERRE

LE MOSCOVITE (Flammarion)
I – LE MOSCOVITE
II – LES DÉSORDRES SECRETS
III – LES FEUX DU MATIN

VIOU (Flammarion)
I – VIOU
II – A DEMAIN, SYLVIE
III – LE TROISIÈME BONHEUR

Nouvelles

LA CLEF DE VOÛTE (Plon)
LA FOSSE COMMUNE (Plon)
LE JUGEMENT DE DIEU (Plon)
DU PHILANTHROPE À LA ROUQUINE (Flammarion)
LE GESTE D'ÈVE (Flammarion)
LES AILES DU DIABLE (Flammarion)
L'ÉTERNEL CONTRETEMPS (Albin Michel)

Biographies

DOSTOÏEVSKI (Fayard)
POUCHKINE (Perrin)
L'ÉTRANGE DESTIN DE LERMONTOV (Perrin)
TOLSTOÏ (Fayard)
GOGOL (Flammarion)
CATHERINE LA GRANDE (Flammarion)

PIERRE LE GRAND (Flammarion)
ALEXANDRE Ier (Flammarion)
IVAN LE TERRIBLE (Flammarion)
TCHEKHOV (Flammarion)
TOURGUENIEV (Flammarion)
GORKI (Flammarion)
FLAUBERT (Flammarion)
MAUPASSANT (Flammarion)
ALEXANDRE II (Flammarion)
NICOLAS II (Flammarion)
ZOLA (Flammarion)
VERLAINE (Flammarion)
BAUDELAIRE (Flammarion)
BALZAC (Flammarion)
RASPOUTINE (Flammarion)
JULIETTE DROUET (Flammarion)
TERRIBLES TSARINES (Grasset)
LES TURBULENCES D'UNE GRANDE FAMILLE (Grasset)
NICOLAS Ier (Perrin)
MARINA TSVETAEVA, *l'éternelle insurgée* (Grasset)
PAUL Ier, LE TSAR MAL AIMÉ (Grasset)
LA BARONNE ET LE MUSICIEN, *Madame von Meck et Tchaïkovski* (Grasset)
ALEXANDRE III, LE TSAR DES NEIGES (Grasset)
LA FIANCÉE DE L'OGRE (Grasset)

Essais, voyages, divers

LA CASE DE L'ONCLE SAM (La Table Ronde)
DE GRATTE-CIEL EN COCOTIER (Plon)
SAINTE RUSSIE, *Réflexions et souvenirs* (Grasset)
LES PONTS DE PARIS, *illustré d'aquarelles* (Flammarion)
NAISSANCE D'UNE DAUPHINE (Gallimard)
LA VIE QUOTIDIENNE EN RUSSIE AU TEMPS DU DERNIER TSAR (Hachette)
UN SI LONG CHEMIN (Stock)

Théâtre

LES VIVANTS (André Bonne)

Cet ouvrage a été imprimé par

FIRMIN DIDOT

GROUPE CPI

Mesnil-sur-l'Estrée

pour le compte des Éditions Grasset
en février 2005

Imprimé en France

Dépôt légal : mars 2005
N° d'édition : 13704 - N° d'impression : 72590
ISBN : 2-246-68161-8